AF489109

TÓPICOS DE ECONOMÍA POLÍTICA

TÓPICOS DE ECONOMÍA POLÍTICA

José Castillo
(coordinador)

Tópicos de economía política / José Castillo... [et al.]; coordinación general de José Castillo. – 1a ed. – Ciudad Autónoma de Buenos Aires: Teseo, 2021. 492 p.; 20 x 13 cm.
ISBN 978-987-723-284-4
1. Economía. 2. Política. 3. Historia. I. Castillo, José, coord. II.
CDD 330.0982

TeseoPress Design (www.teseopress.com)

Índice

Agradecimientos

Todo libro es una producción colectiva. Fruto de reflexiones, discusiones y debates. En este caso, más que nunca. Es la manifestación escrita de más de 30 años de clases en la Facultad de Ciencias Sociales de la Universidad de Buenos Aires, en la materia Elementos de Economía y Concepciones del Desarrollo de la carrera de Ciencias de la Comunicación, de la que soy actualmente el profesor titular.

Por eso, nuestro principal reconocimiento debe ser para los miles de estudiantes que pasaron por nuestros cursos, teóricos y prácticos, y que, con sus comentarios, críticas y reflexiones, nos permitieron ir dando forma a estos capítulos.

Con estos tópicos no queremos cerrar una discusión, sino apenas abrirla. La diversidad de opiniones y puntos de vista, dentro de un marco reflexivo común, se encuentra presente en los distintos trabajos de este libro, que pretende dar lugar, en el futuro próximo, a nuevas producciones, varias de las cuales ya están en diversos grados de escritura. Más allá de los autores circunstanciales de los capítulos de este libro, el material tiene un dueño colectivo: todos y cada uno de los miembros de nuestra cátedra.

Permítaseme ahora, como coordinador del libro y, por lo tanto, responsable general de su contenido, hacer algunos agradecimientos individuales, que en ciertos casos son homenajes. A cada uno de los que formaron parte, en sus diversos momentos históricos, de nuestra cátedra. A Eduardo Jozami, el primer titular de nuestra materia y quien puso los pilares sobre los que después seguimos trabajando y desarrollándonos los que seguimos.

El recuerdo agradecido a Mauricio Tenewicki y Marcelo Matellanes, titulares de asignaturas en las que me formé como docente y que me abrieron nuevos caminos de reflexión y estudio.

A los compañeros de otras cátedras en las que participo: a Mabel Thwaites Rey, de Sociología Política de la Carrera de Ciencia Política de la Facultad de Ciencias Sociales de la Universidad de Buenos Aires; y a las compañeras de la cátedra de Economía Política de la Facultad de Ciencias Sociales de la Universidad Nacional del Centro de la Provincia de Buenos Aires.

Y, por último, a algunos maestros imprescindibles. De mis viejos años de formación en la Facultad de Ciencias Económicas, Horacio Ciafardini, Pablo Levin y Mario Burkun. De la política, Mercedes Petit. De la teoría crítica, mi gran amiga Silvia Delfino, la "tía Silvia".

Y mi agradecimiento más grande: a la universidad pública argentina, a mi querida Universidad de Buenos Aires, sin la cual nada de todo esto hubiera sido posible.

José Castillo

Prólogo: la economía como discurso de poder

José Castillo

Las páginas que siguen a continuación están recorridas por un interrogante: ¿cómo y por qué se constituye la economía como discurso dominante?

Nuestra tesis es que "la economía" hoy aparece como la condición explicativa de la desigualdad como destino. Lo que en otros tiempos históricos ocupaba la religión, pilar del sometimiento y resignación de cada uno a su pertenencia a una casta o clase determinada, pasa a ser en la actualidad centralmente justificado por el discurso económico.

Por supuesto que un primer paso es poner en cuestión la propia existencia de la "economía". ¿De qué se trata exactamente? ¿Siempre existió? O, aún más provocativamente, ¿existe? Dejemos por un momento en suspenso estos interrogantes. De lo que no cabe ninguna duda es de que existen "concepciones económicas" que se materializan en discursos que se imponen como dominantes. Esto nos permite complejizar un poco más nuestra pregunta original: ¿cómo un concepto (o una concepción) llega a constituirse en el "umbral" de una discusión?; ¿cómo es que la economía llega a construir un conjunto de afirmaciones que "se dan por supuestas", "no se discuten" y pasan a formar parte del sentido común hegemónico?

Parafraseando a Althusser (1975), toda lectura (y, agregaríamos, toda escritura) es "culpable" de algo. Y entonces, al comienzo de cualquier texto, corresponde confesar de cuál lo somos. La concepción que se nos presenta como ineludible para nuestro análisis es la de Marx. El marxismo es la concepción "dominante" en todo lo que reflexionaremos de acá en más. Es la que, desde esa perspectiva, utilizaremos para analizar la historia de las representaciones que está detrás de eso que llamaremos el "discurso económico".

No se trata de un intento novedoso. El propio Marx se enfrentó, a su manera y en su tiempo, al mismo problema. Tal como lo explica magistralmente Lenin (1973) (1), lo que solemos llamar "marxismo" se compone de tres "partes" (la filosofía clásica alemana, el socialismo utópico francés y, justamente, la economía política clásica inglesa) que, entrelazadas críticamente y ubicadas cada una de ellas en perspectiva histórica, pasan a constituir los tres "fundamentos" del marxismo.

Marx entonces se convierte en el autor "ineludible", en el "horizonte teórico de nuestro tiempo", tal como decía Sartre (1968). Y esta afirmación nos lleva a un recorrido que tiene una doble utilidad para nuestro análisis. Se trata de responder acerca de cómo el marxismo se constituye en la concepción teórica dominante en nuestras reflexiones críticas, cómo se autonomiza como una perspectiva, cómo se transforma en la herramienta central de nuestra "caja de herramientas". Y a la vez, por contraposición, en cómo el discurso económico dominante también se autonomiza como tal. En ambos casos, cómo un "modo de ver" se constituye (y nos constituye) y se convierte en dominante. En un caso, en nuestro propio pensamiento crítico. En el otro, en las representaciones hegemónicas de la sociedad.

El horizonte de nuestro análisis será que el debate económico es, parafraseando a Althusser (1968), "lucha de clases en la teoría". Es la expresión, con un lenguaje específico, de la defensa de intereses materiales contrapuestos.

Por eso es tan importante, cuando discutimos de economía, precisar "el punto de vista de clase". No basta simplemente con señalar que existen distintas corrientes o escuelas —esto sucede en prácticamente todas las disciplinas, y mucho más en las ciencias sociales—, sino los intereses materiales que se despliegan, y defienden, en cada una de ellas. Ubicados, a la vez, en la perspectiva histórica de su tiempo y del nuestro.

Queremos empezar por poner en cuestión una división relativamente popular en los debates de economía política: aquella que separa a los diferentes economistas en "ortodoxos" y "heterodoxos", ubicando a los primeros como los que acuerdan con el *mainstream* y englobando dentro de los segundos a todos aquellos que pertenecen a escuelas por fuera de esa corriente principal.

Esta diferencia es imprecisa por varias cuestiones. Primero y principal, porque otorga el rango de "ortodoxa" a dicho *mainstream*, constituido por el conjunto de una serie de corrientes (englobadas en lo que, en términos generales, podemos llamar "marginalismo", "neoclasicismo" o "subjetivismo") que, si bien hoy mayoritaria, fue claramente "revisionista" con respecto a aquella que dio origen a la propia economía política como disciplina: el pensamiento clásico de Adam Smith y David Ricardo. Si nos rigiéramos por la historia del pensamiento económico, la economía política clásica inglesa sería la que merecería la adjetivación de "ortodoxa", y las corrientes que englobamos bajo el nombre genérico de "neoclásicos" o "marginalistas", la de "heterodoxas".

Un segundo cuestionamiento nos remite a las propias dificultades de englobar dentro del *mainstream* ortodoxo a distintas escuelas que, gozando todas de la "respetabilidad" de pertenecer a la "ciencia económica oficial", son heterogéneas entre sí. Así, por citar solo un ejemplo, los economistas adscriptos dentro de lo que se denomina la corriente "austriaca" no aceptarían ser englobados al interior del pensamiento neoclásico.

Pero existe un tercer cuestionamiento a la división entre ortodoxos y heterodoxos, que es el que más nos va a interesar acá: dentro de la denominada "heterodoxia", no solo existen también fuertes diferencias entre las diversas corrientes. Hay un corte decisivo: aquellas que defienden el sistema capitalista y aquellas que lo impugnan. Esto, que en el trazo más grueso nos remite a la diferencia irreconciliable entre keynesianos y marxistas, es lo que pone seriamente en duda la clasificación de "heterodoxos" versus "ortodoxos".

Porque, sin duda, podemos, y lo haremos a lo largo del libro, detenernos a analizar las diferencias, y también las coincidencias teóricas entre las diferentes escuelas económicas, pero nunca debemos olvidar que el "grado cero" de nuestro debate será el punto de vista de clase: aquellas corrientes cuyo foco está puesto en la defensa del modo de producción capitalista, en facilitar el funcionamiento (automático o con algún grado de administración estatal) de los mercados, en priorizar el punto de vista del consumidor como sujeto aislado del productor, o en el rol del empresario (sea transnacional o nacional; monopólico, oligopólico o competitivo; grande, mediano o pequeño) por sobre el del trabajador, versus las que impugnan el capitalismo, la economía de mercado y la propiedad privada y se colocan incondicionalmente desde la posición de los explotados.

El punto de vista de clase, criterio metodológico primario que proponemos, debe ser colocado además en perspectiva histórica. Así, en términos genéricos tendremos:

- Economistas clásicos: correspondientes al período de la burguesía en ascenso (mediados del siglo XVIII hasta las primeras décadas del siglo XIX), encabezados, sin duda, por Adam Smith y David Ricardo.
- Crítica de la economía política: se va a comenzar a desarrollar en forma conjunta con la diferenciación y el ascenso de las luchas de la clase obrera desde el segundo tercio del siglo XIX y alcanzará, sin duda, una primera cumbre con el pensamiento de Marx. Y se seguirá enriqueciendo en la pelea contra el pensamiento neoclásico-marginalista primero y keynesiano después, al mismo tiempo que deberá agregar nuevos elementos de debate cuando el capitalismo entre en su fase de "crisis, guerras y revoluciones" en la época imperialista (siglo XX–XXI).

- Neoclásicos y marginalistas: expresarán a la burguesía ya consolidada en el poder político, y se desplegará como principal abogado del capitalismo contra el socialismo. Coincidirá, a la vez, con el surgimiento del capital financiero y monopólico.
- Keynesianismo: producto, sin duda, de una burguesía, y un sistema capitalista, que debe convivir, explicar y proponer soluciones frente a su propia crisis, en particular desde la posguerra de la Primera Guerra Mundial.

Una cuestión importante, cuando nos planteamos trabajar en perspectiva histórica, es ponernos de acuerdo sobre los criterios de periodización. Siguiendo a Marx, el marco más general es el de los modos de producción: comunismo primitivo, modo de producción "asiático", esclavismo, feudalismo, capitalismo. Y socialismo-comunismo como el nombre, en movimiento, que se le da al horizonte poscapitalista.

Marx (1975) nos da todavía, a partir de su mirada en *El capital*, la posibilidad de acercarnos a una primera periodización ya dentro del propio modo de producción capitalista: acumulación originaria, cooperación simple, manufactura y gran industria.

A fines del siglo XIX y comienzos del XX, va surgiendo y consolidándose otra periodización: la que divide al capitalismo en "épocas". Así, la gran división será entre una fase de ascenso de las fuerzas productivas, época donde prevalece la libre competencia y, desde el punto de vista del proletariado, la posibilidad del "reformismo" (obtener reivindicaciones más o menos estables sin poner en cuestión el capitalismo como tal), y otra, que Lenin (1973) (2) llamará de "guerras y revoluciones" y Trotsky (2008) de "estancamiento de las fuerzas productivas", el imperialismo, donde prevalecen el capitalismo monopólico y las crisis globales.

Bajando más aún en grados de abstracción, y ya remitiéndonos a la época imperialista propiamente dicha, podemos hablar de diferentes fases de la economía mundial. La que, *a posteriori* de la crisis 1873-1895, da lugar a una fase expansiva hasta la Primera Guerra Mundial; el momento contradictorio de entreguerras que culmina con la gran crisis mundial de 1929; la gran recesión de la década del 30 que lleva a la Segunda Guerra Mundial; el *boom* de la posguerra hasta la crisis de los 70, y la crisis crónica que se abre a partir de ese momento, tal como desarrollamos en Castillo (2020).

Sabemos de la existencia de otras formas de periodizar, que, a nuestro juicio, solo pueden ser utilizadas con muchísimo cuidado. Tal la que plantea la teoría de las ondas largas –Kondratiev, luego rescatada por Giovanni Arrighi–, desarrollada en Tavilla (2020), o las clasificaciones a partir de regímenes de acumulación o modos de regulación, planteadas por Aglietta (1979), típicos de la escuela de la regulación, que, a escala global, propone la clasificación de taylorismo, fordismo y posfordismo.

A la vez, definida la forma específica de periodización utilizada, debemos incorporar otra cuestión: debemos "bajar" territorialmente los modos de producción (y sus respectivas periodizaciones): es lo que llamaremos las "formaciones económico-sociales". En concreto, la particular "mezcla" que se constituye en cada país. Siguiendo a Trotsky (2017), con su planteo del "desarrollo desigual y combinado", cada formación económico-social tendrá su particular articulación y conformación histórica. En la época imperialista, cuando el capitalismo ya ha cubierto territorialmente el conjunto del planeta, toda formación económico-social estará hegemonizada por el modo de producción capitalista. Y más específicamente, la propia economía mundial será un todo articulado donde se acumulará (y reproducirá) a escala global el capital.

Con estas precisiones, podremos (y a los fines analíticos deberemos) precisar la periodización de cada formación económico-social (en nuestro caso, la economía argentina o, a escala regional, la formación económico-social latinoamericana), explicándola a partir de "patrones" o "regímenes" de acumulación.

Todo esto será el marco, la cosmovisión, la perspectiva, desde lo cual abordaremos nuestra investigación.

Preguntémonos ahora sobre el "modo de ver" del discurso económico dominante.

El "mercado" o "los mercados" se convierten en el modo de ver lo real. La concepción "económica" delimita el problema a partir de una serie de interrogantes (¿qué es la riqueza?, ¿qué es la "soberanía del consumidor?, ¿qué son las expectativas?), que a su vez se sitúan en el marco de debates, donde lo fundamental es quién y con quién está habilitado el debate (y con quién no).

Lo que se disputarán serán categorías: valor, precio, dinero, capital, mercado. Y, lo más importante, se definirá una posición de los sujetos, una orientación para el problema. Así como insistimos en que nuestro punto de vista es de clase (el conflicto de clase y la perspectiva desde la clase trabajadora), también debemos preguntarnos desde dónde "mira" el pensamiento económico dominante: desde un supuesto sujeto autónomo que tiene una conducta de oferta y demanda en el mercado, un mercado que, supuestamente, "somos todos", en igualdad de condiciones y oportunidades. Este individuo (el *homo economicus*, plenamente informado, que maximiza placer, ganancias y utilidades y, como contrapartida, minimiza dolor y costos) es quien "mira" e interpreta la realidad, y no los burgueses o proletarios que nosotros planteamos mirar desde una perspectiva de clase. Categorías como explotación, plusvalía, o reproducción del capital quedan así "invisibilizadas", "prohibidas", o "silenciadas".

En síntesis, se trata de entender las perspectivas, los "modos de ver". Desde distintas definiciones de sujetos (individuo en el mercado versus clase social), se definen las posiciones en la lucha entre diferentes "modos de ver". Esas perspectivas, contrapuestas, orientarán las distintas producciones de saberes y prácticas. Siguiendo a Foucault

(1996) en *El orden del discurso*, se establece así un régimen de visibilidades y enunciables.

Ahora bien, ¿en qué momento nace ese saber llamado "economía política"? No hay debate al respecto: surge en el siglo XVIII. Como veremos en su momento, hay textos y enunciados previos que hoy llamaríamos "económicos", pero que, cuando fueron elaborados, no pertenecían a ese campo, simplemente porque no existía como tal.

Claro que, cuando sostenemos que la economía política como tal surge en el siglo XVIII, nos estamos refiriendo a dos cuestiones diferentes: la economía como "cosa", como realidad claramente delimitada de otras prácticas, como lo visible; y la economía como "palabras", como lo enunciable. El mercado como campo o lugar de lo visible se hace claro en el siglo XVIII. En el caso del mercado, este no solo se hace visible, también se hace "mostrable": deja de ser ese lugar "sórdido", "escondido", "pecaminoso" de los siglos anteriores (incluso desde el Pireo de la Atenas clásica, donde era el sitio de los extranjeros, de una práctica que no tenía relación con la supuestamente virtuosa de los ciudadanos). A partir del siglo XVIII, comenzará a ser cada vez más un lugar para "ver y ser visto", con sus carteles (que en el siglo XX llegarán a las luces de la propaganda comercial) y sus sitios cada vez más invasivos en las principales ciudades (desde las galerías del siglo XIX a los *shoppings* modernos). Las mercancías, sus precios, sus tasas de cambio son cada vez más visibles. Como contrapartida, tal como relata genialmente Marx (1975) al final del capítulo 4 del tomo I de *El capital*, la fábrica, la usina de producción, la suciedad de la explotación se invisibilizan. Es lo que no se ve, y a la vez de lo que se evita hablar, ya que "avergüenza", "contamina", desnuda la mentira de una ciudadanía "formal" donde supuestamente somos todos libres e iguales.

Prestemos atención a la diferencia. Cuando surge la economía política, se muestra, se ilumina lo que antes aparecía escondido: el mercado. Y, por el contrario, se torna opaco, se esconde, el "cómo" de la producción, que con anterioridad era transparente (incluso justificando las "desigualdades naturales", como la servidumbre o la esclavitud). Recordemos que, incluso cuando en determinadas épocas la producción tenía sus secretos (como en los gremios medievales), eso implicaba un "orgullo" para los propios productores. Era secreto, pero no vergonzoso. La superexplotación de las usinas de producción del capitalismo, en cambio, trata de invisibilizarse frente al discurso de una sociedad moderna, supuestamente progresista y que "incluye" cada día a más sectores de la población mundial en sus beneficios.

Por eso es muy importante reflexionar qué pasa en ese período, que ya forma parte de la modernidad, lo que Foucault (2002) llama "la época clásica" (siglo XVII), cómo eso se desarrolla en el siglo XVIII y XIX (donde ya está el capitalismo plenamente desarrollado), qué sucede en el siglo XX, con las crisis capitalistas, pero a la vez con el hiperconsumo de la sociedad de masas y con la velocidad de los intercambios en los tiempos de la denominada "globalización". Y, no menor, cómo todo eso se reconfigura desde el mundo periférico, subdesarrollado, dependiente y semicolonial.

Todo esto está estrechamente unido al momento en que aparece la economía como enunciado. Contemporáneamente a Adam Smith, e incluso un poco después, comenzarán a surgir las primeras cátedras de economía política en las universidades. Adam Smith (2005), en su texto *Naturaleza y causa de la riqueza de las naciones*, pone "luz" en dos cosas: la fábrica manufacturera y el mercado. Ese es su "campo de visibilidad".

Smith está, desde el punto de vista de su cosmovisión, todavía en la época clásica foucaultiana (de hecho, con su ejemplo de la fábrica de alfileres en el primer capítulo de la *Riqueza de las Naciones,* demuestra que no ve en su totalidad los enormes cambios que está produciendo la Revolución Industrial). Pero sienta bases fundamentales.

Comparemos con lo que, décadas más adelante, planteará Jeremy Bentham (2013): el individuo en el mercado, egoísta, sí, pero con los límites morales que le coloca Adam Smith, pasa a ser el extremo hedonista del *homo economicus*. Y a la vez, Bentham avanza con su panóptico. La prisión, el manicomio, la fábrica pasan a ser lugares donde el que tiene el poder pueda "mirar sin ser visto", exactamente lo contrario que la galería comercial que citamos anteriormente.

Del lado de los enunciados, ha surgido la economía política. Con un estatuto totalmente diferente a la disciplina "menor" y subordinada *oikos+nomos*, la economía de Aristóteles (2005), que mantuvo esa jerarquía subordinada durante la hegemonía del tomismo medieval. A pesar de que, luego de la conquista de América y con el saqueo de los metales preciosos, se da la llamada "revolución de los precios" en la España del siglo XVI–XVII, y de que los debates sobre los precios (el justo precio) y las normas para el funcionamiento de los mercados, que empezaban a generalizarse, comienzan a tener más complejidad, la economía sigue subordinada a la ética y, en el fondo, a la teología. Esto sucederá incluso con la máxima expresión de la época: la llamada Escuela de Salamanca, relatada por Gómez Machado (2011).

En cambio, ya en el siglo XVIII, y Smith es una muestra de esto, el mercado y la fábrica aparecen como las "evidencias". Si acordamos en que cada formación económico-social posee su propia evidencia, su propia "visibilidad", la fábrica y el mercado integran el par de nacimiento de la economía.

Ahora bien, en ese par de visibilidades, el régimen de luz, lo "iluminado" tenderá a ser, cada vez más, el mercado. Que Smith primero, y Ricardo después, le conserven un lugar importante a la usina de producción y que la teoría del valor trabajo obligue a comenzar el análisis por el lado de la producción será justamente la contradicción "maldita" de la economía política. Será aquello que, lúcidamente, Marx verá y llevará a su máxima consecuencia. Pero la fábrica deberá ser lo ocultado. La forma de producir, el proceso de trabajo, el régimen de valorización y el propio sujeto de todo, el obrero, tenderán, cada vez más, a ser escondidos. Esto se logrará plenamente recién con el pensamiento neoclásico-marginalista.

Inspirándonos libremente en el Toni Negri (1991) "obrerista", podemos decir que la economía primero niega al obrero, lo invisibiliza como sujeto específico. Hasta que ya no puede hacerlo. Primero no puede hacerlo políticamente: la emergencia de la Revolución rusa. Pero posteriormente tampoco puede hacerlo desde lo específicamente económico, con la crisis de 1929. Con Keynes se lo "integra" en el consumo vía la "demanda efectiva". Y en la política, con los llamados "Estados benefactores". Será la cristalización de una nueva relación de fuerzas, favorable a los trabajadores a partir de la cadena de revoluciones que recorren el siglo. Habrá que analizar –lo haremos en el capítulo final– qué sucedió en los últimos 50 años, con un capitalismo mundial en crisis crónica, y al calor de los grandes cambios acaecidos luego de 1989.

Decía Marx (1970) en 1859:

[...] la humanidad se propone siempre únicamente los objetivos que puede alcanzar, pues, bien miradas las cosas, vemos siempre que estos objetivos solo brotan cuando ya se dan o, por lo menos, se están gestando, las condiciones materiales para su realización.

Siguiendo nuestro razonamiento, cada formación histórica dice "lo que puede decir".

En síntesis, cada formación histórico-social construye su ideología, sus evidencias y sus discursividades. La gran pregunta que nos recorre es: a partir del surgimiento de la economía como discurso y como suceso autónomo, ¿cómo se constituyen las visibilidades y cómo se constituyen los enunciados?

Deleuze (2015), analizando a Foucault, afirma que los enunciados priman por sobre las visibilidades. Sin embargo, el saber, la "verdad" es un proceso (lo visible) sumado a un proceder (lo enunciable).

Por eso, la pregunta clave es qué es lo que una época "ve" y "hace ver", "dice" y "hace decir". Dirá Foucault que esas son las condiciones de los comportamientos. Volviendo a Marx, nosotros le agregamos que la argamasa de la cual dependen son, a su vez, las condiciones materiales de existencia.

La "economía", entonces, se nos aparece como la práctica que define qué es "lo posible" y qué lo imposible. Miremos toda la potencia de algunas definiciones. La del historiador victoriano Thomas Carlyle: la *dismal science* (la ciencia "lúgubre"), citada brillantemente por Dixon (2010). La del principio de "escasez" de los autores neoclásicos. Así la pregunta, hasta entonces puramente filosófica, "¿con base en qué condiciones esto (algo) es posible?" se transforma en una pregunta "técnica" (económica).

Recordemos que lo visible y lo enunciable son los *a priori* de un saber que no tiene objeto ni sujeto, sino solamente elementos (visibles y enunciables). Pero esto no nos transforma en kantianos: saber no es conocer. Por eso, cuando hablamos de economía como discurso económico, no estamos en el terreno de lo científico, a la búsqueda de una verdad, sino de una justificación ideológica.

El umbral anterior de Adam Smith (el siglo XVII, que lo precede) es la entonces denominada "filosofía moral", el posterior es transformar ese saber en "ciencia", tal como se la entendía en ese momento (la contradicción no resuelta entonces entre racionalismo y empirismo). Pero Adam Smith, en medio del llamado "renacimiento escocés" (David Hume, Ferguson), ya transforma esa filosofía moral en "economía política", y su umbral posterior pasa a ser la formalización de ese conocimiento, tal como señala Broadie (1997). Formalización que, en el terreno enunciativo, dará un salto con los *Principios de economía política y tributación* de David Ricardo (1985), pero que quedará pendiente hasta su resolución definitiva con la economía matemática, desarrollada por el pensamiento neoclásico-marginalista.

La economía con Smith todavía es plenamente "política". Por eso ocupa un lugar importante el "derecho del soberano" a extraer recursos (impuestos). Recordemos que esto también ocupaba un lugar preponderante en los autores de lo que usualmente se señala como la prehistoria de la economía política moderna: mercantilistas y fisiócratas. Pero, a la vez, Smith es un hombre de fines del siglo XVIII, donde el centro ya es "hacer producir", o sea tomar un objeto útil y multiplicarlo. Como diría Foucault, en ese momento ya está planteado un régimen de organización o "cuadricularización" de la vida social. La división del trabajo, en la usina de producción y en la sociedad, ya implica una forma de gestión y control de la vida. La economía política ya no solo se dedicará a enunciados soberanos (política económica, con relación al Estado), sino también disciplinares. Será una disciplina que presentará todo un programa útil para la burguesía en ascenso. Tal como afirma Eric Roll (1973):

> [...] su éxito no hubiera sido tan grande de no haberse dirigido a un auditorio dispuesto a recibir su mensaje. Habló [Adam Smith] con la voz de éste, la voz de los industriales que ansiaban acabar con todas las restricciones del mercado y de la oferta de trabajo, restos anticuados del capital comercial y de los intereses de los terratenientes.

"La economía" como actividad, junto con "la economía política" como discurso, constituye entonces un saber que es a la vez una práctica. Saber que está en manos de los que ejercen esa actividad (comerciantes, dueños de fábricas, banqueros) y de los que se dedican a estudiarlo e interpretarlo (los economistas), articulando ambos saberes y ambos grupos de personas el ejercicio de la "política económica" por parte de los Estados o de organismos internacionales que van a ir surgiendo a medida que el capitalismo vaya adquiriendo dimensión global.

Ese saber económico, esa práctica, no tendría, en principio, ningún secreto, nada "oculto". Simplemente se trataría de saber "extraerlo" del lugar correcto. Por supuesto, primero se deben conocer las reglas de formación de los enunciados. Luego, estaría todo dicho.

Así, hoy la operación ideológica es hacernos creer que ese saber estaría en los *papers* de la "ciencia" económica neoclásica o marginalista, el citado *mainstream*, formalizada a partir de complejos modelos matemáticos encriptados para todo aquel que no tenga capacidad de descifrarlos. Y ello sumado a un conocimiento práctico que solo tendrían los *animal spirits* capitalistas, ya se entiendan a estos como el empresario emprendedor schumpeteriano, el empresario endiosado de los economistas austriacos o el especulador keynesiano.

Volvamos una vez más a Foucault, citado por Deleuze (2015) cuando nos dice que hay que encontrar los enunciados allí donde están: en los "archivos". La pregunta es: ¿dónde están esos archivos, ese corpus de palabras, frases y proposiciones que constituyen lo que denominamos "economía"?

Repasemos: las palabras claves serán "mercado", "precio", "valor", "dinero", "capital", "salario", "ganancia", "renta", "interés". Ahí está el saber, lo que se ve (y lo que no se ve), lo que "se dice" (y lo que "no se dice"). Pero el problema económico no es solo una cuestión de saberes, sino también, y principalmente, de poder. Por eso definiremos a la economía como un "discurso de poder".

Pero cuando hablamos de poder queremos darle un contenido bien concreto. Por un lado, acordamos con Foucault cuando, al preguntarse si hay algo más allá del poder, responde afirmativamente, situando en ese lugar al "deseo". Esto es fundamental en economía: el deseo materializado es tener (poseer) bienes, para así satisfacer placeres ("maximizados", diría el pensamiento neoclásico-marginalista). Bienes que, vía la generalización de los mercados, solo pueden ser mercancías. Que lleva entonces a tener (poseer) valor. Valor de uso, por cierto, pero, como veremos en los capítulos siguientes, valor de cambio, la materialización del "Valor" (así con mayúsculas), secreto a la vez de la fuente del plusvalor. Lo que nos lleva al verdadero secreto del deseo dominante en el capitalismo: la acumulación siempre creciente de plusvalor, su reproducción y acrecentamiento infinito. El deseo en síntesis de "riqueza", esa palabra tan presente en los primeros autores de la economía política.

Pero, digámoslo con todas las letras, acá es dónde no nos alcanza Foucault. El poder no flota en el aire, ni puede explicarse desde la subjetividad individual. El sustrato material, objetivo, del poder está en las relaciones de clase. La lucha por el poder expresa las contradicciones irreconciliables entre clases sociales: explotadores y explotados. Que, a su vez, se apoya, contradictoriamente, sobre las condiciones materiales de existencia, el estadio del desarrollo de las fuerzas productivas.

Entre los enunciados (la economía como disciplina) y las visibilidades (lo económico como actividad), hay una diferencia de naturaleza absoluta, pero a la vez hay "capturas" de unos hacia los otros. Tomando una muy feliz expresión de Deleuze (2015): se trata de "abominables" relaciones de poder. Expresión que nos recuerda a Marx (1975), que, en el primer párrafo de *El capital*, utiliza el término *ungeheure* ('monstruoso') para referirse colectivamente a las mercancías que son manifestación de la riqueza en el modo de producción capitalista.

La relación entre el enunciado (discurso económico) y la actividad estará siempre "sucia", cruzada por esas relaciones de poder, y será, entonces, profunda e infinitamente ideológica. Ese será el destino de la economía como disciplina: cosmovisiones enfrentadas por vientos huracanados de la lucha de clases.

Teniendo esto en claro, digamos también que un enunciado se define por el campo de vectores a que está asociado (Foucault), o, lo que es lo mismo, por su espacio asociado o adyacente. Esto no es menor en economía: remite nada más ni nada menos que a la pregunta de si la economía es una ciencia del comportamiento –uno de los padres de la escuela austriaca, Mises (2017), la definirá como "teoría de la acción humana"– y, por lo tanto, está emparentada a la psicología, una teoría de la empresa (ciencias de la "administración"), o una mera formalización matemática donde no importa la relación entre los supuestos y la realidad, tal como asegura Friedman (1953). Y, a la vez, a la relación de la economía con la sociología, la historia y la política. Como debatiremos en el libro, lo que está en discusión es el estatus de la economía en el marco de las ciencias sociales, y su propio lugar como disciplina independiente.

Pero, para una correcta comprensión del lugar del discurso económico, nos resta aún otro interrogante: cuál es la relación del enunciado con aquello que le sirve de sujeto, de objeto y de concepto, que no son otra cosa que funciones derivadas del propio enunciado.

Comencemos por el sujeto. Acá vemos el abismo absoluto entre los "sujetos" de la economía neoclásica y keynesiana (nos permitimos llamarla simplemente "economía burguesa") que nos remiten a las figuras del consumidor y el productor, ambos como portadores de conductas individuales, versus el planteo de la crítica de la economía política en Marx, donde el sujeto son las clases sociales, definidas por el lugar que ocupan en su relación con la propiedad de los medios de producción. Marx (1975) aclara:

> No pinto de color de rosa, por cierto, las figuras del capitalista y el terrateniente. Pero aquí solo se trata de personas en la medida en que son personificaciones de categorías económicas, portadores de determinadas relaciones e intereses de clase.

Si nos remitimos ahora a otra definición de sujeto, el sujeto del enunciado, esto es la figura de "el economista", también encontramos profundas heterogeneidades, según nos estemos refiriendo al "científico", hoy limitado al profesor o especialista, productor de *papers* para las universidades, al economista "de empresa", consultor especializado en el comportamiento de los mercados, al economista de "partido político" (oficialista u opositor), al periodista económico, o al ejecutor de política económica (ministro, secretario, presidente de Banco Central o funcionario de organismos económicos internacionales). Y, en un campo de diferenciación mucho mayor con todos ellos, al economista marxista, militante anticapitalista, que rompe los ámbitos supuestamente autónomos de economía, política, ideología y se ubica explícitamente en el campo de la clase trabajadora y enfrentado a la burguesía y al régimen capitalista.

No podemos culminar nuestro análisis del sujeto en el enunciado del discurso económico sin referirnos a un sujeto fantasmagórico e irreal. Se trata de las modulaciones de una tercera persona: los mercados que supuestamente "hablan", "se ponen nerviosos" o "reaccionan".

Pasemos ahora al objeto. Todo enunciado apunta a algo, designa algo. Esto nos remite directamente a la pregunta que analizaremos en profundidad en nuestro primer capítulo: ¿qué es la economía? Pero sí queremos poner el acento en una cuestión asombrosa: todos los objetos particulares de la economía son ficciones; esto es, la competencia perfecta, el *homo economicus*, el equilibrio general, el "rematador" walrasiano. Incluso, como citamos más arriba, habrá economistas, como Friedman (1953), que afirmarán que no tiene importancia la correspondencia entre los supuestos y la realidad, en tanto los modelos sirvan para predecir. Contradictoriamente, habrá otros, como los de la escuela austriaca, que, ante la evidente incapacidad predictiva verificada por la experiencia histórica, afirmarán, siguiendo a Cachanosky (2016), que la economía no "predice", sino que "interpreta" la realidad a partir de proposiciones no demostrables, sino "evidentes por sí mismas", sin preocuparse de que esas "evidencias" no son tales.

Por último, remitámonos al concepto. El concepto es el significado de una palabra. El concepto discursivo está en el cruce de todo un sistema heterogéneo por donde pasa el enunciado. ¿Qué sería entonces un concepto económico? Citemos extensamente: inflación, hiperinflación, crisis económica, desocupación o desempleo, crecimiento, desarrollo, ajuste. Todas palabras que tendrán distintas definiciones específicas según diferentes escuelas y serán más o menos graves según las distintas cosmovisiones.

Habíamos dicho más arriba que la escisión entre el enunciado y lo visible en economía implicaba "capturas" mutuas, y que ellas estaban mediadas nada más ni nada menos que por el poder, por la lucha política por el poder y las resistencias que se oponen a dicho poder. Lo específico de las capturas entre enunciado y visibilidad en economía se materializará en "políticas económicas", ejecutadas por gobiernos u organismos internacionales, y, en última instancia, como materialización de intereses de clases contrapuestas. El discurso económico será, entonces, la expresión más descarnada de la superestructura ideológica del modo de producción capitalista.

Bibliografía

Aglietta, Michel (1979), *Regulación y crisis del capitalismo*, Siglo XXIEditores, Ciudad de México.

Althusser, Louis (1968), *La filosofía como arma de la revolución*, Cuadernos de Pasado y Presente 4, Ciudad de México.

Althusser, Louis (1969), *Para leer el capital*, Siglo XXI Editores, Ciudad de México.

Aristóteles (2005), *La Política*, Losada, Buenos Aires.

Bentham, Jeremy (2013), *El panóptico*, Quadrata, Buenos Aires.

Broadie, Alexander (1997), *The Scottish Enlightenment,* Canongate Classics, Edinburgo.

Cachanosky, Juan Carlos (2016), *La escuela austriaca de economía,* Episteme Editorial, Miami.

Castillo, José (2020), *50 años de cronicidad de la crisis capitalista mundial,* ficha de cátedra, Facultad de Ciencias Sociales, Universidad de Buenos Aires.

Deleuze, Gilles (2015), *El saber: curso sobre Foucault,* tomo I, Editorial Cactus, Buenos Aires.

Dixon, Robert (2010), *The dismal science? Thomas Carlyle y John Stuart Mill,* Insights Melbourne Business and Economics, Vol. 8, Melbourne.

Foucault, Michel (1996), *El orden del discurso,* Las Ediciones de La Piqueta, Madrid.

Foucault, Michel (2002), *Las palabras y las cosas,* Siglo XXI Editores, Buenos Aires.

Friedman, Milton (1953), *Essays in Positive Economics,* University of Chicago Press, Chicago.

Gómez Machado, Francisco (2011), *Economía y filosofía moral: la formación del pensamiento económico europeo en la Escolástica española,* Editorial Síntesis, Madrid.

Lenin, Vladimir (1973) (1), *Tres fuentes y tres partes integrantes del marxismo,* Editorial Anteo, Buenos Aires.

Lenin, Vladimir (1973) (2), *El imperialismo fase superior del capitalismo,* Editorial Anteo, Buenos Aires.

Marx, Karl (1970), "Prólogo a la *Contribución a la crítica de la economía política*", en *Introducción general a la crítica de la economía política,* Cuadernos de Pasado y Presente 1, Córdoba.

Marx, Karl (1975), *El capital,* tomo I, Siglo XXI Editores, Ciudad de México.

Mises, Ludwig (2017), *La acción humana,* Unión Editorial, Buenos Aires.

Negri, Antonio (1991), "J. M. Keynes y la teoría capitalista del Estado en el 29", en *El Cielo por Asalto,* n.° 2, Buenos Aires.

Ricardo, David (1985), *Principios de economía política y tributación,* Fondo de Cultura Económica, Ciudad de México.

Roll, Eric (1973), *Historia de las doctrinas económicas,* México, Fondo de Cultura Económica.

Sartre, Jean-Paul (1968), *Crítica de la razón dialéctica,* tomo I, Buenos Aires, Losada.

Smith, Adam (2005), *Naturaleza y causa de la riqueza de las naciones,* Fondo de Cultura Económica, Ciudad de México.

Tavilla, Pablo (2020), *Sobre el orden jerárquico en la economía mundial capitalista,* ficha de cátedra, Facultad de Ciencias Sociales, Universidad de Buenos Aires.

Trotsky, Leon (2008), *El programa de transición,* Ediciones del IPS, Buenos Aires.

Trotsky, Leon (2017), *Historia de la Revolución rusa,* en *Obras escogidas,* CEIP, Buenos Aires.

Introducción: ¿qué es la economía?

José Castillo

El ser humano siempre tuvo que resolver sus condiciones materiales de existencia. Y lo hizo interactuando con la naturaleza, transformándola y transformándose a la vez. Apropiándose de ella y creando, usando una expresión de Marx (2006) (2), al medio ambiente como su propio cuerpo inorgánico. Para eso creó herramientas, desarrolló técnicas y tecnologías, planificó previamente en su mente aquello que habría de construir con su trabajo. Eso, en suma, no es otra cosa que el desarrollo de las fuerzas productivas.

Pero el ser humano no vive en soledad; nace, vive, actúa y muere en sociedad. Es, al decir de Aristóteles (2005), un "animal social". Siempre tuvo que trabajar: poner su energía física y mental al servicio de apropiarse de la naturaleza, modificándola. Y, a la vez, hacerlo midiendo el tiempo que le lleva esta actividad. Pero el trabajo, durante todo el devenir histórico, fue una tarea hecha en sociedad, común a otros, incluyendo en esto desde la división del propio trabajo social hasta la distribución del producto obtenido. Pero estas características del concepto "trabajo" son anteriores a cualquier definición de "economía", e incluso a cualquier tipo de sociedad, ya que están presentes en todos los modos de producción.

Es el propio desarrollo de las fuerzas productivas el que permite, en un determinado momento, que surja un excedente entre el total de lo producido y lo que necesariamente se consume en una comunidad determinada. La apropiación de ese excedente da lugar a la aparición de la explotación y a que la sociedad se desgaje, se desgarre, en clases sociales antagónicas: explotadores y explotados. La forma particular que asume esa división de la sociedad en clases y su lucha, junto con la relación específica que tiene con el desarrollo correspondiente de las fuerzas productivas, da lugar, tal como explica Marx (1970), a diferentes modos de producción.

En algún momento, los seres humanos (para ser más exactos, "algunos seres humanos", más adelante veremos quiénes) comienzan a escribir sobre todo esto. Primero fragmentariamente, mezclado con reflexiones sobre otros temas, considerados más "importantes", más "sagrados" o simplemente prioritarios "estéticamente". Luego, estos textos que citan de una forma u otra a las actividades relacionadas con las condiciones materiales de existencia aparecerán escritos ya más específica y sistemáticamente. Hasta que aparezca una temática que, con pretensión de cientificidad, parezca ocuparlo todo: se lo llamará "la economía". De eso se trata esta historia.

Pero nada es sencillo. Es un hecho que hoy existe una disciplina denominada "economía". ¿Qué decir entonces de una disciplina científica que ni siquiera se pone de acuerdo en la definición de su propio objeto? No se trata de asustar más a los lectores, que seguramente ya ingresarán a un texto que lleva en su título la propia palabra "economía" con toda una carga (como veremos luego, ideológica) acerca de lo difícil que es esta "ciencia". Lo que proponemos es comenzar por un diagnóstico serio de un conjunto de conocimientos que tiene dificultades para precisar su alcance, su estatus en relación con lo científico en general, y su vinculación con otras disciplinas. Y cuya importancia deriva en que lo que está en juego es su íntima articulación con el poder político y económico. Evidentemente, esto no se resuelve acumulando una serie de definiciones de "diccionario", y luego eligiendo alguna.

En cualquier ciencia físico-natural, también hay, de hecho, debates sobre sus alcances y límites, con algunas zonas grises. Dobb (1940) decía al respecto:

[...] entre la física y la astronomía hay de hecho un espacio donde se puede discutir qué pertenece a cada campo, pero más o menos uno puede decir con cierta claridad, éste es un fenómeno que pertenece al campo de la física, éste es un fenómeno que pertenece al campo de la astronomía.

Se suele sostener, en el campo de las ciencias sociales, que se trabaja con disciplinas deductivas, en las que, a partir de un conjunto de preposiciones, se procede a los desarrollos posteriores. Claro que, si no hay acuerdo sobre cuáles son esas preposiciones originales, nos encontraremos con serios problemas para definir el estatus de ese cuerpo teórico. Esto sucede en general en el conjunto de las ciencias sociales, humanas o "del espíritu" (para seguir la terminología kantiana). Basta para ello recordar el conjunto de debates que arrancan por los empiristas y los racionalistas en el siglo XVII, pasan por Kant y luego siguen con el positivismo. En el mundo de fines de siglo XIX y principios del XX, podemos poner como ejemplo las distintas perspectivas acerca de la "metodología" científica que enfrentaron a Durkheim y Weber con respecto al estatus de la sociología. Excedería nuestro trabajo relatar los meandros de estas discusiones en el siglo XX. Invitamos al lector a consultar al respecto a Schuster (2002).

Si este debate está abierto para el conjunto de las ciencias sociales, es en el terreno de la economía donde quizás podemos encontrar una heterogeneidad mayor, comenzando por la discusión de si pertenece o no al propio campo de las ciencias sociales, o si se trata, en cambio, de una rama que se emparenta (de forma explícita o implícita) con las disciplinas exactas, la matemática más específicamente. No estamos exagerando: sabemos que, formalmente, todos los economistas la aceptan como una "ciencia social", pero basta ver el contenido de los *papers* del denominado *mainstream* de la disciplina para ponerlo en duda.

Nuestra primera afirmación, entonces, no es inocente. Consideramos que la economía es una parte inescindible de las ciencias sociales. Es importante precisar qué se quiere decir cuando se dice "parte inescindible". No vamos a sostener simplemente que la economía es una ciencia social, sino además que existe algo llamado "ciencia social" (o teoría social), de lo que la economía es una parte que no se puede separar del resto. Por supuesto que se podrá hacer recortes analíticos para estudiar una particularidad, pero siempre bajo la condición de "volver" a la totalidad para tener una comprensión plena del fenómeno histórico-social en consideración. Para demostrar que ninguna afirmación es inocente, nos declaramos culpables del delito de "totalidad" (aunque sin aceptar el de considerarlo sinónimo de "totalitario") con que Popper (1967) acusó a Hegel y a Marx. Nos ubicamos, entonces, en las antípodas del falsacionismo popperiano.

Si quisiéramos transformar esto en un enunciado provocador, podríamos decir "La economía como ciencia autónoma no existe", para pasar inmediatamente a afirmar que tampoco existen la ciencia política, la sociología, las ciencias de la comunicación, o la antropología. Todo es parte de un "algo" que podemos denominar "ciencia social" (o "teoría social"), en cuanto disciplina que tiene por objeto analizar la sociedad en su perspectiva histórica.

Ahora bien, sucede que, a diferencia de la economía, en las otras disciplinas de las ciencias sociales el límite del debate se mueve entre si se es parte de una totalidad inescindible o si se trata de una ciencia social autónoma. En la economía, en cambio, sobre todo a partir de 1870, va a aparecer una corriente que comenzará a cuestionar de hecho su carácter de ciencia social, desde dos ángulos. Por un lado, con la incorporación de un herramental matemático que rápidamente va dejando de ser instrumento al servicio de la comprensión de la realidad para transformarse en el objeto en sí de la disciplina (un conjunto de axiomas *a priori*, sin importar su vinculación con lo existente). Y, por el otro, con el abandono del estudio de los agregados sociales (clase social, nación) y su reemplazo por el de las conductas de los individuos (por lo tanto, su "relacionamiento" empezará a ser con algún tipo de psicología). Las acciones de los individuos pueden formar parte de las ciencias sociales si se trata de acciones sociales (o sea que afectan a otros individuos). Tal es la posición de Weber (1980). Pero el análisis de la "conducta" en los economistas subjetivistas va mucho más allá, ya que no se trata de acciones individuales "sociales" (es decir, en relación con otros sujetos), sino de reacciones a partir de cosas (objetos que dan placer o dolor). Esto ha llegado, en sus últimas versiones, a lo que se llama la "neuroeconomía". Se estudian los reflejos condicionados de una persona frente a situaciones de distintas operaciones de mercado.

Frente a todas estas confusiones terminológicas y epistemológicas, en este libro vamos a "permanecer" en la tradición clásica (de Adam Smith y David Ricardo), en un tránsito desde allí hacia lo que se conoce como la "crítica a la economía política", inaugurada por Karl Marx. Por eso, al hablar de economía política –y acá ponemos énfasis en este adjetivo, "política"–, nos estamos refiriendo a una disciplina que se reconoce en relación con el resto de las ciencias sociales, y que, por lo tanto, trabaja la importancia de los fenómenos institucionales, políticos y sociales, en perspectiva histórica. El adjetivo "política" nos remite además a la lucha por las condiciones materiales de existencia, a partir de prácticas (económicas, políticas e ideológicas).

El citado corte epistemológico que se da en 1870 hace que a la economía política se le empiece a oponer lo que en español se denomina "ciencia económica" –en realidad, el término es *The Economics*, inventado en Gran Bretaña a fines del siglo XIX– y que después se desarrolló en las escuelas de economía norteamericanas en el siglo XX. La "ciencia económica" nos remite a una disciplina que señala que "lo científico" es lo modelizable matemáticamente. Se trata de una cosmovisión donde la economía es una disciplina que muy poco tiene que ver con el resto de las ciencias sociales y sostiene como sus "hermanas científicas" a aquellas que son capaces de construir modelos algebraicos o geométricos. Por lo tanto, su horizonte metodológico de ciencia estaría emparentado con la física, la química, y otras disciplinas de las denominadas "exactas". Por eso se autodefine como "ciencia económica" en vez de "economía política" (y no es secundaria la desaparición del adjetivo "política"). La "ciencia económica" como tal se negará a considerar las distintas corrientes en términos de cosmovisiones ideológicas, y su planteo será aislar lo económico de todo fenómeno institucional, político, social, o incluso tecnológico, que aparezca como perturbador o "exógeno al modelo".

Tratemos de ilustrar esta diferencia entre economía política y ciencia económica, ahora sí enfrentando algunas definiciones centrales acerca de la economía.

En Adam Smith (1776), el propio título del libro nos da una respuesta: *Acerca de la naturaleza y causa de la riqueza de las naciones*. ¿Qué es lo que provoca la riqueza en una nación y su prosperidad? Esta es una pregunta fundamental, como veremos en los próximos capítulos, para el mundo de fines del siglo XVIII. En David Ricardo (1817), encontramos en el prefacio de *Principios de economía y tributación*: "La economía es la ciencia que estudia la distribución del ingreso entre las clases sociales".

Ese es el interés, el objeto de estudio y el sentido de la intervención política de Ricardo: la pelea de las clases sociales por la apropiación del ingreso nacional. Si vamos a Marx, vemos que el eje de su estudio es la dinámica del capitalismo y su crisis: cómo el modo de producción capitalista ha nacido y se ha desarrollado, y cuáles son sus crisis y sus posibilidades de colapso.

Pegando un salto en el tiempo, que, como veremos en su momento, también implica varios problemas metodológicos, ya entrando en el siglo XX tenemos las preguntas de Keynes (aunque ubicar a Keynes en el mundo clásico, como veremos, no es correcto): ¿cómo podemos lograr el pleno empleo?; ¿cuáles son las políticas económicas para lograr el objetivo de la ocupación plena?

Frente a esto, ahora en la ciencia económica, analicemos alguna definición del pensamiento neoclásico, que nace en 1870 y que después tiene un gran desarrollo en el siglo XX. Lionel Robbins (1932) va a decir: "La economía es la ciencia que estudia la conducta humana como una relación entre fines y medios limitados que tienen diversa aplicación". O sea, se trataría de un estudio de maximización de conductas, acerca de cómo el "individuo" maximiza sus recursos para satisfacer la mayor cantidad de necesidades. Cuando abordemos, en el capítulo respectivo, la ruptura epistemológica marginalista (término más "general" que el de "neoclásico"), desarrollaremos a fondo varias definiciones más al respecto.

Pero ya con estos pocos ejemplos resulta evidente que, según nos refiramos a la economía política o a la ciencia económica, pareciera que estuviéramos hablando de dos disciplinas totalmente distintas. Y ese es el gran nudo de la discusión del pensamiento económico. Con la ciencia económica tomando control –particularmente, pero no en forma exclusiva, desde el neoclasicismo– del campo académico (donde lo que está en juego son las cátedras y los recursos de investigación de las facultades o escuelas de economía de las principales universidades del mundo) y del terreno político, con los puestos de comando de las políticas públicas (ministerios de Economía, secretarias de Hacienda o del Tesoro, Bancos Centrales, y en el terreno internacional, dirección de organismos como el Fondo Monetario Internacional, el Banco Mundial o la Organización Mundial de Comercio). La disputa se ha desarrollado en los términos de un *mainstream* donde la "economía" es lo definido por la ciencia económica y "lo otro", la "economía política", no sería más que un residuo ideológico. Olvidando que, en realidad, el 70 % de la construcción del pensamiento económico sustantivo proviene del arsenal clásico.

Como vimos en el prólogo, hoy el lugar de la lucha política e ideológica ha dejado a los que se ubican en el lugar "clásico" de la economía política el sitio de la heterodoxia, cuando en realidad, en el recorrido del pensamiento económico, por su origen y desarrollo, les tocaría el lugar de la ortodoxia.

La economía como parte inescindible de las ciencias sociales

Volvamos entonces a nuestra afirmación de la economía como una parte inseparable de ese conjunto que llamamos "ciencias sociales". Lo que queremos afirmar es que no es posible comprender la realidad social separando la ciencia política, por un lado, la economía, por otro, la sociología, por un tercero, y así sucesivamente, agregando otras disciplinas (antropología, historia, geografía, lingüística, etcétera). Sin embargo, vamos a ver que esta imposibilidad de separación absoluta, con la siempre urgente necesidad de volver a juntarlas, sí tiene, contradictoriamente, un sentido histórico: la posibilidad que ofrecen estas disciplinas, por lo menos de la modernidad para acá, de diferenciarse analíticamente.

Por supuesto que, cuando decimos, hasta ahora un poco livianamente, que la economía es una parte inseparable de un todo llamado "ciencias sociales", sabemos que no es una afirmación compartida unánimemente por los economistas. Ni siquiera por todos aquellos que se colocarían en el terreno de lo que llamamos "economía política". Esto nos remite entonces a un debate ideológico. Lenin decía que la economía es solo "política concentrada". Resulta interesante analizar este enunciado. Aparece como certero si es una reacción frente a la elaboración neoclásica o marginalista, que busca expulsar el conflicto político y social del campo de los modelos económicos. Pero aparece como un exabrupto –aun lo sería para el propio Marx, que se pasó dos décadas estudiando economía en el Museo Británico– si ello implica negar la especificidad de un conocimiento que se ha desarrollado a lo largo de por lo menos 250 años.

¿Nos estamos contradiciendo, entonces, con lo señalado en párrafos anteriores, y ahora si vamos a reconocer una especificidad al pensamiento económico?

Creemos que no, y para ello vamos a hacer uso de una interpretación libre de Schumpeter (1982), y en particular de su monumental *Historia del análisis económico*. Plantearemos una diferenciación entre economía política, análisis económico y política económica. Cuando hablamos de "economía", en general estamos utilizando enunciados que podemos separar en estos tres conceptos, que trataremos de definir a continuación.

Economía política

La "economía política" remite a un conjunto de cosmovisiones, como el "liberalismo", "el socialismo", "el intervencionismo estatal", etcétera. Se trata de un terreno de luchas ideológicas. Son planteos sobre los cuales, con mayor o menor elaboración teórica, se interpela a los sujetos en términos de si acuerdan con ellos o no, relacionados a las formas de organización socioeconómica de una sociedad. Lo podemos equiparar a lo que algunos autores han denominado "doctrinas económicas". La inmensa mayoría de las personas de nuestra época están en condiciones de tener una posición a favor o en contra con respecto a si prefieren vivir en una sociedad socialista o capitalista, a si optan por una mayor intervención estatal en términos de garantizar seguridad económica e igualdad o a un más libre accionar del mercado, etcétera. Estas cosmovisiones se han estilizado, completado y complejizado en los últimos 200 años, conformando verdaderos cuerpos de doctrina capaces de responder a una variada cantidad de preguntas preparadas para cuestionarlas, y construyendo postulados capaces de resistir las pruebas de refutación de la lógica formal.

Un primer enunciado fuerte que vamos a sostener es que en la economía política hay corrientes de pensamiento disímiles, que se enfrentan políticamente unas con otras. Es incorrecto epistemológicamente enfrentarlas en términos de doctrinas verdaderas o falsas. Porque las corrientes importantes son de una potencia en su pensamiento lógico interno que no resultan fáciles de refutar. En realidad, la diferencia que hay entre un neoclásico, un clásico, un marxista y un keynesiano está en su "visión" de la sociedad, en su cosmovisión, y en sus ubicaciones políticas y de clase.

No negamos que existan importantes debates al interior de cada uno de estos cuerpos teóricos, y que incluso esto plantee la posibilidad de cuestionar la solidez analítica de alguna corriente. Así podemos discutir, por ejemplo, si Marx en el tomo III de *El capital* niega o no la teoría del valor trabajo tal como está expuesta en el tomo I, o si en la teoría neoclásica hay una circularidad entre teoría del capital y la forma de definir la retribución a los factores de la producción. Pero debemos tener en claro que, aún en el caso de que se encuentren esas debilidades analíticas, estas no refutan los cuerpos teóricos en su conjunto. No se trata de un debate de "popperianos" contra "kuhnianos": lo esencial es que ningún liberal se ha hecho marxista, o viceversa, a partir de esos trabajos de refutación teórica (para escándalo de Popper). En todo caso, el accionar científico de cada escuela consiste en enfrentarse a esas refutaciones, e irlas salvando, en un camino que nos recuerda a Lakatos (2010). Es como si cada corriente teórica se convirtiera de hecho en un programa de investigación propio. Y así, las mismas teorías van resolviendo, estilizando y complejizando sus modelos. Entonces la discusión de fondo, para nosotros, es que las diferentes escuelas hablan de cosas distintas, porque piensan la sociedad de forma disímil y porque las preguntas primarias que se hacen no son iguales, hasta el extremo de que la definición de "economía" de cada una no coincide en absoluto con la de su opuesto.

Y este punto es nodal para diferenciarse de lo que, en el siglo XX, se entiende por "ciencia económica". El discurso de esta última (y pensemos en Robbins o en Milton Friedman) es que la economía es "una sola", donde, a partir de una única e indiscutida definición, se comienza por algún cuerpo teórico neoclásico/marginalista y se lo presenta como "la ciencia", sin cuestionarlo, desde lo cual se procede entonces a desarrollar la analítica.

Para nosotros la visión de la ciencia económica llamada "moderna", desde el patrón neoclásico en adelante, va a ser el de una corriente más, una cosmovisión como cualquier otra del campo de la economía política, y no, como ella se pretende, una estación de síntesis a partir de la cual nace la economía como ciencia, mientras que el resto pertenece a una confusa "prehistoria" ideológica. Así, en la mayoría de los desarrollos curriculares de las facultades o escuelas de economía, existe una materia llamada "Historia del pensamiento económico". A ella se remite todo el pensamiento anterior a 1870, estudiándoselo como si se estuviera analizando la arqueología de un ser que ahora ha crecido y desarrollado sus atributos en su mayoría de edad.

Evidentemente, la economía política convive con la ideología. Pero, al mismo tiempo, aspira a tener atributos de ciencia. Tratemos de precisar esta compleja relación.

Cuando hablamos de ideología, y sin adentrarnos en el enorme debate que está abierto en las ciencias sociales al respecto, muy bien ilustrado en Žižek (1994), nos estamos refiriendo, siguiendo a Althusser (1970):

- a cosmovisiones, o sea conjuntos articulados de ideas sobre algo;
- a falsa conciencia. Esas visiones enunciadas son siempre en algún punto falsas. Son "científicamente" falsas. En algunos casos, son absolutamente falsas, distorsivas; en otros casos, son falsas por lo menos por simplifi-

cación. Sin embargo, sostiene Schumpeter (1969), las usamos y no podríamos vivir sin ellas, precientíficas, pero no preanalíticas. Tiene que ver con un conjunto de reflexiones racionales, que nosotros hacemos y con las cuales convivimos cotidianamente;

- a un carácter subjetivo de estas visiones. Es decir, interpelan a algún sujeto. Con las ideologías se está de acuerdo o en desacuerdo, se invita a una acción o se llama a no realizarla. Althusser va a señalar que una forma de diferenciar un enunciado científico de otro ideológico es que el primero es un "discurso sin sujeto", mientras que el segundo siempre está interpelando a alguien.

- a una representación –falsa en algún punto, como vimos– del lugar del sujeto interpelado ante sus condiciones materiales de existencia. Expresan, por lo tanto, un punto de vista de clase. Esta representación hace a la visión que tiene el sujeto frente al "todo", cumpliendo entonces la función de cemento social.

Vamos a coincidir con Althusser en sostener como falsa la visión iluminista de que la ciencia simplemente "devela" lo que la ideología impide conocer. La relación es mucho más compleja. Como sostiene Schumpeter, la ideología es esencial a nuestra visión precientífica, a las preguntas que nos hacemos –y a las que no nos hacemos–, a las cosas que miramos –y a las que no miramos–. Como dice Schumpeter: a causa de las ideologías, avanzamos muy lentamente en el conocimiento científico. Pero sin ellas no avanzaríamos en absoluto.

Análisis económico

Ya van casi 250 años de duro debate ideológico, que incluye al campo de "la economía". Debate y luchas que se materializaron en regímenes políticos, guerras y revoluciones. Y el discurso económico fue decantando, a lo largo de ese tortuoso camino, algunas conclusiones. En ciertos casos son acuerdos sobre terminologías, o formas de "contabilizar" algún fenómeno. En otros son elaboraciones más formales. La economía también pasó de un discurso donde exclusivamente hacía uso de las "palabras" a la capacidad de representar enunciados, problemas y modelos en forma geométrica y luego algebraica, para seguir más adelante con la utilización del herramental matemático y estadístico más avanzado. Así se ha ido decantando un lenguaje objeto propio a todos aquellos que se referencian como "economistas". A estos enunciados y planteos los llamaremos análisis económico, aclarando que es una definición abierta que no coindice exactamente con la del propio Schumpeter (1982).

Por supuesto es mucho más lo que la "ciencia económica" neoclásica está dispuesta a aceptar como análisis económico de lo que aceptaría como tal un economista clásico o marxista. Pero podemos acordar que existe un terreno común, si bien acotado, de conocimientos y terminologías adquiridos y utilizados por todos. Esto incluiría, por ejemplo, desde la tendencia a la igualación de las tasas de ganancia en condiciones de libre movilidad de capitales, las leyes básicas de la oferta y la demanda de mercado, su representación geométrica y la capacidad de medir los impactos de modificaciones entre cantidades, precios e ingresos (elasticidades), hasta las formas de medir y las relaciones básicas de las cuentas nacionales (producto, ingreso, valor agregado, balanza de pagos o presupuesto). E incluso algunas elaboraciones de mayor grado de complejidad, como la Matriz Insumo Producto de Leontief, o los criterios de optimización comunes a economías de mercado y planificadas. Por supuesto que siempre habrá economistas, de las más diversas vertientes, que no reconozcan siquiera esto.

Podemos sostener, entonces, que todo economista, de mejor o de peor gana, tiene que aceptar hasta algún punto la trayectoria de la disciplina y de su historia. Por ejemplo, si queremos medir la relación económica entre dos países, tenemos que referirnos necesariamente a la balanza de pagos, y no importará en esa primera instancia si pensamos que los dos países son iguales, o que uno es un imperio y el otro, un país sometido: la herramienta que se tiene para proyectar el análisis es la balanza de pagos y no otra. Incluso, si se llegara a la conclusión de que dicha herramienta es insuficiente o no sirve para lo que se está específicamente estudiando, se tendría muchísimas dificultades, no ya para crear otra, sino para hacerla operativa, ya que difícilmente contemos con los recursos como para realizar la toma de datos que ese nuevo instrumento requeriría (y tampoco podríamos comparar a partir de este una economía nacional con otra).

Este campo, el del análisis económico, puede entonces, no sin muchas dificultades, "despejarse" del debate ideológico. Pero no es sencillo porque, muchas veces, como veremos en seguida, la forma de otorgar mayor entidad a un enunciado ideológico consiste en esconderlo detrás de alguna modelización abstracta.

Debemos precisar qué quiere decir que la economía ha decantado una parte instrumental, técnica, con su terminología específica y algunas herramientas analíticas. Si así no fuera, diríamos que la economía no es una disciplina científica (o con aspiraciones de cientificidad), sino que se trataría de puro discurso "ideológico". Se ha planteado un debate muy interesante al respecto en el campo del marxismo, tal como propone Rosdolsky (1978).

Que la mayoría de lo que el pensamiento neoclásico entiende por análisis económico no sea más que una porción de su propia cosmovisión ideológica no nos puede hacer negar la real existencia de ese espacio de conocimiento, que llamaremos "análisis económico". Y en este terreno, dados enunciados claros o formas de medir acordadas y verificadas universalmente por el campo disciplinar, sí debemos aceptar que los criterios de refutación se realizan a partir del par "verdadero" o "falso". Nos estamos aquí introduciendo en lo que se conoce como el debate metodológico sobre la economía, profuso y complejo, y rodeado, eso sí, de enormes prejuicios ideológicos.

Política económica

Y finalmente tenemos la política económica. Esta es una parte de la política en general, entendiendo por tal la disputa por el acceso, acrecentamiento y conservación de los medios que garantizan el poder en un espacio territorial determinado, tomando la definición de Weber (1978). Desde la conformación de los Estados nación, se ha construido la "especialidad" de la conducción de la hacienda pública, de los medios de acrecentar la riqueza nacional a partir del manejo de ciertos instrumentos de política, fundamentalmente los impuestos y gastos (política fiscal), la emisión monetaria y su control (política monetaria y cambiaria) y, más en general, la elaboración y ejecución de "planes económicos".

Acá aparece una dimensión contradictoria. Técnicamente, la política económica es la menos ideológica de las tres partes en que hemos separado la economía. Se ha aprendido a medir con una cierta exactitud cómo es el efecto de una suba o baja de impuestos, de tal o cual aumento del gasto, o de la emisión monetaria de una u otra forma. Los manuales, como el de Tinbergen (1961), nos dicen que "el político" define los objetivos de la política económica y luego esta es ejecutada técnicamente por los especialistas, con un patrón de eficiencia fácil de medir: "buena" política económica es la que alcanza los objetivos preestablecidos, "mala" es la que fracasa.

Pero, lamentablemente, las cosas no son tan sencillas. Usualmente, la autoridad política no define con precisión y crudamente, enunciando beneficiarios y damnificados, sus objetivos de política económica. Es más, la mayoría de los discursos "económicos" de los mandatarios o candidatos a tales solo contienen generalidades del tipo de "incrementar el bienestar", "aumentar la producción" o "reducir el desempleo", por citar las más habituales. Queda entonces en manos del "economista a cargo" tanto la definición de los objetivos reales de política económica, como su implementación. Ni que decir que, en innumerables ocasiones, tanto la definición de objetivos como los propios planes de implementación son directamente diseñados e impuestos por organismos internacionales, tales como el FMI.

Tenemos entonces que la política económica contiene a la vez lo menos y lo más ideológico de la economía. Lo menos, porque en el diseño de políticas económicas se concentra toda la experiencia técnica de los efectos de las políticas monetarias y fiscales puestas en práctica con anterioridad. Y lo más, porque no hay nada más ideológico que una política económica en acción. Aquí es, entonces, cuando se da plenamente aquella expresión de Lenin: "La economía es política concentrada".

La economía como discurso de poder

Acordamos con Dobb (1975) en que la diferenciación analítica de Schumpeter es interesante, pero difícil de observar en la práctica. Los enunciados del análisis económico vienen usualmente mezclados con los de la economía política. Y cualquier recorrido mínimo de historia económica reconocerá que las políticas económicas nunca son el campo neutral donde economistas impolutos ejecutan acciones a partir de objetivos definidos previamente, limitándose entonces a un rol "técnico" despojando de toda valoración ideológica. La lucha de clases, la pelea irreconciliable por intereses materiales contrapuestos aparece a cada momento.

Vamos a definir entonces esa particular "mezcla" de elementos, que es como efectivamente aparece la economía, como "discursos de poder". En efecto, la economía es una elaboración discursiva donde lo que está en juego son dispositivos de poder. Y en última instancia de poder político, como expresión del poder de la clase que se apropia del excedente económico. Pero que se despliega desde un conjunto de campos donde está en juego la "verdad" (frente a lo falso) y lo "posible" (frente a lo imposible). Los economistas suelen aparecer, así, como los guardianes de un saber "arcano", inaccesible para el hombre de a pie, con sus propios códigos y lenguaje, que ofician como un poder de veto último sobre las posibilidades de transformación social. El político "con aspiraciones de poder" debe demostrarlo pasando el tamiz de la prueba de que su programa es "viable" en términos económicos. Por supuesto que nos estamos refiriendo aquí a los economistas que defienden y sostienen el sistema capitalista, inmensa mayoría del colectivo de la profesión. No entrarían en esta definición aquellos que, aun aceptando ser definidos como "economistas", se ubican en lo que denominamos la "crítica de la economía política".

Todos los grandes economistas han tenido intencionalidades políticas en la elaboración de sus enunciados. Podemos acordar o no con la cientificidad de sus planteos. En determinados momentos históricos, han defendido las clases sociales que encarnaban los postulados más progresistas, y en otras han aparecido como los teorizadores de los planteos más reaccionarios. Pero lo primero que debemos entender es que es imposible comprender plenamente los planteos económicos de ningún autor si no es en el marco de la disputa política que este estaba dando en su tiempo y lugar determinado. Y que recién desde allí podremos comprender la especificidad de los planteos analíticos de cada uno. Así, por ejemplo, tenemos que saber que David Ricardo (1985), cuando construyó su cuerpo teórico, estaba dando una feroz pelea política apoyando a la burguesía industrial inglesa contra el poder terrateniente de su época.

Lo que había en juego era una disputa central alrededor de la apropiación del excedente (que se definía en el Parlamento británico a través de la derogación o no de las llamadas "leyes de granos"). Este es el motivo central por el que Ricardo elabora su teoría de la renta diferencial de la tierra y la de las ventajas comparativas en el comercio exterior, como veremos en el capítulo respectivo. Por eso debemos comprender de qué se trataba ese cuerpo teórico en términos políticos, qué eran los *Principios de economía política y tributación*, el libro de 1817, en cuanto panfleto político, y qué estaba en juego.

Además, cuando hablamos de la economía como discurso de poder, también nos referimos a los "usos" posteriores que se hacen de la doctrina en su conjunto o de algunos elementos analíticos de un autor. Así, siguiendo con el ejemplo ricardiano, las ventajas comparativas en el comercio exterior, que habían sido planteadas como arma contra el terrateniente inglés de principios de siglo XIX, van a terminar convirtiéndose en el justificativo ideológico del libre cambio y la especialización en bienes primarios de la política económica latinoamericana a fines del siglo XIX, a favor ahora de los propietarios latifundistas de esta parte del globo y de la ubicación dependiente de estas naciones frente al imperialismo británico.

Como vemos entonces, la economía se transformó en una poderosa herramienta de justificación ideológica, quizás la más importante en el capitalismo, para que la burguesía, como clase económicamente dominante, se constituya y mantenga también como clase políticamente dominante. Se trata de entender toda la potencia de una famosa sentencia de Keynes (2001): "Los hombres prácticos, que se creen por completo exentos por completo de cualquier influencia intelectual, son generalmente esclavos de algún economista difunto".

¿Desde cuándo existe la economía?

Pero no siempre los discursos de poder asumieron la forma de discursos económicos. Casi podríamos sostener lo contrario, y decir que, en la mayor parte de la historia de la humanidad, no lo fueron. Preguntarse desde cuándo los discursos de poder contienen elementos de discurso económico es lo mismo que preguntarse desde cuándo existe la economía en cuanto tal.

Este interrogante no tiene una respuesta sencilla. En un brillante texto de principios del siglo XX, Rosa Luxemburgo (1976) clasificaba las contestaciones en los siguientes campos:

1. Aquellos que sostienen que la economía existió "desde siempre", ya que desde el comienzo el ser humano hubo de ocuparse de sus condiciones materiales de existencia.

2. Los que afirman que se trata de una disciplina que surgió en el siglo XVIII, que se terminó de definir como "ciencia" a partir del último cuarto del siglo XIX y que, comparativamente a otras disciplinas, es "joven" y recién ha dado sus primeros pasos, teniendo un inmenso campo por delante.

3. El planteo de Marx y la crítica a la economía política, que afirma que, *a posteriori* de los clásicos, tras algunos debates en la década del veinte del siglo XIX, la economía se ha transformado en una disciplina apologética del capitalismo ("economía vulgar", tal será la expresión de Marx) y que, en su aspiración de cientificidad, estaría acabada.

Podríamos agregar un cuarto grupo, no enunciado obviamente por Rosa Luxemburgo, que incluiría a aquellos que contraponen a una economía burguesa o capitalista la existencia de una economía "socialista", entendiendo por tal el conjunto de los debates y técnicas que se fueron produciendo en las economías centralmente planificadas a lo largo del siglo XX.

Vamos a establecer nuestra posición con respecto a estos cuatro "campos" de posibilidades. Con respecto al primero, es un hecho que el ser humano siempre tuvo que realizar una actividad productiva para sobrevivir. Como explicamos al comienzo del capítulo, siempre existió el trabajo, entendiendo por tal el esfuerzo físico y mental por apropiarse y transformar la naturaleza, actividad que a la vez fue transformando al propio ser humano, al mismo tiempo que iba generando la creación y utilización de herramientas, técnicas y tecnologías. También es un hecho que, desde muy temprano en la historia de la humanidad, existió la preocupación por la medición del tiempo de trabajo, fundamental para la planificación de las propias tareas diarias, semanales, mensuales o anuales. Y, por último, que el trabajo siempre adoptó un carácter social, de forma que dio lugar desde muy temprano a una incipiente división del trabajo (que en principio tomó la forma de una división sexual del trabajo). Sin embargo, durante la mayor parte de la historia de la humanidad, esas actividades fueron transparentes, apoyadas y justificadas en consideraciones ideológicas que no tenían nada que ver con lo económico, pudiendo ser patriarcales, teológicas, raciales o de otro tipo. Lo producido, y, por lo tanto, la riqueza o pobreza de una comunidad, se reducía a la existencia o inexistencia de un conjunto visible de bienes materiales. La explotación de un sector social por otro también era visible y transparente, e incluso justificado. Así, el esclavo trabajaba y producía un excedente para su amo, como lo hacía el siervo de la gleba para el señor feudal. No había entonces "interrogantes" que responder al respecto. Podía haber consideraciones sobre cómo justificar esas actividades, o cuánto tiempo dedicarles, como aparece en Aristóteles o en los debates medievales, pero en todos los casos subordinadas a temas teológicos o éticos. Como conclusión, respondemos entonces enfáticamente que la reflexión sistemática y científica sobre lo económico (la economía como disciplina) no existió siempre, negando ubicarnos en lo que Rosa Luxemburgo define como el primer grupo.

Vayamos ahora a la segunda posibilidad. Efectivamente, acordamos con que la economía política es una disciplina que aparece y se desarrolla analíticamente en la segunda mitad del siglo XVIII. En el capítulo siguiente, desarrollaremos a fondo esta cuestión. Pero no acordamos en absoluto con que se trata de una "ciencia" que se viene desarrollando en un sentido ascendente desde entonces. Creemos que toda su potencialidad como discurso de poder de la burguesía en ascenso en su lucha contra el antiguo régimen le permitió asumir un carácter crítico y, por lo tanto, científico, que aportó a los numerosos aportes (y también a las limitaciones) de autores como Smith y Ricardo. *A posteriori*, el transformarse en la disciplina que debe "justificar" un orden ya vigente (el capitalismo y, más específicamente, el momento en que la burguesía alcanza plenamente el poder político) le genera una muy seria crisis. Los elementos ideológicos, y a partir de ese momento apologéticos, sobrepasan por mucho a eventuales nuevos aportes científicos.

Esto nos lleva al planteo de la crítica de la economía política. Acordamos con la definición de Marx de una economía "vulgar", que ha cerrado la etapa de creatividad de los economistas clásicos. Más aún, extendemos el calificativo de vulgaridad hacia la corriente que surge y se desarrolla *a posteriori* (los neoclásicos, marginalistas o subjetivistas). A ellos, más que a ninguno, les cabe el rótulo que les coloca Marx a los economistas burgueses de las décadas del 30, 40 o 50 del siglo XIX. Sin embargo, si nos remitiéramos estrictamente a la afirmación de Marx, tendríamos que dar por cerrada y terminada la discusión económica. Pero sucede que, *a posteriori*, el capitalismo entra en una nueva época o fase, el llamado "imperialismo". Crisis de una magnitud incomparablemente más grande que las vividas por Marx –guerras, revoluciones, convulsiones de todo tipo– recorren un capitalismo que, además, alcanza en sus límites al planeta entero. Las reflexiones y elaboraciones sobre estas cuestiones, tanto en el caso de los propios marxistas (y estamos pensando en figuras de la talla de Rosa Luxemburgo, Hilferding, Lenin, Bujarin, Trotsky, entre los clásicos y una larga lista de economistas marxistas en las décadas posteriores), como las respuestas y nuevas elaboraciones de la economía burguesa (dentro de las cuales sobresale por supuesto la figura de Keynes), pertenecen al campo de nuestra disciplina. No cabe duda de que se trata de "economía", más aún, de economía política, aunque, como veremos en su momento, Keynes no aceptaría ubicarse junto al resto de los nombres que hemos citado. Porque la economía, la economía política y su crítica tienen un objeto de estudio claro: la sociedad capitalista, sus desarrollos y sus crisis, como precisaremos en el apartado siguiente.

Nos queda por último el análisis del cuarto campo. Y aquí nuestra respuesta es ambivalente. Los debates y análisis técnicos que surgen de la experiencia de los países en los cuales se ha expropiado el capital deberían, si seguimos estrictamente la definición de que la economía consiste en estudiar la sociedad capitalista, quedar por fuera del campo de estudios de nuestra disciplina. Sin embargo, estos países convivieron de una forma compleja y contradictoria con una sociedad mundial capitalista. Su carácter "transicional" se ve más claro que nunca cuando se dieron, a fines del siglo XX, los procesos de restauración capitalista. Vamos a afirmar, entonces, que la economía mundial es una unidad donde rigen leyes de valorización y acumulación a escala global que se imponen, aun contradictoriamente, en los países en los que se expropió el capital. Los debates sobre la planificación y el mercado, sobre la validez o no de la ley del valor en esos países, sobre el sistema de precios, sobre la posibilidad de convivencia en una misma formación social de elementos de economía mixta pertenecen, a nuestro juicio, al campo del pensamiento económico. Y lo incorporamos, como parte de la comprensión de una totalidad: el capitalismo que, en la fase imperialista, se impone globalmente en todo el planeta.

Reflexión sobre los orígenes del pensamiento económico

Los planteos del apartado anterior nos llevan a afirmar entonces que la economía, como campo de reflexión específica, existe desde que las relaciones sociales han adoptado una opacidad para poder observar las condiciones materiales de existencia. Lo "económico", entendiendo por tal las actividades materiales, aparece como absolutamente separado de lo "político". Seguiremos en esto a Hegel (1987), que lo había ya definido como la escisión entre sociedad política y sociedad civil, el mundo de lo público y el mundo de lo privado.

Es fundamental comprender esta escisión. Porque, a partir de ella, el trabajo adopta una forma social específica que va a generar una opacidad en la comprensión de las condiciones materiales de existencia de los seres humanos que no existía en sociedades previas.

A partir de este hecho, surge el interrogante: ¿cuál es el momento específico del surgimiento del pensamiento económico?

Para responder, vamos a sostener que la economía política como disciplina es un producto:

1. de la modernidad,
2. de la generalización de las mercancías, y
3. del capitalismo.

La modernidad

Evidentemente, existen reflexiones sobre lo económico anteriores a la modernidad. Es más: la propia palabra "economía" es de origen griego, ya que proviene de *oikos*, 'casa', y *nomos*, 'conocimiento'. "La economía es la ciencia que estudia la administración de los asuntos comunes del hogar" (en el concepto de hogar ampliado, la unidad económica griega que incluía a la familia y los esclavos, siendo una unidad doméstica y de producción a la vez). Pero vamos a sostener que esas reflexiones que hace Aristóteles (2005), que también podemos encontrar en otros textos antiguos (por ejemplo, en la Biblia encontramos prescripciones sobre el jubileo –perdón de las deudas–, o, en el pensamiento medieval, debates sobre el justo precio), no pertenecen al campo propio de la economía política. Remitámonos a Aristóteles, que sostenía que la economía era una práctica, la de administrar correctamente las cuestiones materiales, pero subordinada a otras superiores, como la política y la moral. Nuestra interpretación (moderna, sin duda) del gran filósofo griego en este punto es que los ciudadanos tenían que aprender a resolver las cuestiones materiales de la manera más eficientemente posible, para poder "despreocuparse" de ellas y dedicarse a lo efectivamente importante: la discusión acerca del bien común y la *polis*, o sea, la política y la moral.

Marx, en *El capital*, toma esta definición de Aristóteles en una nota a pie de página y se plantea reflexionar sobre la "práctica desviada" de la economía aristotélica: la crematística. El término "crematística" remite a dinero y a comercio, que, según Aristóteles, podía dar lugar a dos "usos", uno correcto y útil, el intercambio de bienes para mejorar las posibilidades de consumo, y otro condenable, la acumulación de metálico. Aristóteles sostenía que era una práctica moralmente desviada dedicarse a enriquecerse y acumular como actividad central. El planteo que hace Marx (1975) es interesantísimo y provocador: a poco que reflexionemos nos daremos cuenta de que la economía capitalista es, en realidad, "crematística", justamente esa conducta desviada que condenaba Aristóteles en el mundo griego.

De hecho, todo el pensamiento económico anterior a la modernidad está subordinado a la política, a la moral o a la teología. Tales son las discusiones de Tomás de Aquino sobre el justo precio, que no era la búsqueda del precio de equilibrio entre oferta y demanda, como podría leerse con ojos modernos, sino que se planteaba como el que se debía cobrar para ser un "hombre justo" independientemente del mercado. Solo los autores de la denominada "escuela austriaca", que aparece a fines del siglo XIX, no acordarán con este planteo. Sostendrán, por el contrario, que hay importantes elementos analíticos, precursores de la teoría subjetiva del valor, en la escolástica española, en particular en la llamada "Escuela de Salamanca", tal como explica Gómez Camacho (2011).

El pensamiento económico como tal, entonces, es moderno. Esto no es algo exclusivo de la economía, sino, por el contrario, común al conjunto de las ciencias sociales.

Y, cuando hablamos de "modernidad", nos referimos específicamente a un momento histórico, que ubicaremos alrededor del final del siglo XV, a lo largo del XVI y que alcanza su madurez plena en la primera mitad del XVII. ¿Qué ha pasado en ese período? Un torbellino de acontecimientos modifica la percepción que los seres humanos tienen de sí mismos, de su origen, del sitio donde viven –llámese "continente europeo", "planeta Tierra" o "incluso universo"–. A principios del siglo XVI, el planeta se "duplica de tamaño": va quedando claro que aquel lugar al que había llegado Cristóbal Colón y luego el resto de los conquistadores españoles y portugueses no eran "las Indias", sino un nuevo continente, un pedazo de tierra enorme, que dividía, yendo hacia el oeste, y ampliaba hasta el extremo de doblar el tamaño esperado el camino entre Europa y Asia. Unos pocos años después, también en el siglo XVI, la cristiandad –el cemento ideológico que unificaba a Europa desde hacía más de mil años– sufre su mayor sismo. Surge la ruptura que dará lugar al protestantismo. Notemos los elementos centrales del planteo de Lutero: libre interpretación de las escrituras, biblias accesibles al pueblo y traducidas a las lenguas vulgares (saliendo de la "exclusividad" del latín). Un invento que había aparecido apenas pocos años antes –la imprenta de Gutenberg– hace posible la reproducción impresa de textos sagrados y, a partir de ahí, transforma en viable el planteo protestante. Por esos mismos años, en la ciudad de Florencia –una de las tantas que funcionan como el germen de una nueva clase social, la burguesía–, aparece quien secularizará el pensamiento y la acción política, separándola, desgarrándola, de toda vinculación con la moral y, a tono de época, con la religión: Nicolás Maquiavelo escribirá el primer texto profano sobre el poder: *El Príncipe*.

Más cosas sucederán en esos años tormentosos del 1500-1550. Se produce un enorme cambio estético, de la mano del Renacimiento. Genios como Leonardo da Vinci, o Miguel Ángel, producen pinturas y esculturas monumentales. Pero lo que llama la atención no es la belleza y perfección de las obras, sino la revolución que hay en ellas: la glorificación del cuerpo humano, con desnudos esbeltos que poblarán incluso los sitios más sagrados de la cristiandad. Los motivos de estas obras de arte seguirán siendo mayormente religiosos (quizás la mayor expresión es el *David* de Miguel Ángel), pero a nadie se le escapa que lo que hay es una búsqueda profana de observación, repetición, copia y exaltación de la corporalidad material, saliendo de la exclusividad religiosa del "alma". Eso, tan diferente al arte medieval de los siglos anteriores, será llamado justamente "Renacimiento", o sea la "vuelta a la vida" del viejo arte grecorromano. En esos tiempos, Galileo le dará un terrible cachetazo al orgullo humano occidental, que se pensaba como "creación divina" y ojo central de toda visión: la tierra no está quieta en el centro del universo, sino que "se mueve". La exacta relación de fuerzas de la época la señala la clásica anécdota de un Galileo firmando ante el Tribunal de la Inquisición que, tal como decía la Iglesia católica, la tierra es el centro perenne e inmóvil del universo. Y agregando, tras firmar, resignado y derrotado: "eppur si muove" ("pero se mueve").

En esos siglos (fin del XV–XVI–XVII), se produce también el surgimiento de una nueva clase social: la burguesía. Lo que primero son los comerciantes de las ciudades libres –los burgos–, emblemáticos en el Mar del Norte (Liga Hanseática) o en Italia (Florencia, Venecia, Génova, Nápoles, Milán), se irán transformando en los grandes financistas de las empresas conquistadoras (de América y África), y luego de los monarcas absolutos que van dando forma a los Estados nacionales tal como hoy los conocemos, que amplían y generalizan los mercados y que, ya en el siglo XVIII, Revolución Industrial mediante, darán lugar al desarrollo del capitalismo. Brillantemente lo resumirá, ya en el siglo XIX, Karl Marx (1973) en el *Manifiesto comunista*: "[…] de los siervos de la Edad Media surgieron los villanos libres de las primeras ciudades; de este estamento urbano salieron los primeros elementos de la burguesía".

Todas estas modificaciones, enormes, tendrán naturalmente que impactar en la autopercepción que los seres humanos tienen de sí mismos. Y deberá manifestarse en la forma más alta de reflexión de la época: el pensamiento filosófico. A esto nos referimos cuando hablamos de "la modernidad", que tiene un origen en las grandes meditaciones de René Descartes (2010). En su frase más popular –"Pienso, luego existo"–, se encierra todo el contenido de lo que se va a desplegar de ahí en adelante. Analicemos en detalle la siguiente afirmación. ¿Quién piensa? "Yo pienso", es la respuesta cartesiana. Se trata de un giro absoluto. Una reflexión filosófica que a la pregunta madre "¿Qué existe?" y, sobre todo, a su respuesta milenaria –"el ser"– no responde desde la certeza en que eso se expresa perfecta e infinitamente en Dios, sino que contesta, más modestamente: "Yo", el sujeto, el ser humano.

Entonces, el ser humano, el sujeto, se convertirá de acá en más en el centro del universo, de la reflexión y de la existencia. Pasamos de una cosmovisión teocéntrica de la totalidad a una antropocéntrica. Lo importante, lo central, ya no será Dios, sino el "hombre" –nosotros preferiremos decir, para evitar reproducir las derivas patriarcales del lenguaje, "el ser humano"–. Pero este paso del teocentrismo al antropocentrismo será fundamental no solo en la respuesta por la existencia, sino en los mecanismos metodológicos por los que llegamos a ella. Porque la forma de "demostración" de la existencia de Dios, como fuente del todo, arrancaba hasta entonces de "la fe", o sea, de una certeza indiscutible e indudable. Descartes plantea, por el contrario, que el principio metodológico es "la duda". Se trata de lo contrario, de lo herético: dudar de todo. De todo, excepto de una sola cosa: de "mi" propia existencia. Y Descartes coloca esa única certeza detrás de un segundo elemento fundamental: "Sé que existo, porque pienso". El pensar, la capacidad de razonar adquirirá entonces, y es el segundo elemento central de la modernidad, una importancia fundamental.

La modernidad inaugura, entonces, la primacía del individuo, y la de la razón. Todo debe –y puede– explicarse racionalmente. La razón se transformará, con todo lo maravilloso que esto implica –pero también con lo peligroso–, en la medida de todas las cosas.

Vamos a incorporar un tercer elemento a este despertar de la modernidad. También surge de una frase de Descartes: *"El sentido común es lo que mejor distribuido está entre los seres humanos"*. Precisemos la importancia de esta afirmación, porque es el primer paso hacia algo que, recién siglos más adelante, se hará efectivo "sentido común" para todos: los seres humanos son libres –de poder razonar– e iguales –en capacidad de hacerlo–.

Ese "reino de la razón" irá desplazando, lenta y paulatinamente, al "reino de Dios". El pensamiento del siglo XVI y XVII no tendrá una postura única al respecto. Siguiendo a Zeitlin (1993), diremos que se observa una división entre los autores "racionalistas" y "empiristas". Los primeros pondrán el centro en la capacidad de razonamiento, sin necesidad de acudir al "afuera". Es como si todo "estuviera en el cerebro" y solo se tratara de sacarlo por medio de las herramientas metodológicas adecuadas. El propio Descartes será el "padre" de esta concepción. Por supuesto, algunas disciplinas calzan con justeza en este esquema, en particular la matemática y la geometría, no casualmente fuertemente desarrolladas por Descartes.

El pensamiento empirista, por el contrario, apela a las sensaciones. Su eje estará en John Locke, que sostiene que los seres humanos llegan al mundo con "nada" en su cerebro, que sería algo así como una *tabula rasa*. Y que los conocimientos, de los más sencillos a los más complejos, son productos de las sensaciones, interactuando con el ambiente. Sin entrar en reflexiones filosóficas, sino exclusivamente remitiéndose a la práctica en el campo de la física y la astronomía, Galileo Galilei puede ser incluido en esta corriente.

Habrá que esperar al siglo XVIII para que estos planteos, en apariencia disímiles del racionalismo y empirismo, se sinteticen en la ciencia práctica, con Isaac Newton (que unirá observación y análisis genialmente en su ley de la gravedad), y en el pensamiento filosófico, con Immanuel Kant.

Pero lo que nos interesa a nosotros no es seguir los meandros que llevan al desarrollo de la epistemología moderna en general, sino concentrarnos en algo que surgirá, producto también de todos estos debates, en pleno siglo XVII: las reflexiones sobre el poder y la sociedad. Es que el pensamiento de la modernidad irá derivando lógica y políticamente hacia la pregunta: ¿por qué algunos mandan y otros obedecen? Nótese la importancia radical de esta pregunta cuando la respuesta, en el marco de la modernidad, ya no puede ser "Porque así lo dijo Dios" ni, siquiera, como hubiera respondido Aristóteles, "Porque algunos nacieron para mandar y otros para obedecer". La pregunta exigirá ahora una respuesta que respete los principios de la modernidad: centralidad en el sujeto –ser humano, libre e igual– y racionalidad en la contestación.

Ahí es donde aparece y, podemos decir, siguiendo a Portantiero (1992), se va a ir "desgajando" de la filosofía el pensamiento político burgués moderno. Tres personajes, tres figuras claves, permiten ilustrarlo. Thomas Hobbes, que en su *Leviatán* de 1651 responderá que la exigencia de un poder presente se debe a que los seres humanos, dejados en "estado de naturaleza" (o sea, sin orden político explícito), se devoran entre sí, por lo que se requiere un Estado absoluto –leviatánico– que garantice el orden. John Locke, el mismo al que hemos citado como padre del empirismo, ahora citando en su *Segundo Tratado del Gobierno Civil* los principios básicos del liberalismo político, con la presencia de un "Estado mínimo" –"guardián nocturno" que vigila la vida, la libertad y la propiedad, pero deja al exclusivo arbitrio de cada ser humano un amplio campo de actividades "privadas", que empezarán a tomar el nombre de "sociedad civil"–. Y, por último, Jean Jacobo Rousseau, que, también reflexionando sobre las formas de dominación, nos acercará a los temas del "contrato social", y la "voluntad general". Ellos, junto a otros pensadores como Baruch de Spinoza en el siglo XVI y el barón de Montesquieu en el XVIII, irán sembrando el camino hacia las reflexiones sobre el origen secular del Estado moderno y las formas políticas que mejor se adecuan a unos seres humanos ahora autopercibidos como libres e iguales: la república democrática. Serán estos autores, al dar origen a un pensamiento social diferenciado, en clave de lo que se llamarán las "ciencias políticas" (luego, en el siglo XX, otro debate epistemológico les quitará las "s", y pasará a hablarse de ciencia política), quienes crearán, de hecho, la primera de las disciplinas de lo que luego será el arco total de las ciencias sociales. Citando a Juan Carlos Portantiero:

> Lo que podríamos llamar ciencia política, esto es, teoría del gobierno y de las relaciones entre el gobierno y la sociedad, es el primer campo (secularizado) del saber que habrá de irse constituyendo dentro del orden más vasto de las ciencias sociales.

La segunda disciplina que se separa del campo de la teoría filosófica (y "moral", como se decía entonces) será justamente aquella que estamos analizando: la economía política. Nuevamente seguimos a Portantiero al señalar que las reflexiones económicas, surgidas al calor de la generalización de los mercados, la Revolución Industrial y el consecuente despliegue del capitalismo, darán lugar a todo un programa "material" para la burguesía en ascenso, que se hará liberal de la mano de Adam Smith y David Ricardo. Acá resulta interesante incorporar la reflexión que hace Michel Foucault (2002) en *Las palabras y las cosas*, al insistir en que hay un cambio de "objeto de reflexión", al dejar de pensarse exclusivamente en el origen de la riqueza –algo así como una "técnica" de la búsqueda, tal como era la alquimia como predecesora de la química– y pasarse a hablar de "economía", como una parte esencial de la reflexión de la sociedad. Es que, nuevamente dejando hablar a Portantiero,

> tanto la ciencia política cuanto la economía política no eran concebidas por sus fundadores como compartimentos cerrados, como disciplinas irreductibles. Eran, en realidad, fragmentos de una única ciencia de la sociedad. En algunos casos los campos de interés común se entrelazaban en un solo individuo: Locke ha pasado a la historia de las ideas como precursor de la ciencia política y también de la economía política. Hechos políticos y hechos económicos eran concebidos, en general, como fenómenos que se cruzaban y se condicionaban mutuamente.

Pero serán los conflictos sociales que se abren a fines del siglo XVIII y, sobre todo, en pleno siglo XIX los que abrirán la reflexión de un nuevo campo: la sociología, en un principio denominada "física social". El análisis del exacto lugar de "la revolución" para producir cambios sociales, tema abierto a partir de las revoluciones americanas, pero, sobre todo, de la Revolución francesa de 1789, y su contrapartida, "el orden", serán los grandes ejes de debate. Por algo la sociología será conocida como "la ciencia de la crisis".

De la Revolución francesa y, por sobre todo de su derrota en 1815, surgirá la fuerza de lo que Zeitlin denominará el pensamiento "romántico-conservador", que plantea una vuelta atrás al mundo idílico y ordenado del Antiguo Régimen. A pesar de que se trataba de una utopía reaccionaria, esa corriente de pensamiento (encarnada en sus grandes autores Bonald, De Maistre y Burke) obligada a pensar "el orden" y "lo social" aporta una complejización al pensamiento de las sociedades existentes: la idea de organismo, o "todo social", previo o anterior al individuo –"la parte"– o el lugar de los sentimientos y lo irracional, en una epistemología que, hasta ese momento, planteaba con exclusividad el racionalismo. Sin embargo, aunque son un antecedente importante, no serán ellos los que darán nacimiento a la sociología como disciplina diferenciada, sino los "positivistas" (Saint-Simon y, sobre todo, Auguste Comte), optimistas, industrialistas, amantes del progreso, pero también, y por sobre todo, del "orden social".

Nace así la sociología, la tercera de las "ciencias" que se desgajan del tronco filosófico (junto a la teoría, o ciencia política, y la economía política). La sociología vivirá y se desarrollará sufriendo la contradicción de ser una disciplina que exige un alto grado de "crítica" a la realidad social existente, a la vez que propende al "orden" y, por lo tanto, tendrá también un barniz reaccionario y conservador. Esa será la realidad de sus grandes autores, Emile Durkheim y Max Weber, considerados, con justicia, los grandes teóricos de la defensa del orden burgués. Por eso su madurez y desarrollo pleno solo lo alcanzará cuando la burguesía ya obtenga el poder político plena y claramente. Más aún, cuando este sea confrontado por un actor social nuevo: el proletariado, la clase trabajadora de los siglos XIX y XX. Otros autores del pensamiento sociológico original, como Spencer, Tönnies o Simmel, también se verán cruzados por esta realidad.

Pero la sociología, como respuesta a estas convulsiones sociales, no estará sola. Como bien dice Portantiero:

> El estímulo para la aparición de la sociología es la llamada Revolución Industrial; mejor, la crisis social y política que dicha transformación económica genera. Con ella aparece un nuevo actor social, el proletariado de las fábricas, vindicador de un nuevo orden social, cuando todavía estaban calientes las ruinas del "Ancien Régime" abatido por la Revolución Francesa. Para dar respuesta a las conmociones que esta presencia señala en el plano de la teoría y de la práctica

social, aparecerán dos vertientes antitéticas: una será la del socialismo –proyectado del plano de la utopía al de la ciencia por Karl Marx–; la otra la que configura la tradición sociológica clásica.

Tenemos entonces dos respuestas a la crisis social: la sociología (ciencia del orden) y los planteos de Marx (teoría de la revolución). Prestemos atención entonces en cómo se articula, cómo se funde, podríamos decir, la teoría de la revolución social con la crítica a la economía política, rompiendo las fronteras entre las mismas disciplinas que la propia modernidad había creado y separado del tronco madre de la filosofía.

En esto Marx no estará solo. Es que, en el siglo XIX (y los comienzos del siglo XX), veremos la reflexión sobre la sociedad y el intento científico de comprenderla, transformarla y ordenarla, la que es bombardeada y sometida a crítica por los "tres malditos", los tres autores que, siguiendo la conocida metáfora, se animaron a decir que "el rey estaba desnudo". Rompiendo los límites de las respectivas disciplinas (política, economía y sociología, e incluso las propias barreras "respetables" del pensamiento filosófico, y hasta la autoridad de la cientificidad del estudio médico sobre los cuerpos), surgirán las reflexiones "inclasificables" de Marx, Nietzsche y Freud. Golpes mortales a las ideas de racionalidad, libertad e igualdad. Como diría Michel Foucault (2010), acá está el corazón para pensar la sociedad moderna. El marxismo, el psicoanálisis freudiano y la filosofía nietzschiana suman tres autores, parte indiscutible de las ciencias sociales modernas, que rompen barreras, llamando a pensar de otra manera, poniendo en cuestión la totalidad, "desordenando" el pensamiento social tal como venía desde ese origen que hemos ubicado en el comienzo de la modernidad.

Siguiendo en este punto a Foucault, señalaremos que las ciencias sociales, que nacen creyendo que pueden comprender, enunciar y dilucidar lo "que está ahí", al parecer en forma transparente, sufrirán un golpe terrible con las reflexiones de estos tres pensadores. Así, Marx, en el tomo I de *El capital*, hablará de "jeroglíficos sociales" que precisaban ser develados a partir de un doloroso "trabajo". Freud, años después, y citamos nuevamente a Foucault, dice que hay tres grandes heridas narcisistas en la cultura occidental: la herida impuesta por Copérnico; la hecha por Darwin, cuando descubrió que el hombre descendía del mono; y la herida que ha ocasionado Freud cuando, a su vez, descubrió que la conciencia nace en la inconsciencia. Nietzsche, por su parte, "rompe" el orden progresista de la racionalidad que parecía ir desarrollándose desde la filosofía clásica alemana, en los senderos de Kant primero, de Fitche y Schelling luego, hasta coronar en la inconmensurable obra de Hegel. Un cuestionamiento, el nietzscheano, que nos vuelve a llevar a las orillas de la irracionalidad, de las sensaciones o, como dirá él, de lo "dionisíaco" (citando al pensamiento griego anterior a Sócrates, Platón y Aristóteles). Detrás de sus reflexiones, surgirá, en el siglo XX, los recorridos complejísimos y terriblemente discutibles del mayor filósofo de ese siglo: Martin Heidegger. Y, detrás de su sombra, la trágica pregunta de a dónde nos ha llevado la modernidad, con su racionalidad, su técnica y, agregamos nosotros –proyectando la sombra sobre las propias elecciones políticas de Heidegger–, sus campos de concentración y sus genocidios.

Es que el siglo XX (y lo que va del XXI), a partir de los recorridos de la teoría política, la economía y la sociología, y también de los cuerpos teóricos críticos de Marx, Nietzsche y Freud, seguirá ofreciéndonos nuevas reflexiones y disrupciones. La entrada en el campo de las ciencias sociales de la lingüística (a partir del curso de 1915 de Ferdinand Saussure) será el punto de partida para el desarrollo posterior de la semiótica social y todo el despliegue hacia lo que hoy, quizás con demasiada "holgura", llamamos "ciencias de la comunicación". La articulación del planteo de Saussure con las reflexiones de Claude Lévi-Strauss dará lugar a lo que se conocerá como la "antropología estructural" y la apertura al desarrollo de un nuevo campo. Muchas reflexiones se entrecruzarán en el siglo XX, mientras se trata de entender el sentido de ese terrible maridaje entre el mayor desarrollo tecnológico de la historia de la humanidad y las mayores carnicerías humanas.

El proyecto de la modernidad, y el discurso que de él emerge, porque de eso se trata en suma la teoría social, se refiere, al decir de Esther Díaz (2000), a "determinismo, racionalidad, universalidad, verdad, progreso, emancipación, unidad, continuidad, ahorro, mañana mejor".

Sin embargo, tras los desgarramientos (teóricos e históricos) del siglo XX, muchos han pensado que todo esto estaba acabado, derrotado, superado. Que no había sido nada más que un gran "relato". Que ya estábamos en otra era, la de la "posmodernidad", donde, de nuevo siguiendo a Esther Díaz, "solo puede haber consensos locales o parciales (universales acotados), diversos juegos de lenguaje o paradigmas inconmensurables entre sí".

Nosotros creemos que la modernidad, nacida en ese quiebre de fines del siglo XV, todavía tiene mucho para darnos y, siguiendo los juegos del lenguaje, "para decirnos". Las ciencias sociales, surgidas de esa creencia en que era posible conocer "el todo" que era la filosofía posmedieval, han nacido, se han desarrollado, entrado en crisis, creado y recreado. Quizás una reflexión final es la sospecha, muy seria, que nace de largas lecturas y relecturas de Marx, Nietzsche y Freud, de que no existan "analíticamente" por separado. De que la comprensión, interpretación, crítica y transformación de la realidad social que nos oprime solo son posibles con la mente abierta y la disposición a leer, y aprender, de todas ellas a la vez.

En este marco, tenemos el recorrido de la economía política, que surge, se desarrolla, es "criticada" por Marx, entra en crisis, se transforma en apologética, se recrea en medio de estos terribles vendavales. Nace, como un producto genuino de la modernidad, con un Adam Smith en *La riqueza de las naciones* planteando que él tiene una explicación, un programa para la burguesía industrial en ascenso, que explicará cómo, a través del mercado, los individuos, conservando su libertad y su igualdad, todos iguales frente a la mercancía y el dinero, se dividen el trabajo por especialidades e intercambian. Y, de esta forma, lo material se articula –casi muy idílicamente– con el mundo ideal de la teoría política clásica.

Así, podemos leer el modelo de la Revolución francesa, de libertad, igualdad y fraternidad, en clave del capítulo primero de Adam Smith. Y encontrar un punto de comparación: son los productores, libres, un gran mundo de artesanos donde uno es "panadero", otro "carnicero", un tercero "cervecero", y así cada uno se especializa en lo que mejor sabe hacer, para después encontrarse idílicamente en el mercado e intercambiar sus productos. Son ciudadanos-productores, que aparecerían como "todos iguales ante la mercancía y el dinero". Podríamos decir que es la expresión "económica" de ese programa político la que corona el pensamiento iluminista. Evidentemente, el surgimiento de la economía política como reflexión, diríamos, autónoma o con cierto grado de autonomía tiene que ver con este planteo. Tengamos en claro que podemos sostener que este es el origen de la economía tal como la hemos definido como discurso de poder. Por supuesto, si hacemos un recorrido desde el origen histórico de la reflexión sobre lo económico, encontraremos varios antecedentes, como ya veremos en los escritos de los mercantilistas y fisiócratas. Pero ello no logra construir un programa que encuentre oídos en los sectores sociales más dinámicos de la sociedad de su época. Claro que el mundo idílico de la Revolución francesa y de Adam Smith va a tener su despertar en la realidad del universo capitalista del siglo XIX, y en la tercera "ruptura en las ciencias sociales": la sociología. Cuando empieza el siglo XIX y ese "paraíso en la tierra" de la Revolución francesa, con sus consignas de fraternidad, libertad e igualdad, termina convirtiéndose en la sociedad industrial y el capitalismo, aparecen las discusiones del orden y, por lo tanto, la sociología.

La economía política en su nacimiento es una parte del pensamiento iluminista, Smith escribe en el año de la Revolución americana, en 1776. Entonces, cuando decimos que la economía es parte de las ciencias sociales, nos estamos refiriendo al recorrido de la teoría social que, al final del siglo XVIII, produce como su pico más importante el pensamiento de la economía política inglesa, Smith y Ricardo, y luego Marx.

La generalización de las mercancías

Ahora bien, ¿por qué esa necesidad de pensar específicamente sobre lo económico? ¿Por qué la necesidad de esta reflexión específica no había aparecido en otras épocas? Hay, evidentemente, un problema sobre la opacidad de lo económico que es propio de nuestra sociedad. Antes de nuestra época, lo que hoy denominaríamos "preguntas económicas" no tendrían sentido. Así, simulando un diálogo, lo expresa Rosa Luxemburgo (1976):

> ¿Por qué y para qué trabajamos? (O, como dirían los profesores, "¿Cuál es la motivación de tu economía?"). El campesino respondería seguramente de la siguiente manera: Pues veamos. Trabajamos para vivir, puesto que –como dice el dicho– nada sale de la nada. Si no trabajáramos moriríamos de hambre. Trabajamos para salir adelante, para tener qué comer, poder vestirnos, mantener un techo sobre nuestras cabezas. Cuando producimos, ¿cuál es el propósito de nuestro trabajo? ¡Qué pregunta más estúpida! Producimos lo que necesitamos, lo que toda familia campesina necesita para vivir [...]. ¿Qué constituye mi riqueza? ¡Cualquier niño de la aldea podría responderle! Un campesino es rico cuando tiene un granero colmado, un establo poblado, una buena majada, un buen gallinero; es pobre cuando se empieza a acabar la harina para Pascuas y le aparecen goteras en el techo cuando llueve. ¿Cuál es la pregunta? Si mi parcela fuera mayor yo sería más rico, y si en el verano llegara a haber, Dios nos libre, una granizada, todos los aldeanos quedaremos pobres en menos de veinticuatro horas.

La riqueza y la pobreza en cualquier período anterior al surgimiento de los mercados eran cristalinas. Por lo tanto, tal como explica Rosa Luxemburgo, no tenía sentido discutir acerca de "la economía". Empezamos a hacerlo cuando aparece la opacidad del mercado, cuando este, esto es, las mercancías y el dinero, hace confusa nuestra definición de "riqueza".

Pero precisemos que no estamos afirmando que los mercados aparecen por primera vez en la historia en este momento: estos existen desde muy atrás en el tiempo. Eran, desde tiempos muy antiguos, los lugares físicos donde se intercambiaban los excedentes de producción, ya presentes en el modo de producción asiático, en la sociedad esclavista y en el feudalismo. De lo que estamos hablando ahora es de la "generalización de los mercados", del momento en que la inmensa mayoría de los bienes se transforman en mercancías. Del momento en que las condiciones materiales de existencia de la mayoría de los miembros de una comunidad dependen de saber (y poder) comerciar. De estar obligados a comprar y vender en el mercado, o, de lo contrario, morir de hambre. Del momento en que absolutamente todos tienen que llevar sus bienes, transformados en mercancías, a la venta en el mercado. Incluso quien no tiene nada para vender, que ofrecerá su fuerza de trabajo. Un proceso que se va desplegando con cierta velocidad en los siglos XVII y XVIII, irrumpiendo con muchísima fuerza a partir de la Revolución Industrial.

El capitalismo

Con la compraventa de la fuerza de trabajo, se pone en cuestión la relación entre mercado y ciudadanía. El principio de ciudadanía implica la igualdad formal. Y esa formalidad incluye la existencia de seres libres e iguales también para "contratar" (entendiendo por tal cosa comprar o vender) fuerza de trabajo. Sigamos el razonamiento del pensamiento liberal fundante de la economía política: el individuo libre puede decidir trabajar por casa y comida hoy, pero mañana puede formalmente elegir no trabajar más e irse. El siervo, en cambio, no podía hacer esto, quedaba atado de por vida a una tierra, y se vendía con ella. Esto quiere decir que el ciudadano-individuo conserva un conjunto de derechos, alquila una cantidad de horas suyas, pero en el resto del tiempo es "libre". Esta igualdad formal es el principio básico del mercado.

"Todos nosotros somos iguales ante la mercancía": es la Revolución francesa llevada al terreno de las condiciones materiales de existencia. Desaparecen las diferencias formales, las cualitativas, para pasar al reino del mercado, que es el reino de la cantidad, donde todos los individuos, desde el último proletario hasta el primer multimillonario, son formalmente iguales, solo "separados" por una cantidad –de signo monetario, de dinero–. Eso era exactamente lo que discutía la burguesía antes de la Revolución francesa: que ellos no solo tenían la misma cantidad de dinero que los nobles, sino aún más, y, sin embargo, los privilegios y el poder político los detentaba el otro estrato. Y esta será la gran diferencia con la economía de mercado, donde se acabaron los "estratos". El que tiene dinero adquiere mercancías, porciones de riqueza social y su capacidad de disfrutarlas, sin que importe su abolengo.

El capitalismo y el mercado necesitan el requisito de la igualdad formal, que, digámoslo de una vez, no es lo mismo que la igualdad real. En el terreno del contrato de trabajo, que es la materialización de la relación de mercado entre obrero y patrón, todavía existe formalmente ese principio de igualdad, que es distinto a la relación entre señor y esclavo, o aun entre señor y siervo. El capitalismo, entonces, requiere de la existencia de mercados generalizados, pero es más que esto: es el momento en que la fuerza de trabajo también se generaliza como mercancía, el excedente es producido como plusvalor y la ley del valor se materializa en la acumulación del capital.

¿Cuál es el interrogante que trata de responder la economía?

Todo el recorrido previo nos permite ahora acercarnos a una definición más precisa del objeto de nuestra disciplina. Vimos que los mercados existen desde muy temprano en la historia de la humanidad. Sin embargo, la generalización de estos es un hecho moderno. En la Antigüedad, el "mercado" era apenas un lugar físico en el que se reunían los pueblos para comerciar, en determinadas épocas del año, llevando lo que les sobraba de su consumo. Millones de personas a lo largo de la historia de la humanidad nunca fueron a un mercado ni jamás hicieron una transacción en su vida.

La característica del surgimiento del capitalismo es que se empiezan a ampliar los mercados, comenzando por las ciudades del Medioevo, hasta el extremo de que la mercantilización cubre todo, tanto en términos de bienes y servicios, como de territorios. Entendamos a fondo el concepto de "generalización de las mercancías". No quiere decir, evidentemente, que todos los bienes se han transformado en mercancías: siempre quedan nuevos bienes y servicios por "mercantilizar". Pero la inmensa mayoría de los bienes se produce para luego comercializarse en el mercado. El concepto de "generalización de las mercancías" nos remite al momento en que ya se han generalizado tantos bienes, que se llega al punto de que se transforma también en mercancía la fuerza de trabajo. Este es el punto de corte.

Analicemos ahora el quid de la reflexión económica. Vamos a sostener que el nudo de toda la teoría económica, lo que va a plantear la diferenciación incluso entre las escuelas económicas rivales, es lo que vamos a llamar la "teoría del valor". Recordemos esas definiciones de "economía" que citamos al comienzo del capítulo. Remitían a dos cuestiones: qué era la riqueza y cómo se repartía.

Ahora bien, en sociedades como las modernas, donde ello depende del intercambio de mercancías en el mercado, lo nodal pasa a ser cuánto vale un bien, o, más exactamente, por cuánto se intercambia. Prestemos atención a que, a este nivel del análisis, la expresión es "por cuánto" se intercambia, y no tanto "por qué otro bien" se produce ese canje. Esto tiene relación con el citado pasaje a una sociedad donde se homogeneizan las calidades, y pasan a ser determinantes, entonces, las cantidades.

El intercambio fortuito, de una sociedad donde todavía no se han generalizado las mercancías, nos remite a una instancia en la que el que intercambia el bien A tiene que hallar otra persona que lo requiera, y que, a la vez, posea el bien B, en el cual la primera está interesada. Pero allí no se termina el problema: falta que ambas partes se pongan de acuerdo en cuántas cantidades de A pueden intercambiarse con cuántas cantidades de B para que la transacción sea equitativa. Recién resueltos todos estos interrogantes, la operación de cambio puede realizarse.

Un gran tema que, como ya podemos ver, es central para la economía política es encontrar algún elemento homogeneizador que nos permita definir cuándo cualquier bien en alguna cantidad es igual a cualquier otro también en una cierta cantidad. A medida que los mercados se empiezan a desarrollar un poco más, aparece un equivalente general que es aceptado por todos para el intercambio. Con la presencia de este equivalente, ya estamos en la prehistoria de lo que se va a llamar "moneda" o, en términos más generales, "dinero". Entonces, la pregunta será qué es la moneda, cuáles son sus características, qué objetos pueden asumir ese rol, cómo se la protege. Todos estos interrogantes aspirarán a ser respondidos por la economía política.

Por eso es importante comprender que la moneda al principio será un bien como cualquier otro, con la única característica de tener una amplia circulación en ese espacio territorial: de hecho, lo han sido el ganado, los esclavos, la sal, o cualquier otro bien de circulación más o menos general en la comunidad. Después pasan a serlo los metales preciosos (ya que estos "duran", no se mueren como el ganado o los esclavos, pueden dividirse hasta su mínima expresión, son fáciles de trasladar, por lo que cumplen entonces los requerimientos técnicos para ser dinero). Luego, la autoridad estatal se da la atribución, a partir de poder definir el peso de una unidad cualquiera de metal, de ponerle un signo de valor y de "acuñar" moneda. Y finalmente, ya con la cotidianeidad de las transacciones, aparecen instrumentos que hacen que no sea necesario llevar el oro o la plata "contante y sonante" al mercado. Así aparecen tanto instrumentos privados (cheques, letras de cambio), como también billetes de papel emitidos por la autoridad estatal. Y si quisiéramos, podríamos continuar el recorrido hasta llegar actualmente al dinero electrónico.

Pero observemos que, a medida que avanzamos en estos grados de abstracción, sigue pendiente y empieza a tornarse central el mismo interrogante: ¿qué es la riqueza? ¿Es tener mucho dinero? ¿Tener mucho de esos "papeles legales", que se formalizan como la existencia del dinero? Cualquiera que haya vivido alguna crisis hiperinflacionaria o sufrido la confiscación de sus depósitos bancarios dudaría de ello.

Pero tampoco resolvemos la pregunta acerca de si buscamos recostarnos en bienes "reales". Los vaivenes del mercado inmobiliario, por ejemplo, nos harán rápidamente ver que la riqueza tampoco se corporiza en esas mercancías. Un propietario de un inmueble en una ciudad que sufre una burbuja especulativa en el mercado de bienes raíces puede adquirir un bien por millones de dólares y encontrarse a los dos meses con que vale la mitad.

Volvamos al diálogo que nos citaba Rosa Luxemburgo, donde el campesino contestaba con total sencillez, señalando su granero y mostrando que "ahí" estaba su riqueza. En la dificultad para encontrar una respuesta similar en la sociedad capitalista, se concentra todo el misterio de la economía política. Y detrás de ese misterio, se construye la economía como discurso de poder, con los economistas como sumos sacerdotes de ese saber arcano de descifrar mercados.

Evidentemente, estamos frente a "algo" que parece adquirir poderes sobrenaturales, demoníacos: la lógica de los mercados. Discutir acerca de la lógica de los mercados, acerca de la riqueza, es también referirnos a otra cosa que también se opaca: las relaciones de explotación. Porque la afirmación de que un esclavo es un ser explotado es una perogrullada, pero, cuando se sostiene que en el capitalismo un trabajador asalariado está explotado, ahí ya es necesario hacer una mediación un poco más compleja. Con Marx llegaremos a esa conclusión, pero es obvio que no se visualiza transparentemente como en el caso del esclavo o el siervo. Requeriremos hacer teoría, ciencia, criticar lo que se nos aparece fenoménicamente en primera instancia ante nuestros ojos, abstraer, crear categorías teóricas y volver luego sobre lo concreto. Todo un proceso de trabajo científico para poder demostrar que el capitalismo es un modo de producción sustentado en la explotación de una clase por parte de otra.

En resumen, entonces, "capitalismo" implica la generalización de las mercancías, cuando la generalización de lo mercantil es tal que ya todo se vende, hasta la fuerza de trabajo de los individuos. Los individuos libres e iguales pueden establecer su propio contrato de trabajo, o sea, vender su fuerza de trabajo (horas de trabajo a otra persona) sin dejar de ser libres e iguales. Una relación muy distinta a la que existía en el feudalismo, donde la explotación económica convivía y se basaba en la desigualdad política y de derechos. Y justamente, y contradictoriamente, en esta igualdad formal está el basamento de la desigualdad "real", la explotación del trabajador.

¿Cuánto se tienen que generalizar las mercancías para que haya capitalismo? Esta pregunta es importante, porque hace a la definición del origen del capitalismo, de si este existe desde hace doscientos, trescientos o quinientos años, porque vivimos en un mundo en el que todavía hoy se siguen generalizando mercancías que antes no lo eran. Cincuenta años atrás, por ejemplo, prácticamente la inmensa mayoría de las actividades domésticas no eran tareas mercantiles, mientras que hoy existen las lavanderías industriales, la comida a domicilio e infinidad de servicios personales que se han mercantilizado y se siguen mercantilizando. Pero recordemos que hemos definido la generalización de las mercancías a partir de un hecho puntual, cualitativo: la mercantilización de la fuerza de trabajo. Podemos sintetizar entonces diciendo que el capitalismo es mercado más salario. O, más claramente: mercancía más explotación.

¿Acerca de qué se ocupa hoy la economía?

Hemos señalado entonces que la economía tuvo que dar cuenta de la modernidad (escisión entre lo público y lo privado), de la generalización de las mercancías, y del capitalismo. Pero esos son procesos, no diríamos acabados, pero sí con un largo recorrido histórico. ¿Hay algo nuevo de lo que hoy la economía tenga que hacerse cargo? Nuestra hipótesis es que hoy la economía tiene que dar cuenta del capitalismo en su decadencia. De la explicación de crisis cada vez más grandes, más globales y también más recurrentes, con consecuencias cada vez más catastróficas. De un modo de producción capitalista que ha entrado, ya hace un siglo, en lo que Lenin denominó la "época del imperialismo", "fase final del capitalismo" o "época de guerras y revoluciones". Un período en el que el modo de producción en el cual vivimos, el capitalismo, entra en un proceso de estancamiento del desarrollo de las fuerzas productivas. Con severas consecuencias tanto para el ser humano como para la naturaleza. Entonces, ese capitalismo que implicó un impresionante salto hacia adelante –particularmente de la civilización occidental– ha culminado el siglo XX e iniciado el XXI con serios signos de interrogación sobre su capacidad de garantizar la continuidad del bienestar material de los habitantes del planeta y la estabilidad ecológica de este. Y decimos esto en el mismo momento en que, paradójicamente, vivimos una de las más impresionantes revoluciones científico-técnicas de los últimos siglos. Pero la economía no es el estudio del desarrollo de la tecnología, sino de la capacidad de la organización social para dar cuenta de ella. Un inmenso campo de reflexión e intervención se abrirá a partir de aquí.

Bibliografía

Althusser, Luis (1970), *La filosofía como arma de la revolución*, Pasado y Presente, Córdoba.

Aristóteles (2005), *La política*, Losada, Buenos Aires.

Descartes, René (2010), *Discurso del método*, Gredos, Madrid.

Díaz, Esther (2000), *Posmodernidad*, Biblos, Buenos Aires.

Dobb, Maurice (1940), *Introducción a la economía*, Fondo de Cultura Económica, México.

Dobb, Maurice (1975), *Teorías del valor y de la distribución desde Adam Smith: ideología y teoría económica*, Siglo XXI Editores, México.

Foucault, Michel (2002), *Las palabras y las cosas*, Siglo XXI Editores, Buenos Aires.

Foucault, Michel (2010), *Nietzsche, Marx, Freud*, Anagrama, Buenos Aires.

Gómez Camacho, Francisco (2011), *Economía y filosofía moral: la formación del pensamiento económico europeo en la Escolástica española*, Síntesis, Madrid.

Hegel, Friedrich (1987), *Filosofía del derecho*, Claridad, Buenos Aires.

Keynes, John Maynard (2001), *La teoría general de la ocupación, el interés y el dinero*, Fondo de Cultura Económica, Buenos Aires.

Lakatos, Imre (2010), *El falsacionismo sofisticado*, Eudeba, Buenos Aires.

Lekachman, Robert (1959), *Historia de las doctrinas económicas*, Leru, Buenos Aires.

Luxemburgo, Rosa (1976), "Qué es la economía", en *Obras escogidas*, tomo I, Ediciones Pluma, Buenos Aires.

Marx, Karl (1970), "Prólogo", en *Introducción general a la crítica de la economía política/1857*, Pasado y Presente 1, Córdoba.

Marx, Karl (1971), *Formaciones económicas precapitalistas*, Cuadernos de Pasado y Presente 20, Córdoba.

Marx, Karl (1973) (1), *Manifiesto comunista*, Anteo, Buenos Aires.

Marx, Karl (1975), *El capital*, Siglo XXI Editores, Buenos Aires.

Marx, Karl (2006) (2), *Manuscritos económico-filosóficos*, en *Escritos de juventud*, Anteo, Buenos Aires.

Portantiero, Juan Carlos (1992), *La sociología clásica: Durkheim y Weber*, CEAL, Buenos Aires.

Popper, Karl (1967), *La lógica de la investigación científica*, Tecnos, Madrid.

Ricardo, David (1985), *Principios de economía política y tributación*, Fondo de Cultura Económica, Ciudad de México.

Robbins, Lionel (1944), *Naturaleza y significación de la ciencia económica*, Fondo de Cultura Económica, Ciudad de México.

Roll, Eric (1942), *Historia de las doctrinas económicas*, Fondo de Cultura Económica, Ciudad de México.

Rosdolsky, Roman (1978), *Génesis y estructura de El Capital de Marx*, Siglo XXI Editores, Ciudad de México.

Schumpeter, Joseph (1969), "Ciencia e ideología", en *Investigación Económica*, Vol. 29, n.º 115, UNAM, México.

Schumpeter, Joseph (1982), *Historia del análisis económico*, Ariel, Barcelona.

Schuster, Federico (comp.) (2002), *Filosofía y métodos de las ciencias sociales*, Manantial, Buenos Aires.

Smith, Adam (2005), *Naturaleza y causa de la riqueza de las naciones,* Fondo de Cultura Económica, Ciudad de México.

Tinbergen, Jan (1961), *Política económica, principios y formulación,* Fondo de Cultura Económica, Ciudad de México.

Villey, Daniel (1960), *Historia de las grandes doctrinas económicas,* Nova, Buenos Aires.

Weber, Max (1978), *La política como vocación,* en *Escritos políticos,* Ciudad de México.

Weber, Max (1980), *Economía y sociedad,* Fondo de Cultura Económica, Ciudad de México.

Zeitlin, Irving (1993), *Ideología y teoría sociológica,* Amorrortu, Buenos Aires.

Žižek, Slavoj (comp.) (1994), *Ideología: un mapa de la cuestión,* Fondo de Cultura Económica, Buenos Aires.

Los orígenes de la economía política como ciencia: de los mercantilistas y fisiócratas hasta los autores clásicos

Gustavo Girado

La economía es una ciencia social, y en ella, como en toda ciencia social, existen orientaciones, escuelas, corrientes de pensamiento, muchas veces contrapuestas. En el caso del marco de pensamiento de la economía política, como en otras ciencias sociales, hay diversidad. Más aún, las polémicas entre las diversas "teorías" económicas son útiles para comparar las lógicas propias de cada corriente de pensamiento, cómo resuelven los problemas planteados, sus deficiencias y limitaciones.

Como ya desarrollamos en el capítulo anterior, quienes hacemos este trabajo no pensamos que hay "una" ciencia económica y que todo lo que no pertenece a ella es ideología –como si fuese este un aspecto que no hace al hecho científico–, sino que, en la economía como ciencia social, existen perspectivas diferentes, aunque probablemente sí pensemos que algunas sean más científicas que otras. Tal como dice Dobb (1973):

> Pero como en las ciencias sociales la experimentación es limitada, la economía es fundamentalmente una ciencia deductiva [...]. Si tal es el caso y existen diversas escuelas de ideas que emplean conceptos cualitativamente distintos, es apenas posible una definición satisfactoria que los incluya a todos.

Aquí se engarza un debate ya histórico dentro de la "ciencia" económica –en particular, y de las ciencias sociales en general– que hace al grado de influencia ideológica que pueda padecer el discurso de cada corriente. Ya se trate de economistas apologéticos ("vulgares", como diría Marx, o simples escribas de la ideología preeminente o dominante) o de aquellos que han logrado cierto reconocimiento como cientistas sociales, seguramente el discurso económico que sea hegemónico intentará armonizar y sintetizar con cierta coherencia un conjunto de demandas sociales de cada época y lugar. Tal como dice Schumpeter (1969):

> La ciencia es una técnica y cuanto más se desarrolla, tanto más completamente sobrepasa el alcance de la comprensión, [...] una mayor uniformidad de preparación y una mejor disciplina en el esfuerzo pueden en la física reducir el tumulto a algo parecido al orden. Sin embargo, [...] existe en nuestro caso otra fuente de confusión y otro obstáculo para el progreso: la mayoría de nosotros, no contentos con la propia tarea científica, cedemos al llamado del deber público y a nuestro deseo de servir a nuestro país y a nuestro tiempo y, al hacerlo, introducimos en nuestro trabajo los esquemas individuales de valores y todas nuestras actitudes y opiniones; la personalidad moral toda, hasta sus ambiciones espirituales.

Que hayan existido –y coexistan– diferentes orientaciones en el pensamiento económico no implica *a priori* ningún vínculo entre esas corrientes. Este aspecto es relevante, ya que, a diferencia de lo que ocurre con las ciencias naturales, el conocimiento en la economía política es más difícil de acumular en comparación con la manera como sucede en aquellas disciplinas, e incluso impide que se puedan jerarquizar unos conocimientos o escuelas sobre otras, incluso si intentamos poner la idea de "progreso" como referente. Desde esta misma ciencia social, unos pensadores pueden realizar apreciaciones críticas respecto de otros autores (con las mismas hipótesis e incluso con la misma metodología de análisis científico), a partir de la escala de valores que ostente dicho autor, pero es altamente difícil poder realizar apreciaciones respecto a la "evolución" presentada por una corriente respecto de otra pretérita. Schumpeter lo pone así:

En sí misma, la realización científica no exige que nos despojemos de nuestros juicios de valor o renunciemos a la defensa de un interés particular. Investigar hechos o elaborar instrumentos para hacerlo es una cosa; valorarlos desde algún punto de vista moral o cultural es, en lógica, otra cosa, y las dos no están necesariamente en conflicto.

En definitiva, no hay un desarrollo lineal en lo que podemos llamar el "pensamiento científico de la economía" que nos permita "avanzar" en los términos comúnmente utilizados para otras disciplinas. Barceló y Argemí (1984) lo plantean como sigue:

> La teoría económica estudia un segmento o nivel de la realidad humana con el objetivo de descubrir leyes, esto es, relaciones precisas entre variables seleccionadas y dotadas de generalidad en algún grado. Al no disponer de artefactos de laboratorio ni de reactivos químicos, los utensilios básicos del economista serán la abstracción y la corrección formal. [...] toda la ciencia fáctica pretende hablar de la realidad y, por consiguiente, precisa de contrastaciones que convaliden, al menos hasta nuevo aviso, las hipótesis teóricas. Y el único observatorio [...] que disponemos es la historia económica.

Precisamente, en el terreno de ese "observatorio", algunos de sus mentores han alcanzado la categoría de "clásicos" al ser asociada su contribución teórica con los momentos del surgimiento de la economía política como ciencia. Como ya vimos en el capítulo anterior, hay un interesante debate sobre desde cuándo existió la economía política como categoría de análisis social, dado que siempre existieron el trabajo, la producción, y relaciones sociales que determinaron una cierta distribución de lo que los seres humanos producen. Y de si esto implica, *per se*, la existencia de distintas categorías conceptuales que nos permiten remitir a la existencia de un cuerpo de conocimiento. En términos llanos, pueden diferenciarse dos escuelas de pensamiento, que se definen básicamente por entender de manera absolutamente diferente un aspecto medular de la economía política: el concepto de "valor". El principal exponente de una de ellas, Karl Marx (1970), criticó a sus antecesores intelectuales por el camino seguido para entender el funcionamiento del sistema económico:

> Los economistas del siglo XVII, por ejemplo, comienzan siempre por el todo viviente, la población, la nación, el estado, varios estados, etc.; pero terminan siempre por descubrir, mediante el análisis, un cierto número de relaciones generales abstractas determinantes, tales como la división del trabajo, el dinero, el valor, etcétera [...] la representación plena es volatilizada en una determinación abstracta.

Sin embargo, sabemos que la reflexión acerca de los problemas económicos como disciplina autónoma no es de tan vieja data. El economista argentino Manuel Fernández López (1998) nos recuerda que

> los indicios con los que contamos hoy muestran un pensamiento económico bastante estructurado en la época de los griegos. Antes están los libros de Moisés en el Antiguo Testamento, el Código de Hammurabi, pero ahí predomina más el carácter normativo, el porque sí, porque lo manda Dios o el rey. En Platón, y luego en Aristóteles un poco más, está razonado el problema económico.

En última instancia, el proceso tiene una fuerte asociación con el que va a llevar –también– al surgimiento de la ciencia política como disciplina autónoma. Ya hablamos en el capítulo anterior de la relación entre el surgimiento de la ciencia política y el de la economía. Suele tomarse a Maquiavelo como el momento histórico en el que la ciencia política se constituye como tal, diferenciándose de la filosofía y de la religión. Una de las principales originalidades de Maquiavelo reside en que no hace juicios morales o religiosos frente a la política, que a partir de acá pasará a referirse a sí misma, a sus propias categorías. Lo mismo sucederá con la economía, una vez que se admita la validez de la delimitación de un "continente de la economía" en el mundo real.

Como ya dijimos, Aristóteles (discípulo de Platón) escribió sobre "economía", pero no la veía como disciplina autónoma. De alguna manera, todas sus reflexiones acerca del trabajo, el empleo del dinero para realizar los intercambios, la idea de mercado, la capacidad de producción (que Platón atribuía a dones innatos de las personas), la organización económico-social y otras conceptualizaciones eran parte de una reflexión filosófica más general. Al respecto dice Peshejonov (1977):

> A medida que la sociedad humana se desarrolla [...], junto con la transmisión de los medios y procedimientos utilizados para la fabricación de unos u otros productos, surgen y se consolidan los conocimientos relativos a cómo organizar la producción [...]. Todo ello quedó registrado en la forma de distintos preceptos y normas de conducta, y nos fue revelado por los papiros egipcios, las tablas del rey Hammurabi, los antiguos Vedas hindúes, etcétera.

También si tomamos a Tomás de Aquino (corriente "escolástica"), en cuyos trabajos se encuentran referencias a aspectos y cuestiones económicas, se observa una fuerte evidencia de subordinación respecto de la visión religiosa.

El surgimiento de la economía como disciplina separada tiene que ver, recordemos, con ese proceso de modernización, de desacralización del pensamiento que se relaciona con lo que se llama Edad Moderna, con la revolución que significó el descubrimiento, el gran desarrollo del comercio y, en última instancia, la transformación del régimen feudal y el proceso que llevó a lo que podríamos dar en llamar la "constitución de las bases del capitalismo".

Los primeros pensadores alrededor de la temática de la economía política –escasamente sistemáticos– surgen a partir del siglo XVII cuando comienzan a desarrollarse ciertas formas mercantiles de circulación de la producción, y hasta mediados del siglo XVIII. Una mayor sistematicidad en aquellos trabajos se da, precisamente, en forma coincidente al desarrollo del capitalismo, que es justamente el sistema en el que las relaciones económicas pasan a explicar crecientemente la organización de una sociedad. En la Edad Media, la sujeción del siervo de la gleba al señor feudal, por ejemplo, si bien constituía un vínculo con consecuencias económicas, estaba basado en la tradición, poder militar, de coerción sobre los individuos de manera directa. En el capitalismo esa relación es totalmente diferente, desde el momento en que las relaciones entre los propietarios y los no propietarios son también relaciones de cambio, cuyo contrato vincular asume la forma salarial. Hasta ese entonces, los postulados que hacen referencia al hecho económico son solo eso, postulados, y no conforman un pensamiento político por la inexistencia de Estado: donde no hay Estado, no hay política en el sentido estrictamente moderno del término, y es por eso por lo que en la Edad Media no hay ideas sobre política, sino ideas normativas que apuntan más a la conciencia del individuo. Cuando toma forma el Estado nación al comienzo de la Edad Moderna, como veremos, surge una política de comercio internacional y la microeconomía conexa. La sencillez de estas expresiones se debe a Manuel Fernández López (1998). Con "microeconomía conexa", queremos significar la fijación de aranceles a la importación, estímulos a las exportaciones, restricciones y prohibiciones, etcétera.

Dicho esto, remitámonos tiempo atrás para poder entender el sentido del pensamiento histórico en torno del conocimiento económico, y conocer los aspectos político-sociales que enmarcaron el nacimiento del pensamiento clásico.

Los orígenes de la economía política
y el mercantilismo

Al hablar de los orígenes de la economía política, convencionalmente nos remitimos a los primeros escritores que tuvieron como materia sistemática a la economía: son los que en los libros de texto aparecen como "mercantilistas", más allá de que Tomás de Aquino y otros filósofos de la Antigüedad hayan hecho algún tipo de referencia sobre la problemática económica, pero esta no constituía la cuestión central de sus reflexiones. En líneas generales, se asocia el pensamiento mercantilista con la intervención del Estado (una "política económica nacional"), con postular las bondades de una balanza comercial favorable y con la asociación de la riqueza de una nación al acervo de oro que posee. Como veremos en seguida, los mercantilistas reales expresan una mucha mayor heterogeneidad que estos simples postulados estilizados.

Los mercantilistas tienen que ver con una etapa concreta del desarrollo histórico: es la vinculada a la vigencia de los Estados absolutistas en Europa. Hay distintas escuelas mercantilistas –en Alemania los kameralistas (o cameralistas), por ejemplo, empiristas por excelencia y consejeros de nobles y reyes–, porque en sí cada una de estas escuelas nacionales estaba vinculada a características específicas de esos Estados absolutistas. Así, cuando se habla de mercantilistas, suele asociárselos con los existentes en Francia (con J. B. Colbert a la cabeza, que hacía gala de un industrialismo incompleto), donde hay un Estado monárquico más consolidado y donde se expresan de manera más paradigmática los principales postulados de esta corriente. Veremos que también sus ideas se expanden con amplitud al comienzo en Italia, Rusia (centralmente con A. Ordin Naschókin) y, por supuesto, Gran Bretaña.

Precisamente los mercantilistas británicos tienen características particulares. Los mercantilistas ingleses como John Locke, Thomas Mun (mercantilista "tardío", según algunos historiadores de la economía), Sir William Petty, David Hume y otros provenientes de la filosofía permean sus postulados con una serie de conceptos librecambistas que tienen que ver con el desarrollo del capitalismo inglés, que a su vez se encontraba en los prolegómenos de la expansión de su comercio a nivel internacional. Dice Amin (1971): "Las relaciones comerciales de esta época (la mercantilista de los siglos XVI y XVII) son cuantitativa y cualitativamente un elemento fundamental del sistema capitalista en formación".

Hemos mencionado previamente a Petty, a quien muchos consideran el fundador de la economía política. Funda, junto a Isaac Newton, la Real Sociedad Británica para el fomento de la investigación científica, en 1662. En el terreno de la economía política, colocar a Petty como autor mercantilista exige un esfuerzo de imaginación ya que, a diferencia de todo el resto de los autores de esa escuela, Petty elimina las reglamentaciones estatales en el ámbito del comercio exterior, entre otras diferencias menores. Un análisis exhaustivo de su obra lo acerca mucho a los principios liberales que Smith va a defender casi un siglo después.

Las reflexiones económicas mercantilistas eran relativamente "primitivas" en comparación con los grandes sistemas del pensamiento económico, pero estaban muy vinculadas a los problemas económicos de las monarquías absolutistas. Cuando estos escritores piensan en el tema de la economía, se refieren al tipo de actividad que tenía que realizar el Estado y a la manera más conveniente de fortalecer su poder económico, lo que hace que esa reflexión aparezca normalmente vinculada a la problemática del comercio exterior y la guerra. Ya que la riqueza para los mercantilistas radica en la acumulación de metales preciosos, principalmente oro –basados en una lineal y pragmática forma de pensar–, el problema político es cómo financiar la guerra que permita conseguir ese metal precioso para ampliar y asegurar el poder de los Estados. Este análisis incluye la relación político-económica del Estado monárquico y sus colonias. Como escribe Hobsbawm (1990):

> Naturalmente, los estados absolutistas también proporcionaron el apoyo financiero, político y militar necesario para arriesgadas empresas comerciales tales como las guerras y las nuevas industrias, y actuaron como agentes para la transferencia de la riqueza acumulada, desde el campesinado y otras gentes, a los empresarios.

Como vía posible para acumular metales preciosos, además de la guerra (que garantiza la preeminencia comercial del Estado victorioso), aparece también el comercio exterior. El comercio trae la riqueza para los mercantilistas. Uno de sus principales postulados consiste en que el objetivo del Estado debe consistir en acumular sin límites balanzas comerciales positivas, vale decir que del intercambio comercial resulte un saldo favorable que, medido en una magnitud dada de la "riqueza" considerada, con su acumulación se exprese un poder dado por esa cantidad de metales preciosos. La riqueza es, en primer término, el oro, ya que con él se puede adquirir lo que no se produce fronteras adentro. Señala Passarelli (1973):

> El comercio internacional entre Europa occidental por una parte y el Nuevo Mundo, las factorías orientales y africanas por la otra, representa lo esencial de los intercambios mundiales, ya que la mayor parte de los intercambios internos en el centro involucra, a su vez, a productos provenientes de la periferia que se redistribuyen en el mercado europeo y que se ha obtenido mediante el intercambio simple [...]. Los escritos de Thomas Mun revelan con toda nitidez este proceso, que corresponde a la acumulación del capital-dinero en los puertos europeos, luego de haber sido obtenido gracias a la ubicación de los productos de la periferia [...] entre las clases dominantes.

En definitiva, la persecución de estos saldos comerciales positivos implicaba de hecho un desequilibrio en el comercio internacional, ya que el estado debe estimular las manufacturas de productos que al ser exportados permitan el ingreso de oro a las fronteras "nacionales", mientras a la vez restringe la salida de oro del país, esto es, la importación de productos que deban ser pagados con ese metal. La política económica inglesa de principios del siglo XVIII, debido a esto, es fuertemente proteccionista, promoviendo la fabricación en Inglaterra de productos manufacturados para ser consumidos internamente y exportar lo que se produzca en exceso, a cambio de las materias primas de las colonias, lo que hace innegable la relación entre expansión colonial y la política comercial. Marx (1975), subrayaba al respecto:

> El descubrimiento de los países de América ricos en oro y plata; el exterminio, el esclavizamiento y el enterramiento de la población nativa en las minas; el principio de la conquista y del saqueo de la India Oriental; la transformación de África en un mercado para la caza comercial de los pieles negras, señalan la aurora de la era capitalista.

Son también propios de esta época todas las políticas que, contribuyendo a la creación y fortalecimiento de los Estados y de una economía nacional, favorecen la acumulación de riqueza-oro, como, por ejemplo, el hecho de impulsar las exportaciones reduciendo sus impuestos y aumentar los gravámenes a las importaciones para proteger la industria doméstica. Las consecuencias de todo esto será una menor importancia relativa para la agricultura, el desarrollo de las marinas mercantes y, en general, una fuerte presencia de las políticas de Estado.

La política de Inglaterra hacia la India y China seguirá *a posteriori* por los mismos carriles. Gran Bretaña llegará a prohibir la fabricación, en sus colonias de América del Norte, de hasta un clavo de herradura, para evitar así la futura aparición de competidores en el mercado de manufacturas de hierro –al menos–. Lo mismo puede decirse de las políticas seguidas por las otras potencias europeas de la época y su política hacia sus colonias americanas, en

África y Asia. La política española en Chile, por ejemplo, llegará a prohibir el herraje de los caballos, como derivación de un veto que se había aplicado a la explotación de las minas de hierro.

Si bien esa imagen puede ser recreada al momento de la introducción masiva de oro desde América, observemos que la aplicación masiva de políticas mercantilistas por todas las potencias de la época no está acompañada de una reflexión en la cual hayan podido establecer equilibrios permanentes entre los distintos sistemas económicos nacionales y sus Estados, por lo que en los mercantilistas el problema de la guerra es una cuestión permanente. El "equilibrio económico" no tiene posibilidades de ser siquiera concebido, ya que es imposible que todos los países que comercian puedan sostener simultáneamente balanzas comerciales superavitarias.

El mercantilismo, entonces, posee un corpus teórico definido a pesar de las características diferenciadas que asume en cada país, partiendo en todos los casos de una serie de dogmas que cada uno de ellos cree beneficioso para los intereses que defienden. Esta corriente surge en torno a la monarquía absoluta: es en gran parte la teorización de las necesidades de control del comercio y desarrollo de la producción que se manifiestan en esa época. Porque esa concepción del Estado totalmente distinto al momento previo feudal, ahora centralizado y unificado, supone un mercado nacional también integrado. Nuevamente nos ilustra Passarelli (1973):

En su vinculación comercial con Oriente, Inglaterra ofrecía el metal precioso que recibía de España y Portugal, cuyo drenaje se producía debido a que ambas naciones peninsulares debían comprar en el mercado inglés y francés los productos industriales que no estaban en condiciones de elaborar o cuyos precios no eran competitivos. A su vez, Oriente tenía para ofrecer a cambio mercancías de algodón y seda, además de productos como té, sal, opio, pasas [...], que Inglaterra reexportaba justamente a los países de los que obtenía el metal precioso.

Vemos entonces que el foco de atención del mercantilismo está en el comercio. En la medida que el interés pasa del plano de la circulación a la esfera de la producción (con la percepción de que allí radica ahora la fuente de la riqueza), esto es, del comercio a la producción de mercancías producidas por el trabajo, esto último se constituye en la cuestión medular de las corrientes de pensamiento que sucedieron al mercantilismo. Este foco en la producción se mantendrá posteriormente como lo hegemónico en el pensamiento económico por lo menos hasta la aparición de los neoclásicos en el último cuarto del siglo XIX.

Pero, antes de avanzar, y desde nuestro presente, podemos permitirnos realizar una breve reflexión acerca de la búsqueda intrínseca de esos planteos económicos: ¿es conveniente para un país conseguir balanzas comerciales permanentemente positivas? Esto implica que, por lo menos, dentro de esa economía nacional, se va a consumir menos de lo que en total se produce, ya que el resto (la diferencia entre lo producido y lo consumido) será vendido al exterior. Pero posiblemente, dada una cierta dotación de recursos, a un país le convenga más importar los productos del exterior y consumir más de lo que se produce a nivel doméstico. Evidentemente, *a priori* no puede decirse hacia qué lado es más conveniente que se incline la balanza comercial –literalmente entendida–. En definitiva, en principio las balanzas comerciales positivas o negativas dicen poco: puede ser negativa, pero, si ese resultado tiene origen en una mayor cantidad de importaciones de bienes o servicios, cabe la posibilidad de que esté apuntalando un proceso de reconstrucción o reconversión productiva, en definitiva, conveniente para el desarrollo de un país. Una balanza comercial positiva, por el contrario, puede implicar que se consuma muy poco de lo que se produce fronteras adentro; o también que ese saldo exportable sea de mercancías de un solo productor –monopolio–, o de unos pocos –oligopolio–, por lo que el mayor volumen de divisas que entra al país termina concentrado en una única o en pocas manos. La mayor riqueza que bien pudiera tener origen en una mayor productividad de la población de un país, entonces, tiene una distribución menos equitativa que si esa economía no hubiese tenido balanza comercial positiva. Esto obliga a atender el tema de los mecanismos distributivos.

En el ejemplo de los países más dinámicos del mundo de las últimas décadas, ubicados en el Asia del Pacífico, donde incluso las disparidades de distribución del ingreso son fuertemente atacadas –para el caso de los más desarrollados del área: Corea, Taiwán, Singapur, Malasia–, el volumen de su comercio ha sido creciente y en muchos años de las últimas décadas el saldo comercial fue –o es– negativo.

Es decir que hay que tener en cuenta, al analizar las cuestiones comerciales del balance de pagos, la composición de dicha balanza comercial. Y también su destino. Porque es muy distinto dirigir las divisas generadas de un saldo positivo al pago de una deuda contraída con el exterior –externa–, que financiar con ellas la compra de bienes de capital para aumentar la capacidad competitiva de un país en los mercados internacionales vía mayores o mejores productos. Debe analizarse, entonces, quién se apropia de los mayores beneficios de una balanza comercial positiva –quién acumula a partir de allí– y qué compromisos se atienden con esos saldos favorables (es decir, si se destinan quizás a aumentar el consumo u otra variable), así como por contraposición también se debe estudiar bien quién y por qué se generan los saldos negativos del balance comercial.

Así y todo, estas cuestiones no nos son útiles para trabajar con la "reflexión" mercantilista, ya que esos autores todavía no pensaban alrededor de los problemas de la distribución del ingreso. Con esta salvedad, su doctrina brinda el primer programa de política estatal que refleja los intereses de la burguesía en ascenso.

Las primeras discusiones sobre el valor y el excedente: la fisiocracia

Para ingresar cronológicamente en el estudio de esas corrientes que aparecerán como "superadoras" del análisis mercantilista, es necesario dirigir brevemente la atención a un tema central en la economía política: el valor. Debemos aproximarnos al tema conociendo de antemano las dificultades de los economistas para alcanzar una clara conceptualización al respecto.

Comencemos diciendo que hay que preguntarse por el valor de las cosas para poder reflexionar acerca del tema distributivo (aspecto relevante, como veremos en capítulos posteriores, para parte de los economistas clásicos, especialmente Ricardo y Marx), ya que un artículo se intercambia por otro debido a una magnitud determinada –que no es el precio, ya que este cambia: así como puede subir, también puede bajar–. Hablar de valor significa referirnos a las magnitudes más o menos permanentes –en ciertas condiciones tecnológicas y de desarrollo dadas– en las cuales unos productos se intercambian por otros distintos. Y a cuál es el valor que permite llevar a cabo dicho intercambio o por el cual se intercambian dos productos diferentes. Obviamente se tiene que tratar de alguna unidad que permita hacer las cosas comparables, medibles, mensurables, gracias a la cual los bienes puedan reducirse a esa unidad común y así permitir el acto del cambio. Cuando analicemos la obra de Smith más adelante, haremos una aproximación mayor.

Pero corresponde comenzar por los primeros pensadores –desde la economía política– que se comienzan a preguntar por el valor de los bienes en el sentido de valor de cambio. Primero aparecen los llamados "fisiócratas" (posteriores cronológicamente a los mercantilistas), que tuvieron su principal desarrollo en Francia (Richard Cantillon –quizás pueda considerarse el primero–, François Quesnay, el marqués de Mirabeau, Dupont de Nemours, Mercier de la

Riviere, Le Trosne). Su reflexión está fuertemente vinculada a la problemática de la explotación primaria en ese país.

Dice Cusminsky de Cendrero (1991): "La fisiocracia no existía en 1750, mientras que de 1760 a 1770 el *tout* París hablaba de ella".

En Hobsbawm (1990), se explica que, a entender del autor, a diferencia de la crisis del siglo XVI, la gran crisis del siglo XVII derivó en una considerable concentración del poder económico.

Sobre esta estructura es sobre lo que aparece el pensamiento fisiocrático. Considerarán a la agricultura como la única fuente de valor y riqueza, dando lugar al concepto de "trabajo productivo", mientras echan luz sobre el excedente agrícola, cómo aparece y de qué modo circula entre las clases sociales, lo que desemboca así en lo que por primera vez podríamos llamar una "dinámica económica". A la vez, es importante resaltar a los fisiócratas como los primeros que construyeron la visión de la economía como un "orden natural". "*Laissez-faire, laissez passer*" ("dejar hacer, dejar pasar"), como el consejo por excelencia de los economistas fisiocráticos a los monarcas, se transformará en la marca registrada de esta escuela y un antecedente "prehistórico" de lo que poco después será el pensamiento liberal.

Evidentemente, este tipo de planteos estará asociado a la lucha de intereses en la Francia de aquel momento, donde el sector terrateniente reivindica para sí una mayor proporción de la riqueza generada por la explotación del campo. Dice Hobsbawm (1998):

> En la Europa meridional, gran parte de la nobleza vivía en ellas de las rentas de sus fincas. [...]. La ciudad provinciana de finales del siglo XVIII pudo ser una comunidad próspera y expansiva [...]. Pero toda esa prosperidad y expansión provenía del campo.

Los fisiócratas franceses constituyen la primera escuela que, sistemáticamente, considera que la única fuente de ingresos son la tierra y la renta que esta genera, lo que está indisolublemente asociado a que el problema agrario es central en el mundo del último cuarto del siglo XVIII: la relación entre quienes poseen la tierra y quienes la trabajan, entre los que acumulan la riqueza que la tierra genera y los que producen esa riqueza.

De hecho, los autores de la fisiocracia no son muchos. Se los ha estudiado inclusive como participantes de algún tipo de logia, o como protopartido político, en cuanto su sentido de pertenencia está asociado a la comunión de afectos sobre una persona, François Quesnay, y al sentido casi místico que generan alrededor de un cúmulo de ideas que son muy resistidas por la clase gobernante, el clero y el ejército.

Quesnay no tenía antecedentes en temas económicos mientras era el médico del Delfín (así se llamaba al sucesor de la corona francesa). Como tal en la corte de Versalles y ya con el título de nobleza, conoce a Mirabeau, que sí trascendió a partir de la difusión de su *L'ami des hommes*. Del vínculo surgen debates que atraen a seguidores en el preciso momento en que la situación del reino es particularmente grave: comercio arruinado, industria estancada, agricultura hundida y un Estado sobrecargado de deudas por la guerra de los Siete Años. En su intento de restaurar las finanzas de Francia, basados en sus conocimientos científicos, si bien el tema tenía sus antecedentes, Quesnay presenta públicamente los principios de su sistema que, en su opinión, restablecerán las fuerzas del reino, basado en un mecanismo que tiene tres elementos esenciales:

1. teoría del producto neto,
2. teoría de la circulación, y
3. la concepción del orden natural y esencial de las sociedades.

Escribe Cusminsky de Cendrero (1991):

La proposición inicial [...] sostiene que solamente la agricultura produce riqueza. [...]. Dice que el dinero considerado en sí mismo no es riqueza pues no puede procurar provecho más que por la adquisición de bienes productivos. El único bien productivo, capaz de producir otros bienes productivos sin que se altere la fuente de la cual se extraen es el de la agricultura. Por lo tanto es ésta la única actividad capaz de proveer indefinidamente de riqueza. Las otras ramas de la producción [...] eran solo transformadoras.

Tal como dice Quesnay (1972): "La tierra es la única fuente de la riqueza [...], y es la agricultura la que la multiplica".

Quesnay, principal teórico de la escuela fisiocrática, desarrolla su *Tableau Economique*, donde explica que el valor se origina en la tierra a partir de mensurar cantidades físicas. Es un cuadro donde se representa el proceso de producción, se calcula el excedente y aparece un esquema de la reproducción del capital, basado en la circulación del producto anual y la distribución del ingreso entre tres clases diferentes: la clase estéril (comerciantes, artesanos, empleados), la de los propietarios (terratenientes) y, por último, la de la clase productiva (arrendatarios y trabajadores agrícolas).

En el esquema presentado en el *Tableau*, por ejemplo, si se tiene una cantidad de tela –manufactura de un producto que tiene origen en la tierra– en cantidad suficiente como para fabricar un saco, se obtiene dicho saco, pero nada más, no más que este; es decir que, mediante el proceso de producción industrial en el que se procesa un producto de la tierra, no se puede aumentar la cantidad del producto de la tierra que luego se transforma. En concreto, no se puede obtener tela para dos sacos, si la hay solo para uno. Escribe Dobb (1973), citando a Mirabeau: "Le doy un pedazo de paño a un sastre: no será nunca capaz de aumentarlo de modo de sacar de él una casaca para él y otra para mí".

Así Quesnay postula, de manera simplificada, que el origen del conjunto del valor circundante en una sociedad está dado por la agricultura, que es la única actividad productiva, porque genera algún tipo de valor, algo valioso y, en particular, un excedente. Por lo tanto, los industriales son considerados una clase improductiva, por su trabajo "improductivo" en términos fisiocráticos; por eso los llama "clase estéril", ya que no aumentan el producto de la tierra, sino que "solo" lo transforman. Prestemos atención a que este valor así considerado se confunde con la magnitud física de los bienes. En síntesis, el excedente generado en una sociedad es el generado por la agricultura: en un ciclo productivo, se consigue al final del proceso más producto que el que se encontraba al comienzo. Se produce lo suficiente como para reemplazar el costo original más una cantidad que se consigue en exceso. Dice Dobb (1973): "El costo real de una cosa consistía en el gasto necesario de trigo para financiar su producción, y era una consecuencia razonable suponer que esto constituía el 'valor natural' de la mercancía".

La actividad agrícola es, entonces, la única en condiciones de generar aquel excedente, y el progreso material está determinado por la medida en que la sociedad esté en condiciones de aumentar ese producto neto, con origen en la tierra. En cuanto los productos materiales son aptos para satisfacer necesidades, tienen valor de uso –son elementos útiles–; algunos bienes útiles tienen también valor de cambio, que constituye un valor social particular, el cual suele expresarse en el precio. Estas mercancías ("riquezas") pueden tener origen en la tierra o bien ser productos manufacturados, industrializados, pero, en definitiva, para los fisiócratas terminan siendo siempre productos originados en las capacidades productivas del suelo. Sostiene Rosier (1978) que

> toda "riqueza" tiene pues, para Quesnay, un aspecto real y otro monetario, lo que necesita un doble análisis, el de los flujos reales y el de los flujos monetarios, que conviene distinguir evitando "tomar el signo por la cosa, el dinero por

la riqueza", al ser la moneda nada más que un instrumento de cambio.

Poco más arriba hicimos referencia a la identificación que hace Quesnay del trabajo productivo, concepto que surge de distinguir la producción total de la producción neta en cantidades físicas, diferentes de esto mismo expresado en dinero monetario. Donde los fisiócratas ponen el acento es en la producción neta en cantidad, y solamente desde allí puede hablarse de trabajador productivo, que será entonces solamente aquel dedicado a tareas agrícolas o a otras actividades de explotación de la tierra en general (minería, pesca, etcétera). El resto de los trabajadores dedicados a actividades donde solo se transforman aquellos productos no forman parte del acervo del trabajo productivo de una sociedad. Sigue diciendo Rosier (1978):

> No será clasificado como productivo sino el acto que da nacimiento a más riqueza que la que consume y no son productivos sino los trabajadores que fabrican producto neto, es decir, valor de cambio adicional apropiado a los gastos de los trabajadores directos, por lo tanto un valor social. Es exactamente lo que dirá Marx.

En realidad, Quesnay analiza el circuito económico con el objeto de identificar los espacios sociales donde la corte tiene que imponer sus tributos, las gabelas. Esto es lo que lo lleva a dividir a la sociedad en clases. Pero, más allá de sus intenciones, su explicación de la aparición del excedente económico es absolutamente original (del producto anual, una parte repondría lo consumido en el ciclo anterior y otra quedaría como excedente), y constituye para Marx un eslabón fundamental para que pueda este desarrollar –y explicar, para muchos– el origen de un mayor valor social: *produit net, plus value, mehrt wert,* plusvalía. Así lo señala Peshejonov (1977):

Al subrayar que la verdadera fuente de la riqueza de la nación es el trabajo agrícola, [...] criticaron el régimen vigente en Francia, la coerción a que los señores feudales sometían a los campesinos a través de recaudaciones e impuestos de todo tipo [...]. Los fisiócratas no exhortaron a realizar una transformación revolucionaria del régimen feudal: consideraban que con la ayuda del poder real se lo podía modificar, pero, como lo acotara con acierto Marx, tras el rótulo de feudal, en la realidad comenzaba a tomar cuerpo en los fisiócratas la concepción de la organización capitalista de la producción.

La dinámica que adquiere el sistema desarrollado por Quesnay lo constituye en un innovador. Algo exagerado, el marqués de Mirabeau sabrá decir que el cuadro realizado por Quesnay es el invento más maravilloso y útil a la humanidad, junto con la invención de la escritura y la moneda. Cuando el excedente generado es totalmente consumido y se reconstituye el capital comprometido en la producción, sea para usar en los medios técnicos como para pagar a los trabajadores –fondo de salarios–, el esquema evoluciona circularmente, reproduciéndose análogamente período tras período. En este circuito de Quesnay, el sistema se mantiene y las clases sociales que lo constituyen no ahorran, por lo que una ampliación de este solo es posible si se cambia el destino de ese producto neto, o de parte de él. Como esta escuela respalda su andamiaje en la naturalidad de los procesos económicos –sin realizar cuestionamiento alguno a la dotación de los factores y su distribución–, un destino diferente del excedente depende totalmente de sus propietarios, los terratenientes.

El balance del mercantilismo y la fisiocracia

Es injustificado decir que son poco valiosos los aportes de las dos escuelas reseñadas hasta aquí (mercantilistas y fisiócratas), ya que son las primeras que estudiaron –quizás sí algo azarosamente la primera– el espacio económico y las consecuencias de la producción mercantil. Si bien ante la mirada contemporánea pueda parecer sumamente simple (y a nuestros ojos, errado) que los fisiócratas solo entiendan como productivo el trabajo agrícola, no es tan sencillo como parece: con el concepto del producto neto, llevan a cabo un aporte intelectual enorme antes de la Revolución francesa, en el momento en que los ingresos de los gobernantes están basados casi exclusivamente en la renta de la tierra y la producción manufacturera está en pañales.

Es difícil que Quesnay o los mercantilistas pudieran haber hecho un análisis algo más completo del sistema capitalista cuando este no estaba del todo desarrollado, ni siquiera en términos de una sola nación. Así, al trabajar sobre la estructura económica europea de fin del siglo XVII, Hobsbawm (1990) escribe:

> En las zonas marítimas, es indudable que los mercados nacionales crecieron considerablemente. En Inglaterra, al menos, tienta considerar al siglo XVII como el período decisivo en la creación del mercado nacional [...]. Las gigantescas dimensiones de la ciudad de Londres, por supuesto, dieron al mercado interno una gran ventaja. Ningún otro país (exceptuando a Holanda) poseía una proporción tan vasta de personas concentradas en un solo bloque urbano.

Con Quesnay y el conjunto de los fisiócratas, se aborda el tema del excedente económico y su papel, mientras que, recién con los clásicos (que les continúan cronológicamente), aparecerán los temas del beneficio y de la lógica de la acumulación del capital.

En el período que va desde la monarquía absoluta hasta la Revolución francesa y la Revolución Industrial (solo por citar algunos acontecimientos históricos que permiten delimitar el período), vamos a encontrar una serie de pensadores que hacen la crítica de las políticas mercantilistas, en parte poniendo énfasis en los aspectos del orden feudal que se mantenía en muchos aspectos del Estado absoluto, en parte cuestionando esta nueva centralización que acompaña el surgimiento del capitalismo comercial (las características del propio Estado absolutista). Así vamos a ver aparecer a los que hoy podríamos llamar "liberales". Dando origen a lo que se va a conocer como el pensamiento científico de la economía política, surgirán los padres del liberalismo económico, entre los cuales el más importante va a ser Adam Smith. Él y David Ricardo –no es casual que ambos sean británicos– son los economistas del capitalismo naciente y de la Revolución Industrial, que en ese entonces está llevándose a cabo justamente en Gran Bretaña. Suele incluirse en la lista a Thomas Malthus, Jean Baptista Say (el único francés de este conjunto de autores), James Mill y algunos pocos otros, pero, si se intenta ser preciso con los aportes y debates generados, hay pocas dudas de que se incluyen más por su relación vincular y contemporaneidad con Smith y Ricardo que por su afinidad con los aportes e ideas en común con estos. Como dice Fernández López (1990): "Comparten sí la común creencia en un orden (la 'mano invisible') que aseguraba la compatibilidad de los intereses particulares con los de la nación sin necesidad de intervención por parte del Estado".

Y también Peshejenov (1977):

Los clásicos del pensamiento económico burgués –en especial Smith y Ricardo– ya intentan delimitar, dentro del conjunto de conocimientos económicos, el objeto específico de estudio de la economía política, o sea, la investigación de las leyes internas, "naturales", que rigen el desarrollo de la producción de los diversos bienes materiales.

Suele considerarse el nacimiento de la economía política como coincidente con los cambios ideológicos y socioeconómicos que tienen lugar en Europa Occidental en su transición a la nueva era burguesa, si bien esta puede decirse que comenzó unos cien años antes, ya que el capitalismo industrial es más antiguo que la misma Revolución Industrial. Hobsbawm (1990) señala que el período que él denomina "gran revolución", que va de 1789 a 1848, es el triunfo no de la "industria" como tal, sino de la "industria capitalista", victoria no de la libertad y la igualdad en general, sino de la "clase media" o sociedad "burguesa".

En este siglo XVIII, las transformaciones en la Europa continental e insular (particularmente en esta última, porque Gran Bretaña aparece en la vanguardia del desarrollo del capitalismo) son sencillamente impresionantes. Francia y la ya mencionada Gran Bretaña son el campo donde el iluminismo gana su batalla, lo que colabora para entender por qué dos de los sucesos más importantes de la historia de occidente tienen lugar en esos países: la Revolución francesa de 1789 y la Revolución Industrial, que nace en ese siglo (si bien sus repercusiones se hacen inequívocas no antes de 1830) y que dará lugar a la primera nación con una economía centralmente industrial. Afirma Berg (1987):

> El siglo XVIII no se caracterizó por la brecha entre las instituciones de los mercantilistas del siglo XVII y los avances de Adam Smith, sino por un análisis persistente de las conexiones entre los mercados, el cambio técnico, y la expansión industrial, que fueron realizándose desde finales del siglo XVII.

La economía clásica inglesa: Adam Smith

Suele tomarse como punto de referencia para hablar del comienzo de la economía política clásica la obra de Adam Smith, quien, aprovechando el cimiento fisiocrático, es el primero en establecer un cuerpo teórico tratando de dar cuenta del conjunto de las actividades económicas, coincidente con un desarrollo mucho más avanzado de las relaciones capitalistas, como, por ejemplo, una mayor y más profunda división del trabajo, que, en términos de unidades productivas, son prácticamente inexistentes en el modo feudal de producción. Si bien muchos de los temas que abordan los economistas clásicos ya fueron planteados y tratados antes por otros pensadores, a partir de Smith la economía política se libera definitivamente (por lo menos en lo que al pensamiento liberal se refiere) de las ilusiones sobre el papel "transformador" del rey y el Estado.

El proceso de formación y desarrollo de la producción capitalista desemboca en el resquebrajamiento definitivo de la cerrada administración feudal precedente, en un animado intercambio con una también profunda ampliación de los vínculos entre los diversos productores: la producción gradualmente comienza a tener un carácter social.

Los enormes cambios acaecidos en este siglo y sus instrumentos tanto políticos como intelectuales (como ejes de las mayores fuerzas sociales y económicas) ya se habían expandido en una parte de Europa que era lo suficientemente grande como para tener influencia decisiva sobre el resto del espacio continental e insular. Aquellos cambios están históricamente signados por la llamada Revolución Industrial, que se consolida hacia el último cuarto de este siglo. Citemos a Ashton (1983):

> Por ello debe decirse que la Revolución Industrial significó también una revolución de ideas. Si bien trajo un nuevo entendimiento y un mayor control de la naturaleza, también aportó una nueva actitud ante los problemas sociales. Y bajo este aspecto, son asimismo Escocia y su Universidad de Glasgow los portaestandartes.

Seguimos a Hobsbawm (1990) para conocer la Europa que le toca vivir a Smith. La describe así:

> Sólo unas pocas comarcas habían impulsado el desarrollo agrario dando un paso adelante hacia una agricultura puramente capitalista, principalmente en Inglaterra. La gran propiedad estaba muy concentrada, pero el típico cultivador era un comerciante de tipo medio, granjero-arrendatario que operaba con trabajo alquilado. [...]. Pero cuando ésta cambió (entre 1760 y 1830, aproximadamente), lo que surgió no

fue una agricultura campesina, sino una clase de empresarios agrícolas –los granjeros– y un gran proletariado agrario.

El pensamiento ilustrado que caracteriza la época está dominado por el individualismo racionalista, secular y progresivo que, al poner en el centro al individuo, hace hincapié en la necesidad de liberar al ser humano de las cadenas intelectuales medievales (como la superstición de las iglesias, por ejemplo), que persiste y alcanza a convivir varias décadas con el pensamiento progresista. Exceptuando a Gran Bretaña (y algún otro pequeño Estado), todos los países de Europa son gobernados por monarquías absolutistas que, si bien son teóricamente libres de hacer cuanto quieran, conjugan todos los atributos que heredan de la feudalidad –a pesar de ser "modernistas e innovadoras"–, ya que los reyes y sus burócratas aparecen dispuestos a realizar todo lo que esté a su alcance para reforzar su autoridad y sus rentas dentro de su territorio. Y una buena manera de llevarlo a cabo es intentar seducir a las que entonces eran las fuerzas ascendentes de la Ilustración.

Filósofo antes que economista, no puede entenderse la obra fundamental de Smith sin tener en cuenta su formación y actuación académica en temas filosófico-morales. Si, según él, la conducta del ser humano naturalmente se desenvuelve a partir de una serie de motivaciones como el egoísmo y el sentido de la propiedad –entre otras–, cada individuo es el mejor juez posible de su interés, que satisfará según su propia manera –individual– si se lo deja actuar libremente para ello. Si eso sucede así, no solo él actuará como naturalmente "debe" hacerlo –respondiendo a su propia motivación–, sino que beneficiará al resto impulsando el bien común. Esas "leyes naturales" de la producción se abren camino a pesar de la voluntad de los seres humanos y de la legislación estatal que intentan impedírselo. En el siguiente capítulo, desarrollaremos a fondo todos estos argumentos.

Smith –en su intento de descubrir esa "ley natural"– escribe en la segunda mitad del siglo XVIII, en el preciso momento en el que los inventos de la primera Revolución Industrial se comienzan a incorporar al proceso de producción como innovaciones técnicas, al completarse el proceso de transformación agraria que está creando las bases del capitalismo industrial desarrollado. Debemos precisar este aspecto, para lo que recurrimos a Hobsbawm (1990):

> [...] naturalmente que eso no significa que en 1760 [...] Inglaterra fuera un país por completo carente de industrias, y que en 1830 [...] estuviera totalmente industrializada. [...] las verdaderas transformaciones tecnológicas y organizativas ocurridas durante el período de la Revolución Industrial se circunscribieron a un sector bastante restringido de la economía; el sistema de fábrica, por ejemplo, se limitó en la mayoría de los casos a la manufactura del algodón.

Ricardo, en cambio, escribe a comienzos del siglo siguiente, cuando ya la burguesía industrial inglesa está inundando el mundo con sus productos y aparece Inglaterra perfilada como hegemónica en el nuevo sistema capitalista. Su *Ensayo sobre las utilidades* es de 1815, y la primera edición de su trabajo más importante, *Principios de economía política y tributación*, de 1817.

Sin embargo, varios autores coinciden en el hecho de que la Revolución Industrial tal como la entendemos hoy tuvo un comienzo focalizado, limitado geográficamente y en medio de un cuadro relativamente pesimista del funcionamiento del sistema económico (tal como estaba dado el ordenamiento jurídico-social en ese entonces), que no abrigaba esperanzas de un futuro particularmente promisorio. Este es el contexto que le permitirá a Smith pensar en el futuro como "triste y melancólico".

Es interesante observar que, según varios historiadores, el hecho de que Smith no advierta la incidencia que la Revolución Industrial alcanzó sobre el proceso de producción y distribución de la riqueza constituye una de las limitaciones más importantes de su obra, si bien inevitable teniendo en cuenta las características de los mecanismos de transmisión de las innovaciones productivas en aquella época.

Es necesario recalcar este aspecto. Deben tenerse muy presentes las características de esos mecanismos de transmisión y los espacios donde se aplicaban en ese entonces, para tener real comprensión de la visión de Smith: la expansión de la producción industrial se realizaba casi exclusivamente bajo el llamado "sistema doméstico", donde un mercader era el que finalmente llevaba los productos al gran mercado previa compra que le realizaba a los campesinos del fruto de su trabajo no agrícola, y al artesano de sus productos. La mayor intensidad que fue adquiriendo ese tránsito de mercaderes dio lugar a las primeras (y todavía rudimentarias) condiciones para el nacimiento del capitalismo industrial inglés. Dice Schumpeter (1969):

> Smith contempló con fría mirada crítica el proceso económico de su tiempo e instintivamente buscó factores explicativos de orden mecánico antes que personal, tales como la división del trabajo. Su actitud hacia las clases terrateniente y capitalista era la de un observador exterior, y puso bien en claro que consideraba al terrateniente [...] como un mal innecesario, y al capitalista [...] como un mal necesario.

Smith no ha corrido la misma suerte que su continuador –David Ricardo–, ya que en general ha sido desvalorizado por su "eclecticismo confuso" como teorizador puro, por muchos economistas. Uno de los que no piensa así fue Paul Samuelson (1977), quien lo defiende especialmente por "su sabiduría ecléctica acerca del capitalismo en desarrollo, y por su defensa ideológica del *laissez-faire* competitivo frente a las erróneas interferencias mercantilistas sobre el mercado".

Eric Roll (1980) también lo elogia como un "ordenador" del caos todavía reinante en la investigación económica. Además, dice de él que su éxito no hubiera sido tan grande de no haberse dirigido a un auditorio dispuesto a recibir su mensaje. Habló con la voz de éste, la voz de los industriales que ansiaban acabar con todas las restricciones del mercado y de la oferta de trabajo, restos anticuados del capital comercial y de los intereses de los terratenientes.

Respecto de sus antecesores, su obra desnuda con inusual rigor los principios que subyacen en el funcionamiento del sistema capitalista. En ella encontramos al primer economista que fundamenta con claridad la necesidad de que el Estado se abstenga de intervenir en la economía, sometiendo a una crítica muy dura todo el andamiaje jurídico del mercantilismo (con sus prohibiciones al comercio, proteccionismo en materia de comercio exterior, regulaciones de la economía interna, etcétera). Al respecto dice Dobb (1973): "Frente al antiguo orden autoritario, con sus impuestos, códigos y sanciones, se levantaba el concepto de un "orden natural" [...]. En oposición al 'derecho divino' autoritario se levantaba el "derecho natural" del individuo".

Aquel desarrollo motivado por la libertad en el movimiento de los factores que hacen al hecho económico –el "dejar hacer, dejar pasar" de los fisiócratas– la asociación del movimiento de los flujos de la economía con lo natural del funcionamiento de un cuerpo humano, justifican en Smith un ataque mayor al enemigo sistémico, los monopolios, que a los mismos gobiernos crecientemente nacionales. Cuando Adam Smith aplica sus conceptos referidos al orden natural a las cuestiones económicas, se pone totalmente en contra de cualquier tipo de intervención del Estado en la industria y en el comercio, porque aquel "equilibrio natural" es el mejor asignatario de recursos conocido, tal como lo señala el propio Smith (2005):

Es máxima de todo jefe de familia prudente nunca intentar producir en casa aquello que le costará más hacer que comprar [...]. Lo que es prudencia en la conducta de cada familia particular, difícilmente puede ser un desatino en la de un gran reino.

La única política económica que un gobierno debería llevar adelante es, para Smith, toda aquella que conserve la libre competencia. Incluso acentúa que se debe actuar para destruir posiciones monopolísticas ya sean del trabajo o del capital.

Pero Smith no cuestiona la aparición de conductas que llevan a estas posiciones desde la perspectiva de algún tipo de sanción moral, ya que el ser humano se mueve en ese sentido debido a su natural egoísmo. Es propio del individuo que intente obtener ese tipo de ventajas, por eso debe evitarse que entorpezcan el fluido funcionamiento del mercado, esto es, el natural despliegue de la "mano invisible" que establece los equilibrios de mercado. Smith (2005) dice que cada individuo "es conducido por una 'mano invisible' a promover un fin que no entraba en su propósito".

De lo que se habla, entonces, es de la importancia del interés personal como factor determinante de la vida económica. Continuamos leyendo a Smith:

> Los ricos escogen del montón sólo lo más preciado y agradable. Consumen poco más que el pobre, y a pesar de su egoísmo y rapacidad natural, y aunque sólo procuran su propia conveniencia, y lo único que se proponen con el trabajo de esos miles de hombres a los que dan empleo es la satisfacción de sus vanos e insaciables deseos, dividen con el pobre el producto de todos sus progresos. Son conducidos por una mano invisible que los hace distribuir las cosas necesarias de la vida casi de la misma manera que habrían sido distribuidas si la tierra hubiera estado repartida en partes iguales entre todos sus habitantes; y así, sin proponérselo, promueven el interés de la sociedad y proporcionan medios para la multiplicación de la especie.

El proceso del intercambio, despojado de aquellas interferencias, dará lugar, según la visión smithiana, a la mejor asignación de recursos posible, lo cual mejorará las condiciones de vida promedio de todos. Esto es así porque, de esta manera, se producirá la mayor cantidad de mercancías a los precios más bajos y también así se determinarían los niveles naturales de salario y beneficio, tal como señala Heilbroner (1984).

Los clásicos y la teoría del valor trabajo

Entre algunos de los conceptos desarrollados por Smith en la construcción de su andamiaje teórico que consiguieron mayor impacto intelectual y analítico en otros pensadores, encontramos los ya mencionados de "valor de uso" y "valor de cambio", que aparecen como consecuencia de preguntarse por el valor como fundamento del precio. Esto aparece a su vez como producto natural de su desarrollo teórico. Los economistas, que adquirirán la denominación de "clásicos" –como explicaremos más adelante– intentan con insistencia discutir la problemática del valor, el hecho de por qué unas cosas se intercambian por otras y en qué magnitudes lo hacen y qué leyes regulan ese intercambio. Es complejo el tratamiento del tema en Smith, y el estudio de su obra ha dado lugar a varias interpretaciones. Seremos aquí breves con la intención de despejar conceptos, pero debe quedar claro desde ahora que, en el autor –y no solo en él–, se presentan contradicciones. En los próximos capítulos, volveremos con más profundidad sobre el tema.

Sintéticamente, la premisa básica del intercambio nos obliga a partir del hecho de suponer que, si las cosas fueran iguales, no se intercambiarían unas por otras. Dos bienes con un grado de utilidad diferente sí pueden cambiarse entre sí, pero el valor de uso de cada una no nos puede dar la magnitud necesaria –requerida– para realizar ese intercambio, ya que, de la utilidad, por ejemplo, de un paraguas y una agenda –útiles para protegerse de la lluvia o el sol y registrar los compromisos contraídos, respectivamente–, no pueden obtenerse las magnitudes que permitan el cambio, su mensurabilidad. Pero ese valor sí explicará su intercambio en virtud de su diferente cualidad, lo que las hace intercambiables. Lo que entonces permitirá cuantificar las magnitudes por las cuales se intercambiarán dos mercancías va a ser el valor de cambio, concepto del que parte Marx para su análisis (gracias entonces al "anclaje" analítico inicial de Smith sobre el que luego Ricardo avanzaría un poco más). Será desde este concepto de "valor" (de cambio) desde donde Smith concentrará su interés.

Él será el primero en escribir acerca de los componentes del valor, y en definir por qué dos cosas se intercambian en una determinada magnitud (existen algunos planteos previos, como el de William Petty, pero no alcanzarán la sistematicidad ni la entidad con las que lo desarrollará Smith). Sostendrá que dicha magnitud se regula por la cantidad de horas de trabajo necesarias para construir, hacer o producir cada uno de esos productos involucrados en el intercambio.

Una vez que Smith realiza aquella distinción, como dijimos, focaliza su interés en el único de los dos "valores" que le permiten estudiar las reglas a las que los hombres se sujetan en las relaciones de cambio –que involucran dichos intercambios mercantiles–: el valor de cambio. Lo que intenta explicar el valor es por qué las cosas se intercambian en promedio –y en un período determinado– por una magnitud más o menos constante. Dice Smith que, en un comienzo ("en una etapa ruda y primitiva"), los productos fueron cambiados unos por otros proporcionalmente según la cantidad de trabajo que hubo que realizar para producir cada una. Por eso sostiene que ese es el único elemento capaz de hacer las cosas intercambiables, un valor que permite los cambios, y no otro.

Aquel valor de cambio, expresado en dinero, es el precio ("precio natural") que tiene el producto en el mercado para el productor que lo lleva allí: es entonces un precio de oferta. Según Passano, ese precio natural es el que los fisiócratas llaman "precio necesario", ya que es la cantidad de dinero que el productor de la mercancía debe necesariamente recibir por ella en el mercado, a los efectos de mantener el sistema productivo en funcionamiento.

Más allá de eso, es claro que los precios deben ser diferenciados de los valores que les dieron origen, ya que los precios pueden variar todos los días e incluso pueden llegar a ser más o menos fortuitos, pero estos tienen una tendencia que está basada en los valores de los productos. El precio puede diferir del valor, pero no por mucho tiempo, lo que nos permite decir que el precio tiende al valor, si bien quizás nunca coincida con él.

Smith sostiene que el precio de mercado tenderá a igualarse al precio natural de las mercancías, el que varía con los tipos naturales de salarios, utilidades y renta (es decir, al precio natural de cada uno de esos ingresos). Entonces, esas tres remuneraciones de los factores (trabajo, capital y tierra, respectivamente) forman el precio –a diferencia de lo que posteriormente ocurrirá con Ricardo– y son las fuentes originarias del valor de cambio. En cuanto comienza a hablar de una etapa más compleja, civilizada, con apropiación privada de los factores de la producción (el acervo productivo, como la tierra y los elementos útiles para producir las mercancías), ya no es solo el trabajo el elemento capaz de regir el valor de cambio, sino también el capital. De allí que en los determinantes del precio aparezcan tres remuneraciones diferentes (el mencionado salario, la renta y el beneficio).

Dice Smith (2005) que la renta

> entra en la composición del precio de las mercaderías de una manera diferente de los salarios y las utilidades. Los salarios y las utilidades altos o bajos son causa de precios altos o bajos; la renta alta o baja es efecto de éstos

Entonces la renta aparece como producto diferencial. Continua Smith (2005): "Salarios, beneficio y renta son las tres fuentes originarias de toda clase de renta y de todo valor de cambio. Cualquier otra clase de renta se deriva, en última instancia, de una de estas tres".

Observamos que es en el tema del origen de la renta de la tierra donde más se advierte la influencia de los seguidores de Quesnay.

Las diferencias aparecen después, dice Smith (2005): "El valor de una mercancía cualquiera, para la persona que la posee y que [se propone] cambiarla por otras mercancías, es igual a la cantidad de trabajo que le permite comprar o de la cual le permite disponer".

Pareciera entonces que Smith considera al trabajo como la única fuente de valor, y la cantidad de trabajo incorporada en cada mercancía es para él la medida de ese valor. Acá simplemente enunciamos que no habrá una respuesta unívoca a esto, como luego veremos en los capítulos posteriores. Su dilema ya tiene vieja data: Smith, en un estudio previo, y en línea con escritores anteriores (Petty, Steuart, Cantillon), asocia el valor de cambio con el costo de producir la cantidad de trabajo necesaria para tener esa mercancía (esto es, la manutención del trabajador más lo que haga a su educación y reproducción como clase). El valor de cambio de una mercancía que se quiera intercambiar será igual a la cantidad de trabajo que se pueda comprar con ella. Cantidad de trabajo encerrado en la mercancía por la que se produce el intercambio. Gracias a la cual se efectúa. Por eso dice que "el trabajo es la medida real del valor de cambio de todas las mercancías".

Pero posteriormente sostiene, a diferencia de lo anterior –o paralelamente, como quiera verse–, que la medida del valor de una mercancía también está dada por la cantidad de trabajo que se puede obtener cambiando esa mercancía por otra, además de explicarse por la cantidad de trabajo que requiere su producción. A partir de aquí, subsisten sus dos enfoques, persistiendo la confusión entre cantidad de trabajo y el valor del trabajo.

Roll (1983) logra identificar un párrafo donde coexisten las dos afirmaciones:

> [...] "la riqueza [de un hombre] es mayor o menor precisamente en proporción a la amplitud de esa facultad [de disposición], o a la cantidad de trabajo ajeno o de su producto [...], que aquella riqueza le coloca en condiciones de adquirir". En la primera parte de esta afirmación, identifica Roll, el valor de cambio del trabajo es la medida del valor de cambio de otras mercancías; en la segunda, esa medida es la cantidad de trabajo incorporada en una mercancía.

Engels (1974) resume la contradicción clásica diciendo que primero

> la economía clásica encontró que el valor de una mercancía se determinaba por el trabajo necesario para su producción encerrado en ella. Y se contentó con esta explicación. [...]. Pero, tan pronto como los economistas aplicaban este criterio de determinación del valor por el trabajo a la mercancía "trabajo", caían de contradicción en contradicción. ¿Cómo se determina el "valor del trabajo"?

Posteriormente, dice que los clásicos intentaron buscar otra salida: el valor de una mercancía equivalía a su costo de producción. Se pregunta: "¿Pero cuál es el costo de producción del trabajo?". En las condiciones de la producción capitalista, ya no son lo mismo el valor del trabajo y la cantidad de trabajo incorporado en una mercancía.

En defensa del pensador escocés, debe recordarse que la simiente del concepto de "plusvalía" tiene origen en él, ya que distingue claramente dos clases de ingresos solamente: los que le permiten subsistir al trabajador, y otro que se deduce del valor producido por el trabajador y que se apropian el terrateniente o el propietario del acervo de capital, o bien ambos. Aparentemente, basados en la inconsecuencia de Smith respecto del tema del valor, muchos historiadores depositan casi solamente en David Ricardo el antecedente concreto de la teoría de la plusvalía de Marx, lo que da lugar a que todavía muchos economistas insistan en considerar a Marx como un "neorricardiano".

Sintetizando el debate y, como vemos, simplificándolo en esta primera entrada a él, encontramos en los economistas clásicos una teoría objetiva del valor. Este es el aspecto que Marx rescata de estos autores en su esencia, como elemento medular, para superar (en sus propios términos) el mismo pensamiento clásico en el sentido de llevar a cabo la crítica de la economía clásica, mientras reconoce cuánto hay de científico en el aporte de Quesnay, Smith y Ricardo. Los economistas neoclásicos (o marginalistas), en cambio, van a tomar otro aspecto de los clásicos, que es su posición frente a la naturalidad de los procesos económicos, su visión ideológica de la economía capitalista (liberal, en el sentido antiguo del término), junto a lo que se va a transformar en su herramienta formal por excelencia: la teoría ricardiana del producto marginal.

Los intentos de explicación del concepto de "valor" utilizando la categoría trabajo –teoría objetiva–, entonces, serán diferentes de acuerdo al autor de que se trate: con Adam Smith, que es quien nos atañe ahora, se nos aparece el intento conceptual de destruir la falacia mercantilista que considera valiosos, solamente, a los metales preciosos. Dice Passano (1977):

> Al haberse limitado a examinar las proporciones en que las mercancías se intercambian entre sí, la concepción clásica solo cubre la determinación cuantitativa del valor de cambio. Y en esto radica, en última instancia, el límite de la elaboración clásica del problema del valor. En efecto, el hecho de que dos mercancías con valores de uso muy diversos en determinadas proporciones se puedan intercambiar entre sí, comporta una relación cuantitativa entre ambas, pero la cambiabilidad presupone también la presencia de un factor o cualidad común [...], y es esta determinación cualitativa la que los clásicos no analizaron.

Por otro lado, tanto Smith como Ricardo tienen muy presente la idea de que la economía es una ciencia social. Como veremos después, Ricardo (1985) dice que "la economía estudia las leyes de distribución del producto entre los distintos sectores".

Esto quiere decir que para David Ricardo ya está claro que hay diferentes sectores sociales (ya presentados previamente por Smith): terratenientes, empresarios industriales, trabajadores; tiene certeza de que, si aumenta el precio del trigo, aumentan los salarios, porque el trigo es el bien salario fundamental, de manera que se favorecen los intereses de los terratenientes –que ven crecer su renta–, mientras que se perjudican los capitalistas industriales, que deben pagar mayores salarios a sus trabajadores y mayores rentas a los dueños de la tierra.

División del trabajo, productividad y mercado

Esa "riqueza de las naciones" de la que hablaba Smith es su capacidad de generar valor, una mayor cantidad de producto. Y uno de los principios que explican el desarrollo de las fuerzas productivas es, para Smith, la propensión al intercambio, ya que esa inclinación derivará inevitablemente en una profundización de la división del trabajo (o especialización de las actividades económicas), ícono de la teoría smithiana como concepto abarcador. División del trabajo que permite obtener mayores beneficios de productividad. El modelo que trabaja Smith es de desarrollo y crecimiento económicos, y dentro de él explica diferentes modos de organización industrial y su aparición.

De la que habla Smith en primera instancia es de la división técnica del trabajo dentro del taller de manufacturas, tan bien descrita en su ejemplo de la fábrica de alfileres en el capítulo I de Smith (2005). Lo ilustra como sigue:

Un obrero que no haya sido adiestrado en esa clase de tarea [...] y que no esté acostumbrado a manejar la maquinaria que en él se utiliza [...], por más que trabaje, apenas podría hacer un alfiler por día, [...] hoy día la fabricación de alfileres [...] está dividida en varios ramos, la mayor parte de los cuales también constituyen otros tantos oficios distintos. Un obrero estira el alambre, otro lo endereza, un tercero lo va cortando en trozos iguales, un cuarto le hace la punta, [...] a su vez la confección de la cabeza requiere dos o tres operaciones distintas [...]. En fin, el importante trabajo de hacer un alfiler queda dividido [...] en unas dieciocho operaciones distintas, las cuales son desempeñadas en algunas fábricas por otros tantos obreros diferentes, aunque en otras un solo hombre desempeñe a veces dos o tres operaciones. [...]. He visto una pequeña fábrica [...] por consiguiente, estas diez personas podían hacer cada día, en conjunto, más de cuarenta y ocho mil alfileres, cuya cantidad dividida entre diez, correspondería a cuatro mil ochocientas por persona. En cambio si cada uno hubiera trabajado separada e independientemente, y ninguno hubiera sido adiestrado en esa clase de tarea, es seguro que no hubiera podido hacer veinte, o, tal vez, ni un solo alfiler al día. [...]. En todas las demás manufacturas y artes los efectos de la división del trabajo son muy semejantes a los de este oficio poco complicado [...] la división del trabajo, en cuanto puede ser aplicada, ocasiona en todo arte un aumento proporcional en las facultades productivas del trabajo. Es de suponer que la diversificación de numerosos empleos y actividades económicas es consecuencia de esa ventaja.

Rápidamente, amplía la conceptualización hacia la división social del trabajo como producto de la división entre las clases sociales.

Sin intercambio no habrá división del trabajo –según Smith–, mientras que con él las diversas unidades económicas propenden a la especialización. Aclara Passano (1977):

Ya no se trata, como en la tradición medieval, de la idea de una funcionalidad recíproca de los diversos oficios y estamentos que, bajo el control de una casta político-intelectual dirigente, contribuyen al funcionamiento del "cuerpo" social. Se trata de una división del trabajo siempre creciente, de cuyo incremento depende, justamente, el aumento de la productividad del trabajo y, por ende, el aumento de la riqueza social.

A partir de esa mayor productividad, se alimenta una mayor división del trabajo, que a su vez estimula un intercambio mayor. Asimismo, esa mayor división del trabajo es una variable dependiente del desarrollo del mercado (por lo tanto, se encuentra limitada por la extensión del mercado) y de la acumulación del capital. Sigamos escuchando a Smith (2005):

> Hay algunos tipos de industria, de la categoría inferior, que pueden desempeñarse aquí y ahora, pero solo en una gran ciudad. Un mozo, por ejemplo, no puede encontrar empleo y subsistencia en ningún otro lugar [...]. En las casas aisladas y en pueblos muy pequeños de las Highlands de Escocia, cada granjero debe ser el carnicero, el panadero y el cervecero de su propia familia.

Esto se debe a que el mercado donde ese trabajador se desenvuelve no es lo suficientemente grande como para que las personas puedan especializarse en una actividad (el incremento de su productividad alcanza límites) donde puedan obtener lo que no saben hacer (productos que no producen) a cambio del excedente de su producción, vía intercambio de productos en el mercado. De ahí que un mercado mayor permita conseguir mayor especialización –división mayor del trabajo–.

La acumulación del capital, como dijimos, juega también su papel. Como variable de la que depende la división del trabajo, su tasa de incremento determinará la cantidad de capital de la que dispondrá el contratista para emplear a un trabajador en una actividad determinada. Interpreta Blaug (1985): "Cada incremento del remanente del capital tendería también a hacer aumentar los salarios, lo cual, a su vez, crearía incentivos para la división del trabajo y para una más alta productividad".

El ahorro de tiempo de trabajo para la realización de los productos mercantiles, logrado con base en la especialización mencionada, permite que las unidades de producción aumenten más que proporcionalmente su capacidad de trabajo, en cuanto favorece su concentración y habilidades. Si en el proceso productivo las personas realizan, cada una, una serie cada vez menor de actividades, como pequeños procesos (parcialización del proceso de trabajo) dentro de uno mayor, la conclusión será que el producto total será mayor, lo que beneficiará a esa unidad de producción en cuanto su excedente será también más grande, permitiéndole mediante el intercambio la posibilidad de acceder a una mayor cantidad de mercancías.

Por lo tanto, otro de los aspectos destacables de Smith está representado por la importancia que otorga al tamaño del mercado como determinante de la amplitud que alcanzarán los beneficios de dicha división, esto es, la cantidad de personas beneficiarias de la especialización en los oficios. Explica que la mayor posibilidad de transar bienes producidos en exceso de los que produce para sí cada persona está dada por la mayor cantidad de población disponible a su alrededor que a su vez produce una variedad de bienes diferentes: a menor cantidad de personas, menor especialización existirá en esa sociedad y, por lo tanto, mayor cantidad de cosas deberá cada uno producir para sí para satisfacer sus necesidades.

Luego del intercambio generalizado en una sociedad, de donde todos se benefician de esa mayor y más extendida división social del trabajo (en la medida que el mercado sea mayor), aparece en escena uno de los justificativos más fuertes de los beneficios del comercio exterior: los países deben también especializarse porque de ello deviene un mayor bienestar general, como producto de un mayor intercambio comercial. Para Smith cada economía debe concentrarse en producir aquellas mercancías en cuya producción tiene ventajas respecto de otras economías, y deberían intercambiarse recíprocamente libremente dichos productos.

Adam Smith, entonces, manifiesta su principal diferencia con los fisiócratas en aquella capacidad de generación de excedente: no solo la actividad agrícola es ahora "productiva", pero "fiel a su temperamento" –interpreta Dobb–, no continúa con un desarrollo conceptual que permita investigar a fondo el porqué de esa capacidad en las actividades manufactureras a partir del despliegue de los inventos de la Revolución Industrial.

En la obra de Smith, se considera la introducción de la máquina como un elemento más de la división del trabajo. Los otros dos elementos que contribuyen con dicha división son "el progreso en la destreza del obrero" (especialización) y el ahorro en el tiempo de producción que se logra al evitar los desplazamientos intrafábrica y cambios de herramienta en el trabajo (Smith se refiere centralmente al taller manufacturero, previo a la introducción de la máquina-herramienta).

Al haber una ventaja en la industria con respecto a la agricultura para llevar a cabo más a fondo una división del trabajo, el aumento en la productividad se producirá como consecuencia de la profundización de dicha división, consecuencias que la máquina asentará. Esa división de la que tanto habla Smith es siempre creciente, de cuyo incremento depende, justamente, el aumento de la productividad del trabajo y, por ende, el aumento de la riqueza social.

> La especialización en los procedimientos y funciones permitió dividir la vieja artesanía o crear un grupo de semiexpertos entre los campesinos. El antiguo maestro artesano, o algunos grupos especiales de artesanos o algún grupo local de intermediarios, pudieron convertirse en algo semejante a subcontratistas o patronos.

Esto describe Hobsbawm, dando su visión del nacimiento del capitalismo inglés. Ese tipo de actividad es la que Smith encuentra en el taller de alfileres.

De acuerdo con su criterio, la especialización de los trabajadores a cargo de una labor específica ayudará para la simplificación de las tareas. Señala Smith (2005): "Cuanto más se pueda concentrar un obrero en algún punto del proceso de producción, más capaz será de descubrir algún medio de reducirlo".

De allí se deduce que el mejoramiento posible a realizar en las máquinas proviene, para Smith, más del "ingenio de los constructores" que de los usuarios. Quizás el aspecto más destacable de este análisis se asiente en la posibilidad de que no sean solamente personas directamente relacionadas con la herramienta de trabajo las que logren encontrarle usos más convenientes para la producción (dado su estrecho vínculo, como vimos), sino que también, sostiene Smith, la misma especialización dará lugar a que existan personas dedicadas exclusivamente a la producción de máquinas, que quizás no tienen la oportunidad de usarlas, pero que, gracias a su ingenio, logren aportar mejoras a estas que ayuden a incrementar la producción. Smith (2005) incluye dentro de esta gama también a "los llamados filósofos u hombres de especulación, cuya actividad no consiste en hacer cosa alguna sino en observarlas todas".

Esto es lo que los hace capaces de coordinar actividades diferentes de original manera, acrecentando la cantidad de ciencia disponible por la sociedad, y en condiciones de explotarla. Es la primera vez en la historia de la economía política que se considera con esa entidad a la capacidad del trabajo intelectual.

Lo que no alcanza a apreciar, y en esto es muy coincidente –y aparece más justificado a la vez– con la posición de David Ricardo (al menos hasta la tercera edición de su más famoso trabajo), es la cuestión del desempleo como producto de la incorporación de maquinarias al proceso productivo. Dice Ashton (1983): "[...] con los progresos de la trilla, por los alrededores de 1820, había menos ocupación en las haciendas durante los meses de invierno y el obrero agrícola comenzó a soportar, con el urbano, la experiencia del desempleo técnico".

Como un ejemplo de los cambios en los perfiles filosóficos de la época, todo el capítulo II del libro I de su obra lo dedica al "principio que motiva la división del trabajo", desgranando en él una síntesis de sus lecturas filosóficas, mostrándonos cómo la división del trabajo deviene de la propensión humana al cambio: "De la misma manera que recibimos la mayor parte de los servicios mutuos que necesitamos, por convenio, trueque o compra".

Señala que además esta propensión se encuentra solo en el ser humano y, lo que es más, se halla estimulada por el egoísmo, que aparece como componente intrínseco de la naturaleza humana (capítulo donde, además, revela todo su espíritu comercial). De todos modos, las diferentes aptitudes naturales de unos hombres con respecto de otros no son tan marcadas, sino que, por el contrario, "en los primeros pasos de la vida y durante los seis u ocho primeros años de edad fueron probablemente muy semejantes, y ni sus padres ni sus camaradas advirtieron diferencia notable".

Las diferencias aparecen cuando, en su madurez, las personas se "profesionalizan" al especializarse en distintas ocupaciones (por hábito, costumbre o educación). El deseo natural de hacer útiles para sí cada una de esas diferencias las convierte en personas útiles para la sociedad y para sí mismas, en cuanto bregan por obtener individualmente la mayor ventaja social posible y de bienestar.

En suma, de sus intentos intelectuales abarcadores y de la persistente búsqueda para entender la naturalidad de los procesos económicos, se desprenden una serie de conceptos, de los cuales los centrales podrían ser los siguientes: exigencia de libertad en el desplazamiento, cambio de lugar de trabajo y contratación de los trabajadores, compraventa libre de la tierra, anulación del sistema de los patrimonios hereditarios inamovibles y de todas las reglamentaciones que organizaban y "dirigían" la producción industrial, supresión de los impuestos que gravaban el transporte de mercancías dentro del país y plena libertad para comerciar con el exterior. Si las autoridades entienden que cumplir con estos "preceptos" es atender a la necesidad de la economía toda, estarían garantizando la prosperidad y riqueza de las naciones. De esto claramente deriva el fortalecimiento de las relaciones burguesas (hasta entonces clase revolucionaria y progresista), lo que garantiza el establecimiento del capitalismo en toda la nación y, más aún, comienza a perfilar también su expansión a escala internacional.

La consolidación del pensamiento económico clásico

En definitiva, Adam Smith (y David Ricardo –como veremos más adelante–) fue un economista de quien podemos decir en un principio que, de alguna manera, encierra gran parte del llamado "pensamiento clásico". Se sostiene que existe entre Smith y Ricardo una continuidad explícita, tratan los mismos problemas, y, en alguna medida, también podemos decir que este último constituye una suerte de continuación del pensamiento del primero, con una mayor dosis de rigurosidad científica y coherencia. Rosa Luxemburgo (1976) escribió que "en Inglaterra la burguesía, en el período de embate y lucha por la libertad de comercio, que signó el comienzo de su dominación en el mercado mundial, se proveyó de armas en el arsenal de Smith-Ricardo".

Pero el perfil teórico de ambos es diferente; la base de tal distinción se encuentra, sin duda, en la formación intelectual de cada uno. En el caso de Smith, se trata de un profesor universitario en Glasgow y Edimburgo, Escocia (su tierra natal), exponente principal del llamado "renacimiento escocés", con fuerte formación filosófica, en donde esta se corre desde el campo ético-político a la economía, cuestiones que se dejan ver entremezcladas en su obra fundamental.

El que llamó "economistas clásicos" tanto a Smith como a David Ricardo fue Karl Marx. Él distinguirá entre los "economistas clásicos" y los "economistas vulgares". ¿Quiénes son entonces estos economistas clásicos? Son los que Marx, aunque los critica por tener una visión ideológica de la economía en la medida que identifican al capitalismo con un orden natural –lo que los hace desistir de una visión histórica y, por lo tanto, crítica de este–, de alguna forma describen más o menos científicamente los mecanismos de funcionamiento de la economía de su tiempo. Existen otros economistas menos conocidos, y que Marx llama "vulgares" por ser simples apologistas del capitalismo, incapaces de desentrañar realmente las características y contradicciones del funcionamiento del modo de producción capitalista, e indiferentes a ello.

Por supuesto que se abre aquí un interrogante: ¿puede entonces considerarse a Marx un continuador de los clásicos?

Esta es una discusión en la economía contemporánea. En el pensamiento de los clásicos, por ejemplo, estaba todo este aspecto que Marx consideraba "ideológico" de fundamentación o defensa del orden económico liberal. Pero, al mismo tiempo, había una visión muy profunda de los verdaderos mecanismos de funcionamiento de la economía capitalista. Smith (2005) sostenía ya que "el trabajo de un obrero de fábrica añade, en general, al valor de la materia sobre la que trabaja ese obrero, el valor de su subsistencia y del beneficio de su patrón".

El equívoco intelectual principal, para Marx, radica en esa limitación de clase que le impide ver –por no querer asumir una posición crítica– las leyes que gobiernan la producción y distribución de aquel producto social, que para Smith son tan naturales como todo su esquema teórico: su límite es, entonces, su propio contenido ideológico. Más específicamente, Passano (1977) lo explica así:

[...] al haberse limitado a examinar las proporciones en que las mercancías se intercambian entre sí, la concepción clásica solo cubre la determinación cuantitativa del valor de cambio. [...] el hecho de que dos mercancías con valores de uso muy diversos en determinadas proporciones se puedan intercambiar entre sí, comporta una relación cuantitativa entre ambas, pero la cambiabilidad presupone también la presencia de un factor o cualidad común (que no puede residir en sus utilidades dispares) y es esa determinación cualitativa la que los clásicos no analizaron. La no problematización de ese factor común, cuantitativamente variable y cualitativamente igual, [...] obedece a que la concepción clásica consideró la existencia de la mercancía como un dato natural, antes que como un fenómeno histórico social.

Desde otro lugar, Eric Roll (1980) subraya el límite de la validez del análisis de Smith: "[...] es culpable de haber otorgado validez para todos los tiempos a las características de la sociedad de su época".

Cuando dos siglos después Paul Singer (1986) describa las características comparadas de las teorías del valor más conocidas, otorgará a la posición marginalista un lugar similar: su pretensión de ahistoricidad. Marx sostiene que la economía política en realidad se limita a intentar explicar el fenómeno capitalista, y, más específicamente, la dinámica de este modo de producción. El punto es pertinente, ya que permite reafirmar qué aspectos los neoclásicos tomaban de los clásicos como pilar de su desarrollo teórico. He aquí un elemento más, que suele ser dejado de lado: la creencia de que desde allí puede explicarse el funcionamiento de los diferentes modos de producción.

En Ricardo, como exponente máximo de la escuela clásica "premarxista", hay una comprensión de que en última instancia son las características del proceso de producción las que determinan el funcionamiento de los mercados. Es decir, Ricardo comienza su análisis directamente por una teoría objetiva del valor, que va a sostener que son justamente las condiciones objetivas del proceso de producción las determinantes del valor de las mercancías.

El clasicismo de Smith y Ricardo deviene de la autoridad con que transmitieron sus ideas a quienes los continuaron y trabajaron en economía política, el "orden" mencionado por Roll y la generalidad conceptual, no sin al menos un dejo de ruptura con las corrientes predecesoras. Enseñan sobre la necesidad de un principio unificado para alcanzar cierto grado de explicación de los fenómenos económicos de manera que se relacionen unos con otros. Todo esto lo afirmamos sin que necesariamente esto implique quiebre alguno de paradigmas ni mucho menos de cambios de estadios en el análisis científico.

Hay otros economistas, posteriores –otra escuela de pensamiento–, los llamados "neoclásicos" (o "marginalistas"), que abordarán este tema desde una posición muy diferente: sosteniendo que lo que determina el valor de los productos es la utilidad que estos tienen para los consumidores (juntamente con la escasez), y que en última instancia no son las condiciones de producción las que determinan el funcionamiento del mercado (y, en todo caso, a partir de allí conjuntamente con la demanda), sino que son la demanda (única o superlativamente) y el mercado los que determinan las condiciones de producción; estaremos entonces frente a una teoría "subjetiva" del valor (es la subjetividad como consumidor la que determina el valor de los productos).

Quizás en estos aspectos sea donde radique una de las mayores diferencias entre estas corrientes de pensamiento (si bien estos últimos son la consecuencia histórica del desarrollo de las escuelas en economía política, al igual que Marx y exactamente en oposición a este): en el pensamiento clásico siempre hay un claro mensaje de cambio social (así lo entendía Piero Sraffa en 1926), mientras que en el planteo económico marginalista la actitud es pasiva –visión del proceso económico que Manuel Fernández López catalogará de "contemplativa"–, con una tendencia en el razonamiento económico a hacerse evidente la ausencia de la verdad por contrastación con la realidad (la verdad pasa a ser la ausencia de contradicción en un razonamiento).

Bibliografía

Amin, Samir (1971), "El comercio internacional y los flujos internacionales de capitales", en Emmanuel, Arghiri, Bettelheim, Charles y otros, *Imperialismo y comercio internacional (el intercambio desigual)*, en Cuadernos de Pasado y Presente n.º 24, Córdoba.

Ashton, Thomas Southcliffe (1983), *La Revolución Industrial*, Fondo de Cultura Económica, Ciudad de México.

Barceló, Alfons y Argemí, Lluís (1984), "Introducción", en Nell, Edward J., Historia y teoría económica, Crítica, Barcelona.

Berg, Maxine (1987), *La era de las manufacturas, 1700-1820*, Crítica, Barcelona.

Blaug, Mark (1985), *Teoría económica en retrospección*, Fondo de Cultura Económica, Ciudad de México.

Cusminsky de Cendrero, Rosa (1991), "Introducción", en *Los Fisiócratas*, colección Los fundamentos de las ciencias del hombre, n.º 20, CEAL.

Dobb, Maurice (1973), *Introducción a la economía*, Fondo de Cultura Económica, Ciudad de México.

Engels, Federico (1974), Introducción", en Marx, Karl (1891), *Trabajo asalariado y capital*, Editorial Polémica, Buenos Aires.

Fernández López, Manuel (1998), *Historia del pensamiento económico*, A-Z Editora, Buenos Aires.

Fontana, Josep (1987), "Prólogo", en Berg, Maxine, *La era de las manufacturas, 1700-1820*, Crítica, Barcelona.

Girado, Gustavo (1993), *Progreso técnico, productividad e inflación*, Fondo de Cultura Económica-UBA, Mimeo, Buenos Aires.

Heilbroner, Robert (1984), *Vida y doctrina de los grandes economistas*, Orbis, Barcelona.

Hobsbawm, Eric (1990), *En torno a los orígenes de la Revolución Industrial*, Siglo XXI Editores, Buenos Aires.

Hobsbawm, Eric (1998), *La Era de la Revolución, 1789-1848*, Crítica, Buenos Aires.

López, Andrés (1990), *Reflexiones introductorias al curso de economía para historiadores*, Editorial Biblos, Buenos Aires.

Luxemburgo, Rosa (1976), "Qué es la economía", en *Obras escogidas*, tomo I, Ediciones Pluma, Buenos Aires.

Marx, Karl (1970), *Introducción general a la crítica de la economía política*, Cuadernos de Pasado y Presente 1, Córdoba.

Marx, Karl (1975), *El capital*, Siglo XXI Editores, Buenos Aires.

Passano, Antonio (1977), "Introducción", en *La economía política clásica*, CEAL, Buenos Aires.

Passarelli, Bruno A. (1973), *Colonialismo y acumulación capitalista en la Europa moderna*, Pleamar, Buenos Aires.

Peshejonov, V. A. (1977), *Introducción a la economía*, Editorial Quipo, Buenos Aires.

Quesnay, Francois (1992), *El Tableau Economique*, Fondo de Cultura Económica, Ciudad de México.

Ricardo, David (1985), *Principios de economía política y tributación*, Fondo de Cultura Económica, Ciudad de México.

Roll, Eric (1980), *Historia de las doctrinas económicas*, Fondo de Cultura Económica, Ciudad de México.

Rosier, Bernard (1978), *Crecimiento y crisis capitalistas*, editorial Labor, Barcelona.

Samuelson, Paul (1977), "A Modern Theorist's Vindication of Adam Smith", en *The American Economic Review*, Vol. 67, n.° 1.

Singer, Paul (1986), *Curso de introducción a la economía política*, Siglo XXI Editores, Ciudad de México.

Schumpeter (1969), "Ciencia e ideología", en *Investigación Económica*, Vol. 29, n.º 115, UNAM, Ciudad de México.

Smith, Adam (1993), *Teoría de los sentimientos morales*, Alianza Editorial, Madrid.

Smith, Adam (2005), *Investigación sobre la naturaleza y causa de la riqueza de las naciones*, Fondo de Cultura Económica, Ciudad de México.

Luces y sombras de Adam Smith

José Castillo

Discutir aquella figura que es unánimemente reconocida como el fundador de la economía política siempre genera una sensación de ambivalencia. Por eso tenemos la obligación de ser muy equilibrados entre dos juicios de valor. Por un lado, vamos a hablar del fundador del liberalismo económico. Lo esencial de todos los discursos justificativos del mercado, de todos los planteos del libre mercado como destino de la felicidad del hombre y, en definitiva, de todos los planteos de endiosamiento de la economía mercantil nacen del discurso smithiano. ¿Liberal, en el sentido anglosajón del término, o conservador?

Liberal, sin duda, si nos remitimos a su ubicación histórica y política. Pero, cuando lo traemos a nuestros días, la respuesta no resulta tan sencilla. Es utilizado por las corrientes neoclásicas y marginalistas contemporáneas como bandera, proponiéndolo como el campeón del *laissez faire*, de la no intervención estatal y de la iniciativa privada. Veremos en seguida que hay elementos en esa dirección en el pensamiento smithiano, pero se trata claramente de un abuso hacerle decir cosas que pertenecen en economía al neoclasicismo y en política al pensamiento conservador –en una tradición que va desde fines del siglo XIX, con Spencer, hasta el neoconservadurismo moderno–.

Por otro lado, haciéndole justicia a Smith, tenemos que decir que el liberalismo clásico, la economía política clásica –Smith y Ricardo–, al igual que todo el pensamiento del liberalismo político del siglo XVIII y la primera parte del XIX, forman parte de una fenomenal transformación, económica, política y social que los ubica claramente en el espectro "izquierdo" de la pantalla política de su época.

Smith es contemporáneo de la Revolución americana y de la Revolución francesa, de sus políticos y teóricos, de los que golpeaban contra el Antiguo Régimen. Fue uno de los que ofreció coherencia teórica y un programa político a la burguesía industrial en ascenso. En cambio, lo que entendemos hoy por liberalismo económico, lo que escuchamos cotidianamente bajo ese nombre es algo totalmente diferente: se trata de un discurso corrido varios kilómetros a la derecha, desarrollado especialmente a partir del pensamiento neoclásico.

Por lo tanto, no le podemos adscribir a Smith y a Ricardo todo lo que hoy sucede con el liberalismo económico. Sí hay, por supuesto, "usos" de los autores del liberalismo económico clásico. En el caso de Smith, se ha desarrollado incluso una "leyenda" acerca de lo que el propio autor dijo, construyéndose así una falsa imagen de este. Más de un lector se sorprenderá al encontrar a un Smith que, en *Acerca de la naturaleza y causa de la riqueza de las naciones*, escrito el mismo año de la independencia de los Estados Unidos –en 1776–, desarrolla un montón de aseveraciones complejas y contradictorias. Por ejemplo, no es cierto que Smith no se preocupe en absoluto por las clases bajas; ni que no reconozca que hay instancias en las que tiene que intervenir el Estado; ni que no tenga una posición absolutamente clara acerca de que los impuestos deben ser justos y que, entonces, los que más tienen más deben pagar. Smith desconfía profundamente de los empresarios, señalando que, cada vez que estos se juntan, es para conspirar contra el bien común de la sociedad. Y así podríamos seguir hasta el infinito, encontrando párrafos enteros de nuestro autor para refutar a los neoclásicos de hoy.

Sin embargo, visualizando las luces y sombras de Smith, y sin dejar que se lo vulgarice como lo ha hecho el neoclasicismo, debemos reconocer que los fundamentos del liberalismo económico, de una sociedad fundada en el individuo y el libre mercado, se encuentran plenamente en los textos del escocés.

Por eso, visto desde el prisma ideológico, Smith es un autor que nos interpela causándonos simpatía y antipatía a la vez. Porque de él podemos decir que es un autor "progresista", claramente entroncado con el pensamiento iluminista y revolucionario de la burguesía de fines de siglo XVIII. Es uno más de esos grandes publicistas que fueron arietes contra el Antiguo Régimen, como Rousseau, Voltaire, Diderot, etcétera. Adam Smith es, sin lugar a duda, una de las figuras más importantes para abrir el terreno al dominio de la burguesía. Esta es, por supuesto, una lectura posible de su libro publicado trece años antes de la Revolución francesa. Pero, por otro lado, vamos a encontrar en él los pilares básicos del liberalismo económico, la corriente apologética por excelencia del modo de producción capitalista, la más fuerte justificación del capitalismo; y, de hecho, desde el punto de vista político, lo que en el futuro va a ser el programa económico de las derechas a partir de la reacción neoconservadora de la década del 80 del siglo XX. Entonces, proponemos leer a Adam Smith en este claroscuro: el de un autor que construye los pilares fundamentales del liberalismo económico, que hoy sostiene y legitima lo central del capitalismo, pero, al mismo tiempo, ubicándolo en una coyuntura de época donde esos mismos pilares son un arma contra el Antiguo Régimen.

Casi todos los textos de economía política, al hablarnos de Adam Smith, nos remiten a esa obra monumental, *Acerca de la naturaleza y causa de la riqueza de las naciones*. Se trata de la primera "biblia" del pensamiento económico, uno de esos textos que todos los economistas se ufanan de haber leído. Como bien señala Eric Roll (1983), una obra infernalmente larga, donde Smith habla prácticamente de todo, solo pudo alcanzar el éxito que tuvo a partir de estar en condiciones de transformarse en el programa de la burguesía en ascenso, que se encontraba en plena lucha por el poder político. En transformarse, en síntesis, en un "discurso de poder".

Pero vamos a ver que Smith es fundamentalmente (más allá de que se convirtiera en el padre de la economía política y, por tanto, en el primer "economista") un filósofo social, que intenta dar cuenta de toda una teoría de la evolución política y social. Y, por lo tanto, una comprensión profunda de su pensamiento nos exige remitirnos a su obra anterior, Smith (2013), *Teoría de los sentimientos morales* (1759, con revisiones posteriores a la edición de *La riqueza de las naciones*). Y más aún, al conjunto de lo que se conoce como el "renacimiento escocés", cuerpo de pensamiento que incluye a figuras como Francis Hutcheson, Adam Ferguson y David Hume. Y también nos obligará a comparar su pensamiento con un autor inglés de principios del siglo XVIII, conocido como el barón de Mandeville, en donde podemos encontrar el origen del individualismo liberal, como cita Horne (1982). En la *Teoría de los sentimientos morales*, Smith señala que aspira a escribir "los principios generales de la ley y el gobierno, y de las diferentes revoluciones que han sobrevenido en las diferentes edades y periodos de la sociedad".

Vemos, entonces, que *La riqueza de las naciones* no puede ser considerado un mero tratado de economía, sino que se inscribe en un proyecto más amplio, el de explicar la evolución histórica de la humanidad, en un esquema que nos puede hacer remembrar al intento de Marx.

Ubicación histórica: Adam Smith en su tiempo y espacio

Adam Smith nació en Kirkcaldy, pequeño pueblo pesquero cerca de Edimburgo, en 1723. Poco es lo que se sabe en general de los primeros años de Smith (incluso es desconocida la fecha exacta de su nacimiento). Como dato "de color", podemos referir que, aparentemente, a la edad de cuatro años fue secuestrado por una banda de gitanos, aunque luego, cuando se lanzó una persecución para rescatarlo, estos lo abandonaron. De ahí que John Rae, en *Life of Adam Smith* (1895), escriba: "Pudo haber sido, me temo, un pobre gitano". A la edad de catorce años, ingresó a la Universidad de Glasgow, centro de lo que va a ser conocido como el "iluminismo escocés". Un dato importante para tener en cuenta la contradicción entre el "provincialismo" del pensamiento escocés, pero a la vez su vinculación con el liberalismo, y en particular el empirismo inglés, es el hecho de que en 1707 se produce la unión política entre Inglaterra y Escocia. Al respecto, recomendamos ver Broadie (1997).

Graduado a los diecisiete años, viaja con una beca a Oxford, para completar su educación. La experiencia resulta fuertemente desmoralizante para Smith, que encuentra la famosa universidad inglesa como un "desierto intelectual". Incluso es penalizado por habérselo descubierto leyendo el *Tratado sobre la naturaleza humana*, de David Hume, que le es confiscado por herético y ateo. Gran parte de las reflexiones que encontraremos después en *La riqueza de las naciones* a favor de que los alumnos "paguen" a sus profesores en función de la calidad de su enseñanza se basan en esta experiencia juvenil.

A su vuelta, dicta conferencias públicas en Edimburgo, para ingresar finalmente en 1751 como profesor a la Universidad de Glasgow, donde enseña primero lógica y luego filosofía moral, disciplina que abarca teología natural, ética, jurisprudencia y economía política. Su carrera en esa institución académica será brillante, y será electo decano en 1758.

Es interesante nombrar el círculo intelectual en el que se mueve en Glasgow: incluye a Joseph Black, pionero en el campo de la química, James Watt, el luego creador de la máquina a vapor, Andrew Cochrane, gran comerciante colonial y fundador del Club de Economía Política y, el más importante de todos, David Hume.

En 1759 publica *Teoría de los sentimientos morales*, que puede ser considerado el fundamento psicológico de *La riqueza de las naciones*. Ahí Smith va a describir lo que llamará, siguiendo a Hume, los "principios de la naturaleza humana". Estos eran universales e inmodificables, y de ahí se deben deducir tanto las instituciones como las conductas sociales.

Una cuestión que Smith toma de su primer maestro en Glasgow (Francis Hutcheson) es el interrogante acerca de dónde adquiere el ser humano sus habilidades para formar sus juicios morales, incluyendo los que hacen a su propia conducta, y cómo se enfrenta a lo que aparece como irrefrenable, las pasiones de autopreservación y autointerés. El tema evidentemente no es nuevo: ya había sido tratado por Hobbes (1984). La solución de Smith es la de la presencia en cada individuo de un "ser interior", algo así como un "espectador imparcial", que aprueba o condena nuestras acciones y las de los demás.

Será Hutcheson, maestro de Smith en Glasgow, quien reivindica la categorización de toda acción humana en dos tipos de móviles interdependientes: egoísmo y altruismo. El empirismo subyacente en estos autores en general no les permite seguir el análisis, ni tan siquiera para catalogar maniqueamente de bueno y malo algún sentimiento moral. Simplemente, aparecen en la actividad individual sin posibilidades de dar una racionalidad y, por lo tanto, sin poder explicar la actividad estatal y política como comprendida dentro de la moralidad.

Es aquí donde se destaca la irrupción teórica de Smith: el dualismo psicológico es el punto central de su discurso filosófico. Por un lado, la moral –la utilidad de los particulares y de la sociedad– se consigue mediante el ejemplo de la simpatía, mientras que la economía –la utilidad de los particulares– se consigue con egoísmo. Smith hace coordinar estas dos tendencias para relacionar, como lo había hecho Mandeville (1970), los "vicios privados" con las "virtudes públicas", con la distinción de que para Smith estos "vicios" no son tales, sino que privadamente también son actitudes positivas.

Por lo tanto, con el supuesto central de que ningún individuo puede impedir a otro perseguir su propio interés, el egoísmo no es entonces un elemento de orden y desarrollo estatal, sino individual y positivo. En este último punto, disiente con su maestro Hutcheson al afirmar en su *Teoría de los sentimientos morales*:

> Los hábitos de economía, de industria, de discreción, de cuidado, de aplicación son generalmente considerados como el fruto de motivos egoístas y, sin embargo, se les considera como cualidades loables, que merecen la estima y la aprobación de todos. La negligencia, la prodigalidad y el desorden se reprueban unánimemente, no porque impliquen una falta de altruismo, sino una falta de atención del individuo en lo que respecta a la consideración de sus propios intereses.

Hutcheson influye en el liberalismo de Smith en un sentido general, pero no en la creencia de que los beneficios económicos del egoísmo pueden reportar un beneficio a toda la sociedad; en realidad, el maestro piensa que solo la benevolencia puede ser virtuosa, y nunca el egoísmo. Por lo tanto, debemos tal vez solo a Smith la evolución de la idea de egoísmo como virtuosa.

El individuo para Smith va a ser concebido como una criatura dirigida por pasiones, pero al mismo tiempo autocontrolado por su capacidad de razonamiento y misericordia. Esta capacidad que poseen los individuos es lo que les va a permitir tanto crear instituciones, como hacer que la lucha de unos contra otros no sea a muerte e incluso termine orientándose a la producción de bienes comunes. Así vamos a ver aparecer por primera vez en *Teoría de los sentimientos morales* la famosa frase que luego Smith repetirá en *La riqueza de las naciones*: "Liderado por una mano invisible, [...] sin saberlo, sin intentarlo, avanza el interés de la sociedad".

Si *Teoría de los sentimientos morales* puede ser considerado una síntesis de todo lo que a Smith le aportó el ambiente intelectual escocés, será en su posterior viaje al continente donde adquirirá los elementos que le faltan para transformarse en el padre de la economía clásica. Smith renuncia a la Universidad de Glasgow en 1763, para convertirse en el tutor del joven duque de Buccleuch en la realización, a la usanza de la época, de un viaje de estudios. Smith va a permanecer casi dos años en el continente, principalmente en Francia, donde será introducido, gracias a los oficios de Hume –entonces secretario de la Embajada británica–, en los salones de la Ilustración francesa. Ahí conocerá a los fisiócratas y frecuentará a François Quesnay. Otro de sus encuentros importantes en ese período se dará en Génova, donde visitará a Voltaire. Durante su estadía en Francia, comenzará a escribir los primeros borradores de lo que luego será *Acerca de la naturaleza y causa de la riqueza de las naciones*. Sin embargo, Dobb (1985) considera que no existe "deuda" de Smith con los fisiócratas, sino más bien una elaboración paralela e independiente a partir de un medio ambiente preparado para estas reflexiones. La obra maestra de Smith comenzará a ser redactada en Toulouse en 1763 y recién estará terminada trece años después. La redacción final la realizará entre Kircaldy, su pueblo natal, y Londres, donde vivirá intermitentemente entre 1767 y 1776.

La relación entre *Teoría de los sentimientos morales* y *La riqueza de las naciones*

Riqueza de las naciones es conceptualmente una continuación de su obra anterior. Ahora la lucha, que antes aparecía en términos individuales ("el ser interior" o "espectador imparcial"), se despliega en el campo de la historia, entendida esta tanto en términos generales –grandes etapas y períodos–, como en la contemporaneidad del propio Smith. Esto lo podemos ver con claridad en el libro V de *La riqueza de las naciones*, donde Smith procede a periodizar los estadios de organización de la sociedad en "el original estado primitivo y rudo de los cazadores", el "segundo estado de la agricultura nómade", el tercero, "o feudal", y el estado final de la interdependencia comercial.

Es interesante observar en Smith una concepción de la historia y sus instituciones muy parecida a la que luego desplegará Marx. Así, a cada estadio le corresponderá un conjunto de instituciones que le son funcionales: en el estado primitivo y rudo, debido a la escasez de propiedad, no hay casi necesidad de administración de justicia, y, por lo tanto, de magistrados. Luego, con la existencia de manadas, sí son necesarias formas más complejas de organización social, y particularmente la centralidad de la propiedad privada y los custodios de "la ley y el orden". En una concepción "casi marxista", Smith ve la génesis y necesidad de estas instituciones en la protección del privilegio, más que justificadas por la ley natural. Así escribe: "El gobierno civil, tan pronto como es instituido para la seguridad de la propiedad, está en realidad instituido en defensa del rico contra el pobre, o de todos los que tienen propiedad contra quienes no la tienen."

Smith plantea que el paso del feudalismo a la sociedad mercantil va a requerir de nuevas instituciones regidas por la lógica del mercado más que por la de los gremios –como en el Medioevo–.

Si en el planteo del párrafo anterior destacamos la similitud entre Smith y Marx, es interesante también remarcar su diferencia: para Marx, el motor de la historia será la lucha de clases, mientras que, para Smith, se tratará de la naturaleza humana dirigida por el deseo de mejora individual y guiada por la razón.

En Smith se refleja uno de los debates más antiguos de la humanidad. ¿Qué es lo que permite que existan comunidades sanas y prósperas? El ser humano ¿es naturalmente gregario? ¿Es un ser social por naturaleza? Entonces, ¿las comunidades son *per se*, o, por el contrario, los seres humanos se juntan a partir de intereses individuales? De hecho, se trata de una discusión inaugurada en el mundo griego a partir de Platón y Aristóteles, luego continuada en el planteo contractualista moderno desde Hobbes.

No es casual que el contractualismo aparezca en la Inglaterra anterior a Adam Smith. Esta cosmovisión, explícitamente en Hobbes y un poco más implícitamente en Locke, plantea que no hay motivos para que los hombres vivan en comunidad si no hay intereses individuales –egoístas– que los obliguen a hacerlo. Y el eje de esos intereses pasa por la división del trabajo. En síntesis, a un individuo le conviene vivir en comunidad porque aparentemente puede obtener más bienestar dedicándose a una sola actividad, la que mejor sabe realizar, y esperando que los demás hagan el resto, que actuar como un "Robinson Crusoe" teniendo que hacer todo por sí mismo.

Vemos entonces que el problema no es "la soledad del hombre", ni el carácter ontológico de si es gregario o no, sino un problema de eficiencia e interés individual: si al ser humano "le conviene" o no estar con los demás. Detrás de este planteo, se encuentran las premisas básicas del pensamiento liberal. En este punto vamos a introducir a un autor considerado por muchos como el gran antecedente de Adam Smith, a pesar de que el propio escocés sostuviera que su planteo ético no tenía nada que ver con él: se trata del barón de Mandeville.

Mandeville escribe en el cambio de siglo, fin del XVII y comienzos del XVIII, en medio de una violentísima mutación política, social y económica en Gran Bretaña. Es lo que muchos historiadores llamaron la "revolución burguesa" en Inglaterra, una mezcla de guerras de religión, derrocamiento y ejecución de un monarca, república y restauración, en síntesis, un largo proceso histórico que lleva a que Inglaterra, ya a comienzos del siglo XVIII, asuma el régimen político que, con algunas pocas modificaciones, conserva hasta hoy. A partir de allí, estará clara la preeminencia de la burguesía y el comienzo de la decadencia del poder terrateniente.

En medio de este proceso, con Cromwell exactamente en 1651, es cuando alcanza su apogeo el pensamiento mercantilista. La revolución está teñida del final de las luchas religiosas que habían estallado un siglo antes, en las épocas de Enrique VIII. Existe en esos tiempos un sector muy fuerte que sostiene que la lucha política pasa por la reforma moral –lo que se conoce como el puritanismo–. Su lucha los lleva a crear una asociación, la *Sociedad para la Reforma de las Costumbres*, cuya acción concreta consiste en cerrar las tabernas y los prostíbulos, "limpiando" moralmente la sociedad. Se resume su planteo en que, en una buena sociedad, una comunidad sana que crece y se desarrolla es aquella en la cual impera la virtud pública; los buenos ciudadanos, entonces, son aquellos de cuya virtuosidad se deriva como consecuencia su preocupación por las cuestiones públicas y colectivas.

En ese momento aparece en escena el barón de Mandeville, diciendo algo escandaloso para la época: exactamente lo contrario de los puritanos. La base del pensamiento de Mandeville es "vicios privados hacen virtudes públicas". La virtud pública nace del vicio privado. El texto que engloba el pensamiento de Mandeville es conocido como *La fábula de las abejas*. En una colmena, parábola de organización perfecta, cada uno de los miembros se preocupa egoístamente por su propio bienestar, sin que haya nadie que esté pensando en el bienestar colectivo. O sea que no existe quien piense en actuar virtuosamente. Cada uno se concentra en su propio goce, en su propio placer, y exactamente eso es lo que permite la perfección del funcionamiento de la colmena. En cambio, una sociedad en la que sus integrantes, en vez de dedicarse a su propio beneficio, a su propio egoísmo, piensan en el beneficio del conjunto termina teniendo menos bienestar simplemente porque produce menos bienes que una sociedad de egoístas. Este planteo tan descarnado tiene antecedentes: el primero que sostuvo que la esencia de una comunidad no era el ser social, sino la división del trabajo había sido Platón (2005). Luego le siguieron en el pensamiento moderno los contractualistas; Hobbes (1984), en el *Leviatán*, y Locke (2004), en el *Segundo Ensayo del Gobierno Civil*.

Pero Mandeville va más a fondo. Porque dice que los seres humanos viven en comunidad porque "les conviene". ¿Esto significa que, al vivir en comunidad, se ven obligados a ser virtuosos, patriotas, solidarios, a pensar en los demás, a hacer beneficencia? No, en absoluto. Lo que sostiene Mandeville es que se vive en comunidad y se es egoísta en el propio accionar dentro de ella. Más aún, "hay que ser egoísta" para que la sociedad funcione bien.

Mandeville argumenta que la tarea central de un gobierno debe ser promover las manufacturas, las artes, las artesanías, todo lo que el hombre sea capaz de inventar, así como desarrollar la agricultura y la pesca. El aumento de la felicidad de una nación se da desde estas políticas y no desde intentar regular la frugalidad o los deseos de sus habitantes.

Aclaremos que hay una diferencia fuerte entre Smith y Mandeville. Smith considera que el crecimiento económico requiere un acervo de capital para la inversión que proviene del ahorro –y, por lo tanto, de la frugalidad–. En cambio, Mandeville, en lo que después va a ser la tradición económica de Malthus y Keynes, pone el énfasis en el consumo como garante de la demanda efectiva (desde la terminología del análisis económico, en esta visión keynesiana la inversión está "primero", es función del ingreso y es determinante del ahorro).

Smith tampoco cree que el Estado deba regular la moral, sino que esta depende de la virtud ciudadana, y considera, por lo tanto, como "buena" la frugalidad.

Smith no se hace cargo, entonces, de los planteos más "escandalosos" de Mandeville, pero en el *Teoría de los sentimientos morales* (1993) dice: "La libre interacción de los individuos no produce el caos sino un modelo metódico que está lógicamente determinado".

Maurice Dobb (1975) sostiene que existe una afinidad entre *Teoría de los sentimientos morales* y la *Fábula de las Abejas*, basada en que ambos se preocupan de explorar la naturaleza humana en relación con la esencia del orden automático burgués. Pero, al mismo tiempo, cita el párrafo en que Smith desecha la fábula porque "parecía hacer desaparecer por completo la diferencia entre el vicio y la virtud" (en *Teoría de los sentimientos morales*).

Acerquémonos ahora a la esencia del modelo smithiano. Cuando Smith publica su obra magna, ya en Inglaterra se ha producido la generalización de los mercados y se empieza a tallar la industria, aunque todavía no se ha introducido a fondo el maquinismo. Esto resulta claro en el propio ejemplo que Smith utiliza en el capítulo I de *La riqueza de las naciones*, de corte claramente manufacturero. Pero sí es una Inglaterra que ya tenía una revolución burguesa detrás, además del acervo teórico de Hobbes, Locke y Mandeville.

No obstante, Smith prefiere citar a los fisiócratas, particularmente Quesnay, con su célebre "laissez faire, laissez passer". Quesnay había escrito un pequeño material, el *Tableau Economique*, donde le daba forma al discurso fisiocrático de la sociedad como un orden natural: médico de profesión, piensa la economía como la anatomía del cuerpo humano, con el fluir de la sangre por venas y arterias, haciendo un paralelo con bienes y dinero, donde de un lado se produce y del otro se consume. El consumo, al pagar, genera el reciclaje para la nueva producción. Pero no es un círculo que se reproduce siempre en la misma dimensión. Cada ciclo deja algo más de producción por sobre el consumo: el excedente. Quesnay, y los fisiócratas en general, sostienen que ese excedente solo puede ser producido por la actividad agrícola –y ese es su punto débil–. Smith rápidamente repudia esto y se centra en el carácter productivo de toda actividad. Pero donde efectivamente hay coincidencia total entre los fisiócratas y Smith es en la afirmación de que la economía "funciona sola" siguiendo un orden natural, y, por lo tanto, la intervención estatal en los mercados produce, salvo las excepciones luego mencionadas por nuestro autor, más ineficiencias que soluciones.

La riqueza de las naciones

El objeto de *La riqueza de las naciones* es, justamente, la riqueza, y no el equilibrio. Decir esto puede parecer una perogrullada, pero es central para alejar todas las lecturas "neoclásicas" del texto. Smith habla sobre crecimiento y productividad. Y los debates sobre este eje tienen preeminencia en todo el texto por sobre las operaciones de intercambio de mercado.

Para Smith se trata de desarrollar una teoría de la producción. Por eso propone que comencemos preguntándonos de qué depende la provisión de bienes y servicios en un periodo determinado (anualmente, por ejemplo). Observemos que Smith, cuando habla de riqueza, se refiere a "la nueva riqueza creada en un periodo" –lo que llamaríamos modernamente una variable "flujo"– y no al acervo de riqueza existente –variable *stock*–.

Smith responde inequívocamente cuando dice que la riqueza depende "del trabajo anual de cada nación". Y avanza sosteniendo que la cantidad de esa producción anual estará regulada por dos cuestiones: primero, "la habilidad y juicio con que esa fuerza de trabajo es generalmente empleada", y segundo, "la proporción entre el número de aquellos que están empleados en actividades útiles y aquellos que no".

La primera de estas cuestiones nos introduce en el tema de la división del trabajo, que es como Smith comienza su libro. La segunda, en las discusiones del libro II sobre trabajo productivo e improductivo.

La división del trabajo

Ingresemos entonces al capítulo I de *La riqueza de las naciones*. Acá está todo el planteo de la importancia de la división del trabajo. Se puede estar de acuerdo o no con el modelo de ser humano que se desprende, pero hay un hecho incontrastable: para Smith una sociedad en la que hay división del trabajo es una sociedad que produce más y mejores bienes que otra en la que no existe tal división. Esta es la afirmación central del capítulo.

Observemos cómo empieza el texto. El libro se titula *Investigación acerca de la naturaleza y causa de las riquezas de las naciones*. ¿Dónde está esa "causa" de la riqueza? No en el oro, como dicen los mercantilistas; no en el excedente agrícola, como sostienen los fisiócratas. Entonces, ¿dónde?

Respuesta de Smith: "La máxima mejora de las fuerzas productivas del trabajo y la mayor parte de la habilidad, destreza y discernimiento, con los que se dirige y apliquen en cualquier parte, parece ser los efectos de la división del trabajo". Está, de entrada, planteando su hipótesis: donde hay división del trabajo, hay mejora de la destreza y, por lo tanto, más riqueza. Y en ese primer capítulo, hace un paralelo entre dos situaciones. La primera, que podríamos llamar "de la división técnica del trabajo", con la archiconocida anécdota de la fábrica de alfileres: si una persona tiene que hacer todo el trabajo, va a producir menos alfileres que si se divide la tarea por partes entre varios. Y Smith da tres motivos por los que la división del trabajo aumenta la productividad: incremento de la destreza por la especialización, reducción de tiempos muertos al no tener que pasar de una tarea a otra, y creación de nuevas máquinas producto del esfuerzo concentrado hacia la especialización. Al mismo tiempo, sostiene que todo trabajo es productivo si puede acrecentar la división del trabajo. Y señala que la mayor productividad de la industria por sobre la agricultura tiene que ver con la mayor posibilidad de parcelar el trabajo industrial por sobre el agrario. Vemos entonces que se trata de una división del trabajo siempre creciente, solo limitada, como veremos, por el alcance de la extensión de los mercados.

El ejemplo de la división técnica del trabajo está dado para ir al otro eje, que es el que realmente le importa a Smith, el de la división social del trabajo. Porque en una comunidad, esta va a ser más rica, produciendo más y mejores bienes, si cada uno se especializa en la producción de algo. El cómo se decide la especialización de cada participante es algo en lo que no se detiene a fondo Smith: la "destreza y habilidad", al parecer innata u obtenida por la educación, parecería ser la respuesta. No es el eje de Smith reflexionar acerca de cómo se decide quién es "carnicero" y quién "panadero". Lo que es obvio es que es mejor que haya en una sociedad carniceros y panaderos especializados, antes de que cada uno de los individuos tenga que hacer las dos cosas.

Un zapatero hará mejores zapatos de los que puede hacer cada uno de los restantes miembros de esa comunidad, los "no zapateros". ¿Por qué? Smith da tres causas. La primera nos remite a la mejora de la destreza de cada trabajador. Si se reduce la ocupación de cada hombre a una operación simple únicamente, y se hace de esta operación el empleo de su vida, se incrementará necesariamente la habilidad del trabajador. Y acá vale una pequeña digresión. Estamos hablando de la división social del trabajo. Evidentemente, una pequeña comunidad donde hay una persona que ahora es zapatero puede ser pensada como aquella en la que el común de sus miembros se desarrolla más o menos armónicamente. Pero tenemos que poner una alerta, porque Smith está diciendo esto no solo para la división social del trabajo, sino también para la técnica. Y en esta última se nos genera aquel problema que luego verá Marx (1968) en los *Manuscritos de 1844*, cuando introduzca el concepto de "enajenación". ¿Qué modelo de ser humano se construye a partir de un trabajador que desconoce la totalidad de su proceso de trabajo, que toda su vida es "cortar un alambre", cuya especialización no es "ser zapatero", sino repetir infinitamente una acción sobre un alambre para un proceso que desconoce y no controla?

Pero retornemos al hilo central. La segunda causa de por qué se incrementa la riqueza con la división del trabajo es el ahorro del tiempo que se tarda en pasar de una tarea a la otra. En esto Smith va a ser terrible, en el sentido de su lucidez. Es el antecesor de quien lo va a llevar verdaderamente a la práctica en la industria: John F. Taylor. El taylorismo llevará a fondo esta concepción, apenas esbozada por Smith, de que el trabajador debe ser "exprimido" para que no le quede "tiempo muerto" en su jornada de trabajo. Smith lo plantea claramente cuando sostiene que la actividad agrícola es menos productiva que la industrial, debido a que posee un montón de espacios libres entre tarea y tarea, donde no hay nada que hacer, salvo esperar. En la actividad industrial, en cambio, se puede poner en marcha una máquina infernal donde todo el mundo esté trabajando ininterrumpidamente toda la jornada. Aclaramos que el concepto de "tiempo muerto" y su importancia para las posteriores definiciones de taylorismo y fordismo las tomamos de Coriat (1997).

Analicemos finalmente la tercera causa de la mayor productividad generada por la división del trabajo: se da porque genera el mejoramiento, la invención de máquinas. Podemos dudar fuertemente de lo que las contribuciones de los trabajadores aportaron a la creación de las maquinas. Pero sí debemos reconocer que la separación del proceso de trabajo en operaciones simples es el preludio a la invención de máquinas que realicen esas operaciones (o bien reemplazando fuerza de trabajo humana, o bien permitiéndole a esta tener más fuerza –caballos de fuerza– o velocidad). Esto va a dar lugar a otra discusión, que es la que introducirán los japoneses a mitad del siglo XX: dado que toda la lógica productiva occidental, taylorista y fordista, está montada sobre la división del trabajo, si se logra demostrar que se puede obtener más productividad a partir de la polifuncionalidad antes que de la especialización, todo el andamiaje de la organización productiva occidental se derrumba. Todos los debates sobre el "posfordismo" o "toyotismo" arrancan de esto, como explica Coriat (1995).

Entonces, de la lectura de todo el capítulo I, surgen algunas conclusiones. La objeción de Marx es fuerte, pero se refiere más a un debate antropológico acerca del resultado de la división del trabajo sobre el obrero industrial que a un debate sobre productividad. El debate japonés también es vigoroso, pero solo aparece en los últimos cuarenta años. Se puede aseverar que, para todo el pensamiento de la economía política y también de las teorías de la administración y la organización industrial, hay un acuerdo muy fuerte con Smith en que el valor de la división del trabajo radica en su capacidad de incrementar la productividad.

Pero lo más importante es el paso de la división técnica del trabajo, de la que hablamos hasta ahora, a la división social. En esta última, el incremento de productividad y de riqueza depende de la especialización de cada uno de los miembros de la comunidad en lo que mejor sabe hacer. Así, uno será zapatero, el otro carnicero, etcétera.

Acá debemos remarcar la diferencia entre esta división del trabajo y la separación por jerarquías o estamentos de la Edad Media. Smith es claramente moderno e igualitario en esto. Las diferencias surgen, según expresa en el capítulo II, por hábito, costumbre o educación, y no "por naturaleza", como habría señalado Aristóteles.

Es interesante remarcar que Smith cree que todo trabajo puede ser productivo, sin importar su origen industrial o agrícola. Aquí se diferencia, y completa, el planteo fisiocrático: el trabajo productivo es todo aquel que crea excedente. Y la capacidad de hacerlo, la mayor productividad del trabajo, depende de la posibilidad de una división del trabajo siempre creciente. Y ahí es donde Smith va a sostener que normalmente la industria es más productiva que la actividad agrícola, porque en esta última la naturaleza de las tareas no permite una subdivisión del trabajo tan profunda. Sin embargo, Smith acota que normalmente, en las naciones más opulentas, también la agricultura es más productiva en comparación con la de otras naciones. Evidentemente, Smith es consciente de la revolución agrícola que ya está en pleno desarrollo en su tiempo. Aunque en él y, más claramente, en Ricardo (1985) ocupan un lugar relevante los rendimientos decrecientes del suelo, Smith va a sostener en el capítulo III que lo que le pone un límite a la división del trabajo es la extensión de los mercados.

El mercado

El segundo capítulo de *La riqueza de las naciones* nos introduce en otro debate, más profundo y que será el fundamental para diseñar toda la doctrina del libre mercado. Aparentemente se trataría, si seguimos estrictamente los interrogantes del texto, de un desarrollo sobre los orígenes de esa división del trabajo. Pero el planteo es mucho más rico. Es obvio, desde el capítulo previo, que, si en una comunidad se produjo algún grado de especialización, la suma total de bienes será mayor que si esa misma sociedad no hubiera producido esa división del trabajo.

Pero, a partir de que cada uno se especializó en algo, nace un nuevo problema, ¿Cómo se "junta" todo de vuelta? Porque ahora el zapatero tiene muchos zapatos, y probablemente de buena calidad, pero solo necesita un par, o a lo sumo dos. Y al mismo tiempo no posee ninguno de los otros bienes que necesita para su vida cotidiana. Y lo mismo les sucede a los prestadores de cada una de las otras profesiones. ¿Cómo volver a reunir todos los bienes producidos "separadamente" a partir de que existe división del trabajo? La respuesta a esta pregunta es el centro del pensamiento liberal. Si ahora articulamos a Mandeville y el "orden natural" fisiocrático, tenemos la respuesta de Smith: por el mecanismo de mercado. Este es el centro del desarrollo del capítulo II.

Es evidente que el mercado es una de las formas de resolver el dilema de la particularización creado por la división del trabajo. Pero no es eso solamente lo que sostiene el discurso liberal. Lo que va a responder Smith es que ese mecanismo es el único. Ahora bien, cualquier estudio de antropología económica cuestiona esto como una simplificación. Es sumamente recomendable al respecto la respuesta de Karl Polanyi (1992).

Toda sociedad medianamente avanzada tiene alguna división del trabajo, pero el mercado como mecanismo de redistribución es apenas una de las formas de organización social posibles. Contrapongámosla a otro mecanismo, el de la centralización económica. Demos dos ejemplos, uno técnico y uno social. Imaginemos una sociedad donde hay división del trabajo, pero todos vuelcan esos bienes a un centro, que planificadamente redistribuye (sin entrar en el debate sobre el carácter autoritario o democrático de esa redistribución). Es obvio que ha habido múltiples sociedades anteriores al capitalismo que han funcionado con esta lógica, por ejemplo, el Antiguo Egipto, o varias dinastías del Imperio chino. También podemos pensar que el redistribuidor sea el de una sociedad socialista como el que plantea Marx. Vayamos ahora al ejemplo técnico: en una empresa donde hay especialización y secciones productivas, la sección A realiza un producto intermedio. ¿Luego lo "vende" a la sección B? ¿Y esta a su vez a la C? Es evidente que así no funciona ninguna empresa: existe un centro de producción que planifica el conjunto del proceso (la no existencia de ese centro planificador es posible si las "secciones" quedan fuera de la empresa, asumiendo el carácter de empresas independientes, en el mecanismo conocido como *outsourcing*).

Es evidente, entonces, que el mercado no es la única forma de redistribución. Pero la clave del capítulo II de Smith es afirmar que sí lo es. Leamos su justificación con cuidado:

> Esta división del trabajo, de la que se derivan tantas ventajas, no es originariamente efecto de sabiduría alguna que prevea se ponga a alcanzar sabiduría en general. No es un producto de la sabiduría, es la consecuencia necesaria aunque muy lenta y gradual, de cierta propensión existente en la naturaleza humana, la propensión a trocar y a dar una cosa por otra.

Entonces, para Smith, el ser humano tiene una propensión natural al intercambio. Ante el interrogante acerca de su origen, nuestro autor señala: "Parece más probable [no se anima a afirmarlo con énfasis] que es la consecuencia necesaria de las facultades de la razón y el habla".

Es fundamental detenerse ante esto. Smith está sosteniendo que el ser humano tiene una propensión natural a comerciar y que esto es una consecuencia directa a aquello que hace al individuo en su esencialidad: la razón y el lenguaje. Y esto es exactamente lo que diferencia a los hombres de los animales. Sigue la frase:

> Nadie ha visto jamás a un perro cambiar con otro equitativa y deliberadamente un hueso con otro, nadie ha visto jamás a un animal significar a otro mediante gestos y gritos, esto es mío esto es tuyo, estoy dispuesto a dar esto a cambio de aquello.

Es impresionante. Si el comerciar —el trueque, la compra y la venta— cumple una función tan esencial en determinar lo más profundo y primario del ser humano —podríamos decir que, para Smith, se trataría de un derecho humano universal—, entonces, como consecuencia, todo aquel que impida su libre desarrollo —llámese "Estado", "sindicato" o "monopolio"— está cometiendo una violación de *lesa humanidad*. Un Estado intervencionista en lo económico sería, para esta concepción, un violador de los derechos humanos.

Y no creemos estar exagerando. Uno de los autores más reaccionarios, y a la vez más representativos del marginalismo, más específicamente de la llamada "escuela austríaca", Friedrich Hayek, también conocido por sus aportes a la teoría política neoconservadora, defendía hace unos años atrás la dictadura de Pinochet en Chile con el razonamiento de que ese régimen no podía ser acusado de violar los derechos humanos, sino que, por el contrario, debía ser elogiado por restaurar —frente al "intervencionismo" del gobierno anterior de Salvador Allende—, el derecho humano fundamental: el del libre comercio. E incluso sostenía la preeminencia de este derecho por sobre el resto de los derechos políticos y civiles, entre ellos el derecho a la vida.

Es evidente que no podemos echarle la culpa a Smith por este abuso de interpretación de Hayek, pero evidentemente los párrafos iniciales del capítulo II de *La riqueza de las naciones* dan pie a este tipo de conclusiones. Porque, si en la naturaleza humana está el intercambio, si se trata de un derecho humano fundamental –aunque la expresión que aquí tenemos no es "derecho humano"–, y si eso diferencia el ser humano del resto de los animales, tenemos casi armada la respuesta de cuál es el único –o, por lo menos, el mecanismo privilegiado– para redistribuir esa mayor riqueza generada por la división del trabajo.

Sigamos a Smith: "Un perro puede alagar a su amo" y obtener de él su alimento. Pero eso no está planteado como posible para el ser humano en la sociedad civilizada –léase, con división del trabajo–, donde este necesita constantemente la cooperación y ayuda de muchos, pero en su vida solo puede garantizarse la amistad de unos pocos. Porque lo que puede obtener de amos a los que alaga, o amigos que le dan beneficencia, será solo unos pocos bienes, que será lo que ellos producen según su lugar en la división del trabajo, pero no los cientos de productos que se requieren para vivir en una sociedad con cierto grado de complejidad. Y acá tenemos la conexión de Smith con Mandeville: el ser humano necesita casi constantemente de bienes que producen –y, por lo tanto, poseen– sus semejantes:

> es en vano, que (los) espere de la benevolencia de estos únicamente, es más factible que tenga éxito si puede atraer a su favor el interés de ellos, y demostrar que si hacen lo que les pide será para su propio adelantamiento. "Dame lo que quiero y tendrás esto que quieres", y así es como obtenemos uno de otros, la gran mayoría de los buenos oficios que necesitamos.

Y la frase que sintetiza con más claridad esto:

> [...] no esperamos nuestra cena de la benevolencia del carnicero, del panadero o del cervecero, sino de su preocupación

por su ser propio, no nos dirigimos a su humanidad sino a su interés, ni les hablamos de nuestras propias necesidades sino de las ventajas que pueden obtener.

Acá tenemos entonces cómo se resuelve el problema creado por la división del trabajo, "de la cual se derivan tantos beneficios", como decía Smith. Si cada uno se dedica egoístamente a hacer aquello que mejor puede hacer, y después lo vende para comprar todos los demás bienes, y si, a la vez, todos hacen lo mismo, "como por una mano invisible" la sociedad alcanza los mayores beneficios.

Bladen (1974) sostiene que en realidad el planteo de Smith no es que el mercado permite alcanzar la óptima asignación de los recursos. Esta sería una lectura posterior, "neoclásica", de Smith. Pero Smith no es un doctrinario; se basa fuertemente, como hemos visto, en la tradición del empirismo inglés. Bladen opina que podemos acotar el planteo a que Smith argumenta que, en general, el mercado es simplemente un mejor asignador de los recursos que el Estado. Acordando con este planteo, F. H. Knight, citado por Bladen (1974), sostiene: "El argumento de los economistas clásicos a favor de la libertad es instrumental…en base a que el individuo es mejor juez que los oficiales gubernamentales con respecto a los medios para alcanzar su felicidad".

Adam Smith reconoce que el mercado no funciona a la perfección, debido a la existencia de privilegios corporativos, o elementos de monopolio. Y sostiene que se debe hacer política pública para reducirlos. Una gran diferencia con el pensamiento económico abierto a partir de 1870 es que Smith nunca toma como "dado" un mercado que funciona en forma perfecta, sino simplemente busca un mercado que funcione "mejor" como un objetivo a lograr. Pero todos los elementos que después los neoclásicos modelizarán de lo que debe ser un mercado de "competencia perfecta" están ya estudiados en Smith, con la excepción de la "información exacta".

Es fundamental entender el porqué profundo de las conductas en juego. El zapatero hace los mejores zapatos que puede y en la mayor cantidad posible, no porque quiera ser un "ciudadano virtuoso". Trabaja porque, cuantos más zapatos produzca y cuanto mejores estos sean, más va a poder obtener de los demás cuando los venda. Si todos hacen lo mismo, entonces se concentra la máxima producción posible, que luego el mercado redistribuye entre los productores.

Ahora bien, en cuanto hay alguno que sale del "vicio privado" de solo procurarse su propio beneficio, para dedicarse a los demás, llámese interés político en el bien común, o preocupación por hacer beneficencia, lo que sucede realmente es que está dejando de producir –porque dedica un tiempo a "ayudar" a otros, y ese tiempo es estéril, tiempo muerto en la producción–, y de esa forma está bajando la masa total de bienes que pueden existir. O sea que está impidiendo a su comunidad llegar al óptimo social de producción. Es una lógica terrible e implacable.

El supuesto es el ser humano "racional", por lo que Adam Smith es antecesor de los utilitaristas del siglo XIX, que van a desarrollar esto con más fuerza. Jeremy Bentham, por ejemplo, va a afirmar ya en el siglo XIX que el hombre racional es una máquina de placer, donde la conducta racional es justamente maximizar el goce y minimizar el dolor. Todo el utilitarismo desarrollará posteriormente su pensamiento en esta dirección. Cada individuo es egoísta, y, en cuanto tal, su conducta racional debe seguir este modelo de maximizaciones de lo que siente como positivo y minimizaciones de lo negativo.

Y entonces, en términos materiales, lo central para el individuo será encontrar esa actividad en la que puede ser más productivo y dedicar su vida a producir lo máximo en ella. Así podrá intercambiar su producto por la mayor cantidad de bienes, para obtener de ellos el máximo de placer posible. Cualquier otra actividad, cualquier otra acción hace que esa sociedad ya no esté en el óptimo social, sino que en un renglón de satisfacción más bajo. Y en esto, Smith introduce en la economía la afirmación moral de Mandeville, cuando este, contra todas las afirmaciones éticas y políticas de su tiempo, afirma que no es cierto que Inglaterra iba a ser mejor si los ciudadanos ingleses se transformaban en más virtuosos. De hecho, sostiene Mandeville con una lucidez increíble, lo único que lograrían medidas como cerrar las tabernas y casas de prostitución sería la quiebra de los productores de cerveza, aunque hay que aclarar que este último eje, de que el vicio y el consumo crean "demanda efectiva", no hizo mella en Smith, pero sí en Malthus y, posteriormente, en Keynes.

Pero quedémonos con el centro del planteo de Mandeville: los individuos son libres de ir a la taberna a emborracharse si lo desean, porque los vicios privados van a construir las virtudes públicas. Para ir a gastar su dinero en cerveza, primero tendrán que conseguirlo produciendo, y ello promoverá la existencia de mayores bienes para todos. Smith retoma este principio de conducta, pero lo da vuelta, introduciendo la división del trabajo, de manera que obtiene así un esquema doctrinario completo con eje en el libre mercado.

Pero veamos las diferencias que Smith plantea entre *Teoría de los sentimientos morales* y *La riqueza de las naciones*. En la primera, el elemento disciplinante de los extremos del egoísmo individual nos remitía al "ser interior". En *La riqueza de las naciones*, el límite es colocado por un mecanismo institucional: la competencia. Aquí las pasiones del hombre por mejorar su situación, "un deseo que viene con nosotros desde la cuna, y nos acompañara hasta la tumba", son redireccionadas hacia el beneficio de la comunidad por la acción de cada hombre al dirigir sus deseos de adelantar en la vida "contra" los otros, lo que provoca, con la tensión de todos en ese sentido, el funcionamiento de la mano invisible. Así, los precios se moverán hacia sus niveles naturales (como veremos más abajo), y lo mismo sucederá con los salarios, las rentas y las ganancias.

Sobre los elementos que disciplinan la conducta del individuo en una sociedad donde se han generalizado los mercados, podemos trabajar muchas aristas. Tenemos a Max Weber (1984), quien va a sostener que hay un principio ordenador, "extraeconómico", que no tiene que ver con la "máquina de placer" utilitarista –la ética protestante, con la teoría de la predestinación calvinista–, que hace producir, ahorrar y acumular y "ubica" a cada uno en una profesión, permitiendo el funcionamiento tanto de la división del trabajo como del mercado.

Queda evidentemente mucho por debatir. Pero lo que es claro es que Adam Smith, tomando a Mandeville, a Hobbes y a Locke, sostiene que el "cemento social" es el mercado. Y para que este funcione, nadie debe interferir en su delicado mecanismo de relojería. Y en este "nadie", todos podemos imaginarnos el fantasma del Estado, de la intervención económica sobre la oferta y la demanda. Acá es donde Smith, en la discusión entre los mercantilistas y los fisiócratas, se ubica claramente del lado de los fisiócratas. En el comercio ganan todos: esta es la afirmación principal que nuestro autor toma de la fisiocracia. Smith no es fisiócrata en muchísimos aspectos, pero toma de ellos el orden natural y la no intervención del Estado. Smith toma también del acervo común de fisiócratas y mercantilistas la concepción moral de Mandeville: el comerciante, el industrial, el burgués son buenos ciudadanos y, por lo tanto, "virtuosos", no porque se conviertan en virtuosos en sus conductas privadas, sino que son virtuosos públicos en su pecaminosidad.

Y acá se ha producido un corte ideológico importante. Es que el liberalismo político –llegando hasta Rousseau, inclusive– estaba pensando en un mundo donde la virtuosidad ciudadana se da o bien contra la propiedad privada, o al menos a pesar de la propiedad privada; donde la sociedad probablemente necesite de los mercaderes, pero el mundo de los mercaderes, del consumo, es un mundo gris, puesto por fuera, casi escondido del centro de la historia, necesario como las funciones fisiológicas, pero de donde no se espera virtud. En cambio, ahora Smith da coherencia a un discurso donde lo más importante es el mercado. Donde la compra y la venta pasan a estar en primer lugar, hasta el extremo de que, en las sociedades del siglo XIX y XX, van a ser consideradas el eje de la legitimación política.

Todo esto sería absolutamente horroroso en la cabeza de un Rousseau. Pero desde Smith este es el modelo del programa político de las sociedades prósperas. Este es el programa político que da sustento material al principio de ciudadanía de "libertad, igualdad y fraternidad" de los franceses de 1789. Y podríamos reflexionar acerca de que, si el liberalismo político hace equilibrio entre una u otra forma, entre uno u otro modelo económico, entre una forma de resolver las condiciones materiales de existencia, entre un principio más nivelador u otro donde el eje esté en el mercado, claramente a partir de Smith la discusión se termina. Las revoluciones burguesas del siglo XIX van a ser, claramente, revoluciones por la libertad económica. En 1789 la revolución podía cambiar el calendario, invocar a la Diosa Razón, o traer los restos de Rousseau al Panteón. En cambio, en 1830, en la segunda serie de revoluciones burguesas europeas, ya está muy claro el eje: empieza a esclarecerse que es una pelea por la conducción de la política económica, por quién se apropia de los beneficios de una economía de mercado.

Pero, para tener completo el esquema ideológico de Smith, tenemos que agregar que no hay mercado si no hay ciudadanos libres y sujetos plenos de derecho. Y en este punto está la coincidencia entre Smith y todos los otros publicistas que llevan adelante la lucha contra el Antiguo Régimen. Para nuestro autor, implica alcanzar la igualdad formal que supone la mercancía, donde todos son iguales, solo diferenciados cuantitativamente por el monto de bienes que poseen.

Por supuesto que esa diferencia cuantitativa, que se transforma progresivamente en cualitativa, no es un tema menor. Pero el haber llegado a la igualdad formal requirió un cambio revolucionario de regímenes políticos. No hay generalización de los mercados con los siervos o con los esclavos, ni con estamentos feudales, ni sin libre tránsito de las mercancías. Por eso la destrucción de la lógica de los estamentos feudales es también el programa de Adam Smith.

Trabajo productivo e improductivo

Proponemos volver ahora al tema que dejamos pendiente en cuanto a de qué dependía la riqueza de una nación. Habíamos señalado que, además de la división del trabajo y su consecución en el mercado, estaba el tema del trabajo productivo e improductivo.

Debemos dirigirnos al capítulo III del libro II: "Hay una clase de trabajo que adiciona al valor del sujeto más de lo que toma: hay otro que no tiene tal efecto. El primero, que produce un valor, puede llamarse productivo; el segundo, trabajo improductivo".

El ejemplo del primero será para Smith el obrero manufacturero, y del segundo, el sirviente. El trabajo del sirviente perece en el momento en que se realiza. No se materializa en nuevas mercancías vendibles en el mercado. Smith deja claro el carácter "técnico" de la palabra "improductivo", que no significa ninguna mención derogatoria para esas actividades.

Sin embargo, Dobb (1975), siguiendo a Marx, va a señalar que hay una contradicción o, mejor dicho, una "doble definición" de "trabajo productivo" en Smith. Una es la señalada anteriormente, como todo trabajo que produce una mercancía para la venta. Pero existe otra, que es la que Marx va a considerar correcta, referida al trabajo capaz de producir un excedente sobre sus insumos, que sigue la definición fisiócrata.

La teoría del valor

En el pensamiento económico, una vez definido el rol absolutamente central de los mercados, se abre el campo a varios interrogantes, teóricos y prácticos a la vez: ¿cómo funcionan los mercados?; ¿cómo se define el precio de un bien?; ¿qué es lo que determina las fluctuaciones de la oferta y la demanda?

Resulta claro, de la simple comprobación empírica, que las oscilaciones de precios son producto de las variaciones de la oferta y la demanda. Más aún, tampoco es un misterio desentrañar por qué la oferta y la demanda se mueven en determinadas direcciones (sin embargo, deberemos esperar al pensamiento neoclásico, y en especial a Alfred Marshall, para encontrar los análisis más refinados en este campo, que luego dará lugar a la microeconomía).

Pero el "misterio" que los economistas clásicos van a tratar de dilucidar será otro: ¿por qué el precio de un bien "gira" alrededor de un cierto centro?; ¿los bienes llegan con un precio al mercado, y luego este puede fluctuar según las variaciones de oferta y demanda, o bien llegan sin ninguna apreciación previa y todo se determina en el intercambio?

Las respuestas a estas preguntas, donde resuenan las reminiscencias de los viejos debates medievales sobre el "justo precio" y el "precio natural", darán lugar a un largo y a veces oscuro debate llamado "de la teoría del valor".

Es muy importante que recorramos los posicionamientos de Smith al respecto, ya que son fundantes de lo que después dirán Ricardo y Marx. Para estos últimos, el tema será central, el parteaguas que define si se comprende o no todo el andamiaje de la economía política. Es evidente que, para Smith, la importancia de la teoría del valor será comparativa menor respecto a sus dos sucesores, como se comprueba simplemente observando su "ubicación física" en *La riqueza de las naciones*. Pero no deja de tener su importancia, ya que funda todas las discusiones posteriores al respecto, tanto en el campo clásico posterior, como en el marxista e incluso en el neoclásico.

En este punto, las influencias recibidas por Adam Smith del resto de sus antecesores son distintas a las de la escuela fisiocrática francesa. Existen tres autores que se destacan por ello y por haber superado de manera diversa a los mercantilistas: William Petty, Richard Cantillon y James Steuart. Los tres se centran (al igual que los fisiócratas) en la agricultura, dándole una importancia que había sido desestimada por los mercantilistas. La lógica de la mercancía se amplía a la producción agrícola. Así, dice Cantillon (1950): "La tierra es la fuente o la materia donde se saca la riqueza, el trabajo del hombre es la forma que la produce". Y Petty afirma (2019): "El trabajo es el padre y el principio activo de la riqueza, como las tierras son su madre".

Pero la agricultura no es la única actividad rentable, como lo considera Quesnay, sino que la industria y el comercio son considerados más rentables; señala Petty: "Hay una mayor ganancia en la manufactura que en la agricultura y en el comercio que en la manufactura".

Con base en estos antecedentes, Smith en *La riqueza de las naciones* planteará: "El trabajo anual de cada nación es el fondo que originalmente provee con todas las necesidades y conveniencias de la vida que se consumen anualmente".

Como vamos a ver luego, hay un concepto, que el trabajo humano (de hecho, su costo, aunque veremos que en dos definiciones distintas) es el eje básico para entender la economía en cuanto discusión sobre el origen de la riqueza. En cambio, en la discusión neoclásica la economía muta de definición, y su eje pasa a ser la asignación racional de recursos escasos "dados", y lo central es el costo alternativo de oportunidad.

De hecho, el concepto del hombre (en este caso sí reafirmado en masculino) que obtiene sus bienes de la naturaleza a partir del trabajo es de los más antiguos de la humanidad. Así, la Biblia dice: "Ganarás el pan con el sudor de tu frente". Y un sermón de Latimer, citado por Johnson

(2012), afirma: "Dios envía alimentos al cuerpo y al espíritu, pero no sin trabajo". Más acá en el tiempo, podemos citar a Thomas Mun (1978), mercantilista, diciendo: "La pesca en las costas de su Majestad en Inglaterra, Escocia e Irlanda es nuestra riqueza natural, y no nos cuesta nada sino trabajo". Por lo tanto, Smith no está inventando un concepto nuevo, sino trayendo al análisis económico un término familiar.

La discusión sobre la teoría del valor debe ser dividida en dos partes. Una, en la cual están pensando sin duda los clásicos, Smith entre ellos, remite al origen de la riqueza. La otra, a la determinación de los precios en el mercado. Es evidente que, en Smith y Ricardo (no así en Marx, que lo diferencia claramente), hay a veces alguna "confusión" entre estos dos planteos. Pero, si los leemos con cuidado, y siempre teniendo en mente estas dos avenidas, creemos que la discusión se aclara bastante. Tenemos entonces la discusión más "general", referida a los recursos (u origen) de la riqueza, y la más restringida (podemos llamarla "teoría del valor propiamente dicha"), que se refiere a la determinación de los precios y la distribución del ingreso.

Cuando leemos *La riqueza de las naciones*, debemos ser cuidadosos, ya que Smith utiliza indistintamente el término "valor" en diferentes sentidos. A veces sostiene que "valor" es "la dificultad y pena que cuesta adquirir algo". O sea, lo que hay que ceder. Otras veces, habla en términos de lo que nosotros entendemos por el concepto más moderno de "valor de cambio", o sea, lo que se obtiene a cambio. Posteriormente, Marx salvará esta distinción con los términos "valor de cambio" (manifestación del valor) y "valor" (generado por el trabajo abstracto, entendido como desgaste físico y mental para producir un bien).

Es un hecho que Smith fracasa en medir el "precio real" o valor de los bienes en la primera definición. Gide (1927) dice que Smith sostiene: "El precio real está basado en el trabajo". Pero existe otra cosa llamada "precio natural", donde los bienes se valúan conforme a su costo de oportunidad, como bien rescata Gide (1927). E insiste: "No creemos que el cambio de nombre sea de gran importancia". Permítasenos diferir fuertemente con esta aseveración. Justamente, la discusión acerca de si Smith desarrolla o no una teoría del valor trabajo arranca de este punto. Este es el debate: o hay una teoría del valor trabajo, que da cuenta de los cambios en la productividad y, por lo tanto, en los flujos de riqueza; o se trata de una teoría de los costos de oportunidad, centrados en la optimización de la asignación de los recursos "dados".

En el análisis económico, nos hemos acostumbrado a interpretar el término "valor" por 'valor de cambio', o sea, la cantidad de mercancías o servicios que cada bien puede obtener a cambio en el mercado. Pero, aun cuando acordemos en esto, todavía tenemos que dar un paso más antes de decir que estamos todos de acuerdo. Porque muchas veces va a aparecer en debate el valor (o precio, podemos decir acá, aunque teniendo cuidado con la terminología) "normal", de "largo plazo", de "equilibrio", "natural", de "producción" (estamos utilizando las palabras con que distintos autores lo mencionan). En general, en el planteo clásico, incluyendo a Marx, se habla del valor en esta dirección: un valor o precio del cual, en el corto plazo, las mercancías pueden diferir, en general, por las fuerzas de la oferta o la demanda, pero al que finalmente convergerían. Evidentemente, este valor no es un observable (en algunos casos, porque no es definible el propio concepto de largo plazo, y en otros, porque cuando se alcanza ya están operando otros factores de distorsión, y aun en otros porque nunca se alcanza).

El concepto de "valor" nace y puede aplicarse a una economía de trueque. Pero en el capitalismo nos encontramos en una economía monetaria; por lo tanto, el valor se va a materializar en el precio, al que podemos definir como la "expresión monetaria del valor". Por eso, Smith, aunque ha definido previamente el valor como "el poder de compra de otros bienes", en el capítulo VII de *La riqueza de las naciones* procede a discutirlo como el "precio natural" o "de mercado".

Hay un concepto muy interesante en Smith, que reaparece en Marshall y en Keynes, que es definir que "un hombre [...] puede ser rico o pobre de acuerdo a la cantidad de trabajo (i.e. el trabajo de otra gente) que pueda comprar". No debemos confundir esto con el concepto de "valor" (en Smith a veces se lo confunde, cosa que denuncia Ricardo, aunque a su vez caerá él también en la misma trampa posteriormente). Será lo que luego Ricardo llamará "valor del trabajo", y Marx, el "valor de cambio de la fuerza de trabajo", que monetariamente se materializará en el salario. Es muy importante entender la diferencia entre este concepto y el de "valor trabajo" como desgaste o pena del trabajador medido en horas de trabajo.

Podemos sintetizar diciendo que tenemos entonces tres conceptos:

1. "Valor de cambio": cuánto se puede comprar de otros bienes.
2. "Valor o precio real": la pena o fatiga (el trabajo que hay que ceder).
3. "Valor del trabajo": el trabajo que se puede comprar (o sea, la pena o fatiga que se le puede imponer a otro).

Dice Smith:

Para la persona que la posee y no se propone usarla o consumirla por sí misma, sino cambiarla por otras mercancías es igual a la cantidad de trabajo que le permite comprar o de la cual le permite disponer [...]. El trabajo es la medida real del valor de cambio de todas las mercancías.

Hechas estas acotaciones terminológicas, podemos pasar al final del capítulo IV de *La riqueza de las naciones*, en donde Smith nos propone "determinar el valor relativo o de cambio de los bienes". Aquí se va a recuperar una vieja distinción, que viene de Aristóteles (2005), entre la utilidad que un objeto particular posee –que va a llamar "valor de uso"– y el poder de comprar otros objetos que la posesión de una mercancía contiene en sí –"valor de cambio"–. Y a partir de allí pasa a tratar lo que va a denominar una de las "paradojas" del valor: "Nada es más útil que el agua, pero se puede adquirir por nada…un diamante, por el contrario, no tiene casi valor de uso; pero una gran cantidad de otros bienes pueden frecuentemente ser adquiridos en intercambio con él".

Esta paradoja va a abrir dos vías de análisis en el pensamiento económico, una de las cuales avanzará y desarrollará la teoría del valor trabajo y la otra derivará hacia la teoría del valor utilidad.

Precisemos el sentido de la "investigación" de Smith en este punto. Se plantea averiguar primero "cuál es la real medida del valor de cambio, o en qué consiste el precio real de todas las mercancías". Segundo, "cuáles son las diferentes partes que componen ese precio". Y, tercero, "cuáles son las diferentes circunstancias que hace que a veces las diferentes partes del precio suban y a veces bajen más allá de su tasa natural u ordinaria". O, lo que es otra forma de decir lo mismo, por qué a veces el precio de mercado no coincide con el precio natural de las mercancías.

Con respecto a la primera pregunta, el interrogante no está en la determinación de cuál es el valor de cambio (cuánto varía una mercancía en relación con otra y viceversa), sino más bien la medida del cambio en el precio real (podemos decir, para más claridad, valor absoluto), medido en tiempo de trabajo. Como estamos hablando no solo de la determinación fija, sino también del cambio, está en juego el concepto de "productividad del trabajo", que, recordemos, es la base de la riqueza de una nación (medida como flujo de producto). Así, en el capítulo XVIII, Smith va a sostener que, con el aumento de la productividad del trabajo, "todas las cosas se convierten gradualmente en más baratas. Ellas se podrán producir con una menor cantidad de trabajo".

Prestemos atención al uso de la palabra "barato", que no se refiere aquí al menor precio relativo de un bien con respecto a otro, sino a la menor utilización de tiempo de trabajo en su producción. De la convicción de Smith de que el dinero no es una buena medida del valor, sale el intento de utilizar el valor del trabajo como medida. Señalemos de pasada que, posteriormente, las dificultades objetivas para medir el "valor del trabajo", en particular debido a las diferencias que pueden surgir en diferentes comarcas, y la creencia de que el trigo es más fácil de conocer y homogéneo en su precio hacen que, de hecho, se tome a este último como una medida sustituta del valor (en cuanto bien-salario). El trigo, además, es considerado una buena medida por su lugar en la "canasta de subsistencia del trabajador" que integra su salario.

Ahora bien, para determinar el valor (precio real) de un bien, Smith nos plantea hacer el recorrido histórico a lo largo de los diferentes estadios en que, recordemos, había dividido la historia de la humanidad. En el "estadio primitivo y rudo" de la comunidad, donde no hay propiedad privada de la tierra ni acumulación del capital, el tiempo de trabajo es la única medida del valor. Esta afirmación, en este estadio, permite amalgamar indistintamente tiempo de trabajo con valor del trabajo, que en este caso coinciden. E incluso con la noción de "costo de oportunidad". Evidentemente, acá hay una coincidencia entre precio real o valor con valor de cambio. Pero, aun en este ejemplo sencillo, Smith reconoce que se produce una desviación entre tiempo de trabajo y precio, en cuanto el trabajo requerido de una de las partes es más severo que el de la otra, o exige un mayor grado de preparación.

Luego Smith pasa al mundo moderno, en el cual hay acumulación de capital y, lo que es más importante, propietarios de este. Estamos entonces en el mundo de "los empleadores de trabajo" y "los trabajadores empleados". Citemos a Smith:

El [empleador] podría no tener interés en emplearlos [a los trabajadores] a menos que espere de la venta de su trabajo algo más que lo necesario para reponerle su capital empleado; y podría no tener interés en emplear una cantidad de capital mayor que otra a menos que su ganancia tenga alguna proporción con su capital invertido[…]. Tan pronto como el acervo se ha acumulado en manos de personas determinadas, algunas de ellas lo emplearán, naturalmente, en poner a trabajar a gentes industriosas a quienes proveerán materiales y sustento, para obtener una ganancia por la venta de su obra […]. Por lo tanto el valor que los trabajadores incorporan a los materiales se resuelve, en este caso, en dos partes: una de las cuales paga salarios y la otra las ganancias.

Desde un punto de vista lógico, los dos criterios de medición del valor ya no son equivalentes, por lo que Smith "abandona" el criterio de "trabajo incorporado" por ser "históricamente obsoleto", y se queda con el de "trabajo adquirido". El surgimiento del beneficio en el capitalismo hace que el trabajador ya no reciba el equivalente a su trabajo incorporado al producto, sino solo una parte: el salario. La otra parte es reposición de materias primas usadas y beneficios del poseedor de los medios de producción: el capitalista.

Y acá entonces tenemos a un Smith que nos lleva a lo que vamos a llamar "teoría del costo de producción". Habrá que incluir en el precio natural del bien la remuneración al capital, la ganancia. Vemos entonces que el "valor del trabajo" ya no va a ser igual al producto del tiempo de trabajo, sino un número menor. Citemos de nuevo a Smith:

Cuando el precio de cualquier mercancía es no más ni menos que lo suficiente para pagar la renta del terrateniente, los salarios de los trabajadores y las ganancias del capital empleado […] de acuerdo a sus tasas naturales, la mercancía es entonces vendida por lo que se podría llamar su precio natural […]. El precio real al que una mercancía es vendida es comúnmente llamado su precio de mercado.

Ya tenemos entonces todas las definiciones de Smith. La teoría del valor de nuestro autor se ha transformado en una teoría del costo de producción, o sea que el llamado "precio natural" de un bien se constituye con la suma de las remuneraciones a los factores de la producción (renta más salario más ganancia).

Hasta aquí el análisis de Smith desde "el lado de la oferta". Smith lo complementa con el lado de la demanda. Para él resulta obvio que el monto o cantidad vendida puede aumentar con una caída en el precio. Smith plantea que, cuando la cantidad de un bien llevado al mercado es menor a la demanda de este, todos aquellos que estarían dispuestos a pagar el precio natural (o sea, la suma de rentas, salarios y ganancias) no pueden proveerse del bien. Algunos estarán dispuestos a pagar más. Y así comenzará una competencia que culminará con un precio de mercado por encima del precio natural. En el caso inverso, cuando la oferta excede a la demanda, el precio de mercado caerá por debajo del precio natural. Entonces, algunas de las partes componentes del precio deberán ser pagadas debajo de su precio natural; si se trata del terrateniente, esto puede llevar a que algunos de ellos retiren su tierra de la producción; si se trata de los trabajadores, algunos de ellos pueden no trabajar a menores salarios; y lo mismo sucede con el capitalista, que puede retirar parte de su *stock* de capital al no obtener la ganancia esperada. Esto lleva a una contracción de la producción, hasta que la oferta vuelva a igualar la demanda de mercado, con una suba del precio de mercado, que vuelve a su precio natural. "El precio natural [...] es, como si fuera el precio central, alrededor del cual los precios de todas las mercancías están gravitando continuamente".

La definición del precio natural a partir de la suma de las retribuciones a los factores de la producción lleva naturalmente a Smith a tener que determinar cómo se constituyen estas remuneraciones. En Smith, como en todos los clásicos, salarios, rentas y ganancias (o beneficios) se tratan separadamente, como remuneración de distintas clases sociales: los trabajadores, los terratenientes y los empresarios (o capitalistas), respectivamente. Esto será muy distinto a lo que plantean los neoclásicos, que, como veremos en el capítulo respectivo, integran los precios de los factores de la producción dentro de los precios de los productos.

Uno de los elementos nodales del pensamiento clásico es que la distribución del ingreso (como se llama a la proporción que le toca a cada factor del producto) está en alguna medida relacionada con factores históricos, geográficos, demográficos e institucionales (en término de la modelización de la "ciencia económica", diríamos que son variables "exógenas" al modelo):

> Se entiende por salario del trabajo aquella recompensa que se otorga cuando el trabajador es una persona distinta del propietario del capital que emplea al obrero [...]. Es posible que se piense que las ganancias del acervo son solo un nombre diferente que se asigna a los salarios de una clase particular de trabajo, el trabajo de vigilancia y dirección. Empero, son enteramente distintas, están regidas por principios perfectamente diferentes y no guardan proporción alguna con la cantidad, dureza o el ingenio de éste pretendido trabajo de vigilancia y dirección.

Con respecto a los salarios, el planteo de Smith es simple:

> La demanda de quienes viven de los salarios…aumenta necesariamente con el aumento del ingreso y del capital de cada país, y no puede aumentar sin él [...]. Lo que causa un aumento en los salarios de los trabajadores no es la grandeza presente de la riqueza nacional, sino su continuo crecimiento. En consecuencia, no es en las naciones más ricas, sino en las más prósperas, o sea, en las que se están enriqueciendo con más rapidez, que los salarios de los trabajadores son más altos.

Un incremento en la demanda de trabajo (el número de trabajadores a los que se les solicita que trabajen) lleva a un aumento en los salarios (el precio del trabajo). Esto, a la vez, produce un aumento en la población trabajadora (ya que los mejores salarios reducen la mortalidad y aumentan la fertilidad). Así, mientras el crecimiento económico se sostenga, continuará la demanda de trabajo, y los salarios continuarán subiendo, haciendo entonces que la oferta (cantidad de clase trabajadora) responda a la demanda. Allí donde el crecimiento se detenga, llegaremos al estado "triste y melancólico del estancamiento", en que ya no habrá posibilidad de aumentar los salarios y, por ende, el nivel de vida de la clase trabajadora. Acordamos seguramente con el lector en la "debilidad" de esta explicación, que veremos va a ser modificada por los otros autores clásicos.

Sin embargo, y a pesar de la debilidad analítica e incluso de cierta "ingenuidad" en el planteo, no podemos dejar de reconocer aquí a un Smith plenamente acorde con los planteos iluministas de su época, y con la lucha por la libertad y la igualdad del individuo. Leamos un pasaje, el más emotivo, de su capítulo sobre los salarios:

> ¿Es el mejoramiento en las condiciones de las clases bajas una ventaja o un inconveniente para la sociedad? La respuesta parece plenamente sencilla a primera vista. Sirvientes, trabajadores y obreros de distinta clase constituyen de lejos la parte más importante de cada gran sociedad política. Pero lo que mejora las circunstancias de gran parte no puede ser nunca considerado como un inconveniente por el todo. *Ninguna sociedad puede seguramente florecer y ser feliz si gran parte de sus miembros son pobres y miserables* [el destacado es nuestro]. La equidad requiere que quien alimenta, vista y da alojamiento al cuerpo entero del pueblo, debe tener una parte de lo que produce su propio trabajo para estar medianamente bien alimentado, vestido y alojado.

Contrastemos este planteo con lo que pocos años antes había escrito Thomas Mun (1978): "Penuria y deseo hace al pueblo inteligente e industrioso". O Arthur Young en *Eastern Tour* en 1771, citado por Furniss (1957): "Hasta un idiota sabe que las clases bajas deben permanecer pobres o nunca serán industriosas".

Al plantearse una teoría de los costos de la producción, obviamente un aumento en los salarios deriva en un aumento en los precios. Pero debemos observar de nuevo la relación con el aumento de la productividad en general:

> El aumento de los salarios necesariamente aumenta los precios de algunas mercancías [...]. La misma causa, sin embargo, puede aumentar los salarios del trabajador, el aumento del capital, tiende a aumentar las fuerzas productivas [...]. El propietario del capital procura, para su propia ventaja, hacer una división del trabajo tal que sea capaz de producir la mayor cantidad de trabajo posible. Por la misma razón él se ve obligado a proveer a los trabajadores con la mejor maquinaria posible [...]. Más cabezas están ocupadas en inventar las maquinarias más apropiadas [...]. Hay más mercancías [...] las cuales son producidas por mucho menos trabajo que antes, y el incremento de los precios es más que compensado por la disminución de su cantidad.

O sea, los altos salarios son consistentes con la mayor productividad de los trabajadores, a la vez que con los bajos precios de las mercancías, porque los aumentos de productividad cubren con creces cualquier aumento de salarios.

Con respecto a la ganancia, Smith inaugura el planteo de que el incremento del *stock* de capital tiende a producir la baja de la tasa de ganancia. Smith plantea aquí lo que luego será nodal tanto en Ricardo como en Marx: la crisis para ambos tendrá como génesis la "tendencia a la caída de la tasa de ganancia".

Smith plantea que la competencia tiende a aumentar los salarios y a reducir las ganancias:

> El incremento del capital, que eleva los salarios, tiende a disminuir los beneficios. Cuando los capitales de muchos comerciantes ricos se dirigen hacia la misma actividad, su mutua competencia tiende, naturalmente, a disminuir el beneficio, y cuando se da un incremento semejante de capital

en todas las diferentes ramas practicadas en la misma sociedad, la misma competencia debe producir el mismo efecto en todas ellas".

Con respecto a la renta, finalmente, Smith sostiene que "entra en la composición del precio de manera muy distinta que los salarios y las ganancias". De hecho, Smith termina diciendo en el capítulo VII que la renta es un componente en la determinación del precio natural, y en el XI exactamente lo contrario (primero se determina el precio, y luego la renta aparece como un resto de los salarios más los beneficios a sus tasas naturales). De hecho, en el capítulo VII había analizado la renta en los casos en que la tierra tenía o no usos alternativos, mientras que el XI se trata de la discusión entre usar la tierra o no hacerlo. Esto último dará lugar en Ricardo a la teoría de la renta diferencial.

Interés general, el comercio, sus beneficios y beneficiarios

Al final del capítulo XI, aparece una interesante digresión sobre lo que Smith va a llamar tres "ordenes de hombres": terratenientes, trabajadores y capitalistas. Señala que el interés de los terratenientes está "estricta e inseparablemente conectado con el interés general de la sociedad", ya que sus rentas crecen con el mejoramiento general. Sin embargo, muchas veces los terratenientes tienen un conocimiento defectuoso de esto. Los intereses de los trabajadores también coinciden con el mejoramiento de la sociedad, ya que de él depende el aumento de sus salarios.

Sin embargo, señala Smith, distinta es la situación con los capitalistas, ya que su ganancia no aumenta con la mayor prosperidad:

La tasa de beneficio no aumenta con la prosperidad, como la renta y los salarios, ni cae con la decadencia de la sociedad.

Por el contrario, es naturalmente baja en los países ricos y alta en los países pobres y es siempre la más alta en los países que van más rápidamente hacia la ruina. Por lo tanto, el interés de este tercer orden no tiene la misma conexión con el interés general de la sociedad como aquel de las otras dos.

Y de allí se deduce entonces un consejo de política económica:

El interés del comerciante [...] es siempre en algunos aspectos diferentes, e incluso opuestos, a los del público. Agrandar el mercado y achicar la competencia es siempre el interés del comerciante. Pero achicar la competencia…implica alcanzar, para su propio beneficio, un absurdo impuesto sobre el resto de los ciudadanos. Cualquier propuesta de nueva ley o regulación del comercio que venga de este origen debe ser siempre escuchada con gran precaución, y nunca adoptada sino después de haber sido larga y cuidadosamente examinada, no solo con la más escrupulosa, sino también con la más sospechosa atención.

A diferencia de los mercantilistas, para Smith el comercio no es un juego de suma cero. Es mejor la existencia de comercio que su ausencia. Ahora bien, todos ganan en el comercio, pero no todos ganan en la misma proporción. Esta aseveración, que para un lector "formado" en el libre comercio puede parecer extraña, se deduce del libro III de *La riqueza de las naciones*, particularmente de las disquisiciones sobre el intercambio entre el campo y la ciudad.

El comercio exterior sirve, para Smith, para eludir "los límites del mercado que no permiten que continúe la división del trabajo". Esto posibilita aumentar la productividad y, por lo tanto, el producto anual. Nótese la diferencia entre esta exposición de las ventajas del comercio exterior con la que encontraremos en Ricardo. Hay una cierta tendencia a ver la exportación de bienes en forma "keynesiana", como si fuera necesaria esa actividad para garantizar la demanda efectiva. En este punto, Smith se estaría alejando de la ley de Say y del supuesto de la plena ocupación de los recursos. Hemos encontrado esta acotación en John Stuart Mill (1978), quien ve aquí una contradicción en un Smith que no es plenamente coherente con la teoría de la división del trabajo. Para Mill esa coherencia "reaparece" en los planteos de Ricardo.

El rol del Estado

Como hemos señalado antes, Smith es un muy fuerte defensor del rol central del mercado y, por tanto, contrario a la intervención del Estado en los mercados. Pero su concepto de "Estado" no es un "ausente", como cierta lectura neoclásica del autor ha hecho creer.

Para Smith, a la autoridad política le caben tres responsabilidades: primero, la obligación de proteger a la sociedad de la violencia e invasión de otras sociedades independientes; segundo, la obligación de proteger, tanto como sea posible, a cada miembro de la sociedad de la injusticia y la opresión de los otros miembros de esta; y tercero, la obligación de erigir y mantener ciertas obras e instituciones públicas, que no pueden ser nunca erigidas ni mantenidas por el interés de ningún individuo, porque la ganancia que se podría obtener de ellas nunca repagaría el gasto, aunque, visto desde el conjunto de la sociedad, hace mucho más que repagar este gasto.

El planteo de "libertad" en Smith está fuertemente basado en que la libertad individual es más funcional para alcanzar el bienestar económico que muchas de las regulaciones estatales. Pero debe quedar claro que para los clásicos el fin es el bienestar económico (así se debe leer el concepto "riqueza"), y no la libertad como satisfacción del apetito egoísta de los individuos (que va a ser la lectura del *homo economicus* neoclásico, con su antecedente en Bentham, y no en Smith).

¿Progresista o conservador? ¿De derecha o de izquierda?

Nuestro recorrido por los tópicos de Smith llega a su fin. Es evidente que no hemos sino "sobrevolado" algunos de los numerosos temas a los que se dedica el escocés. Llega el momento, a modo de balance, de hacerse la pregunta crucial: ¿dónde ubicamos a Smith y su doctrina en el espectro ideológico? Es evidente que esta respuesta solo puede responderse en perspectiva histórica. Porque "el palo en la rueda" a la mano invisible de mercado, ese Estado que interviene y "molesta", en Smith es el Estado feudal del antiguo régimen; es el Estado de los privilegios. Por eso nosotros invitamos a leer a Smith con cuidado: con espíritu crítico, pero viendo todos los contextos en juego. Visto desde su época, Smith está a la izquierda del espectro político. Lo mismo va a pasar con Ricardo.

Los economistas clásicos ingleses militan en esa tradición, no tienen que ver con la reacción, sino con el progresismo. Son, como va a decir Marx años después, los portavoces de una clase social en ascenso. Pero, por supuesto, ¿qué pasa cuando esa clase social se convierta en clase dominante? Aquí será donde los "usos" de los textos den lugar a violentos giros reaccionarios.

Cerramos entonces dejando un mensaje ambivalente. Podemos leer a Smith desde cualquiera de los dos lugares que hoy planteamos. Leer a Smith como el hombre que le dio fortaleza material al discurso de la burguesía en ascenso, y lo hizo trece años antes de la Revolución francesa, en un momento donde la pelea contra el antiguo régimen no estaba saldada. Un pilar, entonces, de la lucha por la construcción de la modernidad y los derechos humanos. Por otro lado, podemos ver a Smith como el fundador de la disciplina fundante del discurso ideológico de la sociedad capitalista, con todo lo que eso implica. Vimos que del propio discurso de Smith se pueden deducir lógicamente principios terribles, como los afirmados por Hayek. Varios metros de polvo se han acumulado ya sobre la tumba del escocés. No dejemos que se acumulen también sobre su obra. La mejor manera de "exorcizar" los usos apologéticos es leyendo de primera mano y pensando con nuestra propia cabeza.

Bibliografía

Aristóteles (2005), *La Política*, Losada, Buenos Aires.

Bladen, Vincent (1974), *From Adam Smith to Maynard Keynes*, University of Toronto Press, Toronto.

Blaug, Mark (1985), *Teoría económica en retrospección*, Fondo de Cultura Económica, Ciudad de México.

Broadie, Alexander (1977), *The Scottish Enlightenment*, Canongate, Edimburgo.

Cantillon, Richard (1950), *Ensayo sobre la naturaleza del comercio en general*, Fondo de Cultura Económica, Ciudad de México.

Coriat, Benjamín (1995), *Pensar al revés. Trabajo y organización en la empresa japonesa*, Siglo XXI Editores, Ciudad de México.

Coriat, Benjamín (1997), *El taller y el cronómetro. Ensayo sobre el taylorismo, el fordismo y la producción en masa*, Siglo XXI Editores, Ciudad de México.

Dobb, Maurice (1975), *Teorías del valor y la distribución desde Adam Smith: ideología y teoría económica*, Siglo XXI Editores, Ciudad de México.

Furniss, Edgard (1957), *The position of the Laborer in a System of Nationalism*, Kelly and Millman Inc., Nueva York.

Gide, Charles (1927), *Historia de las doctrinas económicas desde los fisiócratas hasta nuestros días*, Reus, Madrid.

Hobbes, Thomas (1984), *Leviatán*, Sarpe, Madrid.

Horne, Thomas (1982), *El pensamiento social de Bernard Mandeville*, Breviarios Fondo de Cultura Económica, Ciudad de México.

Johnson, Edgar A. J. (2012), *Predecessors of Adam Smith*, Literary Licensing, Whitefish.

La Biblia (1994), Fundación Palabra de Vida, Madrid.

Locke, John (2004), *Segundo ensayo sobre el gobierno civil*, Libertador, Buenos Aires.

Mandeville, Bernard (1970), *The Fable of the Bees*, Penguin, Middlesex.

Marx, Karl (1968), *Manuscritos de economía y filosofía*, Alianza Editorial, Madrid.

Mill, John Stuart (1978), *Principios de economía política*, Fondo de Cultura Económica, Ciudad de México.

Mun, Thomas (1978), *La riqueza de Inglaterra por el comercio exterior*, Fondo de Cultura Económica, Ciudad de México.

Petty, William y John Graunt (2019), *The Economic Writings of Sir William Petty: Together with The Observations upon the Bill of Mortality, More Probably by Captain John Graunt*, Wentworth Press, Sidney.

Platón (2005), *República*, Losada, Buenos Aires.

Polanyi, Karl (1992), *La gran transformación*, Fondo de Cultura Económica, México.

Quesnay, Francois (1980), *Tableau Economique*, Fondo de Cultura Económica, México.

Ricardo, David (1985), *Principios de economía política y tributación*, Fondo de Cultura Económica, Ciudad de México.

Roll, Eric (1980), *Historia de las doctrinas económicas*, Fondo de Cultura Económica, Ciudad de México.

Smith, Adam (2005), *Naturaleza y causa de la riqueza de las naciones*, Fondo de Cultura Económica, Ciudad de México.

Smith, Adam (2013), *Teoría de los sentimientos morales*, Alianza Editorial, Madrid.

Weber, Max (1984), *La ética protestante y el espíritu del capitalismo*, Sarpe, Madrid.

David Ricardo: la economía política clásica y la actualidad del enfoque del excedente

Pablo Alberto Tavilla

Partimos de entender que el conocimiento en ciencias sociales no es necesariamente acumulativo ni linealmente evolutivo. La economía política clásica, de la que David Ricardo (1772-1823) es un exponente fundamental, no es para nada, en consecuencia, una simple etapa pasada dentro de un supuesto movimiento progresivo y único en el conocimiento disciplinar.

En ese sentido, podemos identificar al menos dos grandes tradiciones teóricas coexistentes dentro de la misma disciplina, a la que aquí se prefiere llamar "economía política", tal como se denominaba en sus orígenes: la corriente que se puede llamar "del excedente y la reproducción social", es decir, la economía política clásica, incluyendo en ella a Carlos Marx, y la predominante, más enseñada y difundida, economía marginalista, neoclásica o del equilibrio general (la "ciencia económica"). Sabemos que, para una larga tradición de pensamiento marxista, Marx representa la "crítica a la economía política clásica". Aquí se destacan, más que nada, las profundas coincidencias, y se prefiere agruparlos en la misma mirada, más allá de la lucidez de Marx en marcar algunos límites de Smith y Ricardo como economistas burgueses incapaces de ver la especificidad histórica del capitalismo y de la propia burguesía como agente central capitalista, pero considerando a ambos sus "padres" teóricos y lo opuesto a lo que el propio Marx denostaba como "economía vulgar". Sraffa, ya en el siglo XX, es también superación o mejora de Marx en algunos aspectos, de ahí que consideramos al gran alemán como dentro de la economía política clásica.

Un punto de discordancia relevante entre clásicos y neoclásico/marginalistas se da en relación con las teorías de los precios y de la distribución. En el primer caso, a partir del concepto de "excedente social" (separación de cantidades físicas producidas y formación de precios, determinación política de ingresos), y, en el segundo, a partir del "principio de sustitución" con supuestos de escasez y no reproductibilidad de factores de la producción (distribución a partir de precios de factores que son función de su escasez relativa y la idea de productividad marginal decreciente bajo supuestos de competencia plena y pleno empleo). En este segundo caso, constituyen la base para la idea de precios como indicadores de escasez.

Esto no implica de ninguna manera un intento de agotar el debate omitiendo otras corrientes relevantes del pensamiento económico, como pueden ser la keynesiana (y sus múltiples derivaciones y legados) o los estructuralistas latinoamericanos, pero aquí se privilegia simplificar agrupando en estas dos tradiciones consolidadas los efectos de la iniciación en temáticas de teoría y pensamiento económico.

Como nos recuerda Cesaratto (2018), vale la siguiente cita de Marx en *El capital*:

> En el terreno de la economía política, la investigación libre se encuentra con más enemigos que en todos los demás campos. La particular naturaleza de la materia que se investiga levanta contra ella las pasiones más violentas, más mezquinas y más odiosas que anidan en el corazón humano: las furias del interés privado.

La perspectiva económica política clásica constituye actualmente un valioso y fecundo legado para la reflexión sobre el funcionamiento de las economías capitalistas y para encontrar respuestas adecuadas a problemáticas actuales, como alternativa a la del *mainstream* ortodoxo de raíz marginalista.

En particular, constituye un punto de partida muy fecundo el foco de la economía política clásica en la noción de "excedente social" *(Surplus Approach)* y de su relación con el dinamismo en materia de crecimiento económico y acumulación de capital, así como con el bienestar material. Especialmente luego de los aportes del gran economista italiano, poco difundido en nuestras tierras, Piero Sraffa (1898-1983). Precisando el concepto de "excedente social", llamamos "plusvalía", "superávit" o "producto neto" (de *produit net* de los fisiócratas) al excedente que surge de la fórmula simple: producto social menos consumos necesarios para producirlo equivale a excedente.

Siguiendo a Jean Cartelier (1976): "La economía política clásica es la que, sobre la base de la existencia de un excedente (físico), se plantea la pregunta de su distribución mediante un sistema de precios, bajo la presión de reproducción de la economía considerada".

El énfasis de los economistas clásicos estará puesto en los costos de reproducción de una economía: el excedente será determinado por las condiciones técnicas de producción y por el salario, que se considera social e históricamente como de subsistencia.

En esta oportunidad, nos detendremos más que nada en describir los principales desarrollos de David Ricardo (1985) en su obra *Principios de economía política y tributación*, con base en la edición del Fondo de Cultura Económica de 1959 (México), que es la traducción de la tercera y última reedición inglesa de 1821. Con sus 32 capítulos y la introducción de Piero Sraffa, que incluye explicaciones sobre las diferencias con las anteriores dos ediciones de 1817 y 1819, así como respecto del ensayo de 1815, se corresponde con el original publicado en 1950 de *The Works and Correspondence of David Ricardo* (edición preparada por Piero Sraffa), *Vol. I: On The Principles of Political Economy and Taxation*, Cambridge University Press, Londres.

Nos interesa aquí describir, contextualizar y proponer una interpretación del sentido de sus contribuciones, así como identificar algunos legados ricardianos con los aportes de ciertos seguidores muy interesantes que los enriquecieron y también algunas "huellas" de su pensamiento en la Argentina.

En la estructura lógica de las contribuciones ricardianas, debemos reconocer el momento de un verdadero salto cualitativo en cuanto a trabajo de ordenamiento, conceptualización (abstracción), rigurosidad y avance de la economía como disciplina que, por esos tiempos tan interesantes de consolidación de conocimiento sobre las sociedades y su producción material, se llamaba "economía política".

David Ricardo trata la problemática relación entre actores, distribución y ramas durante el inicio del primer proceso histórico de intensa diversificación productiva de una economía agraria, tal como es el caso de Inglaterra a principios del siglo XIX (en su paso hacia la industrialización, en medio de la Revolución Industrial). En ese sentido, constituye un planteo referencial sobre ciertos aspectos relevantes de las condiciones de despegue y de los conflictos relacionados con cualquier proceso de industrialización en economías subdesarrolladas o predominantemente dedicadas a producciones primarias (con eje en los temas relacionados con la productividad agrícola, los actores que se apropian del excedente y su destino, el excedente y la urbanización creciente, el cambio en patrones de consumo, la diversificación en la demanda y las políticas sobre comercio exterior).

En David Ricardo, es importante entender su posición política favorable a la burguesía industrial en ascenso, que es lo que lo motiva a desarrollar teoría. Se trata de un claro ejemplo demostrativo de la imposibilidad de separar la economía de la política. Así se dará en los casos de su teoría del valor basada en el trabajo, la teoría de la renta diferencial, la teoría del comercio internacional basada en las ventajas comparativas, las reflexiones en torno a la tributación y el gasto público y sobre la creciente "maquinización" de los procesos productivos con una visión sobre el desempleo "tecnológico". Aunque, también hay que decirlo, no fue así con el fundamental "desempleo" macroeconómico ("involuntario) por insuficiencia de demanda agregada, en cuanto Ricardo adopta la ley de los mercados de Jean Baptista Say. Esto va a generar una actitud crítica y hasta de menoscabo hacia Ricardo por parte de John Maynard Keynes, el gran economista del siglo XX. Un desencuentro superado por ciertos desarrollos teóricos actuales en las áreas de la macroeconomía y el crecimiento.

Finalmente, nos detendremos brevemente en describir algunos de los principales aportes del citado gran economista italiano Piero Sraffa, que parte de David Ricardo y que constituye un legado conceptual muy fructífero a partir del que puede llamarse "enfoque clásico moderno del excedente". Entre sus seguidores podemos mencionar principalmente a su brillante discípulo Pierángelo Garegnani; al actual compilador y reeditor de su obra Heinz Kurz (Universidad de Graz, Austria); a académicos seguidores del primero y que participan del Centro di Ricerche e Documentazione Piero Sraffa del Departamento de Economía de Roma Tre (como A. Stiratti, S. Cesaratto de Siena, M. Pivetti, F. Petri, etcétera); y también, en Brasil, al grupo del Instituto de Economía de la Universidad Federal de Río de Janeiro con Carlos Aguiar de Medeiros y Franklin Serrano como nombres principales, así como los trabajos del argentino Eduardo Crespo, profesor de esa Universidad y de la Universidad Nacional de Moreno en Argentina. En nuestro país existen excelentes materiales (*papers*, bibliografía, traducciones) en bit.ly/3sebaTo, página web que la revista *Circus* administra (bit.ly/3sjPRQi), bajo dirección editorial de Alejandro Fiorito y Fabián Amico.

De Sraffa y sus continuadores, se pueden identificar aportes tales como la crítica demoledora "interna" a la escuela marginalista, es decir, a sus propios supuestos y en sus propios términos, con implicancias relevantes como el descarte teóricamente fundado de la imposible teoría de la distribución basada en la "escasez de factores productivos", con productividad decreciente, principio de sustitución y funciones de producción, como desarrollaremos con base en Fiorito (2019). Además de extensiones en su alcance, entre las cuales está la inspiración de promisorios modelos de crecimiento diferentes al marginalista "a la Solow", también son importantes sus aportes con respecto a la distribución del ingreso y la riqueza como variables exógenas al modelo, en cuanto se fundan en las relaciones de fuerza sociales y los consensos sobre bienestar epocales, complementándose con la teoría keynesiana y kaleckiana de la demanda efectiva (con impulso al crecimiento a través de sus componentes autónomos). Un marco que rompe con la ley de Say, especialmente con su correlato erróneo de que "el ahorro determina la inversión", un punto teórico relevante en tiempos de ajustes y austeridad, que cuestiona las convocatorias a inútiles sacrificios para las mayorías populares en nombre de imposibles paraísos futuros de crecimiento y bienestar.

El excedente como concepto fundamental

Las sociedades, a lo largo de la historia, y en distintas cantidades y calidades, se han visto posibilitadas de obtener un producto excedente o neto con respecto a sus necesidades de consumo inmediatas, un sobrante que surge de restar al producto colectivo todos los consumos necesarios para volver a producirlo (desgaste de maquinarias, valor de la canasta familiar para la reproducción de los trabajadores según sea el consenso de época, etcétera), pudiéndose destinarse al incremento de la capacidad social para producir (y por ello disponer) más bienes en el futuro y a constituir aprovisionamientos (acumulación de existencias). Estamos hablando, para decirlo más sencillamente y en terminología más actual, la diferencia entre lo que una sociedad produce y sus costos de producción.

Definamos "excedente" o "plusvalía social" como una diferencia entre el producto final y sus reutilizaciones, siguiendo a Cesaratto (2018): "Por excedente social se entiende aquella parte del producto de la cual la sociedad puede disponer libremente una vez puesto de lado aquello que sirve para volver a producir el mismo resultado durante el período siguiente".

Algo que se revela como muy presente en la historia humana es que la elevación de la productividad del trabajo fue posibilitando el aumento del volumen de excedente social, de manera que se fue renovando la secuencia o circuito: "mayor productividad – excedente-acumulación de capacidades productivas y mejoras – productividad", a distintos ritmos e intensidades según el momento histórico y el lugar. Se destaca la intensidad que adquiere este círculo virtuoso a partir de la Revolución Industrial, en especial con su consolidación y profundización durante la segunda mitad del siglo XIX.

No obstante, a lo largo de la historia, también se constata que dicho excedente no necesariamente se destina para lo que hoy llamamos "inversión productiva" (aumento y mejora de las capacidades productivas), sino que muchas veces se privilegian también otros destinos "de lujo" o no directamente productivos (fuerzas armadas, consumo suntuario, etcétera), temática particularmente relevante en tiempos de hegemonía del capital financiero. A modo de ejemplos de usos "improductivos", abarcando distintos momentos históricos, podemos mencionar: consumos suntuarios (pirámides, catedrales, castillos, etcétera); mantenimientos de grupos sociales ociosos (clérigos, militares, cortes reales, nobleza, etcétera) y de pensadores e inventores; o nuestra tristemente conocida fuga de capitales al exterior y su reciclaje en las esferas financieras especulativas. En este último punto, autores como Manzanelli (2016) enfatizan la idea de "reticencia inversora" por parte de la cúpula empresarial argentina, como una brecha entre apropiación de ganancias y monto de inversiones.

Siguiendo a Paul Baran y Paul Sweezy (1968), "la tasa y dirección de desarrollo económico de un país en cualquier época dada depende de la magnitud y del modo de utilización del excedente económico", entendiendo este como

> esa porción del producto agregado no absorbido por el consumo de los productores directos de la sociedad y por la reposición ordinaria (necesaria por el desgaste) de sus medios de producción. Está disponible para una multiplicidad de propósitos: la inversión neta en la expansión de las facilidades productivas, los gastos educativos y culturales, el mantenimiento de aparatos religiosos y militares y el consumo de las clases sociales que están en mejor posición para apropiarse del excedente económico.

En este enfoque clásico, en especial de inspiración ricardiana, la atención a los distintos actores sociales adquiere relevancia en función de sus acciones en cuanto al uso más o menos productivo de los recursos apropiados, en los distintos momentos históricos y al interior de los distintos espacios sociales, punto relevante a la hora de analizar el grado del desarrollo de las distintas sociedades. Ricardo focaliza en el conflicto entre aristocracia terrateniente (renta) y burguesía industrial (tasa de ganancia) en un momento histórico donde todavía tienen un peso importante las producciones rurales en Gran Bretaña, como fuente principal del excedente social.

La reproducción de las distintas formaciones socioeconómicas históricas involucra, además de la reproducción de las personas y de los medios de producción, también la reproducción de las relaciones sociales de dominación, con las respectivas regulaciones ideológicas, políticas y económicas. Y aquí se pone de relieve la presencia de las distintas normas o procedimientos sociales a través de los cuales se han reglado y legitimado las distintas formas de distribución y apropiación del producto neto o excedente por los diversos grupos sociales.

El capitalismo, tal como mostró Marx, se caracteriza por la extracción del excedente social a través de relaciones mercantiles: la economía encubre y la hace menos transparente en comparación con otras formas de relaciones sociales de producción (como la servidumbre o la esclavitud). En el capitalismo la coacción económica reemplaza a la coacción política. Las relaciones sociales de dominación ponen en el centro de la escena al mundo fetichizado y cosificado de las mercancías que las ocultan o difuminan.

Salvo las pocas sociedades primitivas señaladas desde la antropología por autores como Pierre Clastres (2016), en la historia humana posterior a la etapa cazadora-recolectora y nómada, la generación de excedentes productivos ha sido regla constante.

Como destaca Cesaratto (2018), en el celebrado y muy valioso trabajo realizado por el biólogo Jared Diamond (2004) sobre la historia de la humanidad durante los últimos trece mil años, desde el quiebre fundamental que implicó el cultivo de algunas plantas y la domesticación de animales (orígenes de la agricultura y ganadería) en unas pocas regiones geográficas (Media Luna Fértil asiática, etcétera) y el comienzo de vidas sedentarias, se converge con la visión clásica en cuanto a la relevancia decisiva de la producción material y la generación de excedentes en el crecimiento poblacional y en la complejidad que fueron adquiriendo las sociedades (instituciones, clases sociales, religiones, administración del poder, organización de aparatos militares, campañas de conquista, tratamiento de enfermedades, etcétera). Es, sin duda, una confluencia con la mirada de los economistas clásicos que trasciende los propósitos deliberados de Jared Diamond. En clara ruptura con los nuevos institucionalismos tan en boga, fue el desarrollo de la base material (en especial, la disponibilidad de alimentos) lo que posibilitó el desarrollo institucional y cultural, y no al revés. Se impuso la secuencia "mayor disponibilidad de alimentos (por cultivo de plantas y domesticación de animales, sedentarismo con primeras aldeas) - aparición de excedente - aumento poblacional - ciudades y complejidad social creciente (gobierno y poder, normas, religión, conocimientos aplicados a la producción, etcétera)".

Una línea histórica de reflexión sobre la generación y distribución del excedente entre grupos o clases sociales debe incluir a los fisiócratas como Robert Jaques Turgot y otros autores, entre los que se puede mencionar a los británicos John Locke, David Hume y William Petty, quienes tienen una clara percepción de la relevancia de la "plusvalía social" entendida a partir de la citada fórmula, expresada por Cesaratto (2018): "producto social – reutilizaciones o consumos necesarios = excedente".

En los autores clásicos, se encuentran claramente conceptualizados y delimitados los ingresos de al menos tres tipos de actores socioeconómicos relevantes en el modo de producción capitalista: salarios-trabajadores, ganancias-capitalistas y rentas-terratenientes. El excedente social se obtiene a partir del trabajo asalariado, dadas las condiciones técnicas de producción en ese momento histórico.

Especialmente destacable es la noción de "salario real" como "canasta de bienes" mínima necesaria para la sobrevivencia y la reproducción, lo cual implica la inclusión de variables sociales, políticas y culturales en su determinación. Es decir, lo que es "sobrevivencia" mínima necesaria y lo convencional obtenible mediante la puja por la distribución del excedente hacia la clase trabajadora. Vale recordar, sin embargo, que David Ricardo no se ocupó de este caso, sino del conflicto entre clases dominantes.

En una visión actualizada, con base en Fiorito (2019), podemos ordenar sintéticamente este enfoque del excedente o clásico combinando en el orden causal siguiente (dirección determinante): salarios de subsistencia (más posible plus por luchas sociopolíticas), tecnología (que determina cantidad de trabajadores e insumos) y producción física - excedente productivo - distribución y precios.

Se trata, como vemos, de una visión alternativa y crítica a la de la más difundida determinación simultánea de precios y cantidades por medio de curvas de oferta y demanda, propia del marginalismo predominante.

Los clásicos y el capitalismo industrial

Hacia finales del siglo XVIII, van expandiéndose en forma sostenida las actividades manufactureras, que ya son sinónimo de introducción de maquinarias, de desarrollo de la división del trabajo, de libre contratación de la mano de obra asalariada, de mayor reinversión productiva del excedente generado, de legitimación del derecho de apropiación de este por parte de los dueños de los medios de producción, de aplicación de conocimientos y de complejización de la estructura social. Se está ya en plena Revolución Industrial.

Nace entonces la economía política, que destaca el papel central de la producción manufacturera como factor de progreso social, un momento histórico bien claro en cuanto a la emergencia de una esfera propia de actividad económica dentro de la sociedad. Como dice Dobb (1945): "La economía política había creado el concepto de la sociedad económica como un sistema autónomo, regido por leyes propias".

En 1776 el escocés Adam Smith, primer gran teórico y considerado "padre" de la economía política, publica su libro *Investigación sobre la naturaleza y causa de las riquezas de las naciones*, en donde ubica el trabajo como la verdadera fuente de prosperidad de las naciones cuando señala su frase célebre: "La opulencia nace de la división del trabajo".

Ahora el trabajo "productivo" es el que permite generar un valor neto que se presenta bajo la forma de un nuevo concepto económico: la ganancia, el ingreso específico de los dueños del capital. La acumulación de medios de producción en el seno de las relaciones capitalistas exige que sea producido un excedente en valor, y que la forma bajo la cual exista ese valor neto permita, en el período siguiente, el intercambio con trabajo y medios de producción.

No desarrollaremos en esta oportunidad al "padre de la economía", pero no podemos evitar mencionar la riqueza de sus reflexiones y nos tentamos en un esfuerzo de síntesis sobre algunos de los temas que planteó lúcidamente y nos legó, muy lejos de la simplificada visión neoliberal como la de la fundación inglesa que hoy lleva su nombre ("no hay sociedad, solo individuos"):

- El precio de los bienes depende de la retribución al capital, el trabajo y los recursos utilizados (rentas), es decir que el precio se encuentra íntimamente relacionado con la distribución del ingreso entre salarios y ganancias.
- La distribución entre ganancias, rentas y salarios, su idea de "precios naturales" no remite a algo inmutable, sino a las relaciones de fuerza entre grupos sociales.
- Un modelo dinámico de crecimiento acumulativo, en torno a la secuencia de reacciones encadenadas: propensión al intercambio, división del trabajo, especialización, aumento de la productividad, incremento de la demanda (o ensanchamiento de los mercados) y nuevamente reinicio. La identificación de lo que hoy llamamos "rendimientos dinámicos de escala creciente": la división del trabajo es un proceso impersonal que crece en función del tamaño de los mercados que se deben atender; es decir, señala el vínculo entre crecimiento de la demanda y de los rendimientos. Esto último, en particular, es todo un ejemplo de lo lejos que se situaba la riqueza de su pensamiento respecto de quienes más explicitaron su carácter de herederos: los economistas neoclásicos. La clara diferencia con lo que suele ser un axioma de base en los razonamientos estáticos de los neoclásicos, el de ausencia de rendimientos crecientes.

- La originalidad de haber señalado la división del trabajo como el motor que impulsa la demanda (el mercado), en una espiral de productividad ascendente (rendimientos de escala).
- Una visión de la tecnología como endógenamente generada a partir de la profundización de la división del trabajo, tanto productiva como intelectual; un real precursor en cuanto a superar la frecuente visión irreal de que la tecnología es un dato exógeno.
- La importancia de los aspectos organizacionales sobre la dinámica de la productividad.
- La productividad del trabajo como fenómeno esencialmente colectivo.
- Al lado de su optimismo, la lucidez en cuanto a las consecuencias que, a su vez, podría generar la expansión capitalista en materia de pobreza y exclusión en el mundo.
- La división del trabajo social como fuente de desigualdad.
- La importancia del rol del Estado en la educación.
- La defensa del *laissez faire*, pero que debe entenderse en un contexto histórico que implicaba terminar con las regulaciones de un Estado "viejo", a partir de creer que el sistema "caminaba por sí mismo" –Dobb (1945)– y como un modo de coordinar actividades productivas.
- Su liberalismo "progresista" (crítica a los mercantilistas) subordinado a un interés "nacionalista" en el progreso de Gran Bretaña.

Va a ser David Ricardo, con sus publicaciones *Ensayo sobre las ganancias* en 1815 y *Principios de economía política y tributación* en 1817 (primera edición), quien retomará los problemas de Smith y desarrollará su discusión sobre el origen del producto excedente y su distribución social.

A diferencia de las sociedades anteriores, en la sociedad capitalista la apropiación del excedente se efectúa a través de las relaciones mercantiles y no de las de tipo personal, es decir, se detrae en forma de valor de cambio. De aquí que una cuestión teórica fundamental es la problemática de la articulación entre la formación del valor de cambio y la formación de los diversos tipos de ingresos que surgen por la participación de la producción social e históricamente situada: la ganancia y el interés, el salario, la renta.

Con los economistas clásicos, se visualiza claramente lo inseparable de las dimensiones política y económica, ya que la producción, distribución, circulación y consumo de bienes implican luchas y conflictos como norma, y no como excepción, en la dinámica de las sociedades y de su organización institucional.

Un documento con una lúcida descripción de este revolucionario proceso capitalista industrial transformador y de sus implicancias y alcances (incluso anticipaciones de tendencias como la globalización o la marcha hacia el fin del patriarcado) lo constituye el *Manifiesto comunista* de Marx y Engels, publicado en 1848.

Los desarrollos teóricos de David Ricardo

Esta es la época en que se hablaba de economía "política", y en la que este autor nos señalaba que el "problema primordial" de esta disciplina es el de la determinación de las leyes que rigen la distribución del producto social. Es decir, a partir de esta inauguración de una fructífera tradición de pensamiento económico, nos lleva a definir un objeto de estudio de la economía que se diferencia radicalmente de otras definiciones más difundidas acerca de lo específico económico, mayoritariamente provenientes de la perspectiva neoclásico/marginalista del equilibrio. Tal es el caso de la muy popularizada definición de que el objeto de estudio de la economía se reduce a un problema de asignación de recursos escasos y fines múltiples. Y de que, frente a necesidades ilimitadas, lo que hay es un problema de recursos escasos. Los neoclásicos, de esta manera, entienden la economía solo como "ciencia de la escasez" y centrada en un problema meramente técnico-contable.

En particular, el problema central de la "economía política ricardiana" es el de la determinación del nivel de la tasa de ganancia (g), y esta preocupación "analítica" es algo esencial por su relación con la acumulación de capital. Ello equivale a la comprensión del funcionamiento mismo del capitalismo.

Ese interés se manifiesta explícitamente y en forma elaborada en el folleto *An Essay on influence of a low price of corn on the profits of stock* de 1815 (popularizado como *Ensayo sobre utilidades*), en ocasión del debate sobre la provisión de cereales a Gran Bretaña a través del comercio internacional.

La conceptualización de Ricardo implica un momento histórico-científico en que ya se construyen conceptos recurriendo a la modelización, un trabajo conceptual movido por sus posicionamientos políticos, que lo conducen a las tres elaboraciones teóricas básicas más conocidas sobre las que nos detendremos aquí brevemente: la teoría de la renta diferencial, la teoría del valor y la teoría del comercio internacional o de "las ventajas comparativas". Aclaremos que también están sus reflexiones en torno a la tributación y a las cuestiones del maquinismo y el empleo.

El progreso de la acumulación de capital dirigido por la industrialización, que llevaba a un aumento en la ocupación industrial (y en la población urbana), conducía a un incremento en la demanda de alimentos y en su precio que, en consecuencia, encarecía el valor del trabajo, tal como dice Ricardo (1985): "[…] dejando a todas las otras mercancías en sus precios originarios, y la baja de las utilidades generales a causa del alza general de los salarios". Como va a expresar en múltiples oportunidades a lo largo de sus obras, el problema estaba en que las ganancias caían si aumentaban los salarios.

Un principio ricardiano "de hierro" es la visualización de una relación inversa entre salarios y ganancias, con el problema de que aquellos, reducidos al bajo nivel de subsistencia o reproducción básica de entonces, constituían en su modelo un nivel "piso" o umbral inmodificable sin costos en vidas.

Vale la pena destacar esta concepción del "precio del trabajo" en términos reales, es decir, no de salario nominal, sino como la referencia en una canasta de bienes básicos para que exista y se reproduzca la población trabajadora. Si se encarecía esa canasta básica, caían las ganancias, es decir, la proporción del excedente social que iba a empresarios capitalistas.

La agricultura presentaba límites para desarrollarse y producir todos los bienes de subsistencia necesarios (*wage goods*) para alimentar al creciente número de asalariados, lo que provocaba el aumento de los precios de la canasta de esos "bienes salario" y, como consecuencia, una caída en la tasa de ganancia, dado que de esta depende la acumulación y el crecimiento en la sociedad capitalista. Es decir, el excedente iba bajo la forma de renta a los terratenientes más que como ganancias a los inversores capitalistas.

La tesis que defiende puede sintetizarse en la siguiente idea: solo los progresos en la agricultura (más productividad) o la provisión externa de productos más baratos podrían, en principio, postergar que el crecimiento económico y la capitalización del país encontraran límites al inducir una caída de la tasa de ganancia (g) y una desaceleración con tendencia al estado estacionario de crecimiento cero.

El foco ricardiano puesto en el conflicto entre la aristocracia terrateniente y la burguesía industrial por porciones del excedente social se correspondió, en ese tiempo histórico, con el debate en el Parlamento británico sobre una nueva ley de granos (que se sintetizaba en liberar o no la importación de estos).

La teoría de la renta diferencial (TRD)

Empezando por el final, y a modo de rápida síntesis, Ricardo elabora este modelo "pesimista" para demostrar cómo, de no mediar cambios en la agricultura o de no permitirse la libre importación de productos agrícolas más baratos, la tasa de ganancia de la economía tendería a caer por la necesaria suba de salarios de subsistencia ante el aumento del precio de los *wage goods*, hasta llegar a un "estado estacionario" de crecimiento económico cero.

La contrapartida de los mayores precios agrícolas es la apropiación, por parte de los terratenientes, de una proporción mayor del excedente social bajo forma de renta diferencial con destino improductivo, a diferencia del capitalista. El punto de partida para describirla son dos supuestos teóricos claves:

- Existencia de tierras de fertilidad diferente y superficie limitada.
- Uniformidad de la tasa de ganancia (g) para toda la economía como norma de distribución del excedente entre los dueños del capital, también conocida como tendencia a la igualación de la tasa de ganancia vigente en la economía fronteras adentro, lo que implica una determinada estructura de precios relativos (y su contrapartida de precios "naturales" o de "producción", no de mercado).

Este último principio fue tomado de Smith, y se explica por la acción de la competencia entre capitales "racionales", que hace que se desplacen entre las distintas ramas de producción y hacia donde es posible obtener ganancias mayores o extraordinarias, dentro de las fronteras nacionales.

El mecanismo es que esas ramas de la producción hacia donde fluyen inversiones deseosas de mayores ganancias se encontrarían luego con excesos de oferta o en condiciones de competencia (por ejemplo, en un caso de vanguardia tecnológica temporal) que presionan a la baja los precios de sus productos hasta la eliminación de ese plus de ganancia inicialmente superior al del resto de la economía y su convergencia a los llamados "precios naturales". Estos precios naturales (que Marx luego denominará "precios de producción") se forman con la tasa de ganancia general predominante o única de la economía. El conducto es el sistema de precios relativos y sus variaciones, y la tendencia, por eso, es a que exista una sola tasa de ganancia vigente en la economía: la normal o referencial. Otra manera de verlo es que las propias necesidades de la división del trabajo social llevan a producciones que inicialmente pueden generar cuasi rentas o ganancias por encima de las normales, pero que luego esto tiende a equilibrarse por el libre movimiento de los capitales al interior de un territorio nacional.

Analicemos ahora la idea de la renta diferencial. En un estadio inicial del desarrollo capitalista, las tierras están en relación de sobreabundancia respecto de la cantidad de capital disponible y se utilizan, naturalmente, primero las más fértiles. A los efectos del concepto de renta "diferencial", es irrelevante diferenciar entre las versiones trabajadas por David Ricardo sobre su expresión (tasa de ganancia expresada en el mismo bien o en distintos bienes componentes con sus precios) y sobre el origen de la mayor o menor productividad (si es por condiciones naturales de la tierra o por tecnología aplicada).

Ilustremos con un ejemplo numérico una primera versión de la teoría de la renta diferencial (con insumo y producto en cantidades físicas del mismo cereal).

En la tierra A, con un capital invertido en cultivos equivalente a 200 quintales de trigo, se obtienen 300 quintales. La tasa de ganancia es del 50 %, que será también la vigente en toda la economía en virtud de la norma de distribución establecida por hipótesis (tasa de ganancia uniforme, tal como explicamos más arriba). Suponiendo que, al continuar la acumulación de K (capital), se hacen necesarios más productos de la tierra porque es mayor el capital circulante o "fondo de salarios" disponibles, y se contratan y ocupan más personas contra el pago de un salario, se requiere entonces ocupar otras tierras, menos fértiles. Se pasa a producir en la tierra B, donde, con un mismo capital equivalente a 200 quintales, se producen 250 quintales, es decir, bajan los rendimientos, y la g (tasa de ganancia) del arrendatario capitalista que explota la tierra menos fértil será entonces menor, del 25 %, y ese valor será, en consecuencia, lo que regula las inversiones en el resto de las ramas de la economía, incluyendo la agricultura realizada en la tierra más fértil. Otra forma de plantear el ejemplo es que, para obtener los mismos 300 quintales, se necesita un capital mayor, en el ejemplo, equivalente a 250 quintales, lo cual resulta también en una menor tasa de ganancia respecto de la obtenida si solo se produce en la tierra A (25 % de tasa de ganancia contra 50 % si solo se produce en A). Una consecuencia para retener: la manutención y reproducción de los trabajadores se encarece.

Este proceso modifica los precios relativos, y la tierra menos fértil determina el precio de los cereales (más elevado por el aumento en los costos) y permite el cobro de una renta por parte de los propietarios de la tierra A, posibilitada por la puja en el mercado de arrendamientos, en búsqueda de utilizar las mejores tierras en un contexto de escasez relativa.

El razonamiento será el mismo si se necesita pasar a producir en una tierra C, menos fértil aún. Las consecuencias ahora serán: mayores costos de producción, encarecimiento de los granos, menor nivel aún de la tasa de ganancia, aumento de la renta diferencial en A y aparición de una renta diferencial en B, si bien menor a la de A.

Toda ganancia extraordinaria o renta diferencial o "cuasi renta" se basa en general en algún tipo de ventaja que otorgue un costo unitario inferior, dependiendo siempre de la particularidad de que el sistema de precios conduzca a que no sean las condiciones de producción más ventajosas las que regulen el precio dentro de la rama productiva (tierra o yacimiento menos fértil puesto a producir, ramas o sectores sin incorporar las últimas innovaciones, etcétera). Por el contrario, el precio del producto en cuestión (el trigo en nuestro ejemplo) es determinado por la producción con costos más altos (en la tierra menos fértil).

En síntesis, en esta primera versión de la TRD, la tasa de ganancia prevaleciente en la economía está determinada por dicha tierra de menor fertilidad debido a los menores rendimientos y mayores costos de producción. Otra lectura posible, en la versión más realista que luego veremos, será que depende de los mayores costos de la tierra menos fértil el precio o valor de cambio de los principales bienes de subsistencia (los bienes-salario se encarecen).

En consecuencia, se puede evitar la caída en la tasa de ganancia vigente si, precisamente, existen alternativas para evitar que se recurra a esas tierras de menor fertilidad (con mayores costos de producción) para obtener el cereal necesario. Una opción es recurrir al mercado internacional, es decir, a la importación desde aquellos países con abundantes tierras fértiles y menores costos de producción. La otra es recurrir al avance en el conocimiento técnico aplicado a la producción agrícola, para bajar los costos por esa vía. La imposibilidad de comprimir la canasta básica de consumo asalariado, por esa época ya en niveles muy bajos, no existe como opción.

El centro de la preocupación ricardiana será tratar de evitar que se reduzca la parte del excedente social apropiado por las burguesías industriales bajo la forma de tasa de remuneración al capital (tasa de ganancia, g). Esta ingeniosa construcción conceptual es realizada por Ricardo para defender el libre comercio, porque permitiría contener los salarios y, en consecuencia, sostener la tasa de ganancia. Una visión en la que cada país podría especializarse en producir ciertos bienes y no todos. En ocasión del debate sobre una ley que proteja la producción interna de cereales, Ricardo defiende, entonces, la libre importación.

También puede verse como que Ricardo es el defensor de los intereses de la emergente burguesía industrial (productores de manufacturas), dado que, si esta se apropiaba del excedente bajo la forma de ganancia, posibilitaría el mejor uso productivo de este, a diferencia del destino que le darían los rentistas (terratenientes o usureros).

Visto desde las economías capitalistas desarrolladas, las dificultades ligadas a la explotación de recursos naturales y al abastecimiento de los centros principales de acumulación se han asociado y se asocian a guerras, cuestiones de geopolítica (imperialismo, colonización, hegemonía militar o estratégica) y a frecuentes planteos en términos de preocupaciones por alza de precios de insumos críticos, como el petróleo (1973, 1979, 2010) y otras materias primas.

La historia de las revoluciones industriales y de los comienzos en los procesos de industrialización de varias economías nacionales es rica en cuanto a enfrentar esta problemática de abastecimiento y de alza de precios de materias primas y alimentos y los límites de la naturaleza, tal como lo plantean David Ricardo y Thomas Malthus en los tiempos de consolidación de Gran Bretaña como vanguardia en producción manufacturera, que deja atrás progresivamente el carácter de economía agraria. Un momento fundamental de profundización de la "gran divergencia" entre Europa y el resto del mundo (por ejemplo, China), cuyo origen se registra en el siglo XVI con la expansión del modo de producción capitalista (primero en su fase comercial) y su característica definitoria (y ley de hierro): la acumulación de capital.

Una misma teoría con dos versiones para cálculo de la tasa de ganancia

El otro supuesto implícito de la primera versión de la teoría de la renta diferencial ricardiana, y ya en un plano abstracto relacionado con un análisis más exigente de consistencia teórica, es que el insumo (o capital empleado) y el producto en la agricultura son físicamente idénticos. Recordemos, en este caso de evaluación del modelo teórico, se trata de un requisito fundamental la consistencia teórica, en cuanto no se trata aquí de contrastar una teoría con la realidad a los fines de comprobar su poder explicativo. En esta primera versión de la teoría, esto se salva con un solo bien, tanto como insumo como producto final: se necesita trigo para producir trigo en una cantidad mayor, el primero como alimentos de los que trabajan la tierra.

Es decir, la tasa de ganancia se puede determinar en la agricultura en forma independiente del precio del capital (trigo), relacionando cantidades físicas y cumpliendo con la condición de validez de comparar magnitudes homogéneas. En esta primera versión más elemental, la teoría de la tasa de ganancia es independiente de la teoría del valor, y el modelo tiene entonces la citada consistencia teórica.

Sin embargo, esta primera versión de la teoría de la renta ricardiana (planteada así en el *Ensayo* de 1815), con este forzado supuesto principal, es evidentemente inaceptable en el plano real, en cuanto son distintos los bienes que intervienen en los costos (capital), es decir, la parte del denominador para calcular la tasa de ganancia.

Para comparar dos magnitudes, primero debe homogeneizárselas, lo cual puede resolverse, en el caso del cálculo de la g (tasa de ganancia), donde la comparación es entre un monto de capital invertido y el monto de la ganancia obtenida, a través de un sistema de precios (en este caso, para los bienes de capital, insumos y bienes de consumo básico, así como para los bienes producidos con ese capital empleado) o, como en esta primera versión simplificada de la TRD, suponiendo que el mismo bien agrícola está como *input* y como *output* (mayor).

En consecuencia, en esta otra versión más cercana a la realidad, se trata de considerar que la "canasta de bienes salario" no solo incluye productos de la agricultura y que el capital invertido en la producción agrícola se compone de salarios (bienes salarios, o *wage goods*) y también de otros medios de producción. Los trabajadores no solo se alimentan, sino que también se visten y necesitan otros bienes como estándar mínimo para subsistir y reproducirse como población trabajadora, además de que la producción requiere de materias primas, insumos y herramientas, distintas al bien agrícola trigo.

El problema que se plantea en una segunda versión más realista será que, para establecer las diferencias entre fertilidades, es necesario suponer que los precios ya están establecidos y son conocidos antes que la tasa de ganancia, ya que esta se determina por las condiciones de producción menos favorables (cuesta más trabajo y, por lo tanto, mayores costos).

De ahí que Ricardo trabaja otra versión de la TRD a los efectos de superar ese problema de falta de homogeneidad entre insumos y productos recurriendo al sistema de precios y a la teoría del valor.

En palabras de Cartelier (1976):

> Para poder declarar que una tierra es menos fértil que otra –y más generalmente que un método de producción no es tan bueno es necesario suponer que los precios ya son conocidos y que están determinados antes que la tasa de ganancia, ya que la tasa se determina, según Ricardo, por las condiciones de producción menos favorables en la agricultura. El cálculo de los distintos costos de producción asociados a las diferentes técnicas necesita un sistema de precios.

Es decir que, para determinar la tasa de beneficio, es imperativo presuponer una teoría del valor coherente. Esto es lo que Ricardo intenta en las diversas versiones del capítulo 1 de su libro *Principles* basada en la cantidad de trabajo incorporado en la producción de la mercancía de la que se trate. Se puede hablar entonces de una segunda versión de la teoría de la renta diferencial, que tiene como presupuesto lógico una teoría del valor de cambio, anterior a la determinación de la renta y la tasa de beneficio. Remarquemos que, a partir de cierta mirada sraffiana posterior, en realidad la teoría del valor tanto en Marx como en Ricardo solo apuntaba a ese propósito, una teoría concisa y coherente para determinar la tasa de ganancia.

Ahora en lo fundamental, se habla en términos de precios: para justificar la aparición de la renta en la tierra más fértil, es el alza del precio del trigo como consecuencia de la mayor cantidad de trabajo que demanda su producción en la tierra menos fértil (B y C, en el ejemplo trabajado).

En cuanto a la evolución de la tasa de ganancia en la industria, tenemos que decir que el incremento de los precios relativos de los bienes-salario de origen agrícola en relación con los precios de los productos industriales se traduce en un descenso de la tasa de ganancia g en la industria, en virtud de la competencia que hace que se generalice al conjunto de actividades económicas.

Ambas versiones de la TRD conducen a la misma conclusión acerca de la evolución de la sociedad capitalista. La causa de la caída en g es consecuencia del alza del precio de estos "bienes-salario" agrícolas. Vale aclarar, sin embargo, que este incremento en los precios de los bienes-salario, y por ende en el salario nominal, no es un aumento del salario real y en la posibilidad de adquirir más cantidad de los bienes que integran la canasta básica, sino un encarecimiento de la misma canasta fija.

Las limitaciones al desarrollo capitalista no van unidas, en Ricardo, a las contradicciones internas derivadas del antagonismo entre trabajadores y capitalistas, como en Marx. El conflicto que se coloca en el centro de la escena es entre dos clases dominantes: la nueva (la burguesía industrial más que nada) y la antigua aristocracia terrateniente (los propietarios de tierras).

La importación de cereales constituye la propuesta de solución ricardiana en ese momento histórico, y para ello debe suprimirse el proteccionismo agrícola. El propósito es bajar el precio de los alimentos, fundamental componente en los costos de producción. En términos del concepto de "excedente", bajar los "consumos necesarios" o "de reposición". El éxito de las intervenciones políticas de Ricardo, orientadas en ese sentido, se verificará recién 21 años después de su muerte.

La popularización de estas ideas ricardianas guarda íntima relación con el período de progresiva dominación mundial británica y un esquema de división internacional del trabajo en que Argentina participará *a posteriori* como parte de una "periferia próspera" proveedora de alimentos hacia el último cuarto del siglo XIX (primero con carnes y luego con cereales).

Rentas diferenciales tipo I y II

Finalmente, se pueden identificar otras dos tipologías de rentas diferenciales ricardianas en función de las condiciones productivas de estas y el origen de los mayores rendimientos de los recursos naturales (por propiedades físicas o por tecnología aplicada).

La renta diferencial de tipo I proviene de la diferencia de fertilidad o rendimiento de tierras, minas o yacimientos de petróleo y gas, más fáciles de explotar para satisfacer requerimientos del mercado, lo cual incluye también la valorización de la ubicación (por ejemplo, la cercanía a centros urbanos de consumo). La productividad se basa en las condiciones y propiedades naturales de la tierra.

La renta diferencial de tipo II se distingue en que la fertilidad, riqueza y productividad del recurso no se deben solamente a la naturaleza, sino también a las mejoras e inversión en tecnología que la elevan. Claramente, en el caso de la tierra, su productividad puede mejorarse (con maquinaria agrícola más sofisticada, fertilizantes, herbicidas, genética aplicada, etcétera).

Lo más común es que la renta diferencial sea difícil de separar en estas dos fuentes (I y II), es decir, lo que viene dado por la naturaleza y lo que se deriva de la acción humana innovadora (por ejemplo, actualmente en el complejo sojero argentino). Siempre el supuesto clave es que el precio de los bienes producidos se determina a partir de la explotación de tierras o yacimientos menos productivos y con mayores costos de producción (más caro) que los primeros utilizados.

En el caso de la otra tipología, conocida como renta "absoluta", se trata de un ingreso que debe pagarse al dueño del recurso natural por el solo hecho de ser el titular de la propiedad privada, y, a diferencia del anterior, este lo exige en forma "absoluta", es decir, sin que medie en su determinación el precio mayor definido por el recurso de menor fertilidad y mayores costos. El caso es más frecuente en relación con los recursos minerales y ha sido planteado por Marx.

Siempre se trata en realidad de ingresos de monopolio relacionados con los derechos de propiedad reconocidos y legitimados por el orden institucional capitalista, es decir, el propietario de un terreno o yacimiento (privado o estatal) puede prohibir o facilitar el acceso para su explotación exigiendo un "precio de reserva" (canon, arriendo, alquiler), que puede cubrir la totalidad o no de la renta diferencial que se genera a partir del sistema de precios y las distintas condiciones de producción (productividad). Si existe abundancia del recurso (tierra o yacimiento), el precio será menor y hasta puede ser cero, al menos al nivel teórico; abundancia que es más bien relativa a los requerimientos de la demanda y al estado del conocimiento científico y tecnológico.

La renta: concepto relevante en el análisis del desarrollo histórico argentino

En el proceso de continuidad de la acumulación de capital a escala del sistema capitalista mundial, la reinversión de beneficios de ayer en la formación de nuevo capital requiere, entre otras condiciones, de la disponibilidad de materias primas y medios de producción (máquinas, insumos, energía) y de bienes de consumo para los trabajadores asalariados (bienes de la canasta básica de asalariados: alimentos, indumentaria, etcétera).

La expansión de capital es un proceso que requiere solucionar los distintos tipos de obstáculos o posibles limitaciones que pueden presentarse para su continuidad, tal como afirma Harvey (2010), y uno de los puntos claves es el aprovechamiento de la naturaleza de diversas maneras:

- como fuente de materias primas e insumos (petróleo y otros recursos fósiles, minerales metálicos como cobre, oro, plata, litio y uranio, otros como salitre y guano; recursos forestales para maderas, goma y papel, cultivos "industriales" como el tabaco, el caucho y el algodón, etcétera);
- como fuente de alimentos básicos (con base en cultivos como cereales y oleaginosas, ganadería, pesca, cultivos tropicales como café y bananas, etcétera);
- como suelo para nuevos desarrollos capitalistas urbanos (inmuebles, etcétera) y rurales;
- como espacio de depósito de desperdicios de la sociedad industrial.

Junto a los capitalistas, aparecen también otros actores (terratenientes, dueños de yacimientos y minas, privados o estatales, etcétera) que, por tener títulos de propiedad sobre la tierra o yacimientos minerales, participan de la distribución del valor generado socialmente (excedente) en el marco de la economía mundial, apropiándose de ese ingreso llamado "renta de recursos naturales". Es decir, un ingreso derivado de las mejores condiciones de producción en relación con el "precio de producción" influenciado por una productividad media internacional o social inferior.

Para Argentina, algunos autores hablan de una renta diferencial a escala internacional aplicando el concepto ricardiano, como son los casos de Flichman (1977), Plasencia (1995) y Laclau (1969), a partir de la existencia de ventajas en la posesión de tierras fértiles, y de un sistema de precios y de tasa de ganancia doméstica con cierta correspondencia respecto de los valores internacionales. No es la única modalidad de conceptualizar el ingreso relacionado con la propiedad de los recursos naturales, conocido como "renta", pero probablemente sea la versión más conocida y difundida. Aclaremos, aunque pueda resultar obvio, que el uso que se le da aquí al término "renta" refiere a los ingresos por la propiedad de un recurso natural (tierra, yacimientos), algo diferente al uso que se le da como "renta de activos financieros", o cuando en textos españoles se dice "renta" como el ingreso nacional.

Se trata, entonces, de la existencia de una renta diferencial internacional a partir de los menores costos de producción derivados de las tierras fértiles de la pampa húmeda con respecto al resto del mundo. La renta diferencial, en este caso, es un ingreso que, con origen en el mercado internacional, se suma al valor o riqueza generada en el país, de forma que se amplía el excedente disponible.

Como vimos, la existencia de cuasi rentas y rentas diferenciales depende de que el sistema de precios dentro de una rama lleve a que el precio de mercado específico no dependa de las condiciones más favorables en materia de costos, sino, al contrario, de las producciones con costos mayores, y que así se origine una ganancia extraordinaria a las producciones con menores costos (debido a la innovación, a la mayor fertilidad o a la productividad de un yacimiento).

La Argentina, especialmente en relación con la producción y exportación agrícola y ganadera pampeana, posee una historia económica en que la presencia de renta de recursos naturales y su apropiación o distribución entre diferentes actores sociales (no solo terratenientes sino comercializadores, sector financiero, estado, trabajadores, sector industrial) ha constituido una temática relevante para una serie de estudios tendientes a la comprensión de su funcionamiento económico y social.

La continuidad del movimiento del capital industrial desde la segunda mitad del siglo XIX guarda una íntima relación con la incorporación al espacio capitalista mundial de zonas y países "periféricos", configurándose formas de división internacional del trabajo donde estos últimos frecuentemente han cumplido y cumplen roles de proveedores de bienes primarios. En el caso de nuestro país, el sector primario de la pampa húmeda es de las pocas producciones competitivas de Argentina en el ámbito mundial. En las últimas décadas, esto se ha relativizado un poco, con la incorporación de algunas armadurías industriales (automotriz, maquila en informática y textiles) o de ciertas *commodities* manufactureras, pero sigue siendo central.

De ahí la relevancia del concepto de "renta" para los países de América Latina en general, que es el ingreso relacionado con la explotación de los abundantes recursos naturales existentes y con el rol asignado en el orden capitalista desde sus orígenes como Estados nacionales modernos tardíos con ausencia de cuasi rentas originadas en avances tecnológicos. Al solo título ilustrativo, nombramos los casos de las rentas del petróleo venezolano, el cobre chileno, las minerías boliviana y peruana (gas, minerales metalíferos), los cultivos de exportación (café, caña de azúcar, cacao, caucho) de Centroamérica y zonas tropicales colombianas y brasileñas.

Si bien se suele hablar genéricamente de "renta de la tierra" y, en Argentina más que nada, de "renta agraria", también debe considerarse la renta derivada de la explotación minera: yacimientos de minerales metalíferos (oro, plata, cobre, litio) y de combustibles fósiles (gas, petróleo, así como en el último tiempo se le presta particular atención a la potencialidad de reservas del yacimiento no convencional de Vaca Muerta).

La existencia en nuestro país de una renta agraria a partir de la extraordinaria fertilidad de las tierras pampeanas es una regularidad histórica con vigencia en distintos regímenes de acumulación. Es decir, no únicamente en la etapa agroexportadora, sino también en la denominada ISI (industrialización sustitutiva de importaciones) y en períodos más recientes y actuales, debiéndose computar también la proveniente de otros recursos minerales y energéticos (en estos últimos casos, con fuerte preponderancia del capital extranjero en su apropiación y remisión al exterior).

Una problemática relevante es la relacionada con la lucha y los conflictos por su distribución (apropiación), que da lugar a debates como los que siguen: bajos precios internos (vía impuestos al comercio exterior o tipo de cambio bajo) de alimentos ("bienes-salarios" para abaratar el costo de reproducción de la fuerza de trabajo nacional) o de materias primas e insumos para el desarrollo industrial nacional versus su exportación como *commodities*; apropiación de recursos fiscales por parte del Estado o exclusiva apropiación privada; excedente o ahorro nacional canalizable para la industrialización o actividades rentístico-financieras; recursos para financiar políticas sociales integradoras y obras de infraestructura o libre apropiación de la renta por el propietario, etcétera.

Recordemos que, tomando como unidad de análisis al sector agropecuario en el marco de los "clásicos" modelos macroeconómicos del tipo "dos sectores" o *stop and go* (lo que se denomina "estructura productiva desequilibrada), suele describírselo por sus tres roles como productor y proveedor de "bienes-salarios", suministrador de divisas (vía exportaciones) y generador de renta diferencial a escala internacional, aunque en relación con este último aspecto es menos frecuente la profundización en los estudios.

En el trabajo de Bus y Nicolini (2015), se realiza una estimación de la renta diferencial agrícola argentina de los principales cultivos (producción) para el período 1986-2008. El valor estimado que alcanza la renta diferencial (agrícola) es equivalente, en promedio para el período, al 1,87 % del PIB. Presenta valores inferiores al 1 % del PIB para 1988-1995 y en el trienio 1999-2001, y valores muy superiores al 2 % a partir de 2002. La renta diferencial llega a representar el 7,19 % del PIB en 2008 (pleno conflicto por retenciones, unos 24.000 millones de dólares de ese año).

Grinberg e Iñigo Carrera en un artículo periodístico (*Página 12*, 13/7/2015) señalan que la economía argentina cuenta con una fuente extraordinaria de plusvalía que fluye desde el exterior: la renta agraria, para la cual realizan estimaciones. La renta agraria habría representado el 18 % del total de plusvalía (excedente para el capital) apropiada en el país en el lapso 1991-2001 y el 20 % en 2003-2013, la que llega a un pico del 33 %. Estiman que en este último período el 50 % de la renta queda en manos de los propietarios de la tierra, y el resto beneficia a otros sujetos sociales vía tipo de cambio y regulaciones directas.

Una diferenciación muy importante dentro del rico debate sobre la presencia de la renta diferencial en Argentina es la que hace Plasencia (1995) entre "apropiación" (distribución) y "generación" de la renta, lo cual conduce a diferenciar teóricamente al sector agrario, beneficiado directo de ese ingreso, respecto del "sector rentista".

Es decir, existen otros agentes distintos a los terratenientes que participan también de la apropiación de parte de la renta, ya sea como parte de la cadena o proceso productivo agrario o minero, como acopiadores, transportistas, logística, sector financiero, agroindustrias, empresas comercializadoras, extractoras, proveedoras de servicios técnicos –en cuanto tienen posibilidad de imponer condiciones por monopolizar tramos de procesos de producción o circulación–, o también actores ajenos a la actividad, como el Estado o pertenecientes a la industria, mediante subsidios redistribuidos por el Estado, o los trabajadores. En línea con autores clásicos, la política y otras relaciones de poder son factores decisivos para explicar estas retribuciones y transferencias.

Sobre el rol de la renta como instancia clave o forma institucional omnipresente a lo largo de la historia económica argentina, dice Plasencia (1995):

> Repartiendo renta es posible dar cumplimiento a las dos condiciones de la acumulación (la de producción de plusvalor suficiente para sostener la tasa de ganancia, y la de su realización). Se pueden sostener las tasas de ganancia de los capitales individuales, aún en ausencia de avances en la productividad, repartiendo renta, y se puede garantizar la realización de dicho plusvalor sosteniendo la demanda, de consumo o de inversión, también repartiendo renta.

Jaccoud, Monteforte y Pacífico (2015, en Lindenboim, J. y Salvio, A.) llegan hasta el punto de encontrar una correlación positiva entre las fluctuaciones de empleos asalariados y de salario real con el nivel de la renta, otorgando así un rol central a esta última en nuestro país. La renta de recursos naturales sería una especie de fondo de recursos que, a través de diversos mecanismos "políticos" de distribución, juega como factor compensatorio de la menor productividad industrial del trabajo nacional en relación con los estándares internacionales ("falta de competitividad industrial").

Los instrumentos que tradicionalmente vehiculizaron la redistribución de la renta entre distintos actores y sectores sociales son básicamente de tres tipos:

- fiscal-tributarios: retenciones a las exportaciones agrícolas, impuestos a la renta potencial de la tierra, impuesto inmobiliario provincial urbano y rural, impuesto a las ganancias (transferencia de subsidios a la industria o vía políticas sociales, etcétera). Acá pueden incluirse opciones como la de regulación de mercados (juntas de carnes o granos) o incluso otras como la estatización del comercio exterior (atento al carácter estratégico de las divisas y la renta);

- cambiarios: mediante política cambiaria y propósitos en términos de tipo de cambio alto o bajo;
- de control de precios (políticas de incentivo al consumo interno y de baja de costos industriales).

Debemos incluir al Estado entre los que han logrado en ciertos momentos apropiarse de parte de la renta internacional (por ejemplo, vía retenciones a las exportaciones o impuestos a la tierra rural o incluso estatización del comercio exterior o regulación de precios de mercado), a la vez que ha jugado un rol importante en la segunda fase de redistribución de renta a través de medidas típicas como créditos subsidiados para la industria, financiamiento de inversión pública, sostenimiento de un tipo de cambio sobrevaluado (barato), subsidios para abaratar ciertos consumos populares, políticas sociales universales y asistencia a la pobreza, etcétera. Es oportuno destacar el impactante conflicto político del gobierno nacional con el sector de patronales agrarias y de agronegocios en 2008, en principio, en torno a las alícuotas del impuesto (retención) sobre el comercio exterior de granos, con el dato de que su mayor intensidad fue en un momento de muy altos precios internacionales, especialmente en la soja y sus derivados. Es decir, en momentos de elevadas rentas.

Algunos autores han atribuido un especial carácter rentístico a nuestras clases capitalistas nacionales dominantes en relación con el incumplimiento de lo que debería ser un supuesto rol "desarrollista" de la burguesía industrial. Es decir, la idea de rentista está asociada a la del menor esfuerzo en la obtención de ingresos y riquezas, así como a los consumos improductivos y de lujo, a diferencia de lo que sería una cultura productivista (industrialista), de asunción de riesgos y de innovación (producto, proceso, etcétera).

Las argumentaciones se basan en caracterizarlas como "oligarquías" capitalistas que, aun cuando se benefician de la característica explotación de los trabajadores en el capitalismo, poseen ingresos adicionales sin necesidad de asumir los desafíos y riesgos asociados a un liderazgo industrialista transformador y capaz de asociarse con otros grupos sociales: conflicto social, desarrollo del mercado interno, innovación técnica, incorporación de equipamiento y costos por inmovilización de capital, extensión a otros mercados y salarización, inversión en recursos humanos, etcétera.

Ciertamente, en la obtención de renta, los sectores terratenientes, financieros, comerciales y de servicios ligados al agro (alquiler y venta de maquinaria agrícola, servicios de arado y preparado, etcétera) tienen muchas razones, pero una central para ser librecambistas y para oponerse al proteccionismo más favorable a la configuración de un capitalismo industrial autónomo es la plena apropiación de la renta diferencial generada a escala mundial.

Todo esto es un tema de gran actualidad si se toma el caso del tremendo avance del modelo conocido como "sojero", con fuerte expansión en la producción y en la ocupación de superficie. Parte del agronegocio ligado al auge en la demanda internacional, en especial de China, de granos y productos del complejo industrial sojero (harinas, aceites, en que Argentina es primer exportador mundial) se asocia a altos precios y a la incorporación de tecnologías que generan altísima rentabilidad (y renta) en su explotación (siembra directa, biotecnología y semillas genéticamente modificadas, nuevas maquinarias, etcétera).

Finalmente, y aun cuando estemos lejos de pretender agotar un debate que trasciende largamente los objetivos de este texto, Arceo (2003) cuestiona la pertinencia de los conceptos estrictos de "ventajas comparativas", en su versión neoclásica bajo el supuesto de no movilidad internacional de capitales, y de "renta diferencial internacional" como el desarrollado, que asigna a este último el supuesto de precio único internacional en función de tierras menos fértiles, a la hora de dar cuenta del caso argentino. Arceo señala aquello que a su juicio son categorías más apropiadas y que remiten también a "un complejo de elementos históricos, sociales y tecnológicos", en una mirada muy crítica respecto de la muy difundida visión liberal "estática" sobre la dotación de factores productivos del país y lo que sería su "natural" especialización de tipo agroexportadora (es decir, antiindustrialista). Así, propone nociones como renta internacional (a secas), régimen de tenencia de la tierra, régimen de acceso a la explotación de las tierras, régimen de acumulación, modalidades de la dominación oligárquica, y el análisis y caracterización diferente de las condiciones imperantes hacia fines del siglo XIX y principios del XX como nociones centrales para el análisis.

La teoría del valor de Ricardo

Ricardo coloca como primer capítulo de su *Principios de economía política y tributación* una reflexión sobre el valor, siempre subordinada a su interrogación principal, relacionada en particular con la distribución del excedente entre clases sociales a través de un sistema de precios y, en definitiva, con la relación entre el nivel de la tasa de ganancia y la acumulación de capital y el crecimiento económico. Recordemos lo que dijimos en el apartado anterior: el objetivo de Ricardo es resolver teóricamente el supuesto irreal y restrictivo de homogeneidad física de insumos y producto en la agricultura (igual bien en numerador y denominador).

En ese marco, este primer capítulo fue importante para Ricardo y, por cierto, un serio proveedor de "dolores de cabeza". La prueba de ello está en las modificaciones que incluyó en las dos reediciones de su obra en 1819 y 1821, sin resolver satisfactoriamente la consistencia de una teoría basada en la cantidad de trabajo incorporada.

Ricardo, como gran representante de la economía clásica, entiende que, detrás de los fluctuantes precios de mercado, existen otra serie de precios o valores reguladores que actúan como "centros de gravedad" y que traducen tasas de ganancias más o menos iguales. Los llama "precios naturales" que, a su vez, tienen un factor regulador oculto: la cantidad total de trabajo necesario para producir una mercancía.

Toma de Smith la idea de que, "en las primeras etapas de la sociedad, el valor de cambio de las mercancías [...] depende [...] de la cantidad comparativa de trabajo gastada en cada una", y pasa a afirmar que esta proposición es válida en general y no solo en las primeras etapas de la historia de la humanidad.

En la sección III de su capítulo I, Ricardo pasa a afirmar: "El valor de los bienes no solo resulta afectado por el trabajo que se aplica de inmediato, sino también por el que se empleó en los instrumentos, herramientas y edificios con que se complementa el trabajo inmediato". Se refería a la cantidad de trabajo incorporado directamente en el proceso productivo de una mercancía e indirectamente en la producción de los medios de producción utilizados para producirlo; revela así una ley de formación de precios que dejaría una base importante para el desarrollo teórico más consistente por parte de Marx, quien llama "precios de producción" a los precios "naturales" (con tasa de ganancia igual para todas las ramas). Estos precios de producción (en la terminología marxista) o precios naturales (en la ricardiana) son los que no se determinan a partir de la ley del valor, sino que se forman incorporando la lógica social expresada en una tasa de ganancia uniforme o única.

El valor de uso de las mercancías es un requisito para que ellas sean tales, es decir, para que posean valor de cambio, aunque, eso sí, no lo es para la medición de este. Se refiere a las propiedades cualitativas de las mercancías, y a su capacidad de satisfacer necesidades y deseos.

No obstante, Ricardo también incluye la posibilidad de cierto tipo de mercancías que derivan su valor de cambio de la escasez, pero que a su juicio no revisten interés para el análisis económico, en cuanto serían casos muy especiales: obras de arte, ciertos vinos especiales, joyas, etcétera. A Ricardo le interesan, en cambio, aquellas mercancías que son el resultado de un proceso social de producción, y, respecto a estas, se ocupaba del "precio natural y primario" frente a las "desviaciones accidentales y temporales que presenta el precio efectivo del mercado".

Es oportuno recordar que, para los primeros economistas clásicos antes de Marx, el modo capitalista de producción es visto como un orden "natural universal", sin concebirlo como una fase particular del desarrollo histórico de la humanidad. Algo así como que, a lo largo de la historia, el hombre siempre razonó imbuido de la lógica capitalista, produciendo mercancías ("eternizaban" algo que, en realidad, es solo producto de un particular momento histórico).

Hasta esta tercera sección del capítulo I, Ricardo mantiene independientes las razones que explican los precios de las causas que determinan los ingresos de las distintas clases (salario, renta, tasa de ganancia). Ello lleva a que, al poder determinar los precios naturales, se puedan homogeneizar los conceptos que componen el capital con los que integran los respectivos productos obtenidos, de forma que se hace posible el cálculo de las tasas de ganancia en las diferentes ramas.

Sin embargo, Ricardo, en las secciones siguientes, rompe esa independencia entre distribución y valor de cambio, es decir, ahora sus variaciones se influyen mutuamente: "El principio de que la cantidad de trabajo empleada en la producción de bienes determina su valor relativo" va a quedar modificado por "el empleo de maquinaria u otro capital fijo y duradero (proporciones diferentes de capital fijo y circulante según los requerimientos técnicos de producción para los distintos bienes)", y también por "la durabilidad desigual del capital fijo y por desigual rapidez de retorno del capital circulante a quien lo ha empleado".

Con estas excepciones, si bien consideradas por él mismo como insignificantes, el aumento o disminución de los salarios (y, por ende, de la tasa de ganancia en sentido inverso) afecta a las relaciones de cambio entre los distintos bienes, y se llega a una indeterminación por circularidad en el razonamiento. Para determinar la tasa de ganancia, se necesitan precios (p). Y ahora, para determinar los precios, también se necesita conocer antes la tasa de ganancia g, y en definitiva la distribución entre salario, ganancia y renta. Siendo muy consciente de este problema, Ricardo afirma la necesidad de encontrar un patrón invariable de valor o "mercancía numerario" en términos del cual se pueda expresar el valor de cambio de todas las mercancías y saber así "cuáles de ellas bajaron y cuáles aumentaron sus valores reales". Esta medida invariable de valor requeriría cumplir con condiciones muy restrictivas:

- Que "ahora y siempre requiera precisamente la misma cantidad de trabajo para su producción".
- Que su valor no cambie al cambiar la distribución de los ingresos, es decir, que, por sus especiales condiciones de producción, puedan aislarse los efectos ocasionados por las "excepciones" explicadas en las secciones IV y V del capítulo I.

Si bien Ricardo reconoce la inexistencia de una medida de este tipo, admite que el oro satisface razonablemente las exigencias: "¿Acaso no puede considerarse el oro como un bien producido con una proporción tal de ambas clases de capital que se acercará lo más posible a la cantidad promedio utilizada en la producción de la mayoría de los bienes?".

David Ricardo no puede resolver desde el punto de vista teórico la cuestión del valor basado en el trabajo, cuestión que retomará Marx posteriormente. Finalmente, será recién el economista de Cambridge, su traductor y continuador de la tradición clásica y marxista por excelencia, Piero Sraffa, quien desarrollará y resolverá esta problemática, tal como consta en su publicación de 1959, a través de un sistema de ecuaciones simultáneas y prescindiendo de la teoría del valor trabajo; este autor da un tipo de solución que él considera coherente a la problemática marxista conocida como "el problema de la transformación de valores en precios de producción".

Para algunos marxistas, esto implica apartarse de su tradición, pero no así para quienes ven continuidad y muchas más semejanzas que diferencias en esta genial superación clásico-sraffiana que pone al día la valiosa y pertinente tradición de pensamiento basada en el excedente productivo o social (o *produit net*, o superávit, o plusvalía).

La teoría de las ventajas comparativas y el libre comercio

David Ricardo desarrolla a fondo su concepción sobre el comercio exterior en el capítulo VII de *Principios de economía política y tributación*. La idea básica es que la especialización de cada país en el comercio internacional reposa sobre el principio de las ventajas comparativas (y no absolutas, como en Adam Smith). Un concepto que expuso ingeniosamente David Ricardo hacia las primeras décadas del siglo XIX con el objetivo de oponerse al proteccionismo. Puede resumirse así: si cada país se especializara en aquellos sectores productivos en que cuente con menores "costos relativos" (y no absolutos), todos ganarían, incluyendo a los que producen con menor eficiencia en términos absolutos (menor productividad).

Una buena síntesis de sus intenciones es la esbozada por Aguiar de Medeiros (2001):

La teoría del comercio exterior desarrollada por Ricardo constituyó un poderoso argumento para el librecambismo, mientras la gran cuestión para Ricardo era cómo el comercio exterior podría liberar la tasa de crecimiento de la producción industrial de los límites que fijaba la agricultura inglesa.

La explicación más difundida, y conforme a los fines de David Ricardo de justificar que el libre comercio es beneficioso para todos los países, es que cada economía nacional debe especializarse en ciertas producciones y, así, "contribuirá en gran medida a aumentar la masa de bienes y, por consiguiente, la suma de disfrutes". Y ello es así porque es la vía de abastecerse de la mayor cantidad y mejores bienes. A través del intercambio comercial entre países, se pueden disponer de más bienes en el ámbito nacional en comparación con la situación hipotética de que todos los bienes fueran solo producidos "localmente" en una economía cerrada, es decir, sin comerciar.

Si Portugal no tuviera relaciones comerciales con otros países, en lugar de emplear una gran parte de su capital y de su industria en la producción de vinos, con los cuales adquiere de otros países la ropa y la ferretería que consume, se vería obligado a dedicar una parte de ese capital a la fabricación de dichos bienes, los cuales obtendría probablemente en menor cantidad y de inferior calidad.

Respecto de Adam Smith, que también brega por el libre comercio y la especialización en un esquema de división internacional del trabajo, en Ricardo adquiere mayor universalidad la argumentación favorable a la adopción del libre comercio y al desarrollo de la especialización en cada país como vía para proveerse de todos los bienes necesarios. Es claro que Ricardo está hablando desde el país que entonces era la potencia hegemónica manufacturera en mercancías, capitales y tecnología.

Siempre movido por el fin de que la única posibilidad de sostener las ganancias es por la vía de abaratar la subsistencia, en este caso importando "bienes salarios", se trata de una construcción ingeniosa a través de sus ejemplos de dos países y dos producciones, en las situaciones antes y después del comercio. Aquel país que es menos eficiente en ambas producciones igual puede ganar comerciando si se especializa en aquella producción relativamente menos eficiente y abandona la producción del otro bien. El supuesto es que no existe movilidad de capitales entre países como sí lo hay entre las regiones dentro de un mismo país (y donde, por lo tanto, opera la ley de la competencia y de la igualación de las tasas de ganancia).

A modo ilustrativo, se pone el caso hipotético de que Inglaterra y Portugal producen paños y vinos considerando que, en función del desarrollo de las fuerzas productivas, en ambos países la situación previa al comercio es, por ejemplo (en un año como período para producir las mismas cantidades), la siguiente:

Inglaterra	100 hombres necesarios para producir el paño.
	120 hombres necesarios para producir el vino.
Portugal	90 hombres necesarios para producir el paño.
	80 hombres necesarios para producir el vino.

En el intercambio, a Portugal le conviene especializarse utilizando su capital en la producción de vinos e intercambiarlos por los paños ingleses. Lo que importa es la relación de precios antes del comercio. Así, en Inglaterra será 1,2 de paño por vino antes del comercio y, evidentemente, si puede proveerse de vino a una relación de paño-vino menor, le convendrá. Esa misma relación es en Portugal de 0,89 paño por vino, y, entonces, si producto del comercio exterior Portugal puede obtener una paga en paño mayor que 0,89, también le convendrá. En síntesis, si el comercio se realiza a un precio que se sitúa por debajo de 1,2 y por encima de 0,89 de paño por vino, ambos países ganan (aunque el precio final dependerá de la elasticidad de la demanda). A la misma conclusión se llega si, a la inversa, se analiza con la relación de cantidad de vino por paño. Puesto que la ventaja relativa de Portugal es en vinos (la eficiencia relativa es mayor), este país se especializará en producir vinos y los intercambiará con Inglaterra, que tiene ventaja relativa en la producción de textiles (si bien posee desventaja absoluta en ambas producciones).

Los defensores del pensamiento económico liberal son quienes se han apropiado especialmente del concepto de "ventajas comparativas". En el caso de un autor argentino, Federico Sturzenegger (2003) apela una metáfora explicativa del comercio internacional equivalente a como si alumnos de la Facultad de Ingeniería de la Universidad de Buenos Aires inventaran una misteriosa máquina que transformara una cierta cantidad de trigo en un auto (en el ejemplo, un Peugeot 206). Con la célebre simplificación argumentativa de los economistas ortodoxos o liberales, asociada, eso sí, a la siempre meritoria preocupación por formar sentido común y en simultáneo con la permanente omisión de toda responsabilidad para ciertos actores, en el caso que nos ocupa y para defender la apertura comercial, sostiene: "En realidad, estos alumnos descubrieron que, si exportaban trigo a Francia, obtenían los recursos que les permitían importar de allí un Peugeot 206. La máquina, en realidad, es un túnel al puerto, donde los pseudo-ingenieros hacen el cambiazo".

Una versión posible de la teoría de las ventajas comparativas es la que supone que, en realidad, esta funciona a partir de una teoría cuantitativa del dinero tal como la planteaba David Hume. Así, aun cuando un país exportara los dos bienes al otro, se generaría un saldo positivo en la balanza comercial que resultaría en la entrada de metales preciosos que, a su vez, aumentarían la cantidad de dinero circulante, y por eso subirían los precios, por lo que se revaluaría la paridad cambiaria y se volverían competitivos los productos del país anteriormente comprador. Una mirada muy simplificada de un mundo que no parece funcionar así nunca (ya que en la realidad solemos encontrarnos con superávits y déficits comerciales crónicos en diferentes países, por citar solo un ejemplo).

En cuanto a las fuentes de las ventajas comparativas y la especialización internacional, se pueden diferenciar dos interpretaciones a partir de los desarrollos de Ricardo: la que se apoya en la heterogeneidad de las dotaciones nacionales de factores, en la línea neoclásica más difundida de los autores Eli Heckscher y Bertil Ohlin, y aquella otra que hace hincapié en las diferencias internacionales en la productividad del trabajo, que describimos brevemente al final, luego de un *refresh* de las teorías críticas.

La versión del modelo convencional de Heckscher-Ohlin

Según esta visión inscripta en la tradición teórica neoclásica o marginalista, que termina constituyéndose en la ortodoxia en la materia, el comercio internacional se explica por las diferencias en la dotación relativa de los recursos poseídos por los distintos países (teoría de las proporciones factoriales).

En este modelo, la ventaja comparativa está determinada por la interacción entre los recursos de las naciones (abundancia relativa de los factores de la producción) y las tecnologías de producción (que influyen en la intensidad relativa con la que los distintos factores son utilizados en la producción de los bienes). Cada país se especializará en la exportación de aquellos bienes cuyas funciones de producción utilicen con mayor intensidad el factor productivo relativamente abundante en él.

En sentido estricto, el modelo neoclásico de Heckscher-Ohlin también supone que las funciones de producción son la mismas en todas partes y linealmente homogéneas, que los factores de la producción son completamente inmóviles a nivel internacional y que existe competencia perfecta (con precios al coste marginal y todos los otros supuestos que requiere la competencia perfecta), lo cual conduce a que las diferencias en los precios dependan de las posibilidades productivas de cada país (frontera, de la producción, en condiciones de pleno empleo), que, a su vez, dependen solo de las dotaciones de factores. Así, cada país exporta aquellos productos en que sería usado intensivamente su factor relativamente más abundante e importa aquellos que incorporan intensivamente los factores relativamente más escasos dentro de sus fronteras.

En realidad, las contrastaciones empíricas de esta teoría han presentado resultados poco satisfactorios, en especial a partir del célebre trabajo de Wassily Leontief en 1953, cuando se encuentra que las exportaciones de Estados Unidos son menos capital-intensivas que sus importaciones; este resultado se popularizará con el nombre de "paradoja de Leontief". A ello se le suma la evidencia de que una gran parte del comercio internacional es de tipo intraindustrial (o intrarrama) y entre países con dotaciones similares de recursos productivos. Actualmente, esto último se acrecienta por la organización de la producción en cadenas globales de valor, o sea, eslabones del proceso productivo a cargo de diferentes organizaciones y en diferentes países, como son los casos de la industria electrónica y automotriz, por citar solo dos ejemplos.

Particularmente utilizada por la tradición de historiadores económicos liberales, la idea de la plena vigencia del patrón de ventajas comparativas tradicionales, es decir, de una especialización argentina en productos primarios del complejo agroexportador, se asocia a lo que estos autores consideran el "período de oro" nacional y la visión de la que nunca tendríamos que habernos desviado. Las industrias, según esta concepción, serían algo "antinatural" en nuestros países, asociado a supuestas ineficiencias crónicas irremontables, en cuanto contradice la ley de las ventajas comparativas con base en la dotación de factores de la producción (recursos naturales, capital y trabajo). Por cierto, se trata de una concepción estática, y no dinámica de las ventajas comparativas, claramente antiindustrial.

Esta versión neoclásica, sin dudas, ha tenido una aplicación muy difundida en Argentina, especialmente a la hora de explicar esa etapa de inserción internacional supuestamente "exitosa" durante el período agroexportador 1880-1930 con base en "la dotación relativa de factores". En nuestro caso, esa dotación estaría dada por la abundancia relativa de tierras fértiles, sin incluir consideraciones político-histórico-institucionales que también fueron decisivas para la configuración de dicho modelo.

Se opaca de esta manera el análisis necesario en torno a otros factores y rasgos relevantes, como es el del régimen de acceso y tenencia de la tierra, la conformación de clases sociales y el Estado, el rol de la potencia hegemónica de entonces y sus intereses geopolíticos, las características predominantes de esa fase de expansión capitalista y de internacionalización de capitales, la vulnerabilidad externa y la inestabilidad financiera, el endeudamiento creciente y los problemas de balanza de pagos, la distribución del ingreso desigual, y el claro sesgo antiindustrial, entre otros. Cuestiones claves a la hora de explicar desempeños históricos o análisis comparativos como la trayectoria económica diferente de la Argentina respecto de otros países que también han contado entonces con abundantes recursos naturales valorizados internacionalmente, igual de periféricos y "prósperos", como Australia y Canadá.

La versión de la teoría de las ventajas comparativas según las diferencias internacionales en la productividad del trabajo

Se trata de otra posible versión de la teoría de las ventajas comparativas que surge de los mismos textos ricardianos. Por cierto, esta explicación parece tener un poder explicativo de mayor alcance aun en la actualidad, en cuanto permite la diferenciación entre una concepción "estática" y otra "dinámica" (industrialista) de las ventajas comparativas que pueden generar los distintos países.

En este modelo, quizá más acorde a los escritos de David Ricardo, el grado de desarrollo de las fuerzas productivas de una economía nacional se manifiesta a través del nivel de la productividad del trabajo.

El comercio se debe a que los países difieren en la productividad del trabajo de sus diferentes industrias, es decir, en el grado de desarrollo de las fuerzas productivas. Cada país exportará los bienes que su trabajo produce de forma relativamente más eficiente e importará aquellos que su trabajo puede producir de forma relativamente menos eficiente.

También, de esta manera, en la argumentación ricardiana, siempre ganarían todos los que intervienen en el comercio si se especializaran en producir esos bienes para los que son relativamente más eficientes, en el sentido de mayor productividad laboral comparativamente con otros países. La oferta disponible de los bienes que circulan en cada país requerirá menos aplicación o gasto de trabajo "nacional" en comparación con el caso hipotético en que se autoabasteciera en todo sin comerciar. Ahora lo que juega es la productividad relativa como expresión de las diferencias de acervo tecnológico desarrollado entre las distintas economías nacionales.

La actual realidad muestra que una parte mayoritaria del comercio mundial es de tipo "intrarrama", es decir, importaciones y exportaciones de productos industriales, entre países de similares niveles de desarrollo y con participación de países periféricos exportadores de manufacturas, generalmente a partir de "armadurías" con base en mano de obra barata. Estos últimos son los típicos casos de rubros de la industria electrónica, textil y automotriz con un comercio internacional organizado en el marco de las que se conocen como "cadenas globales de valor".

Una larga tradición de visiones críticas sobre el libre comercio y la teoría de las ventajas comparativas

En palabras de Robinson (1976) sobre la teoría de las ventajas comparativas y su pretensión de beneficios extendidos e igualitarios:

> [...] fue ávidamente aceptada por la opinión ortodoxa del país que más podía beneficiarse con unos mercados abiertos a sus exportaciones. Pero, en la práctica, ello se demostró a base de eliminar en los supuestos preliminares todas las dificultades que en realidad dan lugar a la aplicación de políticas proteccionistas y todos los objetivos que estas persigue.

Shaik (1991) sostiene que la ley de las ventajas comparativas de Ricardo, tanto a los fines de explicación del comercio internacional, como de recomendación de política que adoptar, es falsa en sus propios fundamentos. Cuestionando lo que considera como supuesto necesario de esta teoría, que es la teoría cuantitativa del dinero asociada a la vigencia del patrón oro, Shaik entiende que las ventajas absolutas de los países centrales predominan siempre, haciendo que el libre comercio internacional sea funcional al dominio de los intercambios por esos países, con sus efectos de desarrollo desigual, déficits crónicos y endeudamiento para los países menos desarrollados.

Lejos del optimismo de las teorías acerca de un mundo en que convergerían los países en cuanto a niveles de desarrollo y de estándar de vida (convergencia, *catch up* tecnológico), lo que se ve claramente es una gran brecha y divergencia entre zonas geográficas más y menos desarrolladas, prósperas y pobres; países desarrollados y no desarrollados, más allá de las excepciones de algunos casos que están logrando industrializarse en el último período (China, Corea del Sur), y que deben ser analizados en particular. Es la idea de desarrollo desigual y combinado generado por la lógica misma del capitalismo.

Por lo pronto, hay una evidencia histórica que es contundente, salvo en el primer país que se industrializa y posee la delantera tecnológica y productiva: siempre la industria nace con desventaja comparativa. Por lo tanto, adoptar políticas de libre comercio es contrario y perjudicial para los tiempos de aprendizaje y maduración que demanda todo proceso de desarrollo industrial (aprendizajes tecnológicos, escalas de producción, infraestructura, redes de proveedores, etcétera). Su productividad y eficiencia dependen de su propio desarrollo.

Lo avala la experiencia de muchos países que hoy consideramos industrializados, en que las políticas comerciales restrictivas se han conjugado con políticas cambiarias, de ciencia y tecnología, crediticia y de desarrollo de infraestructura que, en los casos de integración virtuosa, permiten hablar de la vigencia de una "política industrial" (esto se ha dado en todos los casos, incluyendo los asiáticos más recientes, con el ejemplo de configuración de lo que sería un "Estado desarrollista" chino).

Las experiencias históricas de Estados Unidos y Alemania y las referencias en los autores Hamilton y List (1841), que desarrollan la noción de "industrias nacientes", constituyen elementos fuertes en favor de, al menos, cierto proteccionismo temporal. Una temática muy relevante para países como Argentina y el resto de los latinoamericanos, marcados a fuego por la importancia de su especialización en la producción y exportación de productos primarios (la llamada "industrialización trunca"), situación íntimamente relacionada a su vulnerabilidad y dependencia externa.

Solo Inglaterra, por ser la primera nación industrial, ha podido ser la exclusiva y excluyente excepción histórica en cuanto a que adoptar el liberalismo comercial sea consecuente con el desarrollo industrial, tal como lo concibe y propugna David Ricardo en los debates parlamentarios, a partir del conocido esquema de división internacional del trabajo entre manufacturas y materias primas, durante el período histórico en que es nación hegemónica. Bregar por que se abran las economías a las exportaciones británicas es una operación exitosa hacia mediados del siglo XIX, en una asociación con intereses exportadores de las burguesías periféricas y con radicación de capitales en las colonias con materias primas estratégicas.

No abundaremos aquí en la larga y rica tradición crítica a la teoría de las ventajas comparativas, particularmente en lo que hace a su muy discutible corolario acerca de que "todos los países se beneficiarían con el libre comercio", pero no podemos dejar de nombrar al menos:

- Los aportes de Raúl Prebisch en términos del sistema "centro-periferia" y la tendencia al deterioro de los términos del intercambio para los países especializados en producción y exportación de productos primarios, a favor de las manufacturas.
- El rico debate de los años 70 con los planteos críticos de la que se conoce como "teoría o enfoque de la dependencia latinoamericana" (Theotônio dos Santos y Ruy Mauro Marini, entre otros), concebida como una teoría del imperialismo visto desde las periferias dependientes.
- La discusión en torno al concepto de "intercambio desigual" (Arghiri Emmanuel, Samir Amin), que hace eje en las transferencias de parte del excedente de la periferia hacia los países centrales.

- La tradición industrialista a partir de los aportes citados de List y Hamilton, contrarios al libre comercio para fines de desarrollo industrial.

Se trata en todos los casos de tradiciones de pensamiento que intentaron e intentan explicar una realidad de profundas diferencias de oportunidades para el desarrollo capitalista y de desigualdad económica, social y política, enfocando en los factores reproductores de esas diferencias, así como en las modalidades que fueron adquiriendo las relaciones de subordinación.

Es decir, trascienden la fragmentación que implica focalizar solamente sobre las causas de los flujos de comercio separados de una mirada integral acerca del capitalismo, desplegado a escala mundial, con todas las dimensiones que involucran las relaciones sociales y políticas entre economías, actores privados y Estados nacionales. El punto es que el capitalismo genera desarrollo en el centro y un simultáneo subdesarrollo como tendencia en la periferia dependiente, como su reverso, la "otra cara de la misma moneda", más allá de las posibles excepciones, por cierto muy escasas (Corea del Sur, China).

Ricardo se ocupa del comercio internacional solamente, algo entendible en su contexto histórico, luego de un mundo que por varios milenios se dedicó a actividades rurales y ya conocía, desde fines del siglo XV especialmente, una intensificación del comercio, en especial a partir de la conquista de América. De eso dan cuenta los desarrollos teóricos de los autores conocidos como mercantilistas. Una mayor complejidad en las relaciones internacionales, que implican otros intercambios como los flujos financieros y las inversiones productivas directas, van a tener una expansión recién hacia las últimas décadas del siglo XIX, con la etapa del "imperialismo clásico", tal como lo describe Lenin (1973) (1).

Las teorías del imperialismo y otras basadas en las relaciones de hegemonía internacional y de dependencia van a intentar dar cuenta de este mundo más complejo en que la tensión histórica entre predominio de motivaciones políticas (poder) o económicas (acumulación de capital) va a dar origen a distintas visiones explicativas. En este marco, acerca del debate en torno al rol y predominio de lógicas políticas o económicas, los roles de los Estados y los actores privados, la lógica del poder y de la acumulación de capital, la conquista territorial y el móvil del lucro, resultan muy importantes los trabajos del brasileño José Luis Fiori y de Giovanni Arrighi. El primero enfatiza más el predominio de las dimensiones del poder, y el segundo, las motivaciones económicas.

Wallerstein (2011), por su parte, propone la visión de que el moderno sistema mundial se inicia como una entidad más económica que política, hacia el siglo XVI, y se diferencia de los imperios históricos en ese sentido (Roma, China, Persia). Contiene en su interior, definido por relaciones económicas, a los emergentes Estados nacionales y a las ciudades Estado. Es una "economía mundo" en ese sentido: la base de las vinculaciones asimétricas entre las partes del sistema es económica, si bien se respalda en el poder militar y se refuerza en relaciones culturales y arreglos políticos, y es también, a la vez, un sistema interestatal y de expansión del capital privado (conquista territorial, tributación y afán de lucro).

Por otra parte, muy lejos de las ficciones y leyendas del llamado "neoliberalismo", el Estado en la economía mundo capitalista ha sido y es clave en cuanto buena parte de la energía política es siempre puesta en la obtención de derechos monopolísticos por parte de los empresarios emergentes, siendo las estructuras y el poder estatal los espacios y medios decisivos en los procesos económicos. Es solo un mito el planteo de que el capitalismo implica la actividad de empresarios privados libres de toda "interferencia" estatal. El Estado nación ha sido crucial para maximizar la acumulación de capital, rasgo distintivo del período en que se consolida lo que llamamos "capitalismo".

Ya no se trata solamente de las históricas exacciones de tipo "extraeconómicas" o tributarias con base exclusiva en el poder militar (clásicas de imperios como el romano, chino, español o portugués, típico del colonialismo tradicional), sino de formas de relaciones económicas más complejas y veladas, más aún a partir de la irrupción del capitalismo industrial y la hegemonía británica (que incluye comercio, inversión extranjera, préstamos, etcétera) con el despliegue de lo que se conoce como "imperialismo". Es decir, una transformación que se diferencia de las anteriores formas de "imperio", predominantes por varios milenios, que eran una unidad organizativa en que la centralización política y la expansión y el dominio militar permitían la extracción de recursos a la periferia correspondiente (extracción de tributos y monopolio del comercio). Dice Wallerstein (2011):

> Los imperios políticos son un medio primitivo de dominación económica [...] el logro social del mundo moderno consiste en haber inventado la tecnología que hace posible incrementar el flujo de excedente desde los estratos inferiores a los superiores, de la periferia al centro, de las mayorías a la minoría, eliminando el "despilfarro" de una superestructura política excesivamente engorrosa.

Corresponde hablar, en el desarrollo histórico capitalista de los últimos cinco siglos, de una expansión de cadenas de mercancías que atraviesa fronteras estatales, es decir, del despliegue de una amplia división social del trabajo cada vez más extensiva en el plano funcional y geográfico y cada vez más jerárquica. Es decir, una jerarquización del espacio en la estructura de los procesos productivos que se asocia a una creciente polarización entre el centro y las zonas periféricas de la economía-mundo.

El comercio internacional (y las inversiones extranjeras directas y financieras con sus efectos de endeudamiento explosivo, giro de utilidades, patentes, dolarización monetaria periférica, financiarización, etcétera) se asocia a relaciones de intercambio desigual en materia de transferencia de recursos y de muy diferenciadas y acotadas posibilidades de desarrollo. Es decir, un escenario muy distinto al paraíso en que "se beneficiarían todos", tal como predica la versión liberal más difundida de la teoría ricardiana de las ventajas comparativas.

La histórica intervención de la fuerza es crucial incluso en la determinación de los precios a los fines de favorecer a los centros o metrópolis. Más aún, en la visión de Wallerstein, este uso de la fuerza no es ninguna novedad ni es invención del capitalismo: el intercambio desigual es una práctica antigua y constituye la motivación misma de los sistemas de dominación, sean imperios, "economías mundo" o formas imperialistas.

Se trata, en definitiva, de la transferencia de una parte del excedente producido por una zona y enviada a otra, como ,durante el siglo XX, desde la periferia al centro hegemónico o imperialista. Lo propio del capitalismo es que lo hace mucho mejor, con más eficiencia y eficacia (menos costos, más ganancias) y de forma oculta mediante relaciones económicas. En palabras del mismo Immanuel Wallerstein (2014):

> El intercambio desigual es una práctica antigua. Lo notable del capitalismo como sistema histórico es la forma en que se pudo ocultar este intercambio desigual; de hecho se pudo ocultar tan bien que los adversarios del sistema no han comenzado a develarlo sino tras 500 años de funcionamiento de este mecanismo.
> La clave para ocultar este mecanismo central está en la estructura misma de la economía-mundo capitalista, la aparente separación en el sistema capitalista mundial entre la arena económica (una división social del trabajo a nivel mundial con unos procesos de producción integrados, los cuales operan a favor de la incesante acumulación de capital) y la arena política (compuesta en apariencia por estados soberanos aislados, cada uno de los cuales es responsable autónomo

de sus decisiones políticas dentro de su jurisdicción y dispone de fuerzas armadas para respaldar su autoridad).

Estas miradas críticas son de raigambre clásica (y marxista) y conducen a una visión diferente de la formación de precios, en este caso en los mercados internacionales. Los precios reflejan relaciones sociales y distribuciones de recursos de poder asimétricas. Y se asocian al desarrollo legal-institucional favorable a las minorías mundiales privilegiadas (Estados y actores transnacionales). El centro de interés en el excedente y su reparto, ahora a escala mundial, siempre vigente.

Volviendo a los planteos del comienzo del capítulo, nos referimos a la economía política clásica en cuanto esta implica ruptura con la tan difundida idea de supuestos "mercados impersonales" en que se da la determinación simultánea de precios y cantidades con base en inexistentes curvas de oferta y demanda y que disuelve así la problemática del excedente social y su distribución (antes que nada, política, ligada a relaciones de poder y conflicto). En síntesis, un imperio es, en épocas anteriores, antes que nada una construcción histórica que posibilita recaudar tributos de los pueblos sojuzgados (vía sus colonias, protectorados, etcétera). El capitalismo, en cambio, termina constituyendo una alternativa "superadora" en cuanto a una posibilidad más lucrativa e "invisibilizada" de obtención de parte del excedente generado desde las periferias.

Por otro lado, y tal como señalan algunos autores pioneros del desarrollo como es el caso de Arthur Lewis, la cuestión del intercambio desigual y del deterioro de la términos del intercambio para la periferia encuentra sus raíces en la propia sociedad y economías nacionales de esos países, y no es solo un problema de especialización en determinado tipo de bienes: se trata de países predominantemente agrarios o mineros, con excedentes de mano de obra que presionan a la baja los salarios y los precios internos y, en consecuencia, priorizan sus precios externos.

En los países centrales, en cambio, y al menos hasta fines de los años 70, la dinámica de las luchas sociales y la organización mayor de los trabajadores con la presión por "Estados de bienestar" y la búsqueda de innovaciones tecnológicas hacen que los aumentos de productividad industrial, además de más frecuentes, se repartan más equitativamente entre capital y trabajo y, por sobre todo, queden en el mismo centro (desarrollo del mercado interno, desarrollo industrial con retornos crecientes, mejores condiciones materiales de vida generalizadas, etcétera), a diferencia de las economías periféricas especializadas en productos primarios. En ese marco, Crespo y Delucchi (2010) plantean la necesidad de analizar las transformaciones en el orden del comercio mundial a partir del rol de China como gran proveedor de bienes industriales baratos con base en mano de obra barata, con economías de escala difícil de alcanzar para sus competidores y creciente dominio de tecnologías (estándares de productividad difíciles de alcanzar, por lo que ya no es tan clara la asociación "industrialización-altos salarios", etcétera).

En un trabajo reciente sobre desigualdad mundial y su historia, Milanovic (2017) demuestra cómo los períodos de mayor apertura comercial y liberalización a flujos financieros internacionales como el actual (la llamada "globalización") se corresponden con períodos de mayor desigualdad social. En consecuencia, señala la apertura comercial (libre comercio) como uno de los tres factores históricos decisivos, junto con el rol de las tecnologías y de la política y las luchas por conquistas sociales, en la explicación de la evolución histórica de la desigualdad mundial. Milanovic (2017) se refiere a la trilogía TAP en la explicación histórica de la desigualdad, es decir, su aumento o disminución de tecnología, apertura (comercial y de la cuenta capital) y política (incluye las guerras y las luchas sociales por mejoras materiales, Estados de bienestar, etcétera). En el análisis que estamos desarrollando, nos interesa la segunda.

Ricardo y los modelos estructuralistas para la Argentina

Resulta oportuno mencionar acá el antecedente de los aportes de David Ricardo respecto de los modelos de tipo *stop and go* o "de dos sectores" como representativos de la economía argentina (agro e industria), elaborados y discutidos por autores como Oscar Braun y Leonard Joy, Carlos Díaz Alejandro, Adolfo Canitrot, Javier Villanueva y Aldo Ferrer.

Se trata del caso de "una economía nacional que intenta el paso de economía agraria a economía industrial", proceso especialmente conflictivo en una formación social periférica, en cuanto el lugar en el mundo como proveedor de bienes primarios o "productos con baja elaboración y escaso contenido tecnológico" se asocia a un modelo y una estructura productiva que tiene sus ganadores o beneficiarios locales, en buena medida identificados con la percepción de una renta. Es decir, sin interés en modificar estructuralmente el *statu quo* de inserción en la economía internacional y con una identificación con políticas liberales de apertura comercial y plena integración financiera mundial.

El planteo "ricardiano de dos sectores" subyace en los iluminadores y no menos vigentes enfoques, del tipo de los que Marcelo Diamand denomina "EPD" ("estructura productiva desequilibrada") o de *"stop and go"*, inscriptos en la tradición estructuralista nacional de enfoques macroeconómicos sobre "heterogeneidad estructural y especialización productiva" (Cepal) para caracterizar a las economías capitalistas periféricas y diferenciarlas de las economías desarrolladas del centro capitalista (con homogeneidad estructural y diversificación productiva).

Los modelos de "dos sectores" consisten en diferenciar un sector industrial y de servicios más complejos, importador de tecnología, insumos y bienes de capital y con menor productividad que el otro sector, y otro agropecuario, productor eficiente y exportador de *wage goods*, proveedor de divisas, bienes-salario y renta diferencial. Este modelo se sostiene (y no siempre) si los "productos" de este segundo sector se administran estratégicamente y se canalizan en función del propósito de desarrollo industrial, que es comparativamente menos eficiente (menor productividad), pero de mayor valor desde el punto de vista social (nivel de empleo, eslabonamientos y sinergias, espacio amplio para el desarrollo científico y tecnológico).

La crucial temática conocida como "restricción externa", vinculada a esta familia de trabajos con secuencias *stop and go*, excede el marco del propósito de este texto, pero no podemos omitir mencionarla. Se refiere al límite de carácter estructural que presenta la tendencia crónica a la escasez de divisas, dado su carácter de moneda de pagos aceptada internacionalmente, que traba la expansión de la demanda interna y, en consecuencia, la sustentabilidad del crecimiento económico nacional en el largo plazo. En las últimas décadas, se ha visto agravada por las aperturas de la cuenta capital y financiera y la relevancia que han adquirido actores transnacionalizados y "élites globales o cosmopolitas" que se referencian en el espacio mundial para rentabilizar sus capitales (con dolarización de rentas y ganancias).

A partir de los años 30, con el inicio del proceso de industrialización por sustitución de importaciones en una economía primarizada "agrícola-ganadera", en Argentina se puede hablar también de un conflicto de tipo intercapitalista con algunas similitudes respecto del planteado por David Ricardo en torno a la apropiación de recursos para dinamizar el crecimiento: con los terratenientes y los intereses agroexportadores, de un lado, y la posibilidad de capitalistas industriales que acumularían con base en el mercado interno, del otro. Subrayamos que no se trata de un debate "igual" al planteado por Ricardo en Gran Bretaña a principios del siglo XIX, pero de la misma "familia" de planteos.

Es que, en nuestro país, también se da cierto tipo de conflicto en torno al precio de los alimentos u otros recursos naturales como los energéticos (fósiles), solo que, al revés que lo que sucede en Inglaterra, aquí es debido a la posibilidad de exportarlos, lo que puede disminuir su oferta en el mercado interno nacional y, por lo tanto, encarecerlos (en realidad, equipara su precio al valor internacional, vía la "ley de un solo precio"), a la vez que concentra la renta en pocas manos y de forma no favorable a un proyecto de industrialización nacional. Es por eso por lo que el librecambio (libre comercio o apertura comercial importadora) generalmente favorece a las clases e intereses contrarios al desarrollo industrial y al de ventajas comparativas "dinámicas" tecnológico-industriales, en favor del predominio de ventajas "estáticas" agrarias o mineras.

Las discusiones sobre producción de alimentos para garantizar primero el abastecimiento interno a costos razonables, dada su relevancia sobre el salario real (bienes-salarios o canasta familiar,) versus alimentos como producto de exportación con precios alineados a los determinados en los mercados internacionales, así como la distribución de la renta diferencial internacional y el abastecimiento y administración estratégica de divisas, son los términos de otro núcleo temático relevante para estudiar la estructura económica argentina, sus potencialidades en materia de diversificación productiva y las políticas e instituciones necesarias.

Finalmente, cabe aclarar que, en la Argentina actual del siglo XXI, la creciente importancia de la producción sojera, tanto en la superficie cultivada como en las exportaciones (complejo sojero), pareciera desmentir que estamos aún en un país "productor y exportador de bienes-salarios", ya que se trata de un producto de exportación en más de un 90 %. No obstante, el fuerte rol de sustitución y desplazamiento que este cultivo viene asumiendo respecto de otras producciones agrarias más tradicionales como trigo y ganadería (carne, lácteos, etcétera), agricultura familiar (hortalizas, legumbres) y criaderos de aves y otros animales no cambia lo esencial del razonamiento: el poder explicativo y la utilidad en términos del modelo estilizado de dos sectores.

Piero Sraffa y la moderna economía política clásica

Piero Sraffa (1898-1983) es uno de los grandes economistas del siglo XX que participa del grupo selecto que interactúa en Cambridge con el grupo de John Maynard Keynes (llamado, en su tiempo, el *Circus*) desde 1926 hasta su muerte en 1983. También es conocida su amistad y relación solidaria con Antonio Gramsci, ya que es uno de los apenas dos o tres allegados que sigue comunicándose y apoyando material y anímicamente al gran intelectual y político italiano durante el duro período carcelario y hasta su muerte.

Entre sus trabajos, caracterizados por su minuciosidad y profundidad, se encuentra la publicación en 1951 de las *Obras completas de David Ricardo*, por el que recibió en 1961 el reconocimiento de la Academia Sueca de Ciencias (medalla *Sodestrom*), antecedente directo del Premio Nobel de Economía. Implicaba una revalorización de la economía política clásica, incluyendo también a Marx, resolviendo ciertas cuestiones teóricas pendientes y sentando bases para lo que podría llamarse una versión moderna y actualizada, vista desde su eje en la teoría del excedente.

Autores "discípulos" de Sraffa, como Pierangelo Garegnani (1930-2011) y, actualmente, Heinz Kurtz (Universidad de Graz), continúan su legado, y, con la incorporación del principio de la demanda efectiva, es decir, los aportes de Keynes y Kalecki, se configura un marco teórico promisorio y más pertinente para la explicación del crecimiento económico y la evolución histórica de las economías capitalistas, incluyendo las periféricas. Nos referimos a que el excedente apropiado con base en la desigual distribución de ingresos entre clases sociales tiene como contrapartida una tendencial insuficiencia en la demanda agregada.

A través de su libro *Producción de mercancías por medio de mercancías*, de 1959, formula de manera rigurosa el enfoque del excedente sobre la base del modelo ricardiano, apuntando, con su interpretación, a echar luz sobre algunos conceptos que no fueron definidos ni resueltos por el mismo David Ricardo ni tampoco por Marx.

Sraffa y sus herederos, como Garegnani, no piensan e interpretan la tradición de la teoría objetiva del valor, o basada en el trabajo, como una cuestión filosófica, ética o de denuncia política, sino que la entienden en la necesidad teórica y analítica, tanto de Marx como de Ricardo, de determinar la tasa de ganancia, homogeneizando elementos para su cálculo, es decir, determinar los precios de producción. Y ello tampoco va en desmedro de las denuncias contra las inequidades y los daños humanos estructurales del capitalismo.

La concepción básica compartida por Marx con los clásicos Smith y Ricardo es la del excedente, y el planteo analítico del concepto de "valor" debe entenderse a partir de la idea central de que ese superávit o plusvalía social es distribuido entre los sectores a través de un sistema de precios, en valor de cambio y de acuerdo a normas de competencia. Se trata de un excedente generado en la producción a partir de la explotación del trabajo asalariado. En el caso más general, este excedente se distribuye no solo como ganancia entre los diversos sectores, sino también como ganancia comercial, renta de la tierra e interés del dinero.

Podemos sintetizar. Como vimos, la teoría del valor se subordina a la necesidad de determinar consistentemente una tasa general de ganancia y los precios de producción a partir de tomar como dados el nivel de salario real (convención social y política) y las técnicas de producción vigentes. En palabras de Serrano (2006), valorizando el aporte marxista original contra sus detractores y contextuándolo en su época:

> Hoy sabemos que el uso de la determinación simultánea y no secuencial de la tasa de ganancia y de precios de producción permite una solución más exacta y válida sobre condiciones mucho más generales que las que alcanzó Marx en su época.

Mediante un sistema de ecuaciones en que la distribución del ingreso es exógena, como en la tradición clásica, es decir, relacionada con las luchas sociales, las relaciones de fuerza y los sentidos comunes hegemónicos acerca de qué es lo justo en términos de estándar material de vida, la simultaneidad matemática permite resolver el sistema y determinar los precios de producción, sin necesidad de una teoría del valor trabajo.

En concreto, puede decirse que Sraffa reivindica y reafirma a Marx y a la tradición de la teoría del excedente resolviendo también el problema de determinación de los precios de producción en forma simultánea con la tasa de ganancia (uniforme). En Marx se logra una lúcida aproximación "sucesiva" al problema de la determinación de precios de producción que son distintos a los que surgen de su teoría del valor basada en las cantidades de tiempo de trabajo socialmente necesarias, dadas las distintas composiciones orgánicas del capital en las producciones de las diversas ramas y sectores.

En su visión materialista del excedente, Piero Sraffa propone un sistema económico en el cual las mercancías ingresan como *input* (medios de producción) y salen como *output* o producción (mercancías que producen mercancías). El excedente es la diferencia entre ambos términos, el monto total de las mercancías producidas menos las mercancías gastadas que sirven como medios de producción, incluyendo materias primas y, principalmente, restando también las mercancías que constituyen la canasta básica de los trabajadores y van a ellos como salario (trabajo presente y pasado). Las ecuaciones simultáneas, dado el salario (determinado "política e históricamente", un "dato"), permiten calcular los precios de todos los bienes y la tasa de ganancia.

La vigencia de los clásicos con base en las contribuciones de Sraffa y su crítica a la teoría marginalista del capital en el ámbito de la Universidad de Cambridge británica origina lo que se conoce como la "controversia sobre el capital" o de "Cambridge versus Cambridge" (entre la británica y el MIT estadounidense de Massachusetts) durante los años 60 del siglo pasado. Un debate de alto nivel entre grandes nombres de la ciencia económica (Joan Robinson, Piero Sraffa, Luigi Pasinetti, Paul Samuelson, Robert Solow, James Tobin) en que queda refutada por inconsistente e insostenible la noción de "factor de producción capital" de los neoclásicos/marginalistas: no se puede conocer el precio del capital sin conocer previamente la distribución del ingreso (ganancias, salarios), a la vez que no se puede conocer esta sin conocer el monto de capital involucrado.

Otra vez, para determinar la tasa de ganancia y todo el armado neoclásico básico de funciones de producción, se necesitan saber los precios que permiten homogeneizar las cantidades de bienes y servicios, pero, para saber los precios, se necesita conocer la tasa de ganancia, es decir, se da un problema de circularidad e indeterminación. No puede hablarse de cantidades de capital sin conocer antes la distribución del ingreso, que es exógena y relacionada con el conflicto social y político, aspecto expulsado del marco teórico marginalista, pero incorporado en esta versión clásica y moderna del *surplus approach*.

Se desmorona así toda la construcción neoclásica y su teoría economicista de la distribución del ingreso basada en los precios de los factores de la producción, a partir de su escasez relativa y de lo que se conoce como "principio de sustitución factorial". En función del sistema de precios y de la ley de productividad marginal decreciente, en el marco teórico neoclásico, se adoptan las técnicas productivas que utilizan más intensivamente el factor productivo relativamente más abundante y por eso más barato.

Un punto de vista en que las retribuciones son justas y "objetivamente" determinables de una forma más emparentada con el ámbito ingenieril que con el de las ciencias sociales, en coherencia con la definición central de "ciencia económica neoclásica" basada en la escasez de recursos que padece la humanidad. La imposibilidad del "principio de sustitución factorial", que es la base sobre la que descansa la naturalizada relación inversa entre precio y cantidad (y curvas de oferta y demanda), invalida la idea de escasez relativa de factores y la de precios como indicadores de esta escasez (y tampoco deja en pie la idea de "precios que limpian mercado").

A partir de la contribución de Sraffa con base en el enfoque clásico, se demuestra que es imposible basar la teoría de la distribución del ingreso en la sustitución técnica de factores, en que la remuneración de los factores de la producción depende de su productividad marginal, decreciente con su mayor abundancia relativa (respecto del otro factor constante). Se cuestiona así la difundida concepción neoclásica que supone incorrectamente la supresión de la especificidad del problema de la distribución en relación con el problema de la determinación de los precios (teoría del valor).

Ya no puede haber "productividad marginal decreciente" analizada dentro del típico modelo de variación de las cantidades de un factor productivo mientras permanece fija (constante) la cantidad del otro (trabajo o capital). La idea de un factor fijo y el otro variable en su cantidad con rendimientos decrecientes (por ejemplo, la idea de productividad marginal decreciente del capital como resultado del supuesto de que bienes de capital adicionales se combinan con una fuerza de trabajo plenamente empleada) no es coherente teóricamente, y más aún, supone también que son factores no reproducibles. Esto último es todavía menos válido desde el punto de vista empírico, en cuanto implica como corolarios la imposible escasez de mano de obra, por ejemplo, en un país periférico.

Y esto abre otras implicancias relevantes, como que los precios relativos de factores y productos no son indicadores de escasez; no existen las populares curvas de oferta y demanda; resulta imposible sostener el supuesto de pleno empleo y de su relación inversa con el nivel de los salarios; se desmorona también la teoría de las ventajas comparativas de Heckscher-Ohlin y la teoría de la convergencia entre países a partir del movimiento de capitales (desde zonas en que este abunda hacia las zonas en que escasea). Subrayemos también que esa citada "relación inversa" entre pleno empleo y nivel de salarios está en la base de la teoría neoclásica del "desempleo voluntario", funcional a la defensa de políticas de "flexibilización laboral" con razonamientos micro y frases notables de tipo "Si se facilita el despido, se facilita la contratación de mano de obra y aumentará el empleo". Sin evidencia empírica histórica, pero que forma mucho sentido común solo aparentemente lógico.

Razonar en estos términos neoclásicos, sin embargo, sigue siendo abrumadoramente habitual, y estos supuestos inviables colonizaron hasta el "inconsciente" de los formados en economía. Ciertamente, resulta increíble que estas ideas marginalistas sean excluyentemente dominantes en la formación en economía en los centros académicos. Evidentemente, no es por razones científicas, en cuanto no se sustentan teóricamente, como el mismo Paul Samuelson termina reconociendo en ocasión del debate entre las "Cambridge" durante los años 60. La refutación es contundente, pero la preeminencia marginalista/neoclásica seguirá presente como si nada hubiese pasado.

La idea de productividad marginal decreciente del capital y la convergencia entre niveles de desarrollo de todos los países mediante la exportación de este factor relativamente más abundante desde los países centrales no resiste tampoco la mínima prueba empírica. Más bien al contrario, los países que lograron activar la acumulación propia de capital aceleran su andar y constituyen una abundante evidencia empírica de la fuerte conexión entre la tasa de crecimiento del producto y del producto por trabajador con la tasa de inversión en capital (efectos del acelerador y multiplicador). Notemos que la explicación sobre los aumentos sostenidos en la productividad del trabajo es diferente a la neoclásica e incluso a los enfoques del progreso técnico marcados por el "ofertismo" (y la ley de Say). En la tradición de Adam Smith (donde se da una relación clave entre desarrollo de la división del trabajo, progreso técnico y tamaño de mercado), surge lo que se conoce como "ley de Kaldor-Verdoorn", que, como respaldan contundentes evidencias empíricas en materia de crecimiento en los países capitalistas, asocian lo esencial del proceso de logros en materia de productividad del trabajo al sostenimiento de altos niveles de actividad económica (McCombie, J., Pugno, M. y Soro, B., 2002). Son también datos sólidos en contra de la tan difundida idea, basada en la ley de Say, acerca de que hay que ahorrar previamente para invertir y crecer y que, en consecuencia, "primero hay que crecer para después pensar en distribuir más equitativamente", con convocatorias a sacrificios de las mayorías para arribar a paraísos que, como sabemos, no existen ni existirán.

Aguiar de Medeiros y Serrano (2004) proponen renovar la teoría del desarrollo enriqueciéndola con el abordaje clásico del excedente, a partir de los aportes de Sraffa y Garegnani, para inaugurar un programa de investigación muy promisorio y consistente (Universidad Federal de Río de Janeiro, Brasil). En un rescate crítico de los valiosos legados de los autores "del desarrollo" latinoamericanos, centralmente Raúl Prebisch y Celso Furtado, proponen enriquecerlos con una más correcta conceptualización de la problemática de las formas de generación y apropiación del excedente en nuestros países sobre la base de la teoría "moderna" sraffiana del excedente.

El *surplus approach* o enfoque del excedente, en cuanto da fundamento lógico, es funcional también a una explicación de las crisis del capitalismo vinculando la desigual distribución del ingreso (y la riqueza) a los problemas de insuficiencia de la demanda agregada. Tal como vislumbra Marx (y Keynes y Kalecki), y no Ricardo, al respecto, que era tributario de la ley de Say. Este es un punto de partida teórico que cuestiona radicalmente muchas de las ideas más difundidas. Así, bajar el gasto público para crecer es una contradicción e, incluso, tomando en cuenta que el Estado recauda sobre la base del nivel de actividad económica, existe abundante evidencia empírica que muestra cómo lo que esto termina generando paradójicamente es un aumento de los déficits fiscales. Las ideas "neoliberales" de que hay que ahorrar para invertir, de que "no se puede vivir por encima de las posibilidades" y de que bajar salarios sirve para aumentar el empleo también se revelan como ilógicas y contrarias a la experiencia histórica en que más bien suelen aumentar (o disminuir) conjuntamente salarios, impuestos, gasto público, empleo, inversiones y PBI. La teoría económica incluye conocimientos que permiten sostener altos niveles de empleo y crecimiento, pero sus límites están en la política, tal como explicó lúcidamente Michał Kalecki en su ensayo *Aspectos políticos del pleno empleo* en 1943.

Recordemos que Marx deja planteadas distintas explicaciones acerca de las crisis capitalistas. Los sraffianos se apartan críticamente de la idea común de muchos herederos marxistas sobre la ley conocida como "de la tendencia decreciente de la tasa de ganancia", en cuanto esta última está relacionada íntimamente con la resignificada teoría del valor trabajo. Los sraffianos plantean, en cambio, la idea, parafraseando al propio Marx, de "entender para transformar" la realidad, valorizando la teoría, el rigor en las causalidades y deducciones y la explicitación de los canales para explicar hechos reales. Pretenden, según sus propias palabras, salir de todo planteo religioso y dogmático, basado en la supuesta autoridad de "escrituras sagradas".

Partir de David Ricardo y la mirada sraffiana no implica negar la realidad de explotación y degradación humana que genera el capitalismo y su lógica sistémica. Por el contrario, se fortalece el materialismo y la innegable continuidad entre Marx, Smith y Ricardo al respecto, poniendo el foco en la actividad humana creativa en la historia, es decir, en lo que puede sintetizarse como el análisis de las fuerzas productivas y las relaciones de poder entre clases sociales, las relaciones de producción (Serrano, 2006).

En cuanto a la aplicación del modelo de Sraffa en Argentina, Braun (1973) elabora una versión de la teoría del intercambio desigual y del imperialismo, originalmente planteada por Arghiri Emmanuel, integrando parte de ese aparato conceptual y metodológico: "Estoy convencido de que, de la apropiación por parte de la economía marxista de los resultados obtenidos por la Escuela de Cambridge, puede esperarse, en este y otros campos de análisis, un enriquecimiento sustancial de la teoría marxista".

Finalmente, estamos lejos de pretender agotar aquí este marco teórico sraffiano. Por el contrario, solo se buscó presentar e introducir lo que constituye una excelente y promisoria tradición teórica plenamente vigente, poco conocida entre la selva de confusiones y jueguitos abstractos de la predominante "economía vulgar" marginalista. Un trabajo altamente recomendable para ampliar estudios al respecto es el libro del profesor Alejandro Fiorito (2019), publicado a través de la editorial de la Universidad Nacional de Moreno. Otra excelente referencia en cuanto a difusión de autores sraffianos es el sitio de la revista *Circus*, en bit.ly/3sebaTo.

Bibliografía

Aguiar de Medeiros, Carlos (2001), "Instituições, Estado e Mercado no processo do desenvolvimento económico", en *Revista de Economía Contemporánea*, Río de Janeiro, 5(1).

Arceo, Ernesto (2003), *Argentina en la Periferia Próspera. Renta Internacional, dominación oligárquica y modo de acumulación*, Editorial Universidad Nacional de Quilmes, FLACSO, IDEP, Buenos Aires.

Barán, Paul y Paul Sweezy (1968), *El capital monopolista*, Siglo XXI Editores, Buenos Aires.

Benetti, Carlo (1978), *Valor y distribución*, ed. Saltés, Madrid.

Boyer, Robert y Geneviève Schméder (1990), "Division du travail, changement technique et croissance. Un retour à Adam Smith", en *Revue Française d'Économie*, París.

Bus, Ana y José Luis Nicolini (2015), *La renta diferencial agrícola en Argentina en 1986-2008, con datos de panel y co-integración*, Económica, La Plata, Vol. LXI.

Braun, Oscar (1973), *Comercio internacional e imperialismo*, Siglo XXI Editores, Buenos Aires.

Cartelier, Jean (1981), *Excedente y reproducción*, Fondo de Cultura Económica, Ciudad de México.

Cesaratto, Sergio (2018), *Seis clases sobre economía. Conocimientos necesarios para entender la crisis más larga (y como salir de ella)*, Ediciones UNM Editora, Universidad Nacional de Moreno.

Clastres, Pierre (2016), *La sociedad contra el Estado*, Virus Editorial, Barcelona.

Crespo, Eduardo y Juan Matías de Lucchi (2010), *Impacto de la industrialización china en las estrategias de desarrollo*, en *Revista Argentina Heterodoxa. Debate sobre Economía y Desarrollo*, año 1, n.º 1, CIGED, UNSAM, San Martín.

Diamond, Jared (2006), *Armas, gérmenes y acero: breve historia de la humanidad en los últimos trece mil años*, Debate, Madrid.

Dobb, Maurice (1945), *Economía política y capitalismo*, Fondo de Cultura Económica, Ciudad de México.

Emmanuel, Arghiri (1972), *Unequal Exchange: A Study of the Imperialism of Trade*, Monthly Review Press, Nueva York.

Fiorito, Alejandro (2019), *Piero Sraffa. Los fundamentos de la teoría clásica del excedente*, UNM Editora, Universidad Nacional de Moreno.

Flichman, Guillermo (1977), *La renta del suelo y el desarrollo agrario argentino*, Siglo XXI Editores, Ciudad de México.

Harvey, David (2010), *El enigma del capital y las crisis del capitalismo*, Ed. Akal, Madrid.

Iñigo Carrera, Juan (2007), *La formación económica de la sociedad argentina. Volumen I, Renta agraria, ganancia industrial y deuda externa, 1982-2004*, Imago Mundi, Buenos Aires.

Kalecki, Michał (1972), "Aspectos políticos del pleno empleo", en Hunt, E. K. y J. G. Schwartz, *Crítica de la teoría económica*, El Trimestre Económico, Fondo de Cultura Económica, Ciudad de México.

Krugman, Paul y Maurice Obstfeld (1994), *Economía internacional. Teoría y política*, MacGraw Hill, Madrid.

Laclau, Ernesto (1969), "Modos de producción, sistemas económicos y población excedente. Aproximación histórica a los casos argentino y chileno", *Revista Latinoamericana de Sociología*, Vol. V, n.º 2, Buenos Aires.

Lafay, Gérard y Colette Herzog (1989), *Commerce international: la fin des avantages acquis*, Economica, París.

Lenin, Vladimir (1973) (1), *Imperialismo, fase superior del capitalismo*, Anteo, Buenos Aires.

Lindenboim, Javier y Agustín Salvia (coord.) (2015), *Hora de balance: proceso de acumulación, mercado de trabajo y bienestar. Argentina 2002-2014*, Eudeba, Buenos Aires.

List, Federico (1979), *Sistema nacional de economía política*, Fondo de Cultura Económica, México.

Manzanelli, Pablo (2016), "Grandes empresas y estrategias de inversión en Argentina 2002-2012", *Desarrollo Económico*, Vol. 56, n.º 218, Buenos Aires.

Mathis, Jean, Jacques Mazier y Dorothée Rivaud-Danset (1988), *La competitivité industrielle*, IRES, De Dunod.

McCombie, John, Maurizio Pugno y Bruno Soro (2002), *Productivity Growth and Economic Performance. Essays on Verdoorn's Law*, Palgrave Macmillan, Londres.

Medeiros, C. y Serrano, F. (2004), "O desenvolvimento econômico e a retomada da abordagem clássica do excedente", *Revista de Economía Política*, Vol. 24, n.º 2 (94).

Milanovic, Branko (2017), *Desigualdad mundial. Un nuevo enfoque para la era de la globalización*, Fondo de Cultura Económica, Ciudad de México.

Nochteff, Hugo (1988), "Neoconservadurismo y subdesarrollo. Una mirada a la economía argentina", en *Economía argentina a fin de siglo: fragmentación presente y desarrollo ausente*, FLACSO, Eudeba, Buenos Aires.

Passinetti, Luigi (1984), *Lecciones de teoría de la producción*, Fondo de Cultura Económica, México.

Plasencia, Adela (1975), *Renta agraria y acumulación*, Informes de Becarios n.º 5 del PIETTE del CONICET (Programa de Investigaciones Económicas sobre Tecnología, Trabajo y Empleo), Buenos Aires.

Porter, Michel (1991), *La ventaja competitiva de las naciones*, Ed. Javier Vergara, Buenos Aires.

Ricardo, David (1984), *Principios de economía política y tributación*, Fondo de Cultura Económica, Ciudad de México.

Robinson, Joan (1976), *Relevancia de la teoría económica*, Editorial Martínez Roca, Novo curso, Barcelona.

Serrano, Franklin (2006), "Observaciones sobre la interpretación sraffiana de la teoría del valor en Marx", texto presentado en la Conferencia de la Universidad Nacional de Luján, Luján.

Shaik, Anwar (2006), *Valor, acumulación y crisis. Ensayos de economía política*, Ediciones RyR, Buenos Aires.

Sraffa, Piero (1966), *Producción de mercancías por medio de mercancías*, por Oikos-Taum, Barcelona.

Sturzenegger, Federico (2003), *La economía de los argentinos. Reglas de juego para una sociedad próspera y justa*, Planeta, Buenos Aires.

Wallerstein, Immanuel (2011), *El moderno sistema mundial*, tomos i a iv, Siglo xxi Editores, Ciudad de México.

Wallerstein, Immanuel (2014), *El capitalismo histórico*, Siglo XXI Editores, Ciudad de México.

Marx y la crítica de la economía política: el capitalismo, un régimen social de explotación que engendra su propia crisis

José Castillo

Karl Marx permite a la economía política alcanzar un punto altísimo, tal vez su cumbre, con su obra monumental: *Das Kapital. Kritik der politischen Ökonomie* (1867). ¿Necesitamos leerlo en el siglo XXI? Sin duda, a condición de que no se trate de una mera obligación académica, o tenga el objeto de sumar simplemente una nueva "interpretación" a las numerosas ya existentes. Marx, refiriéndose a sus libros, rotos, marcados, deslomados, decía: "Son mis esclavos". *El capital*, un texto inmenso, de una riqueza de contenidos que supera lo alcanzable por un solo lector en toda una vida, no debe ser tratado como una biblia. Los que nos ubicamos dentro de la tradición marxista sabemos que tenemos que ser críticos (dándole todo el valor a esa palabra), en primera instancia del propio Marx. *El capital*, entonces, lo necesitamos leer, releer y estudiar, para transformar el mundo, como planteaba el propio Marx (2006) (1) en la *tesis XI de Feuerbach*. Y transformar el mundo quiere decir, en la única clave de lectura que no falsea el contenido completo del pensamiento de Marx, ayudar a derribar revolucionariamente el capitalismo, un sistema social que, si sigue sobreviviendo, va a llevar aceleradamente a la humanidad hacia la barbarie.

El capital es mucho más que un mero texto de economía. El subtítulo *Crítica de la economía política* es la clave. Marx va a cuestionar los límites de la disciplina de su tiempo. Cientos de autores han explicado en qué consiste esa crítica: un cuestionamiento a la falta de historicidad de las categorías básicas de la economía política clásica (Smith y Ricardo). Que, en un nivel más elevado de abstracción, nos lleva a la crítica de la fetichización de esas mismas categorías (mercancía, valor, dinero, capital). Y una demolición (ya no "crítica", porque, en la tradición filosófica clásica alemana, solo se critica lo que efectivamente vale la pena) a todo lo que se va a denominar la "economía vulgar", "apologética", de su tiempo. Que, recordémoslo, es el antecedente más cercano al giro al marginalismo y al subjetivismo que se desencadenará en el pensamiento económico a partir de 1870.

Es enorme la cantidad de controversias abiertas a partir de la obra de Marx. Una de ellas remite a si Marx se limitó a escribir en este libro exclusivamente una crítica a la economía política como disciplina (existente en su tiempo) o, por el contrario, como es nuestra posición, subsumió e incorporó en *El capital* la totalidad de su plan de trabajo de juventud, debate que planteamos en Castillo (2007). De esta manera, sus proyectadas "críticas al derecho", "al Estado", no quedaron como textos pendientes y nunca escritos, sino que aparecen en la textualidad del propio *El capital*. Nótese la importancia de este posicionamiento para cuestionar posturas como las de Miliband y Poulantzas (1991), que planteaban la construcción de una "ciencia política marxista" o "sociología marxista" a partir de los otros textos de Marx (*Manifiesto comunista, XVIII Brumario de Luis Bonaparte*, etcétera), ya que, según ellos, en *El capital* se encontraría "solo" la crítica a la economía política.

En este texto queremos referirnos a la potencia crítica de *El capital*, relacionada con la propia disciplina que se ha dado en llamar "ciencia económica". Esto nos llevará a un terreno de enfrentamiento donde también diferiremos de algunos planteos de lo que se denomina genéricamente "heterodoxia económica", donde, fundamentalmente a partir de algunas interpretaciones de Keynes o David Ricardo (vía Piero Sraffa), se ha intentado responder a la ortodoxia alejándose del núcleo central de planteos del propio Marx.

El pensamiento de Marx

No es el objetivo de este capítulo un desarrollo global del pensamiento de Marx o de lo que comúnmente se conoce como "marxismo". Sí tenemos la necesidad de dar las claves básicas para poder ingresar con seguridad al análisis de las categorías específicamente propias de *El capital*. Sabemos el peligro al que nos exponemos: no se puede desgajar a Marx en "sociología", "política" o "economía", ya que eso es exactamente lo que el propio autor nos cuestionaría, diciéndonos con razón que no comprendimos de qué se trata la crítica a la economía política. Leamos este apartado, entonces, como un simple resumen introductorio a reflexiones que se realizan con mayor extensión en otros textos.

Comencemos por preguntarnos, como se ha hecho clásicamente, por las "fuentes" del marxismo, sus premisas, o "partes integrantes". Seguimos aquí el planteo tradicional de Lenin (1960):

> El marxismo es el sistema de las ideas y concepciones de Marx. Marx continuó y dio genial cima a las tres principales corrientes ideológicas del siglo XIX, representadas por los tres países más avanzados de la humanidad: la filosofía clásica alemana, la economía política clásica inglesa y el socialismo francés, vinculado con las teorías revolucionarias francesas en su conjunto.

Ubiquemos a la primera fuente, la filosofía clásica alemana, entendida como el enorme desarrollo filosófico que se da en esa área de Europa (aún Alemania no existía como Estado nación unificado) desde Kant en adelante, y en particular con los tres grandes "idealistas": Fitche, Schelling y (sin duda el más importante) Hegel. Marx, formado académicamente en filosofía en la Universidad de Berlín en la década del 30 del siglo XIX, se va a ubicar originariamente en lo que se conocía como la izquierda hegeliana. Ahí va a realizar un tortuoso trabajo de apropiación y crítica del pensamiento de Hegel, hasta arribar a su propia concepción. Así lo sintetizará Lenin (1973):

> La filosofía del marxismo es el materialismo. [...]. Pero Marx no se detuvo en el materialismo del siglo XVIII, sino que desarrolló la filosofía llevándola a un nivel superior. La enriqueció con los logros de la filosofía clásica alemana, en especial con el sistema de Hegel, el que, a su vez, había conducido al materialismo de Feuerbach. El principal de estos logros es la dialéctica, es decir la doctrina del desarrollo en su forma más completa, profunda y amplia, la doctrina acerca de lo relativo del conocimiento humano, que nos da un reflejo de la materia en perpetuo movimiento [...] Marx profundizó y desarrolló totalmente el materialismo filosófico, e hizo extensivo el conocimiento de la naturaleza al conocimiento de la sociedad humana. El materialismo histórico de Marx es una enorme conquista del pensamiento científico. Al caos y la arbitrariedad que imperaron hasta entonces en los puntos de vista sobre historia y política, sucedió una teoría científica asombrosamente completa y armónica, que muestra cómo, en virtud del desarrollo de las fuerzas productivas, de un sistema social surge otro más elevado; como del feudalismo, por ejemplo, nace el capitalismo.

La importancia del planteo de Marx, deducido de la filosofía de la historia hegeliana, es inmenso: la historia tiene un "sentido", puede "explicarse", se despliega a partir de la relación contradictoria entre el desarrollo de las fuerzas productivas y las relaciones sociales de producción en cada momento histórico. Pero, a la vez, ese movimiento es contradictorio, "dialéctico", de resultado abierto. Como brillantemente lo sintetizará Marx (1973) (1) en su enunciado más famoso: "La historia de todas las sociedades que han existido hasta nuestros días es la historia de las luchas de clases".

Articulemos ahora esto con la segunda fuente, el socialismo utópico francés y, como dice Lenin, el pensamiento revolucionario francés en su conjunto, entendiendo por tal toda la síntesis producida por la Revolución francesa desde

1789. Rescataremos de esto dos elementos. El primero es la importancia de la revolución social como factor de cambio. Marx claramente vive lo que Eric Hobsbawm (1998) va a llamar "la era de las revoluciones". 1789, 1830 y 1848 se "encadenarán" en la vida y la reflexión teórica de Marx (a ello podemos sumar 1871 y la Comuna de París). Pero, tras la Revolución francesa de 1789 y su derrotero posterior, queda claro que lo que ha emergido no es el reino de "la libertad, la igualdad y la fraternidad", sino un nuevo régimen de explotación, miseria y división de clases. Distinto, sin dudas, al anterior. Las nuevas clases explotadas, el "proletariado", como se lo va a empezar a conocer en las primeras décadas del siglo XIX, será diferente a los viejos estamentos sometidos del Medioevo. Es urbano, se organiza de otra manera (surgen los sindicatos), sus métodos de lucha son otros (tras un breve período de destrucción de máquinas –llamado "ludismo"–, lo que prevalecerá será la huelga y la manifestación de masas), aparece y crece ligado al desarrollo de las fábricas modernas, e incluso, a partir de la década de 1830, empieza a esbozar algunos atisbos de organización política en forma independiente a las fuerzas entonces dominantes (sean burguesas o del Antiguo Régimen).

Diversas figuras como Robert Owen, Charles Fourier o Henri de Saint-Simon van a plantear distintas propuestas de sociedades "ideales" alternativas al capitalismo. Se los conocerá por eso como "socialistas utópicos". En líneas generales, ya que las diferencias entre todos ellos son muy grandes, lo que aparece es una crítica a la propiedad privada y al mercado como mecanismo articulador (Saint-Simon será el primero que pondrá eje en el concepto de la planificación). Se tratará de una forma "moderna", bien del siglo XIX, de volver a poner en debate los viejísimos planteos sobre el "comunismo", que se pierden en el fondo de la historia. Recordemos que podemos encontrar estas discusiones en *La república* de Platón, en *Utopía* de Tomás Moro, entre otras obras.

Frente a todo esto, Marx cuestionará el carácter "utópi-co" de estos autores, y su esfuerzo por construir sociedades ideales sin poder precisar quiénes serían los agentes políticos y sociales que las llevarían adelante. Nuestro autor le opondrá a ese socialismo utópico lo que el llamará un "socialismo científico". Para ello plantea que es necesario estudiar y buscar en la sociedad actual las contradicciones y actores que permitan acceder a un tipo de sociedad superior. En síntesis, se tratará de estudiar el capitalismo, su desarrollo, sus crisis y su eventual colapso.

Por eso resulta tan importante la tercera fuente del marxismo: la economía política clásica inglesa. Será Federico Engels quien llamará la atención a Marx acerca de la producción teórica que va acompañando ese fenomenal cambio que se viene dando en Gran Bretaña de la mano de la Revolución Industrial. Los dos autores que interesarán a Marx en primer término serán justamente Adam Smith y David Ricardo (aunque, *a posteriori*, tendrá un gran respeto por William Petty y François Quesnay).

El acercamiento de Marx a la economía política

El primer texto en el que Marx hace un planteo crítico explícito de un texto de economía política es en sus manuscritos del año 1844. Conocidos justamente bajo el nombre de *Manuscritos económico-filosóficos*, nuestro autor fija una primera mirada sobre algunas partes de los textos centrales de Adam Smith y David Ricardo. Sin abandonar todavía su foco central de la "crítica a la filosofía" y utilizando centralmente las categorías antropológicas de Ludwig Feuerbach (a las que criticará al año siguiente en sus famosas *Tesis sobre Feuerbach*), el centro de la crítica de Marx se desarrollará a partir del uso de la categoría de alienación/enajenación.

Sin pretender agotar el tema, reflexionemos sobre algunos de los párrafos salientes de este texto brillante.

Justamente en el apartado 4 de este, denominado "el trabajo alienado", Marx (2006) (2) comienza de la siguiente manera:

> Hemos partido de las premisas de la economía política. Hemos aceptado su terminología y sus leyes. Dimos por supuestas la propiedad privada, la separación del trabajo, capital y tierra, y la de salario, beneficio del capital y renta de la tierra; admitimos la división del trabajo, la competencia, el concepto de valor de cambio, etc. A partir de la misma economía política, con sus mismas palabras, hemos demostrado que el trabajador queda rebajado a mercancía, a la más miserable de todas las mercancías; que la miseria del obrero está en razón inversa de la potencia y magnitud de su producción; que el resultado necesario de la competencia es la acumulación del capital en pocas manos, es decir, la más terrible reconstitución de los monopolios; que, por último, desaparece la diferencia entre capitalistas y terratenientes, entre campesino y obrero fabril, y la sociedad toda ha de quedar dividida en las dos clases de propietarios y trabajadores desposeídos.

Acá, como vemos, ya hay muchas de las afirmaciones más importantes de Marx. Sin embargo, en dicho texto no se avanzará en un intento de comprensión de conjunto del sistema capitalista, ni siquiera de sus categorías teóricas más importantes (mercancía, dinero, valor, capital). Marx, por el contrario, siguiendo a Feuerbach (y en un sentido más lejano al propio Hegel de la dialéctica del amo y el esclavo en la *Fenomenología del espíritu*), se concentrará en la ya citada categoría de alienación/enajenación. Y acá vale una aclaración: si bien vamos a utilizar los dos términos en castellano de forma indiferente, las palabras alemanas tienen significados diferentes: "alienación" debe traducirse por *Entfremdung* ('extrañamiento', 'sentirse extraño a algo'), mientras que "enajenación" es *Entäusserung* ('renunciar a algo', 'abandonar algo', 'vender algo').

Leamos los *Manuscritos*, donde dice Marx (2006) (1): "El trabajador es más pobre cuanta más riqueza produce, cuanto más incrementa su producción en potencia y en volumen. [...]. La desvalorización del mundo humano crece en razón directa de la valorización del mundo de las cosas".

Y, para explicar esto, Marx hablará de las distintas dimensiones de la alienación del trabajador. La primera será que el obrero está alienado de los propios bienes que produce, ya que no puede disponer de sus productos, que no son su propiedad, sino que pertenecen al patrón. La segunda remite a que el trabajador se encuentra alienado con respecto al propio proceso de trabajo, ya que la propia organización de la producción le es algo extraño, que no depende de sus decisiones ni voluntad. La tercera, señala Marx, es la alienación del obrero con respecto a su propio "ser genérico". Este término, tomado de Feuerbach, tiene una enorme profundidad, porque remite al desgarramiento con respecto al propio ser humano como especie y a su separación (y extrañamiento) con respecto a la naturaleza. Por último, Marx también agrega algo que podemos llamar una "cuarta dimensión" de la alienación: la alienación "del hombre respecto del hombre" (así lo escribe), para referirse a la separación de los seres humanos entre sí, al enfrentamiento de unos con otros, al considerar a los otros como "extraños" (competidores, agregaríamos nosotros).

Marx va a continuar avanzando con sus reflexiones sobre economía política en varios textos (destacamos *Miseria de la filosofía* y *discurso sobre el libre cambio*, ambos de 1847). Pero donde hará un primer planteo acabado sobre qué significa el capitalismo será en el *Manifiesto comunista*, publicado en febrero de 1848. Citaremos a continuación unos pocos párrafos, centrales para nuestro análisis posterior, de Marx (1973) (1):

> La moderna sociedad burguesa, que ha salido de entre las ruinas de la sociedad feudal, no ha abolido las contradicciones de clase. Únicamente ha sustituido las viejas clases, las viejas formas de opresión, las viejas formas de lucha por otras nuevas [...]. De los siervos de la Edad Media surgieron los villanos libres de las primeras ciudades; de este estamento urbano salieron los primeros elementos de la burguesía.

El descubrimiento de América y la circunnavegación de África ofrecieron a la burguesía en ascenso un nuevo campo de actividad. Los mercados de las Indias y de China, la colonización de América, el intercambio con las colonias, la multiplicación de los medios de cambio y de las mercancías en general imprimieron al comercio, a la navegación y a la industria un impulso hasta entonces desconocido y aceleraron, con ello, el desarrollo del elemento revolucionario de la sociedad feudal en descomposición.

La antigua organización feudal o gremial de la industria ya no podía satisfacer la demanda, que crecía con la apertura de nuevos mercados. Vino a ocupar su puesto la manufactura. La clase media industrial suplantó a los maestros de los gremios; la división del trabajo entre las diferentes corporaciones desapareció ante la división del trabajo en el seno del mismo taller.

Pero los mercados crecían sin cesar; la demanda iba siempre en aumento. Ya no bastaba tampoco la manufactura. El vapor y la maquinaria revolucionaron entonces la producción industrial. La gran industria moderna sustituyó a la manufactura; el lugar de la clase media industrial vinieron a ocuparlo los industriales millonarios –jefes de verdaderos ejércitos industriales–, los burgueses modernos.

La gran industria ha creado el mercado mundial, ya preparado por el descubrimiento de América. El mercado mundial aceleró prodigiosamente el desarrollo del comercio, de la navegación y de todos los medios de transporte por tierra. Este desarrollo influyó a su vez en el auge de la industria, y a medida que se iban extendiendo la industria, el comercio, la navegación y los ferrocarriles, desarrollábase la burguesía, multiplicando sus capitales y relegando a segundo término a todas las clases legadas por la Edad Media.

La burguesía moderna, como vemos, es por sí mismo fruto de un largo proceso de desarrollo, de una serie de revoluciones en el modo de producción y de cambio.

[...] La burguesía no puede existir sino a condición de revolucionar incesantemente los instrumentos de producción y, por consiguiente, las relaciones de producción, y con ello todas las relaciones sociales.

[...] Una revolución continua en la producción, una incesante conmoción de todas las condiciones sociales, un movimiento y una inseguridad constantes distinguen la época burguesa de todas las anteriores. Todas las relaciones sociales estancadas y enmohecidas, con su cortejo de creencias y de ideas admitidas y veneradas durante siglos, quedan rotas; las nuevas se hacen añejas antes de haber podido osificarse. Todo lo estamental y estancado se esfuma; todo lo sagrado es profanado, y los hombres al fin, se ven forzados a considerar serenamente sus condiciones de existencia y sus relaciones recíprocas.

Espoleada por la necesidad de dar cada vez mayor salida a sus productos, la burguesía recorre el mundo entero. Necesita anidar en todas partes, establecerse en todas partes, crear vínculos en todas partes.

Mediante la explotación del mercado mundial, la burguesía dio un carácter cosmopolita a la producción y al consumo de todos los países [...].

La burguesía, con su dominio de clase, que cuenta apenas un siglo de existencia, ha creado fuerzas productivas más abundantes y más grandiosas que todas las generaciones pasadas juntas. El sometimiento de las fuerzas de la naturaleza, el empleo de las máquinas, la aplicación de la química a la industria y a la agricultura, la navegación de vapor, el ferrocarril, el telégrafo eléctrico, la adaptación para el cultivo de continentes enteros, la apertura de los ríos a la navegación, poblaciones enteras surgiendo de la tierra como por encanto. ¿Cuál de los siglos pasados pudo sospechar siquiera que semejantes fuerzas productivas dormitasen en el seno del trabajo social?

Como vemos, Marx le da suma importancia al surgimiento del modo de producción capitalista, y lo ubica como un enorme salto adelante con respecto al feudalismo. Sin embargo, no dejará de marcar sus contradicciones:

[...] toda esta sociedad burguesa moderna, que ha hecho surgir tan potentes medios de producción y de cambio, se asemeja al mago que ya no es capaz de dominar las potencias infernales que ha desencadenado sus conjuros. Desde hace algunas décadas, la historia de la industria y del comercio no es más que la historia de la rebelión de las fuerzas productivas contra las actuales relaciones de producción, contra

las relaciones de propiedad que condicionan la existencia de la burguesía y su dominación. [...]. Las relaciones burguesas resultan demasiado estrechas para contener las riquezas creadas en su seno. ¿Cómo vence esta crisis la burguesía? Por una parte, por la destrucción obligada de una masa de fuerzas productivas; por otra, por la conquista de nuevos mercados y la explotación más intensa de los antiguos. ¿De qué modo lo hace, entonces? Preparando crisis más extensas y más violentas y disminuyendo los medios de prevenirlas.
[...]Pero la burguesía no ha forjado solamente las armas que deben darle muerte; ha producido también los hombres que empuñarán esas armas: los obreros modernos, los proletarios.
En la misma proporción en que se desarrolla la burguesía, es decir, el capital, desarrollase el proletariado, la clase de los obreros modernos, que no viven sino a condición de encontrar trabajo, y lo encuentran únicamente mientras su trabajo acrecienta el capital.

A posteriori del *Manifiesto,* Marx se verá obligado a "explicar" más a fondo su concepción económica, en particular su teoría de la explotación. Lo hará en forma extensa por primera vez en una serie de artículos publicados en el año 1849, luego recopilados bajo el título *Trabajo asalariado y capital.* Sin embargo, será a partir de su instalación en Londres en 1850 cuando nuestro autor comenzará un trabajo sistemático de relecturas y reflexiones que lo llevarán a la publicación de su obra magna: *El capital.*

Muchos de los textos preparatorios son de gran valor. Una parte muy importante ha sido publicada (se los conoce como los *Grundisse* o en su tradición castellana, *Elementos fundamentales de Crítica de la Economía Política* –Marx, 2007–). Incluso Marx llegará a publicar una obra en 1859, denominada *Contribución a la crítica a la economía política* (Marx, 1970), que contendrá un "anticipo" del primer capítulo de lo que después será *El capital.* De este texto, queremos rescatar unos párrafos de su prefacio, que contiene una de las más brillantes síntesis de toda la concepción marxista:

[...] las relaciones jurídicas, así como las formas de Estado, no pueden explicarse por sí mismas ni por la llamada evolución general del espíritu humano; que se originan más bien en las condiciones materiales de existencia que Hegel, siguiendo el ejemplo de los ingleses y franceses del siglo XVIII, comprendía bajo el nombre de "sociedad civil"; pero que la anatomía de la sociedad civil hay que buscarla en la Economía Política [...]. El resultado general a que llegué y que, una vez obtenido, me sirvió de guía para mis estudios, puede formularse brevemente de este modo: en la producción social de su existencia, los hombres entran en relaciones determinadas, necesarias, independientes de su voluntad; estas relaciones de producción corresponden a un grado determinado de desarrollo de sus fuerzas productivas materiales. El conjunto de estas relaciones de producción constituyen la estructura económica de la sociedad, la base real, sobre la cual se eleva una superestructura jurídica y política y a la que corresponden determinadas formas de conciencia social. El modo de producción de la vida material condiciona el proceso de vida social, política e intelectual en general. No es la conciencia de los hombres la que determina su ser; por el contrario, su ser social es lo que determina su conciencia. En una fase determinada de su desarrollo, las fuerzas productivas de la sociedad entran en contradicción con las relaciones de producción existentes o, lo cual no es más que su expresión jurídica, con las relacione de propiedad en cuyo interior se habían movido hasta entonces. De formas evolutivas de las fuerzas productivas que eran, estas relaciones se convierten en trabas de estas fuerzas. Entonces se abre una época de revolución social. El cambio que se ha producido en la base económica trastorna más o menos lenta o rápidamente toda la colosal superestructura.

¿Qué es *El capital*?

La pregunta parece de Perogrullo. Pero merece su explicación. Estamos hablando de una obra "viva" e inconclusa. Recordemos que Marx exclusivamente publica en vida el tomo I en 1867, que lleva como subtítulo "El proceso de producción del capital". Pero aun este texto sufre al menos dos modificaciones importantes: la que se produce con la primera edición en la traducción francesa de Roy (1871-1875), donde el propio Marx interviene y "corrige" su texto en alemán; y la mucho más importante, y diríamos definitoria, modificación que se produce en la segunda edición alemana (1873), donde hay un reordenamiento y algunas modificaciones conceptuales fundamentales en el primer capítulo de la obra.

Pero, aun el mero hecho de comprender a fondo el tomo I, nos requiere retroceder a dos textos anteriores. En primer lugar, a la ya citada *Contribución a la crítica de la economía política* (1859), ya que el propio Marx en el prólogo a *El capital* insiste en que este se trata de una "continuación" a dicha obra. Y que la sección primera del tomo I (capítulos 1, 2 y 3) no es más que un resumen de aquella, aunque ha excluido todo lo referente a la historia de la teoría del valor y el dinero. Permítasenos diferir respetuosamente del propio Marx: la elaboración de la teoría del valor y la derivación de categorías (mercancía, valor, dinero) presentes en el capítulo 1 de la sección primera y el capítulo 3 referido al dinero contienen elaboraciones mucho más desarrolladas y maduras que la *Contribución*. Aunque es cierto que adolecen del erudito recorrido histórico que Marx presenta en el texto de 1859, y que resulta sumamente importante para poner en contexto sus ideas.

Pero, a la vez, la plena comprensión tanto de *El capital* como de la propia *Contribución* solo puede hacerse retrocediendo a sus propios materiales de elaboración, los *Elementos fundamentales para la crítica de la economía política [Grundisse] (1857-1858)*. En estos manuscritos no solo se encuentran numerosas claves de interpretación para todo el tomo I, empezando por el monumental "método de la economía política", presente en la introducción, sino también las primeras claves para un descubrimiento fundamental de Marx: que la ganancia y la renta son solo formas de una categoría que las engloba, y que aquí está la clave del funcionamiento del sistema capitalista, la plusvalía.

Tenemos entonces esta primera tríada (*El capital* tomo I, la *Contribución* y los *Grundisse* de 1857-1858). A ello le tenemos que agregar que la obra solo se completa con los tomos II y III, publicados por Federico Engels luego de la muerte de Marx en 1885 y 1894, respectivamente. Pero, y aquí está la clave, escritos antes que el tomo I. Esto es sumamente importante: con ello se derrumba toda la crítica "fácil" a Marx hecha por el pensamiento neoclásico/marginalista, principalmente por Böhm-Bawerk (2000), que sostiene que los planteos de la teoría del valor trabajo y la plusvalía no pueden sostenerse con la tendencia a la igualación a las tasas de ganancia, porque Marx "habría construido *a posteriori*" una imperfecta solución en el tomo III.

La lectura atenta de los manuscritos de 1861-1863 y de la llamada "tercera redacción de *El capital*" (1863-1865) nos demuestra que Marx elabora los materiales de los tomos II (*El proceso de circulación del capital*) y III (*El proceso de producción capitalista en su conjunto*) antes de la redacción definitiva del tomo I (en 1866). Más aún, en medio del proceso de redacción de esos años, Marx se detiene a dar un larguísimo rodeo donde recorre detalladamente todo el pensamiento económico existente hasta entonces, produciendo las páginas que luego Karl Kautsky publicará en 1905 bajo el título *Historia crítica de la teoría de la plusvalía* y que algunos han dado en llamar, injustificadamente, el "tomo IV" de *El capital*. Señalemos que varios autores se han destacado en seguir la "construcción" de *El capital*. Recomendamos a Rosdolsky (1978) y la tríada de Enrique Dussel: *La producción teórica en Marx, Un Marx desconocido: un comentario de los manuscritos 1861-1863* y *El último Marx (1863-1882) y la liberación latinoamericana*, en todos los casos publicados por Siglo XXI Editores.

Todos los borradores de Marx, más algunas modificaciones menores (principalmente sobre el tomo II) y algunas notas marginales al tomo I, son los tenidos en cuenta por

Engels para las ediciones tercera y cuarta del tomo I (que quedará a partir de allí como "definitivo" en 1890) y para la publicación de los tomos II y III.

El conjunto de estos escritos, más las cartas que sobre el tema intercambian Marx y Engels a lo largo de los años, y algunos textos tardíos de Marx (como las *Notas marginales al tratado de economía política de Adolph Wagner*, escritas entre 1879-1880), constituyen una vasta obra única, que solo puede ser comprendida abordándola en su totalidad. Una "popularización" en un estadio ya maduro de la escritura de Marx puede encontrarse en las conferencias de 1865 ante la Asociación Internacional de Trabajadores (I Internacional), que se encuentran publicadas como *Salario, precio y ganancia*.

Todo esto citado previamente es *El capital* en su plenitud. Precisemos brevemente la relación de este conjunto con algunos textos anteriores. Volvamos sobre ese primer "encuentro" con la economía política como disciplina que da lugar en Marx a los *Manuscritos económico-filosóficos de 1844*. Texto donde, como ya explicamos, aparece el concepto de alienación/enajenación. Precisemos la ubicación correcta de este material. Como bien lo señala el propio Marx (2006) en dicho texto: "Hemos partido de las premisas de la economía política. Hemos aceptado su terminología y sus leyes". Por lo tanto, no hay aquí todavía una "crítica" de la economía política. Sin embargo, esta simple lectura, cruzada por las categorías de la filosofía clásica alemana (principalmente Feuerbach), le permite ya plantear el problema de la alienación/enajenación, antecedente a lo que luego en *El capital* será desarrollado como "el fetichismo de la mercancía". Algunos autores, encabezados por Luis Althusser (1969 y 1970) (ver *La revolución teórica en Marx* y *Para leer* El capital), rechazan el carácter "científico" de los *Manuscritos económico-filosóficos de 1844* remitiéndolos a una etapa "premarxista" del autor (junto con todas las obras de juventud), anteriores a una supuesta ruptura epistemológica que se producirá alrededor de las *Tesis de Feuerbach* y la *Ideología alemana*. No es nuestra lectura: el concepto de "alienación" permanece, es reconvertido y vuelto a utilizar en varios momentos durante la preparación de *El capital*.

Pero sí es cierto que hay una "ruptura" en Marx que aún no se ha producido: su quiebre definitivo con David Ricardo. La relación compleja y contradictoria entre Marx y Ricardo, de "crítica y recaída de Marx en las concepciones ricardianas", atravesará diversos textos: *La miseria de la filosofía*, el *Manifiesto comunista* y especialmente *Trabajo asalariado y capital* (que es el primer intento de Marx de plantear su concepción económica "popularmente" en un curso para obreros). El nudo, a nuestro entender, está en la utilización en esos años por parte de Marx de la expresión ricardiana "valor del trabajo" para referirse a lo que, a partir de la elaboración de *El capital*, pasará a llamarse "valor de la fuerza de trabajo". Veremos más adelante que no se trata de una simple sutileza terminológica.

El capital, entonces, comienza a ser elaborado ahí donde Marx rompe conceptualmente con David Ricardo (a nuestro juicio, este es justamente el punto que "pasan de largo" demasiado rápido los sraffianos). Se trata de su diferenciación cualitativa respecto de la teoría del valor ricardiana y del descubrimiento de la categoría plusvalor y su necesaria prelación en el análisis a sus manifestaciones como ganancia, renta o interés. Y en la llegada, recién cuando se "baje de nivel de abstracción" a los problemas de la distribución de ese plusvalor, en los precios de producción, la igualación de las tasas de ganancias y las crisis que se desencadenan ante la "tendencia a la caída" de dicha tasa.

¿Cuál es el objeto de *El capital*?

Marx (1975) lo señalará infinidad de veces: quería escribir una herramienta de combate para la emancipación de la clase obrera basada en fundamentos estrictamente científicos:

"El objetivo último de esta obra es, en definitiva, sacar a la luz la ley económica que rige el movimiento de la sociedad moderna". Y más específicamente: "El modo de producción capitalista y las relaciones de producción e intercambio a él correspondientes" (ambas citas están en el prólogo a la primera edición).

Hay dos cuestiones que recorren la totalidad del texto. Primero, la necesidad de develar la forma que asume la explotación en el modo de producción capitalista. Y acá la categoría central, disruptiva, será la de plusvalor. En segundo lugar, explicar el hecho de que el modo de producción capitalista lleva en su propia forma de funcionamiento su tendencia a la crisis, prerrequisito esencial para que la clase obrera pueda derrocar revolucionariamente el capitalismo. Todo el texto, todas las deducciones, y aun las larguísimas digresiones y ejemplos históricos (en un estilo que mezcla la deducción seca y abstracta de Ricardo con la escritura larga y ligera de Smith, tamizada por los giros dialécticos de la filosofía clásica alemana, y todo completado con una belleza de redacción al nivel de los mejores narradores del siglo XIX), están al servicio de demostrar estas dos cuestiones.

El "método" de la economía política

Mucho se ha discutido sobre este tema en el marxismo. El propio Marx ha aportado un importante texto en uno de sus manuscritos de 1857 que tiene justamente por título el de este apartado. No nos vamos a detener en él ahora, pero sí señalaremos que, como explica Marx en el propio prólogo a la primera edición de *El capital,* el método de exposición no necesariamente debe coincidir con el método de investigación. Por eso Marx comenzará desplegando las categorías (mercancía, valor, dinero, capital, etcétera) desde un nivel de abstracción que es mayor al que trabajará luego en los tomos II y III.

El llamado "espiral dialéctico" va de lo concreto a lo abstracto, para volver a lo concreto, ahora percibido con categorías más ricas, lo que da lugar a un nuevo nivel. En el citado texto manuscrito de 1857, Marx plantea lo que se va a conocer como el "espiral dialéctico concreto-abstracto-concreto". Comenzar por lo concreto (que aparece al principio como una "expresión caótica del todo"), abstraer de ahí categorías, para luego volver a lo concreto; y luego volver a comenzar con un nuevo nivel de abstracción que tiene como objetivo la vuelta a lo concreto, y así sucesivamente; y el hecho, entonces, de que los "momentos" concretos y abstractos son siempre relativos a su opuesto, está en el corazón del desarrollo de las categorías de Marx en *El capital*. Del mismo modo, tal como explica en el manuscrito de 1857, la íntima relación existente entre producción, circulación, distribución y consumo, todo enmarcado por una lógica de la reproducción del capital que rememora al *Tableau* de Quesnay. Así, en distintos niveles, se irá desplegando el trabajo de Marx en los tres volúmenes de su obra magna.

Una cuestión primaria y esencial: la teoría del valor y el concepto de "trabajo abstracto"

La correcta comprensión de la derivación lógica desde la mercancía hasta el dinero (y que continúa luego hasta llegar al capital) resulta esencial. Aquí es dónde se precisa la exacta ruptura entre la teoría del valor de Marx y la de Ricardo. Para poder apreciarla, es conveniente separar analíticamente lo que Paul Sweezy llamará una dimensión "cualitativa" de otra "cuantitativa" en la teoría del valor marxista. Y el punto de ruptura pasará justamente por lo cualitativo.

Recorramos rápidamente el proceso presentado en el capítulo 1 del tomo I. Así comienza *El capital*: "La riqueza de las sociedades en las que domina el modo de producción capitalista se presenta como un enorme cúmulo de mercancías, y la mercancía individual como la forma elemental de esa riqueza". La riqueza de contenidos de esta oración es inmensa. Se quiere analizar "la riqueza" (lo mismo que Adam Smith, en una ubicación estratégica con respecto a la economía política clásica), pero inmediatamente se lo acota, al precisar que se trata "de las sociedades en las que domina el modo de producción capitalista", en una clara precisión del carácter histórico de las categorías y objeto de la disciplina.

Esa riqueza "se presenta" como una masa de mercancías. Marx nos propone empezar por lo concreto, por lo que está a la vista: la mercancía. Pero detengámonos en una primera expresión de cómo lo denomina nuestro autor: un "enorme cúmulo" (tal la traducción al español) en alemán es en realidad "eine ungeheure Warensammlung", o sea, una "monstruosidad", un "monstruoso conjunto". Ese "monstruo" sin forma, que aparece por primera vez, es una pintura perfecta de lo que *a posteriori* va a querer expresar Marx.

Toda mercancía es una "cosa" que tiene un conjunto de propiedades que le permiten satisfacer una necesidad (material o espiritual, directa o indirecta): un valor de uso. Y este es entonces el contenido material de la riqueza. Pero precisemos un poco más. ¿De dónde salen esos objetos, esas cosas, que se van a constituir en valores de uso? Del trabajo. Más específicamente del "lebendige Arbeit", del trabajo vivo. Y esto sí está más allá de toda forma de organización social. Leamos a Marx:

> Como creador de valores de uso, es decir como trabajo útil, el trabajo es, por tanto, condición de vida del hombre, y condición independiente de todas las formas de sociedad, una necesidad perenne y natural sin la que no se concebiría el intercambio orgánico entre el hombre y la naturaleza ni, por consiguiente, la vida humana.

El trabajo vivo se ejecuta sobre un medio, la naturaleza: "El trabajo, por tanto, no es la fuente única de los valores de uso que produce, de la riqueza material. El trabajo es el padre de esta, como dice William Petty, y la tierra, su madre". Siguiendo la extraordinaria lectura al respecto de Enrique Dussel (1980), digamos que la naturaleza produce valores de uso ante "vivientes". El valor de uso remite a propiedades físicas de una cosa cuando se coloca ante un sujeto. Es un satisfactor de las propiedades reproductivas de la vida en el medio.

Digámoslo con claridad: no es que simplemente "la mercancía" posee valor de uso. Cualquier objeto exterior que cumpla este requisito de satisfactor lo posee. No es una "propiedad" específica de las mercancías. No hay que confundir esto con el hecho de que cualquier mercancía para serlo requiere tener algún valor de uso.

El valor de uso es el contenido material de la riqueza, y, si prestamos atención, en cualquier sociedad los bienes materiales expresan de alguna forma ese contenido. No es una característica única de las sociedades mercantiles.

Vayamos ahora sí a la otra cara de las mercancías. Su intercambio en el mercado. Ser parte de la inmensa red, no planificada previamente, de la división del trabajo. Acá sí aparece como cuestión central el hecho de que toda mercancía, más allá de su diferencia cualitativa con otra, es conmensurable, cuantificable y, por lo tanto, comparable.

Pero, como decíamos antes, las mercancías aparecen también como portadoras materiales de un valor de cambio. Se trata de una relación cuantitativa que trae consigo una contradicción: es una igualdad y una desigualdad a la vez (una manzana es "igual" a dos naranjas, pero a la vez una manzana es una fruta distinta a la naranja). El principio básico de cualquier intercambio en el mercado es que haya dos mercancías que se igualen en algún punto. La otra característica básica de toda sociedad mercantil es que se enfrenten en el cambio dos mercancías que tengan valores de uso distintos. Tienen que ser mercancías distintas, valores de uso distintos, contenidos materiales de la riqueza distintos que se cambian en una relación cuantitativamente igual.

Para que dos mercancías puedan expresarse en iguales valores de cambio debe haber algo en común que permita compararlos. ¿Qué es eso que los hace comparables? Algo que, en principio, no fue descubrimiento de Marx, ya que antes lo habían señalado Ricardo y Smith, y es que las mercancías son producto del trabajo. Escuchemos a Marx:

> Tomemos ahora dos mercancías, por ejemplo, trigo y hierro. Cualquiera que sea la proporción en que se cambien, cabrá siempre representarlas por una igualdad en que una determinada cantidad de trigo equivalga a una cantidad cualquiera de hierro, vgr.: 1 quarter de trigo=x quintales de hierro. ¿Qué nos dice esta igualdad? Que en los dos objetos distintos, o sea, en 1 quarter de trigo y en x quintales de hierro, se contiene un algo común de magnitud igual. Ambas cosas son, por tanto, iguales a una tercera, que no es de suyo ni la una ni la otra. Cada una de ellas debe, por consiguiente, en cuanto valor de cambio, poder reducirse a este tercer término.

David Ricardo, que arranca por este punto, se lanza directamente a buscar la "medida social cuantitativa". La encuentra en el trabajo medido en tiempo, resolviendo, así sea parcialmente, la paradoja que le había llevado a Adam Smith a reconocer este hecho, pero solo "en el estado primitivo y basto de la sociedad". La afirmación de Ricardo de que "el trabajo" es algo diferente al "valor del trabajo" es una respuesta genial, un inmenso paso adelante…, pero, a la vez, una fuente de errores.

El trabajo –que, siguiendo a Ricardo, a esta altura aún no sabemos exactamente qué es– solo puede determinarse conceptualmente en relación con el tiempo. Precisemos: el trabajo se mide en tiempo (de trabajo). Que solo se puede definir por diferenciación al acervo de capital, que sería… trabajo de un tiempo anterior (y, por lo tanto, acumulado). Adam Smith, en su confusión, había "mezclado" descuidadamente diversas denominaciones de "valor". Así, se refería al valor de cambio como la expresión del cuánto se puede comprar de otros bienes con la mercancía que se posee previamente; pero otras veces hablaba de "valor o precio real" para referirse a la "pena o fatiga", esto es, "al trabajo que hay que ceder para obtener algo a cambio"; y también (y acá está la fuente de confusión que Ricardo logra parcialmente resolver) al "valor del trabajo", entendiendo por tal al trabajo que se puede comprar (o sea, la pena o fatiga que se puede imponer a otro). Ricardo "resuelve", "separa", diferencia con claridad la segunda y tercera de estas nociones. Pero no avanza en la exacta relación entre la primera y la segunda. Quedará "flotando" la denominación "valor del trabajo" hasta su crítica por Marx. Esto llevará a Ricardo a, tras creer haber resuelto el problema del valor, abocarse a lo que es, según su parecer, el objeto de la economía política, tal como lo expresa en el prefacio a los *Principios*: la distribución de la riqueza entre las clases sociales (que se resolverá en su análisis del salario, la ganancia empresaria y la renta de la tierra).

Pero la indefinición a la pregunta de qué es exactamente el trabajo seguirá recorriendo la obra de Ricardo, a la búsqueda de aquel tipo de trabajo, expresado a la vez en un tipo determinado de mercancía, que pueda hacer de "representación general de todos". Será una búsqueda de la piedra filosofal, sin salida. Los meandros cuantitativos de Ricardo, sus idas y vueltas, las contradicciones entre los capítulos de su obra, arrancan a nuestro entender desde acá.

Digámoslo de una vez: Marx va a proponer una respuesta al problema "cuantitativo" del valor que le quedará pendiente a Ricardo. Toda la elaboración que va desde la categoría de tiempo de trabajo socialmente necesario (en el propio capítulo 1 del tomo I) hasta las más complejas elaboraciones del tomo III alrededor de los precios de producción va en ese sentido. Pero no deja de ser una elaboración teórica más.

No obstante, la esencia del problema en Marx no está acá. Demostrar errores o inconsistencias en el proceso de transformación del tomo III no "refuta" a Marx. Böhm-Bawerk (2000) no "demuestra" que Marx estaba equivocado. Del mismo modo, los esfuerzos para "corregir" a Marx, o darle otra formalización a la teoría del valor (incluso en algunos casos, como Sraffa, haciendo abstracción de la propia categoría valor-trabajo), por muy laudables que sean, no van al "hueso" de la crítica de la economía política tal como aparece planteado en *El capital*. Acá está, a nuestro juicio, la debilidad de ciertos planteos neorricardianos, de los cuales sin duda el sraffiano es el mejor.

Marx, después de definir el valor de uso, arranca del mismo punto que Ricardo, de que las mercancías aparecen también como portadoras materiales de un valor de cambio. Es una relación puramente cuantitativa que para resolverse requiere encontrar la homogeneidad en la conmesurabilidad:

> Este algo común no puede consistir en una propiedad geométrica, física o química, ni en ninguna otra propiedad natural de las mercancías. [...]. Ahora bien, si prescindimos del valor de uso de las mercancías, estas solo conservan una cualidad: la de ser productos del trabajo.

Aquí es exactamente hasta dónde llegará Ricardo. Pero Marx va a avanzar más, enunciando la categoría de "trabajo abstracto": si hacemos abstracción de las particularidades del trabajo humano, y por tanto de los trabajos concretos, lo que queda, lo que permite la comparación es lo que Marx va a llamar "trabajo abstracto" (o "gasto indiferenciado de esfuerzo físico y mental").

> Si prescindimos del carácter concreto de la actividad productiva y, por tanto, de la utilidad del trabajo, ¿qué queda en pie de él? Queda simplemente, el de ser un gasto de fuerza humana de trabajo. El trabajo del sastre y el del tejedor, aun representando actividades productivas cualitativamente distintas, tienen de común el ser un gasto productivo de cerebro humano, de músculo, de nervios, de brazo, etc.; por tanto, en

este sentido, ambos son trabajo humano. No son más que dos formas distintas de aplicar la fuerza de trabajo del hombre. Claro está que, para poder aplicarse bajo tal o cual forma, es necesario que la fuerza humana de trabajo adquiera un grado mayor o menor de desarrollo. Pero, de suyo, el valor de la mercancía solo representa trabajo humano, gasto de trabajo humano pura y simplemente.

Tenemos entonces dos perspectivas con respecto al trabajo. Por un lado, el trabajo es específico y en concreto aplicado a algo. Desde esta perspectiva, cada trabajo es diferente de otro. Por lo tanto, esa especificidad, ese elemento concreto que tiene el trabajo no puede ser el elemento de igualdad. Esa especificidad es justamente lo que hace a las diferencias particulares de una mercancía con respecto a otra: a su capacidad para ser útil en un sentido u otro, a su valor de uso. La segunda perspectiva, por el contrario, implica hacer abstracción de esas cualidades del trabajo humano, y por tanto de los trabajos concretos. Lo que queda, lo que permite la comparación es lo que Marx va a llamar trabajo abstracto (o gasto indiferenciado de esfuerzo físico y mental):

> Examinemos ahora el residuo de los productos del trabajo. Nada ha quedado de ellos salvo una misma objetividad espectral, una mera gelatina de trabajo humano indiferenciado, esto es, de gasto de fuerza de trabajo humana sin consideración a la forma en que se gastó la misma. Esas cosas tan solo nos hacen presente que en su producción se empleó fuerza humana de trabajo, se acumuló trabajo humano. En cuanto cristalizaciones de esa sustancia social común a ellas, son valores.

Detengámonos con más detalle en el concepto de "trabajo abstracto". El ser humano transforma la naturaleza utilizando su energía. Esta energía se gasta, pero puede ser renovada. La energía que desaparece del ser humano y "pasa" a la mercancía es lo que Marx llama "trabajo abstracto". Ello es lo que poseen en común todas las mercancías.

Y que permite entonces definirlo como la fuente de valor: solo hay valor porque se ha objetivado trabajo abstracto.

Para una mejor comprensión, podemos bajar todo esto a los fenómenos humanos normales. En definitiva, la producción de valor no es otra cosa que la expresión capitalista de que, para transformar la naturaleza, el ser humano utiliza trabajo, y que, a través de este, transforma la naturaleza en producto para satisfacer necesidades. Decimos "la expresión capitalista" porque la interrelación entre el ser humano y la naturaleza, mediada por las herramientas y técnicas, es algo que siempre ha existido en la historia de la humanidad. El valor es, entonces, una expresión distorsionada (capitalista) de esto. Claro que, al manifestarse bajo la forma mercantil, transforma esa ley tan cristalina y simple, que expresa que el ser humano necesita siempre trabajar (como dice la Biblia, "[…] ganarás el pan con el sudor de tu frente"), en una ley complicadísima y oscura: la ley del valor, fuente, como veremos, del fetichismo de la mercancía.

Entonces, ese "algo en común", que se manifiesta en la relación de intercambio, o, para ser más claro, en el valor de cambio, es el "valor". Pero ¿por qué hay que buscar "algo en común"? Marx es muy profundo en esto, rompiendo ciertas trampas de las que no había podido escapar Ricardo.

Acá, nuevamente, el texto en alemán nos da una clave que se suele perder en las traducciones. Lo que ha quedado es esa "mera gelatina de trabajo humano" ("eine bloße Gallerte"). "Gallerte" significa una sustancia amarillenta, como la que el sudor suele dejar marcada en los sobacos de una camisa. La expresión es significativa: el trabajo abstracto deja físicamente una parte del trabajador, su "sudor" sobre la nueva mercancía. Esto es "trabajo vivo" ("ledendige Arbeit"), es el propio sujeto que se exterioriza en un objeto, que lo transforma con su esfuerzo. Esto es fundamental para comprender la profundidad de la crítica de Marx a Ricardo: exactamente por eso el trabajo no tiene valor (de ahí la inexactitud de la expresión "valor del trabajo"). El trabajo es la fuente del valor. El trabajo es creador de riqueza.

Profundicemos un poco más el concepto de "trabajo abstracto". Marx empieza la segunda parte del capítulo 1 hablando de la "dualidad del trabajo representado en la mercancía". Esta se nos presenta con dos caras: como valor de uso y de cambio. Lo que hace al valor de uso es el elemento concreto del trabajo. El conjunto de los valores de uso, a su vez, constituye el contenido material de la riqueza. Producir mercancías, producir bienes, desde el punto de vista de valores de uso, requiere un trabajo específico, un trabajo concreto, de determinadas características. Leamos a Marx al respecto:

> La levita es un valor de uso que satisface una necesidad concreta. Para crearlo, se requiere una determinada clase de actividad productiva. Esta actividad está determinada por su fin, modo de operar, objeto, medios y resultado. El trabajo cuya utilidad viene a materializarse así en el valor de uso de su producto o en el hecho de que su producto sea un valor de uso, es lo que llamamos, resumiendo todo eso, trabajo útil. Considerado desde este punto de vista, el trabajo se nos revela siempre asociado a su utilidad.
>
> Del mismo modo que la levita y el lienzo son valores de uso cualitativamente distintos, los trabajos a los que deben su existencia –o sea el trabajo del sastre y el del tejedor– son también trabajos cualitativamente distintos. Si no fuesen valores de uso cualitativamente distintos y, por tanto, productos de trabajos útiles cualitativamente distintos también, aquellos objetos bajo ningún concepto podrían emparentarse el uno con el otro como mercancías. No es práctico cambiar una levita por otra, valores de uso por otros idénticos.
>
> Como creador de valores de uso, es decir como trabajo útil, el trabajo es, por tanto, condición de vida del hombre, y condición independiente de todas las formas de sociedad, una necesidad perenne y natural sin la que no se concebiría el intercambio orgánico entre el hombre y la naturaleza ni, por consiguiente, la vida humana.

Resulta interesante acá la acotación que hace Marx acerca del significado del trabajo en cuanto actividad transformadora de la naturaleza. Siempre la producción de riqueza es la articulación de dos elementos: la naturaleza y el trabajo humano.

Ahora bien, el prerrequisito para que dos mercancías puedan intercambiarse en el mercado es que sean el producto de trabajos concretos diferentes. Esta cualidad es la que determina la distinción de cada mercancía, con un valor de uso específico y diferente a otra a la cual se enfrenta en el mercado. Pero justamente esa diferencia que hace posible (imaginable) el intercambio nos lleva a pensar en el otro polo de la contradicción que el intercambio lleva en sí: lo que hay de común entre ellas para poder viabilizar su comparación.

El trabajo abstracto es entonces aquello que permite igualar, porque es común a todas las mercancías. Y, por lo tanto, habilita el intercambio, pero esto último expresa una relación que se debe expresar cuantitativamente (en números). Y la comparación de magnitudes del trabajo abstracto están dadas por el tiempo.

Pero no todos los trabajos abstractos medidos en tiempo son iguales. Hay trabajos que generan más valor que otros, a partir de su complejidad. Marx propone acá reducir todo trabajo complejo a trabajo simple: todo aquello que cualquier ser humano puede desarrollar sin ninguna preparación especial de aptitudes. Se trata de construir una suma: tiempo de trabajo que lleva producir la mercancía (desgaste físico y mental de ese tiempo de trabajo) sumado a una proporción del desgaste físico y mental que le llevó a ese trabajador formarse para adquirir esa característica compleja de trabajo y que después "usará" desplegando esa habilidad en la producción de objetos.

Resumiendo, entonces, tenemos tres conceptos en juego:

a. El trabajo concreto, que constituye el valor de uso, el contenido material de la riqueza.
b. El trabajo abstracto, sustancia del valor.

   c. El tiempo de trabajo (abstracto), para medir la disparidad de magnitudes.

Debemos prestar atención en lo que Marx nos está señalando: si la magnitud del valor depende del tiempo de trabajo, el cúmulo (la masa) de mercancías (y los valores de uso que ellas contienen) que ese trabajo crea se separan de su masa de valor, según se vayan modificando las fuerzas productivas del trabajo. Siendo claros, si un determinado tiempo de trabajo realizado con determinado estado de las fuerzas productivas da como resultado un conjunto de mercancías, es obvio que una mejora tecnológica, que permite en el mismo tiempo producir más mercancías, aumentaría el hipotético bienestar de quienes accedieran al uso de esas mercancías. Sin embargo, paradójicamente, no habría aumentado el valor creado (porque se gastó el mismo tiempo de trabajo).

Vemos entonces que hay una contradicción entre creación de riqueza material y esa particular forma de medirla que asumen las sociedades mercantiles, que hemos denominado "valor". Esta contradicción está dada por la capacidad de desarrollo de las fuerzas productivas y el hecho de que todo se termine intercambiando en el mercado.

El valor está medido por tiempo de trabajo: más tiempo, más valor. Si se incrementan las fuerzas productivas, se puede producir más bienes en el mismo tiempo de trabajo o, dicho de otro modo, disminuir el tiempo de producción por unidad del bien. Y aquí hay una paradoja: el aumento de las fuerzas productivas que aumenta la riqueza material disminuye el valor unitario de los bienes producidos.

En el capitalismo, los hombres valen por lo que son capaces de expresar en el mercado. Pero la riqueza material empieza a ir por otro lado. Crece en masa de bienes, pero eso puede a la vez significar que el valor disminuye o se mantiene constante.

Vayamos más a fondo. Es imposible comprender a Marx sin conocer su formación hegeliana. Sin Hegel no se entienden los tres primeros capítulos de *El capital*. Hegel, en la primera parte de *Ciencia de la lógica*, llamada "La doctrina del ser", habla de tres categorías fundamentales: la cualidad, la cantidad y la medida.

La medida es la unidad de la cualidad y de la cantidad. O sea que, para tener una medida, se requiere un número y una característica. No tiene sentido económico la frase "medio kilo". Tampoco "azúcar". En el primer caso, necesito el "¿cuánto?". En el segundo, el "¿qué?". Es decir, en un caso, se tiene la cualidad, azúcar, y falta la cantidad, y en el otro sucede a la inversa.

La afirmación de Hegel es que la medida es la unidad, la síntesis, entre cantidad y cualidad. Y, volviendo a Marx, la única cualidad común que tienen las mercancías, que permite que haya una medida, es el hecho de ser producto del trabajo humano.

La forma de manifestación de ese valor, o sea el valor de cambio, es conceptualmente un paso posterior. Entonces, si el trabajo abstracto es lo que le da valor a cada mercancía, debemos decir que valor de uso y valor son las dos caras de cada mercancía. Si hablamos de valor de cambio, ya nos estamos refiriendo a la relación entre dos mercancías (al intercambio).

Porque el trabajo abstracto es la sustancia del valor, efectivamente lo que nos permite la igualdad entre las mercancías. Pero no nos basta con saber que hay una sustancia que les da valor a las mercancías. Para hablar de igualdad, tenemos que hablar además de la magnitud del valor (la medida, en la conceptualización hegeliana). Y en la medición de la magnitud del valor es donde Marx va a decir que el trabajo abstracto se mide en unidades de tiempo, de tiempo de trabajo.

Vayamos con cuidado en el análisis. Es una contradicción en sí mismo hablar de valor de una mercancía, cuando el valor expresa una relación que pone en comparación una mercancía con otra. Pero, sin embargo, necesitamos derivar la categoría valor (diferente a valor de cambio) como paso previo en el análisis, bajo el riesgo de perdernos en los meandros cuantitativos. Marx lo aclara, ya avanzado el capítulo 1, como reconociendo que puede haber dejado alguna confusión en su recorrido previo:

> Si bien al comienzo de este capítulo dijimos, recurriendo a la terminología en boga, que la mercancía es valor de uso y valor de cambio, esto, hablando con precisión, era falso. Se presenta como ese ente dual que es cuando su valor posee una forma de manifestación propia –la del valor del cambio–, distinta de su forma natural, pero considerada aisladamente nunca posee aquella forma: únicamente lo hace en la relación de valor o de intercambio con una segunda mercancía, de diferente clase. Si se tiene esto en cuenta, ese modo de expresión no hace daño y sirve para abreviar.

En síntesis, recién después de haber resuelto el tema de la sustancia del valor, y en esto el aporte de Marx es fundamentalmente distinto y, a nuestro juicio, superior al de Ricardo, podemos pasar al análisis de la magnitud del valor, donde se planteará el tiempo de trabajo socialmente necesario como medida del valor de las mercancías. Que aquí Marx parezca volver a "las unidades de tiempo de trabajo", similar a lo que hizo Ricardo, no nos debe confundir sobre el hecho de que se lo está haciendo en otro nivel de análisis que el de su antecesor:

> Por tanto, un valor de uso, un bien, solo encierra un valor por ser encarnación o materialización del trabajo humano abstracto. ¿Cómo se mide la magnitud de ese valor? Por la cantidad de "sustancia creadora de valor", es decir, de trabajo, que encierra. Y, a su vez, la cantidad de trabajo que encierra se mide por el tiempo de su duración, y el tiempo de trabajo tiene, finalmente, su unidad de medida en las distintas fracciones de tiempo, horas, días, etcétera.

Ahora bien, si el valor de una mercancía está constituido por el tiempo de trabajo abstracto que contiene, o sea, la cantidad de horas durante las cuales la persona ha gastado energía, surge una pregunta: ¿entonces, a más trabajo, más valor?

Y acá Marx introduce otro concepto, que es el de "tiempo de trabajo socialmente necesario". El tiempo de trabajo que se computa para la medición no es el que lleva producir cada mercancía por cada productor (y donde naturalmente aparecerán diferencias de habilidad, maquinarias o instrumentos que se poseen, etcétera), sino la media social: cuánto se tarda para producir una mercancía determinada en las condiciones medias de las fuerzas productivas del momento al cual nos estamos refiriendo. Tal cual dice Marx:

> Se dirá que si el valor de una mercancía se determina por la cantidad de trabajo invertida en su producción, las mercancías encerrarán tanto más valor cuanto más holgazán o torpe sea el hombre que las produce o, lo que es lo mismo, cuanto más tiempo tarde en producirlas. Pero no; el trabajo que forma la sustancia de los valores es trabajo humano igual, inversión de la misma fuerza humana de trabajo. Es como si toda la fuerza de trabajo de la sociedad, materializada en la totalidad de los valores que forman el mundo de las mercancías, representase para estos efectos una inmensa fuerza humana de trabajo, no obstante ser la suma de un sinnúmero de fuerzas de trabajo individuales. Cada una de estas fuerzas individuales de trabajo es una fuerza humana de trabajo equivalente a las demás, siempre y cuando que presente el carácter de una fuerza media de trabajo social y, dé, además, el rendimiento que a esa fuerza media de trabajo social corresponde, o lo que es lo mismo, siempre y cuando que para producir una mercancía no consuma más que el tiempo de trabajo que representa la media necesaria, o sea el tiempo de trabajo socialmente necesario. Tiempo de trabajo socialmente necesario es aquel que se requiere para producir un valor de uso cualquiera, en las condiciones normales de producción y con el grado medio de destreza imperantes en la sociedad.

Para precisar esto, aclaremos qué entiende Marx por "condiciones normales de producción y destreza media", como determinantes del tiempo de trabajo socialmente necesario. Las fuerzas productivas sociales, cuyas modificaciones generan modificaciones en las magnitudes de valor, están determinadas por:

a. Nivel medio de destreza del obrero.
b. Estado de desarrollo de la ciencia y de la técnica.
c. Coordinación social del proceso de producción.
d. Escala de la producción.
e. Condiciones naturales.

Las magnitudes de valor, entonces, varían directamente, de acuerdo con la cantidad de trabajo abstracto efectivizado, e inversamente, conforme al desarrollo de las fuerzas productivas sobre las que se aplica ese trabajo.

Resulta interesante hacer una digresión sobre el último párrafo de este primer apartado de *El capital*:

> Una cosa puede ser valor de uso y no ser valor. Es este el caso cuando su utilidad para el hombre no ha sido mediada por el trabajo. Ocurre ello con el aire, la tierra virgen, las praderas y bosques naturales, etcétera. Una cosa puede ser útil, y además producto del trabajo humano, y no ser mercancía. Quien, con su producto, satisface su propia necesidad, indudablemente crea un valor de uso, pero no una mercancía. Para producir una mercancía, no solo debe producir valor de uso, sino valores de uso para otros, valores de uso sociales. {F.E.- Y no solo, en rigor, para otros. El campesino medieval producía para el señor feudal el trigo del tributo, y para el cura el del diezmo. Pero ni el trigo del tributo, ni el del diezmo se convertían en mercancías por el hecho de ser producidos para otros. Para transformarse en mercancía, el producto ha de transferirse a través del intercambio a quien se sirve de él como valor de uso}.

Pero resulta importante recalcar que, a la vez, si no hay valor de uso, aunque haya trabajo no hay valor. Habrá desperdicio de energía física y mental, pero no valor. Esto es muy importante porque el funcionamiento de la sociedad mercantil es tal que podemos estar produciendo algo que creemos útil, pero, enfrentado al mercado, puede no serlo. Esta contradicción entre un valor creado a partir del trabajo abstracto como gasto indiferenciado de fuerza física y mental y el hecho fáctico de saber si ese esfuerzo verdaderamente constituyó valor o fue mero desperdicio –lo que únicamente puede ser resuelto *a posteriori*, cuando el mercado valide (o no) ese valor– es sumamente importante, y muchas veces se la pasa de largo. Porque coloca en cuestión directamente la concepción liberal de mercado como mejor asignatario de los recursos. Y desnuda, entonces, su carácter caótico, anárquico, despilfarrador permanente de riquezas sociales.

El fetichismo de la mercancía

En este nivel de análisis, no ha aparecido aún el trabajo asalariado. Sin embargo, Marx va a querer puntualizar dos ataques demoledores al mercado antes de incorporar la propia categoría "capital" a su análisis. Por un lado, su interlocutor en el debate es Smith, es la mano invisible, es el concepto del mercado como el óptimo asignatario de los recursos. Por el otro, reaparece en Marx con fuerza su preocupación sobre el carácter alienante de las sociedades regidas por la ley del valor: el mercado por sí mismo, sin necesidad de incorporar el trabajo asalariado, genera ya la cosificación del ser humano, nos dice Marx.

Es interesante aquí resumir algunos elementos que ponen en duda el carácter del mercado como óptimo asignatario de recursos. El mercado solo puede corregir *a posteriori* desgastes de esfuerzo físico y mental, ya que:

a. puede haber creado una mercancía inútil, y esto no por tratarse de un bien sin valor de uso, sino uno incapaz de realizar su valor, o sea, de poder venderse en el mercado (por falta de demanda efectiva, por ejemplo). Se ha producido, en este caso, no una fracción del trabajo social de la comunidad, sino un puro desgaste de esfuerzo humano sin sentido;

b. se puede haber creado una mercancía que se puede validar (vender) en el mercado, pero se ha usado más del tiempo socialmente necesario;

c. el concepto de "tiempo de trabajo socialmente necesario" además no se determina desde el productor individual. Es la media social de toda la rama de producción, de toda la masa colectiva de los bienes que se producen. Que un productor individual haya "acertado" en utilizar estrictamente el tiempo de trabajo socialmente necesario no le garantiza que sus bienes sean incluidos como fracción del trabajo social. Si todos los productores de un bien producen más de lo que el mercado está dispuesto a absorber, se ha gastado "en conjunto" más tiempo de trabajo que la media social. De nuevo, nos encontramos que ese esfuerzo físico y mental se convierte en desperdicio social.

Marx va a disipar entonces esa ilusión en el carácter mágico del mercado, que aparece detrás de la noción de mano invisible. El carácter enigmático de la mercancía, su secreto, tiene que ver con su particular lugar en el conjunto de las relaciones sociales que crean y recrean las sociedades mercantiles.

El fetichismo de la mercancía no es un "agregado" semifilosófico al capítulo 1 de *El capital*, como se lo ha tomado muchas veces. Es fundamental para la comprensión del conjunto de la obra. Aquí, siguiendo a Isaac Rubin (1982), vamos a acordar en que el gran interrogante del texto, en definitiva, el preguntarse por el porqué de la opacidad del modo de producción capitalista, se encuentra en la "forma" que adoptan las relaciones sociales. ¿Por qué la riqueza adopta la forma de un cúmulo de mercancías? ¿Por qué el trabajo adopta la forma de creación de valor?

Acá está la clave del misterio del capital, planteado por Marx en un momento lógico de su exposición donde ni siquiera ha incorporado al trabajo asalariado ni la explotación. Efectivamente, en el fetichismo de la mercancía está la llave de la comprensión de lo que sigue. Es lo que articula los geniales planteos juveniles de la alienación/enajenación, pero ahora mediados por una comprensión profunda de la teoría del valor. ¿De dónde brota el misterio, la personificación de las mercancías, de los mercados? La respuesta de Marx es abrumadora: de la forma misma. Veamos:

Como vemos, el carácter místico de la mercancía no brota de su valor de uso. Pero tampoco del contenido de sus determinaciones de valor. En primer lugar, porque por mucho que difieran los trabajos útiles o actividades productivas, es una verdad fisiológica incontrovertible que todas esas actividades son funciones del organismo humano y que cada una de ellas, cualesquiera que sean su contenido y su forma, representa un gasto esencial de cerebro humano, de nervios, músculos, sentidos, etcétera. En segundo lugar, por lo que se refiere a la magnitud de valor y a lo que sirve para determinarla, o sea, la duración en el tiempo de aquel gasto o la cantidad de trabajo invertido, es evidente que la cantidad de trabajo se distingue incluso mediante los sentidos de la calidad del trabajo. El tiempo de trabajo necesario para producir sus medios de vida tuvo que interesar por fuerza al hombre en todas las épocas, aunque no le interesase por igual en las diversas fases de su evolución. Finalmente, tan pronto como los hombres trabajan los unos para los otros, de cualquier modo que lo hagan, su trabajo cobra una forma social.

¿De dónde procede, entonces, el carácter misterioso que presenta el producto del trabajo, tan pronto como reviste forma de mercancía? Procede, evidentemente, de esta misma forma. En las mercancías, la igualdad de los trabajos humanos asume la forma material de una objetivación igual de valor de los productos del trabajo; el grado en que se gaste la fuerza humana de trabajo, medido por el tiempo de su duración, reviste la forma de magnitud de valor de los productos del trabajo; y, finalmente, las relaciones entre unos y otros productores, relaciones en que se traduce la función social de sus trabajos, cobran la forma de una relación social entre los propios productos de su trabajo.

El carácter misterioso de la forma mercancía estriba, por tanto, pura y simplemente, en que proyecta ante los hombres el carácter social del trabajo de éstos como si fuese un carácter material de los propios productos de su trabajo, un don natural social de estos objetos y como si, por tanto, la relación social que media entre los productores y el trabajo colectivo de la sociedad fuese una relación social establecida entre los mismos objetos, al margen de sus productores. Este quid pro quo (tomar una cosa por otra) es lo que convierte a los productos del trabajo en mercancía, en objetos físicamente metafísicos o en objetos sociales.

Si los objetos útiles adoptan la forma de mercancías es pura y simplemente porque son productos de trabajos privados independientes los unos de los otros. El conjunto de estos trabajos privados forman el trabajo colectivo de la sociedad. Como los productores entran en contacto social al cambiar entre sí los productos de su trabajo, es natural que el carácter específicamente social de sus trabajos privados solo resalte dentro de este intercambio. También podríamos decir que los trabajos privados solo funcionan como eslabones del trabajo colectivo de la sociedad por medio de las relaciones que el cambio establece entre los productos del trabajo y, a través de ellos, entre los productores. Por eso, ante éstos, las relaciones sociales que se establecen entre sus trabajos privados aparecen como lo que son; es decir no como relaciones directamente sociales de las personas en sus trabajos, sino como relaciones materiales entre personas y relaciones sociales entre cosas.

Marx va a insistir en que este fetichismo solo opera plenamente donde las relaciones de mercado han crecido lo suficiente como para generalizarse y ocupar la mayor parte de las condiciones materiales de existencia de los seres humanos:

Es en el acto de cambio donde los productos del trabajo cobran una materialidad de valor socialmente igual e independiente de su múltiple y diversa materialidad física de objetos útiles. Este desdoblamiento del producto del trabajo en objeto útil y materialización de valor solo se presenta primeramente allí donde el cambio adquiere la extensión e importancia suficiente para que se produzcan objetos útiles con vistas al cambio, donde, por tanto, el carácter de valor de los objetos se acusa ya en el momento de ser producidos. A partir de este instante, los trabajos privados de los productores asumen, de hecho, un doble carácter social. De una parte, considerados como trabajos útiles concretos, tienen necesariamente que satisfacer una determinada necesidad social y encajar, por tanto, dentro del trabajo colectivo de la sociedad, dentro del sistema dominado por la división social del trabajo. Más, de otra parte, solo serán aptos para satisfacer las múltiples necesidades de sus propios productores en la medida en que cada uno de esos trabajos privados y útiles concretos sea susceptible de ser cambiado por cualquier otro trabajo privado útil, o lo que es lo mismo, en la medida en que represente un equivalente suyo.

Por lo tanto, los hombres no relacionan entre sí los productos de su trabajo como valores porque estos objetos les parezcan envolturas simplemente materiales de un trabajo humano igual. Es al revés. Al equiparar unos con otros en el cambio, como valores, sus diversos productos, lo que hacen es equiparar entre sí sus diversos trabajos como modalidades de trabajo humano. No lo saben, pero lo hacen. Por tanto, el valor no lleva puesto en la frente lo que es. Lejos de ello, convierte a todos los productos del trabajo en jeroglíficos sociales. Luego, vienen los hombres y se esfuerzan en descifrar el sentido de estos jeroglíficos, por descubrir el secreto de su propio producto social, pues es evidente que el concebir los objetos útiles como valores es obra social suya, ni más ni menos que el lenguaje.

Para comprender a fondo el problema del fetichismo de la mercancía, debemos plantear un problema importante: la diferencia que existe entre la ley del valor, aplicable históricamente, y el de las determinaciones del valor, que es más general, ya que se trata de las leyes humanas del trabajo. Es prístino, clarísimo, que, en todo modo de producción, el trabajo humano vivo consiste en desgaste físico y mental para apropiarse y transformar la naturaleza. De la misma manera, la única forma de cuantificar ese gasto es en tiempo (horas, días, semanas, meses). Y tanto el propio trabajo (su forma de ejecución, las herramientas que utiliza, las técnicas), como el tiempo promedio para ejecutar una tarea surgen del intercambio social entre los productores. A estas tres cuestiones, Marx las denomina "determinaciones del valor". Ahora bien, en nuestra sociedad de generalización de las mercancías, en la sociedad capitalista, las determinaciones del valor asumen una forma diferente, obscura: la forma valor. Y su capacidad de dominio asume la forma similar a un fetiche. No es casual que Marx recurra a la metáfora religiosa: las determinaciones del valor nos indican que las relaciones entre el hombre y la naturaleza en el acto de producir son claras, transparentes. Sin embargo, se "opacan". En síntesis, el fetichismo de la mercancía no es otra cosa que el propio valor, la manera "mercantil", "capitalista" en que se expresan las determinaciones del valor.

La cuestión de las determinaciones del valor aparece citada repetidas veces por Marx, a pesar de lo cual ha sido poco estudiada por el marxismo. Veamos las diferentes citas de Marx al respecto, donde las utiliza incluso para resaltar las diferencias entre la sociedad capitalista (donde ya se han generalizado las mercancías) y otros modos de producción:

> Trasladémonos ahora de la luminosa isla de Robinson a la tenebrosa Edad Media europea. Aquí, el hombre independiente ha desaparecido; todo el mundo vive sojuzgado: siervos y señores de la gleba, vasallos y señores feudales, seglares y eclesiásticos. La sujeción personal caracteriza, en esta época, así las condiciones sociales de la producción material como la relación de vida cimentadas sobre ella. Pero, precisamente por tratarse de una sociedad basada en los vínculos personales de sujeción, no es necesario que los trabajos y los productos revistan en ella una forma fantástica distinta de su realidad. Aquí, los trabajos y los productos se incorporan al engranaje social como servicios y prestaciones. Lo que constituye la forma directamente social del trabajo es la

forma natural de éste, su carácter concreto, y no su carácter general, como en el régimen de producción de mercancías. El trabajo del vasallo se mide por el tiempo, ni más ni menos que el trabajo productivo de mercancías, pero el siervo sabe perfectamente que es una determinada cantidad de su fuerza personal de trabajo la que invierte al servicio de su señor. El diezmo abonado al clérigo es harto más claro que las bendiciones de éste. Por tanto, cualquiera que sea el juicio que nos merezcan los papeles que aquí representan unos hombres frente a otros, el hecho es que las relaciones sociales de las personas en sus trabajos se revelan como relaciones personales suyas, sin disfrazarse de relaciones sociales entre las cosas, entre los productos de su trabajo.

Marx incluso se da el lujo de realizar una comparación con una hipotética formación social "socialista":

Finalmente imaginémonos, para variar, una asociación de hombres libres que trabaja con medios colectivos de producción y que despliega sus numerosas fuerzas individuales de trabajo, con plena conciencia de lo que hacen, como una gran fuerza de trabajo social. En esta sociedad se repetirán todas las normas que presiden el trabajo de un Robinson, pero con carácter social y no individual. Los productos de Robinson eran todos producto personal y exclusivo suyo, y por tanto objetos directamente destinados a su uso. El producto colectivo de la asociación a que nos referimos es un producto social. Una parte de este producto vuelve a prestar servicio bajo la forma de medios de producción. Sigue siendo social. Otra parte es consumida por los individuos asociados, bajo forma de medios de vida. Debe, por tanto, ser distribuida. El carácter de esta distribución variará según el carácter especial del propio organismo social de producción y con arreglo al nivel histórico de los productores. Partiremos sin embargo, aunque solo sea a título de paralelo con el régimen de producción de mercancías, del supuesto de que la participación asignada a cada productor en los medios de vida depende de su tiempo de trabajo. En estas condiciones, el tiempo de trabajo representa, como se ve, una doble función. Su distribución con arreglo a un plan social servirá para regular la proporción adecuada entre las diversas funciones del trabajo y las distintas necesidades. De otra parte, simultáneamente, el tiempo de trabajo serviría para graduar la parte individual del productor en el trabajo colectivo y, por tanto, en la parte del producto también colectivo destinado al consumo. Como se ve, aquí las relaciones sociales de los hombres con su trabajo y los productos de su trabajo son perfectamente claras y sencillas, tanto en lo tocante a la producción como en lo que se refiere a la distribución.

También fuera del tomo I de *El capital* Marx hace afirmaciones importantes al respecto:

Cualquier muchacho sabe que una nación que dejase de trabajar, no digo durante un año, sino durante unas cuantas semanas, estiraría la pata. Y sabe también que las masas de productos correspondientes a las distintas necesidades reclaman masas distintas y cuantitativamente determinadas del trabajo social de la sociedad. Que esta necesidad de distribuir el trabajo social en determinadas proporciones no resulta suprimida, ni mucho menos, por una determinada forma de la producción social, sino que cambia simplemente su modo de manifestarse, es también algo evidente por sí mismo. Las leyes naturales jamás pueden suprimirse. Lo único que puede variar en situaciones históricas distintas es la forma en que esas leyes se abran paso. Y, en una sociedad en que la interdependencia del trabajo social se hace valer mediante el cambio privado de los productos individuales del trabajo, la forma en que esa distribución proporcional del trabajo se impone es precisamente el valor de cambio de estos productos (carta de Marx a Kugelman, 11 de julio de 1868).

Marx volverá sobre el tema en el tomo III de *El capital:*

[...] después de la supresión del modo capitalista de producción, pero en el caso de la conservación de la producción social, la determinación del valor seguirá dominando, porque será más necesario que nunca reglamentar la duración del trabajo, distribuir el trabajo social entre los distintos grupos productivos, y por último llevar la contabilidad que abarque todo eso.

Vemos entonces que se refleja el carácter social del trabajo entre los hombres como características inherentes a los productos del trabajo, como propiedades naturales de las cosas. Este es el elemento fundamental: se convierten las relaciones entre personas en relaciones entre cosas. Lo que adopta la forma fantasmal de una relación entre cosas no es sino la propia relación social. Marx tratará de profundizar en la causa de esta transformación, y dirá que se debe a la índole social del trabajo productor de mercancías, como productos de trabajos privados ejercidos independientemente. Y el fetichismo de la mercancía será el primer paso para descubrir toda la larga serie de fetiches sobre la que se construye el capitalismo: el fetiche del valor, del dinero y del capital.

Y, como señalamos más arriba, los atributos sociales del trabajo privado solo se reflejan *a posteriori* en el tiempo. Al no tratarse de productos sociales directos los que se enfrentan en el intercambio, siempre quedará la incógnita previa al mercado acerca de si el trabajo de un productor forma parte o no del trabajo social global y adquiere o no valor.

De ahí la dramaticidad del doble carácter de la mercancía: por un lado, en cuanto producto de un trabajo útil, debe probar su eficacia para ganarse un lugar en la división social del trabajo; pero, por el otro, solo puede hacerlo a partir del intercambio mercantil (y aquí solo vale el trabajo abstracto que contiene). Vemos entonces que, una vez que las propias proporciones entre las mercancías (magnitudes en el cambio) adquieren cierta fijeza, aún esas proporciones pierden su carácter social y se naturalizan.

Decíamos más arriba que las determinaciones del valor nos indican que las relaciones entre el hombre y la naturaleza en el acto de producir son claras, transparentes (de hecho, todos los seres humanos agotan su energía trabajando, siempre va a importar el tiempo de trabajo, y en todos los casos es una relación social). Sin embargo, el fetichismo crea una opacidad y hace que esto tan claro no se entienda. En síntesis, el fetichismo de la mercancía no es otra cosa que el propio valor, la manera "mercantil", "capitalista" en que se expresan las determinaciones del valor.

El origen siempre misterioso y oculto del capital

La riqueza de análisis de *El capital* es enorme, y muy lejos estamos en este texto de querer agotarla, e incluso de abarcarla. Por eso vamos a pasar por alto una construcción teórica impresionante de Marx: su teoría del dinero. Digamos solamente que procede de la continuidad de la derivación lógica desde la mercancía, pasando por el valor, hacia la materialización de la forma de valor en el valor de cambio (forma relativa del valor y forma equivalente), que decanta en el equivalente general y, por lo tanto, en la forma dinero.

Donde sí nos queremos detener es en el comienzo de la sección segunda del tomo I (capítulo 4) denominado "La transformación de dinero en capital". Marx comienza siendo muy claro al respecto: "La circulación de mercancías es el punto de partida del capital". Y luego: "El dinero en cuanto dinero y el dinero en cuanto capital solo se distinguen en un principio por su distinta forma de circulación [...] se transforma en capital, deviene capital y es, ya conforme a su determinación, capital".

¿Se trata de un simple cambio en el "orden" de los factores mercancía y dinero? (paso de M-D-M a D-M-D, o eventualmente a la "desigualdad" D-M-D'). Es mucho más que eso. Aquí nace la monstruosidad del capital. O, si se quiere, la monstruosidad ética del capitalismo: "La circulación del dinero como capital es [...] un fin en sí, pues la valorización del valor existe únicamente en el marco de ese movimiento renovado sin cesar. El movimiento del capital, por ende, es carente de medida". Se trata de algo sin fin, por lo tanto, infinito. Es, como dice Marx, "el movimiento infatigable de la obtención de ganancias".

Marx recorre las distintas formas que puede asumir ese capital personificado: pasa por el capital comercial y el capital que rinde interés. Pero se refiere a ellos como sus expresiones "antediluvianas". Formas derivadas de algo mucho más profundo: la forma básica del capital. De ahí que haga toda una serie de rodeos preguntándose cómo puede surgir una "inequivalencia" (un excedente) del mero intercambio de equivalentes. A esto Marx lo llama "contradicciones de la fórmula general". Es que nuestro autor, después de decir que en el dinero ya está implícito el capital, nos plantea que el dinero todavía no es capital. El gran interrogante es cómo se da ese pasaje. No es una simple cuestión cuantitativa. Mucho dinero, infinito dinero todavía tampoco es capital. Hace falta algo más. Requiere una exterioridad a sí mismo.

Y esa exterioridad es la existencia de la mercancía fuerza de trabajo. Con todas las determinaciones históricas que hacen que se pueda presentar como tal, planteadas por Marx en el capítulo 4 y desarrolladas en un sentido más amplio en el 24 ("La llamada acumulación originaria"). El propietario de los medios de producción, de trabajo muerto, les da vida a partir de su relación con la fuerza de trabajo. Y de ahí surge el plusvalor: es un proceso de creación. El plusvalor crea valor de la nada (como bien subraya Enrique Dussel). Por eso el capital también se torna invisible y misterioso: un nuevo fetiche, que convierte al capitalismo en la idolatría de un falso dios. Leamos a Marx, en el capítulo 5:

> Al transformar el dinero en mercancías que sirven como materias formadoras de un nuevo producto o como factores del proceso laboral, al incorporar fuerza viva de trabajo a la objetividad muerta de los mismos, el capitalista transforma valor, trabajo pretérito, objetivado, muerto, en capital, en valor que se valoriza a sí mismo, en un monstruo animado que comienza a "trabajar" cual si tuviera dentro del cuerpo al amor.

Lo último remite a una cita del *Fausto* de Goethe, donde en una canción los bebedores dicen que una rata envenenada salta de angustia "cual si tuviera dentro del cuerpo el amor".

El trabajador, entonces, convertida ya su eterna relación de mediación con la naturaleza llamada "trabajo" en la forma "mercancía fuerza de trabajo", se enfrenta a un propietario de dinero, que puede –porque existen separados del productor– adquirir medios de producción. Pero el momento en que el dinero deviene capital es cuando paga salario (la forma concreta, materializada que toma el valor de cambio de la fuerza de trabajo). A partir de ahí, desde la "nada" del trabajo muerto, osificado, previo en medios de producción, el trabajo vivo del obrero produce el plusvalor. Y entonces se crea el capital. Es un proceso que Marx trabaja con una enorme profundidad teórica en el capítulo 5 ("Proceso de trabajo y proceso de valorización"), que solo puede comprenderse si se complementa con el llamado capítulo 6 (inédito), "Resultados del proceso inmediato de producción", parte de los manuscritos de 1863-1865, donde podemos encontrar los reveladores conceptos de subsunción formal y subsunción real del trabajo al capital.

La teoría de la plusvalía

Marx nos va a plantear la diferencia existente entre la producción simple de mercancías y el capitalismo. Como bien lo sintetiza Paul Sweezy (1946):

> Es importante no confundir la producción de mercancías en general con el capitalismo. Es verdad que solo bajo el capitalismo "todos o la mayoría de los productos toman la forma de mercancías" [*El capital*, tomo 1], de modo que puede decirse, ciertamente, que el capitalismo implica la producción de mercancías. Pero lo contrario no es verdad: la producción de mercancías no implica necesariamente el capitalismo. En

realidad, un alto grado de desarrollo de la producción de mercancías es un prerrequisito necesario para la aparición del capitalismo. Por consiguiente, a fin de aplicar nuestra teoría del valor al análisis del capitalismo es necesario ante todo examinar cuidadosamente los rasgos especiales que separan a esta forma de producción del concepto general de producción de mercancías.

La gran diferencia es la separación entre el productor y los medios de producción. La producción simple supone un productor que trabaja con sus propios medios de producción y es dueño del fruto de su trabajo. Es cierto que, al igual que en el capitalismo, luego esos productos son intercambiados en un mercado. Pero la gran diferencia es que, en el modo de producción capitalista, también los medios de producción y la propia fuerza de trabajo son mercancías. Siguiendo a Sweezy: "No solo las relaciones entre propietarios, sino también las relaciones entre propietarios y no propietarios tienen el carácter de relaciones de cambio". Y esto requiere una especificidad histórica: los productores han sido separados de sus medios de producción, estos ya no le pertenecen. Dice Marx:

> Las condiciones históricas de su existencia no se dan de ningún modo con la mera circulación de dinero y mercancías. Solo pueden surgir a la vida cuando el propietario de los medios de producción y subsistencia se encuentra en el mercado con el trabajador libre que vende su fuerza de trabajo. Y esta condición histórica abarca una historia del mundo. El capital, por lo tanto, anuncia desde su primera aparición una nueva época en el proceso de la producción social.

En la producción simple de mercancías, el productor vende su producto a fin de comprar otros productos que satisfagan sus necesidades específicas. Ese circuito se conoce como M-D-M. El circuito capitalista es distinto: el capitalista, actuando en su calidad de tal, se presenta en el mercado con dinero, compra mercancías (fuerza de trabajo y medios de producción), de ahí va al proceso de producción, obtiene el nuevo bien y luego vuelve al mercado para venderlo y obtener dinero. O sea: D-M-D. Siguiendo a Sweezy:

El dinero es el principio y el fin; falta aquí el fundamento racional de M-D-M, ya que el dinero es cualitativamente homogéneo y no sirve para satisfacer necesidades. Es, sin duda, evidente que si la D del comienzo tiene la misma magnitud que la del fin, todo el proceso carece de sentido. De ahí que el único proceso significativo desde el punto de vista del capitalista sea D-M-D', en el que D' es mayor que D. La transformación cualitativa del valor de uso es reemplazada aquí por la expansión cuantitativa del valor de cambio como objetivo de la producción. En otras palabras, el capitalista solo tiene por qué desembolsar dinero a cambio de fuerza de trabajo y medios de producción, si en esa forma puede adquirir una cantidad mayor de dinero. El incremento del dinero, la diferencia entre D' y D, es lo que Marx llama plusvalía.

Y Marx dice al respecto:

La circulación simple de mercancías –vender para comprar– es un medio de realizar un propósito no conectado con la circulación, a saber, la apropiación de los valores de uso, la satisfacción de necesidades. La circulación de dinero como capital es, por el contrario un fin en sí misma, puesto que la expansión del valor solo tiene lugar en el curso de este movimiento renovado sin cesar.
La circulación de capital, por lo tanto, no tiene límites. De este modo el representante consciente de este movimiento, el poseedor de dinero, se convierte en capitalista. Su persona, o más bien su bolsillo, es el punto del cual parte y al cual regresa el dinero. La expansión del valor, que es la base objetiva o el resorte principal de la circulación D-M-D, se convierte en su fin subjetivo, y solo en la medida en que la apropiación de más y más riqueza en abstracto se convierte en el único motivo de sus operaciones, el capitalista actúa como tal, ésto es, como capital personificado y dotado de conciencia y voluntad. Los valores de uso, por lo tanto, no deben considerarse nunca como el fin real del capitalista; ni tampoco la ganancia lograda en una sola transacción. El proceso

inacabable y sin descanso de la obtención de ganancias es el solo fin que persigue.

La gran pregunta es de dónde sale este D', o sea, esta plusvalía. Si bien desde el capitalista individual puede surgir la propia expansión del dinero (por ejemplo, el prestamista que cobra un interés y hace un proceso del tipo D-D') o aun del capitalista comercial (que compra barato para vender caro), esto es imposible si lo pensamos desde la economía en su conjunto. A lo sumo, se trata de unos capitalistas que se "sacan" dinero unos a otros, pero de conjunto la riqueza no se ha incrementado.

Por eso el secreto de la plusvalía está en el proceso de producción. Y debemos empezar por analizar la mercancía fuerza de trabajo. Recurramos nuevamente a Sweezy:

Para descubrir el origen de la plusvalía es necesario ante todo analizar el valor de la mercancía fuerza de trabajo. Cuando decimos que la fuerza de trabajo es una mercancía, no queremos decir que el trabajo mismo sea una mercancía. La distinción es importante y debe ser cuidadosamente tomada en consideración; podemos aclararla como sigue. El capitalista toma a salario al obrero para que éste vaya cierto día a su fábrica, preparado a realizar cualquier tarea que se le encomiende. Al hacer esto, compra la capacidad de trabajo del obrero, su fuerza de trabajo; pero hasta aquí no se trata del gasto de cerebro y músculo que constituyen el trabajo real. Estos últimos entran en el cuadro solamente cuando al obrero se le pone en movimiento, en una tarea específica. El trabajo, en otras palabras, es el uso de la fuerza de trabajo, exactamente como, empleando la analogía de Marx, la digestión es el uso del poder de digestión.
En el sentido más estricto, la fuerza de trabajo es el trabajador mismo. En una sociedad de esclavos esto es obvio, ya que lo que el comprador adquiere es el esclavo y no su trabajo.
Bajo el capitalismo, sin embargo, el hecho de que el contrato de trabajo sea legalmente limitado o terminable, o ambas cosas, oscurece la realidad de que lo que el obrero hace es venderse por un período de tiempo estipulado. Esta es, sin embargo, la realidad de la cuestión, y es probable que el

concepto de un día de fuerza de trabajo sea mejor entendido, simplemente, como un trabajador por un día.

Determinado el carácter de mercancía de la fuerza de trabajo, debemos preguntarnos por su valor. Y Marx lo determina como la canasta de bienes necesarios para la reproducción del trabajador y su familia. Veamos cómo lo justifica:

> El valor de la fuerza de trabajo se determina, como en el caso de cualquier otra mercancía, por el tiempo de trabajo necesario para la producción, y, en consecuencia, también para la reproducción de este artículo especial [...]. Dado el individuo, la producción de fuerza de trabajo consiste en la reproducción de sí mismo o su manutención. Por consiguiente, el tiempo de trabajo requerido para la producción de fuerza de trabajo se reduce al necesario para la producción de los medios de subsistencia; en otras palabras, el valor de la fuerza de trabajo es el valor de los medios de subsistencia necesarios para el mantenimiento del trabajador [...].
> Sus medios de subsistencia deben [...] ser suficientes para mantenerlo en su estado normal como individuo laborante. Sus necesidades naturales, como el alimento, el vestido, el combustible y el alojamiento varían según las condiciones climáticas y otras condiciones físicas de su país. Por otra parte, el número y la magnitud de sus llamadas necesidades esenciales [...] son el producto del desarrollo histórico y dependen, por lo tanto, en gran medida, del grado de civilización de un país.

Ahora bien, el capitalista arriba al mercado con dinero y compra maquinaria, insumos y fuerza de trabajo. Luego procede a combinarlos en un proceso de producción y obtiene una cantidad de mercancías que va a vender al mercado. A los efectos de simplificar y aislar efectos secundarios, vamos a suponer en un primer momento que todas las mercancías se compran y venden a su valor. ¿Por qué, a pesar de todo, aparece una plusvalía? Veámoslo con el ejemplo que le plantea Sweezy:

Supongamos que este valor es el producto del trabajo de seis horas. Pero significa que después de seis horas de producción el obrero ha añadido al valor de los materiales y la maquinaria usados –un valor que sabemos reaparece en el producto– el valor adicional suficiente para compensar sus propios medios de subsistencia. Si el proceso hubiera de interrumpirse en este punto el capitalista podría vender el producto por lo exactamente suficiente para reembolsar sus gastos.

Pero el obrero se ha vendido al capitalista por un día y no hay nada en la naturaleza de las cosas que ordene limitar la jornada de trabajo a seis horas. Supongamos que la jornada de trabajo es de doce horas. Entonces en las últimas seis horas, el obrero continúa agregando valor, pero ahora es un valor en exceso del necesario para compensar sus medios de subsistencia; es, en suma, plusvalía que el capitalista puede tomar para sí.

La llana lógica de este razonamiento puede expresarse de un modo más sencillo. Con su trabajo de un día el trabajador produce más que los medios de subsistencia de un día. En consecuencia, la jornada de trabajo puede dividirse en dos partes, trabajo necesario y trabajo excedente. Bajo las condiciones de la producción capitalista el producto del trabajo necesario va a poder del obrero en forma de salario, mientras que el capitalista se apropia el producto del trabajo excedente en la forma de plusvalía.

Marx lo explica de la siguiente manera:

La segunda etapa del proceso de trabajo, en que el obrero rebasa las fronteras del trabajo necesario, le cuesta, evidentemente, trabajo, supone fuerza de trabajo desplegada, pero no crea valor alguno para él. Crea la plusvalía, que sonríe al capitalista con todo el encanto de algo que brotase de la nada. Esta parte de la jornada de trabajo es la que yo llamo tiempo de trabajo excedente, dando el nombre de trabajo excedente (*surplus labour*) al trabajo desplegado en ella. Y, del mismo modo que para tener conciencia de lo que es el valor en general hay que concebirlo como una simple materialización de tiempo de trabajo, como trabajo materializado pura y simplemente, para tener conciencia de lo que es la plusvalía, se la ha de concebir como una simple materialización de trabajo excedente, como trabajo excedente materializado pura y simplemente. Lo único que distingue unos de otros los tipos económicos de sociedad, v. gr. la sociedad de la esclavitud de la del trabajo asalariado, es la forma en que este trabajo excedente le es arrancado al productor inmediato, al obrero.

Trabajo productivo e improductivo

La plusvalía (el excedente capitalista) es el producto entonces de la apropiación por parte del capitalista del trabajo productivo ejecutado por el obrero. Ahora bien, esto abre una interesante pregunta: ¿todo trabajo es productivo? Se trata de una discusión que viene desde Smith y Ricardo.

Marx sostiene que solo el trabajo productivo del obrero crea valor. Y, por lo tanto, también plusvalía. Se trata en concreto de la producción de bienes materiales, físicos, tanto para el consumo inmediato, como para hacer posible la propia producción de estos (tal es el caso de maquinarias, insumos, etcétera). Sin embargo, esa plusvalía creada también tiene que distribuirse en un conjunto de actividades "no productivas", algunas útiles y otras inútiles. Por ejemplo, el conjunto de los bienes materiales creados tendrá que hacerse cargo de darles de comer y vestir a maestros y médicos, que no están produciendo dichos bienes, aun cuando cumplan una función útil. Y en la sociedad capitalista también a los que hacen tareas directamente inútiles, como la propaganda comercial, o las fuerzas armadas.

Parte de esa plusvalía se la apropia el Estado, por ejemplo, a través de los impuestos (aunque muchas veces los impuestos son cobrados a los trabajadores, por lo que se extraen de lo que llamaremos el "capital variable", tal como lo definiremos más abajo).

Pero a veces también es un proceso de redistribución de plusvalía entre los propios capitalistas, que para ello utilizan trabajadores. Por ejemplo, un empleado bancario es explotado por su patrón, que le extrae plusvalía. ¿De dónde sale, sin embargo, tanto el capital variable como la plusvalía del sector bancario? Es una "punción" en la plusvalía generada en el sector productivo de la economía.

Por eso, en el capitalismo, se dirá que un "trabajo es productivo" si es capaz de crear plusvalía, si se trabaja para la ganancia de un patrón. Desde el punto de vista del capitalismo, entonces, todo el trabajo estatal es improductivo. Veamos cómo lo explica Marx:

> Dentro del capitalismo, solo es productivo el obrero que produce plusvalía para el capitalista o que trabaja por hacer rentable el capital. Si se nos permite poner un ejemplo ajeno a la órbita de la producción material, diremos que un maestro de escuela es obrero productivo si, además de moldear las cabezas de los niños, moldea su propio trabajo para enriquecer al patrono. El hecho de que éste invierta su capital en una fábrica de enseñanza en vez de invertirlo en una fábrica de salchichas, no altera en lo más mínimo los términos del problema. Por tanto, el concepto de trabajo productivo no entraña simplemente una relación entre la actividad y el efecto útil de ésta, entre el obrero y el producto de su trabajo, sino que lleva además implícita una relación específicamente social e históricamente dada de producción, que convierte al obrero en instrumento directo de valorización del capital. Por eso el ser obrero productivo no es precisamente una dicha, sino una desgracia.

Tasa de plusvalía

Estudiaremos a continuación una serie de proporciones fundamentales para entender la dinámica del capitalismo y poder explicar *a posteriori* su crisis.

Comencemos recordando tres conceptos básicos: "plusvalía", "capital constante" y "capital variable". El valor de una mercancía, que está dado por el trabajo abstracto que contiene, o, lo que es lo mismo, por el tiempo de trabajo socialmente necesario que llevó producirla, está compuesta por estos tres componentes. O sea que toda mercancía contiene:

a. Capital constante: la porción de trabajo anterior que "pasó" al nuevo producto. A veces se lo puede "ver" físicamente, por ejemplo, cuando el obrero coloca un tornillo o un componente cualquiera que él no produjo, solo "transfirió" a la nueva mercancía. Otras veces "no se lo ve" en la nueva mercancía, pero sí es posible observar su transferencia física si miramos el proceso productivo, por ejemplo, en la industria química, cuando se coloca algo en la mercancía que, al mezclarse, ya pierde su forma material anterior. Y, finalmente, otras veces ni siquiera es visible la transferencia en el propio proceso, sino en la maquinaria que se está utilizando. Así, una máquina "se gasta" (es el concepto contable de amortización), y va transfiriendo, de a poco, su valor a la nueva mercancía. Por ejemplo, si una máquina es capaz de producir 500 piezas antes de romperse por el desgaste, "pasa su valor" a la mercancía en una proporción de 1/500 por pieza. Esto es lo que cualquier capitalista calcula como su costo para poder reemplazar la máquina al final de su vida útil.

b. Capital variable: la parte del nuevo valor agregado, o sea del trabajo del obrero, que se remunera. El valor de cambio de la mercancía fuerza de trabajo. Monetariamente, el salario.

c. Plusvalía: la parte del nuevo valor agregado por el obrero que el capitalista no paga, el excedente.

Veamos qué dice Marx de estos conceptos:

Los medios de producción solo transfieren un valor a la nueva forma del producto en la medida en que, durante el proceso de trabajo, pierden valor bajo la forma de su antiguo valor de uso. El máximo de pérdida de valor que en el proceso de trabajo pueden experimentar está limitado, evidentemente, por la magnitud primitiva de valor con que entran en el proceso de trabajo o por el tiempo de trabajo necesario para su producción. Por tanto, los medios de producción no pueden jamás añadir al producto más valor que el que ellos mismos poseen independientemente del proceso de trabajo al que sirven.

Lo que se consume en los medios de producción es su valor de uso, cuyo consumo hace que el trabajo cree productos. Su valor no se consume realmente, ni puede, por tanto, reproducirse. Lo que hace es conservarse, pero no porque sufra operación de ninguna clase en el proceso de trabajo, sino porque el valor de uso en que existía anteriormente desaparece para transformarse en otro distinto. Por tanto, el valor de los medios de producción reaparece en el valor del producto, pero no se reproduce, hablando en términos estrictos. Lo que se produce es un nuevo valor de uso, en el que reaparece el valor de cambio anterior.

Otra cosa acontece con el factor subjetivo del proceso de trabajo, con la fuerza de trabajo puesta en acción. Mientras que por su forma útil, encaminada a un fin, el trabajo transfiere al producto el valor de los medios de producción y lo conserva, cada momento de su dinámica crea valor adicional, nuevo valor. Supongamos que el proceso de producción se interrumpe en el punto en que el obrero produce un equivalente del valor de su fuerza de trabajo, en que, por ejemplo, después de seis horas de trabajo, crea un valor de tres chelines. Este valor forma el remanente del valor del producto sobre la parte integrante que se debe al valor de los medios de producción. Es el único valor original que ha brotado dentro de este proceso. Claro está que este valor no hace más que reponer el dinero adelantado por el capitalista al comprar la fuerza de trabajo e invertido por el obrero en adquirir los medios de vida. En relación con los tres chelines desembolsados, el nuevo valor de tres chelines parece un simple reproducción. Pero es una reproducción real y no aparente, como la del valor de los medios de producción. Aquí, la sustitución de un valor por otro se opera mediante una creación de nuevo valor.

Sabemos, sin embargo, que el proceso de trabajo se remonta sobre el punto en que reproduce y añade al objeto sobre que recae un simple equivalente del valor de la fuerza de trabajo. En vez de las seis horas que bastan para eso, el proceso de trabajo dura, por ejemplo doce horas. Por tanto, la fuerza de trabajo puesta en acción no se limita a reproducir su propio valor, sino que produce un valor nuevo. Esta plusvalía forma el remanente del valor del producto sobre el valor de los factores del producto consumidos, es decir, los medios de producción y la fuerza de trabajo.

Como vemos, la parte de capital que se invierte en medios de producción, es decir, materias primas, materias auxiliares e instrumentos de trabajo, no cambia de magnitud de valor en el proceso de producción. Teniendo esto en cuenta, le doy el nombre de parte constante del capital, o más concisamente, capital constante.

En cambio, la parte de capital que se invierte en fuerza de trabajo cambia de valor en el proceso de producción. Además de reproducir su propia equivalencia, crea un remanente, la plusvalía, que puede también variar, siendo más grande o más pequeño. Esta parte del capital se convierte constantemente de magnitud constante en variable. Por eso le doy el nombre de parte variable del capital, o más concisamente, capital variable. Las mismas partes integrantes del capital que desde el punto de vista del proceso de trabajo distinguíamos como factores objetivos y subjetivos, medios de producción y fuerza de trabajo, son las que desde el punto de vista del proceso de valorización se distinguen en capital constante y capital variable.

Teniendo nuestros tres conceptos ("capital constante", "capital variable" y "plusvalía"), vamos a empezar a establecer relaciones entre ellos: ¿en una determinada mercancía, o en determinado proceso de trabajo, que proporción (cuanto por ciento) es uno con respecto al otro?

Empecemos por la primera relación, la tasa de plusvalía, $p'=p/v$. Veamos lo que dice Marx:

Como el valor del capital variable es igual al valor de la fuerza de trabajo comprada por él, y el valor de ésta determina la parte necesaria de la jornada de trabajo, y a su vez la plusvalía está determinada por la parte restante de la jornada de trabajo, resulta que la plusvalía guarda con el capital variable la misma relación que el trabajo excedente con el trabajo necesario, por donde la cuota de plusvalía, p/v es igual a trabajo excedente/trabajo necesario. Ambas razones expresan la misma relación, aunque en distinta forma: la primera, en forma de trabajo materializado, la segunda en forma de trabajo fluido.

La cuota de plusvalía es, por tanto, la expresión exacta del grado de explotación de la fuerza de trabajo por el capital o del obrero por el capitalista.

La tasa de la plusvalía es la proporción de trabajo excedente con respecto al trabajo necesario. En el ejemplo clásico, suponiendo un día de trabajo de doce horas, donde seis horas corresponden a trabajo necesario y seis a trabajo excedente, la tasa de explotación se mide de la siguiente manera: 6 horas/6 horas=100 por ciento. El concepto de "tasa de explotación" y el de "tasa de plusvalía" son iguales, aunque podríamos recalcar que el primero es más general, aplicable a todos los modos de producción, mientras que el segundo solo corresponde al capitalismo.

Plusvalía absoluta y relativa

Las diferentes magnitudes de trabajo necesario y excedente también nos abren la discusión de qué es lo que determina la magnitud de la tasa de plusvalía. Tres son los factores definitorios: la duración de la jornada de trabajo, el monto del salario real (y por tanto el tiempo de trabajo que lleva producir esas mercancías) y la productividad del trabajo.

El primero define el tiempo total del trabajo, que se divide en el trabajo necesario y el trabajo excedente. El segundo y el tercero determinan cuánto de ese tiempo forma el trabajo necesario. La tasa de la plusvalía puede aumentar bien por una extensión de la jornada de trabajo, por una baja del salario real, o por un aumento de la productividad del trabajo (o, por supuesto, por alguna combinatoria de los tres factores).

Marx denomina "plusvalía absoluta" a la extensión de la jornada de trabajo, y "plusvalía relativa" a las rebajas de salario real o aumento de productividad. Sin embargo, quedan algunas zonas grises que discutir. Escuchemos a Marx:

> La producción de plusvalía absoluta se consigue prolongando la jornada de trabajo más allá del punto en que un obrero se limita a producir un equivalente al valor de su fuerza de trabajo, y haciendo que este plustrabajo se lo apropie el capital.

Queda claro que un aumento de horas de trabajo es incremento de plusvalía absoluta. O que un cambio tecnológico que permite producir más con el mismo esfuerzo es plusvalía relativa. Pero ¿qué sucede cuando hay un aumento de la intensificación física del ritmo de trabajo? En síntesis, cuando se produce más por mayor explotación física del trabajador, aun cuando el tiempo de la jornada de trabajo sea el mismo. Tendemos a creer que eso es extracción de plusvalía absoluta, ya que lo que sucede en la práctica es que se llenan los poros de "tiempos muertos" en el proceso productivo. Esto está en el centro de las modificaciones que se observan en el siglo XX, tanto durante el taylorismo como con el fordismo. Sin embargo, no está explicitado claramente así por Marx; es más, en muchas interpretaciones se considera toda incremento de plusvalía sin modificar la extensión total de la jornada de trabajo como extensión de plusvalía absoluta.

Composición orgánica del capital

Ahora introduzcamos una segunda relación: la que existe entre el capital constante y el capital variable. Esta relación tiene distintas formas de expresarse algebraicamente. Utilizaremos la más sencilla: composición orgánica del capital= c/v. ¿Qué representa? Tomemos a un capitalista que ha invertido su capital en capital constante (máquinas, insumos) y en capital variable. ¿Cuánto en cada uno? Habrá procesos productivos que requieren "mucha mecanización" y "poca mano de obra", o sea, más c que v. Diremos que ese proceso tiene una alta composición orgánica del capital. Un ejemplo puede ser la siderurgia. Otros, en cambio, requieren más mano de obra y menos "máquina", más v que c. Serán de baja composición orgánica del capital. Un ejemplo lo tenemos en la industria textil.

Debemos señalar aquí una tendencia del capitalismo a reemplazar obreros por máquinas. Proceso que ya había llamado la atención de David Ricardo en su capítulo 31 de los *Principios* (agregado en la tercera edición). Es una tendencia al incremento constante de la composición orgánica del capital.

Veamos ahora cómo plantea Marx la cuestión, definiendo a la composición orgánica como la relación entre la composición técnica y la composición en valor:

Estudiaremos en este capítulo la influencia que el incremento del capital ejerce sobre la suerte de la clase obrera. El factor más importante, en esta investigación, es la composición del capital y los cambios experimentados por ella en el transcurso del proceso de acumulación.

La composición del capital puede interpretarse en dos sentidos. Atendiendo al valor, la composición del capital depende de la proporción en que se divide en capital constante o valor de los medios de producción y capital variable o valor de la fuerza de trabajo, suma global de los salarios. Atendiendo a la materia, a su funcionamiento en el proceso de producción, los capitales se dividen siempre en medios de producción y fuerza viva de trabajo; esta composición se determina por la proporción existente entre la masa de los medios de producción empleados, de una parte, y de otra la cantidad de trabajo necesario para su empleo. Llamaremos a la primera composición de valor y a la segunda composición técnica del capital. Media entre ambas una relación de mutua interdependencia. Para expresarla, doy a la composición de valor, en cuanto se halla determinada por la composición técnica y refleja los cambios operados en ésta, el nombre de composición orgánica del capital. Cuando hablemos de la composición del capital pura y simplemente, nos referiremos siempre a su composición orgánica.

La acumulación y el ejército de reserva

El modo de producción capitalista no es solo "producción de plusvalía", sino también reproducción del capital, a partir, justamente, de la reinversión de lo producido. Marx desarrolla profundamente este tema en el tomo II de *El capital*.

Así, primero realiza un esquema que denomina "de la reproducción simple", donde plantea la abstracción de un sistema capitalista que conserva, indefinidamente, las mismas dimensiones y proporciones entre sus partes. O sea, donde se da la condición de que los capitalistas repongan cada año exactamente el capital gastado, los obreros utilicen el total de su salario en consumo y la plusvalía sea utilizada solamente por los burgueses para su propio consumo.

Veamos el esquema sencillo de Marx en este caso. Toda la producción se divide en dos grandes ramas: sector I, producción de medios de producción; y sector II, producción de bienes de consumo.

Sector I: $C1 + V1 + P1 = W1$
Sector II: $C2 + V2 + P2 = W2$.
Donde:
I= sector de producción de medios de producción
II= sector de producción de medios de consumo
C= capital constante
V= capital variable
P= plusvalía.
W= total de producción y, por lo tanto, de valor generado en cada sector

Para que se cumplan las condiciones de la reproducción simple, el capital constante utilizado ($C1 + C2$) debe ser igual a la producción de esos bienes en la rama I (W1). Y el consumo total de capitalistas y obreros (V1+V2+P1+P2) debe serlo del total de lo producido en la rama II (W2). Así:

$$C1 + C2 = C1 + V1 + P1$$
$$V1 + P1 + V2 + P2 = C2 + V2 + P2.$$

Simplificando C1 de ambos lados de la primera igualdad y V2 + P2 idénticamente de la segunda, nos queda una única ecuación de equilibrio de la reproducción simple: C2 = V1 + P1. Este equilibrio básico no existe en la realidad. Es importante para entender que se debe dar una cierta relación entre lo que se produce y lo que se consume (lo que vulgarmente llamamos "oferta" y "demanda"), pero que esta requiere también un equilibrio entre sectores, como básicamente se plantea en el esquema ultrasimplificado de bienes de consumo y bienes de producción.

Pero, en la realidad, los capitalistas reinvierten la plusvalía obtenida en más medios de producción y contratan más fuerza de trabajo. Así se acumula el capital, en un proceso que Marx denomina "de reproducción ampliada". De hecho, el capitalismo es un proceso de constante acumulación y reproducción ampliada del capital.

Esto plantea un problema. Si la reproducción es siempre creciente, debería haber una demanda cada vez mayor de fuerza de trabajo. El valor de esta, por lo tanto, debería tender a subir, a costa de la plusvalía.

Sin embargo, no es esto lo que sucede en la realidad. Dice Marx:

> Las exigencias del capital que se acumula pueden exceder el aumento de la fuerza de trabajo o del número de trabajadores; la demanda de trabajadores puede exceder la oferta y, por consiguiente, los salarios pueden subir. A la verdad, esto debe ser así finalmente si las condiciones supuestas antes persisten. Puesto que, si cada año se emplean más trabajadores que en el anterior, tarde o temprano se llegará a un punto en que las exigencias de la acumulación empiecen a sobrepasar la

oferta de trabajo acostumbrada y, por lo tanto, tenga lugar una elevación de salarios.

Sin embargo, continuará Marx, no es esto lo que sucede: los salarios se mantendrán en el valor de la fuerza de trabajo. Ello se debe a la existencia de lo que Marx va a denominar un "ejército industrial de reserva", consistente en obreros desocupados que, compitiendo por un sitio en el mercado de trabajo, deprimen hacia abajo el salario. Afirma Marx:

> El ejército industrial de reserva durante los períodos de estancamiento y de prosperidad media gravita sobre el ejército activo de trabajo; durante los períodos de sobreproducción y paroxismo, pone freno a sus pretensiones. La población excedente relativa es, por lo tanto, el pivote sobre el cual opera la ley de la demanda y oferta de trabajo. Ella confina el campo de acción de esta ley dentro de los límites absolutamente adecuados a la actividad explotadora y a la dominación del capital.

El ejército de reserva surge principalmente a causa del desplazamiento de trabajadores por los avances del maquinismo, lo cual es la respuesta más clara del capital ante el peligro del poder obrero. Nuevamente, Marx acá sigue el rastro del citado capítulo de Ricardo sobre la maquinaria.

De las dimensiones cualitativas en Marx a las cuantitativas

El tomo I es el corazón de *El capital*. No solamente porque fue el único publicado, y para ello corregido obsesivamente por Marx. Sino particularmente porque, manteniéndose en el nivel de la producción del capital, concentra lo esencial de este modo de producción: como el trabajo vivo, el esfuerzo, el "sudor" del obrero crean *de la nada* la riqueza del capitalista. Como hace "revivir" el trabajo muerto, anterior, los medios de producción, que sin esa savia del trabajo vivo no serían capaces de generar absolutamente nada, por más ciencia, tecnología, invenciones u organización de la producción en el papel.

Por eso propusimos poner el eje en este aspecto, que llamamos "cualitativo", de las categorías de Marx. Por supuesto que esto no quita la importancia de seguir el espiral dialéctico y llegar a las dimensiones cuantitativas. Algunas de ellas están en el propio tomo I, como las que se refieren al tiempo de trabajo socialmente necesario. O las que permiten comprender el plusvalor como el tiempo (y, por lo tanto, cuantificable) no pagado de la jornada de trabajo. Las definiciones de "plusvalía absoluta", "plusvalía relativa", la relación cuantitativa que se establece entre capital constante y variable (composición orgánica del capital) y la propia "tasa de ganancia" son todas proporciones, relaciones, fundamentales para captar el funcionamiento de conjunto del capitalismo. Pero corremos el riesgo de equivocarnos si no las analizamos a la luz de qué significan cada uno de estos conceptos en términos de diferentes formas en que se manifiesta el trabajo vivo.

Así, por ejemplo, mientras que el capital constante puede crecer casi sin límites en su relación con el capital variable, incrementando la composición técnica del capital y, si se dan determinadas condiciones, la propia composición orgánica, existe un límite que se puede expresar hasta matemáticamente con respecto a la tasa de plusvalor: la jornada de trabajo no puede incrementarse más allá de las posibilidades del propio ser humano; el salario no puede reducirse más allá de un mínimo que pone en riesgo la vida misma. Así, la lucha de clases, la pelea de la humanidad trabajadora por su propia supervivencia frente "al vampiro que le chupa su sangre, el capital" (la expresión es del propio Marx), penetra en todas las fórmulas por más matemáticamente que se puedan formalizar.

Marx y su teoría de la crisis capitalista

Dijimos más arriba que Marx tenía dos objetivos al escribir *El capital* y encontrar las leyes de funcionamiento de capitalismo: sacar a la luz, demostrar lo que aparecía como la opacidad de la explotación del trabajador por la burguesía, fue el primero de ellos. Pero a esto le sumó intentar comprender por qué el capitalismo llevaba inscripto en su propia dinámica la tendencia a la crisis. Que Marx veía como una sentencia de muerte, siempre prorrogada mientras la clase obrera no se levantara y triunfara en la revolución social.

Y en su búsqueda de la dinámica hacia la disolución del capitalismo, tenemos que decir que Marx nunca culminó acabadamente una teoría de la crisis. Marx afirma que el capitalismo lleva en sí mismo el germen de su crisis. Pero no termina de desarrollar a fondo las causas ni la génesis de esta. Ello se debe, en parte, a que su propia elaboración teórica en *El capital* quedó inconclusa. Pero también a que solo podía ver las manifestaciones de la crisis que se sucedían en su época. Así, en el posfacio a la segunda edición de *El capital* (1873), afirmaba:

> El movimiento contradictorio de la sociedad capitalista impresiona al burgués práctico del modo más notable en los cambios del ciclo periódico que la industria moderna recorre y cuyo punto culminante es la crisis general. La crisis se aproxima una vez más, aunque no esté todavía sino en su etapa preliminar; y por la universalidad de su escenario y la intensidad de su acción, hará resonar la dialéctica inclusive en la cabeza de los hongos advenedizos del nuevo sagrado imperio pruso-germano.

Ahora bien, Si tratamos de rastrear las distintas enunciaciones con respecto a la crisis capitalista, lo primero que hallamos se encuentra en el *Manifiesto comunista*. Completemos ahora una de las frases de ese libro que habíamos citado más arriba. En ella aparece la génesis de lo que podríamos denominar "crisis de sobreproducción":

Las relaciones burguesas de producción y de cambio, las relaciones burguesas de propiedad, toda esta sociedad burguesa moderna, que ha hecho surgir tan potentes medios de producción y de cambio, se asemeja al mago que ya no es capaz de dominar las potencias infernales que ha desencadenado con sus conjuros. Desde hace algunas décadas, la historia de la industria y del comercio no es más que la historia de la rebelión de las fuerzas productivas contra las actuales relaciones de producción, contra las relaciones de propiedad que condicionan la existencia de la burguesía y su dominación. Basta mencionar las crisis comerciales que, con su retorno periódico, plantean en forma cada vez más amenazante, la cuestión de la existencia de toda la sociedad burguesa. Durante cada crisis comercial se destruye, sistemáticamente no solo una parte considerable de productos elaborados, sino incluso de las mismas fuerzas productivas ya creadas. Durante la crisis, una epidemia social, que en cualquier época anterior hubiera parecido absurda, se extiende sobre la sociedad: la epidemia de la sobreproducción. La sociedad se encuentra súbitamente retrotraída a un estado de barbarie momentánea; diríase que el hambre, que una guerra devastadora mundial la han privado de todos sus medios de subsistencia; la industria y el comercio parecen aniquilados. Y todo esto, ¿por qué? Porque la sociedad posee demasiada civilización, demasiados medios de vida, demasiada industria, demasiado comercio. Las fuerzas productivas de que dispone no sirven ya al desarrollo de la civilización burguesa y de las relaciones de propiedad burguesas; por el contrario, resultan ya demasiado poderosas para estas relaciones, que constituyen un obstáculo para su desarrollo; y cada vez que las fuerzas productivas salvan este obstáculo, precipitan en el desorden a toda la sociedad burguesa y amenazan la existencia de la propia sociedad burguesa. Las relaciones burguesas resultan demasiado estrechas para contener las riquezas creadas en su seno. ¿Cómo vence esta crisis la burguesía? Por una parte, por la destrucción obligada de una masa de fuerzas productivas; por otra, por la conquista de nuevos mercados y la explotación más intensa de los antiguos. ¿De qué modo lo hace, entonces? Preparando crisis más extensas y más violentas y disminuyendo los medios de prevenirlas.

Pero esta teoría de la crisis, como ya señalamos, es previa a que Marx llegara a su crítica a la teoría del valor ricardiana. Es muy valiosa, porque rompe con la propia cosmovisión de Ricardo (basada en este punto en Say) y se apoya en la tradición subconsumista.

Marx, siguiendo las lecturas de los economistas clásicos, observa la importancia que estos le dan a la tasa de ganancia o beneficio como factor estratégico de desencadenamiento de la crisis y, eventualmente, del estado "melancólico y triste" (Smith) o virtualmente del estancamiento (Ricardo). Pero el dato fundamental es cuando descubre que, antes de proceder a analizar la dinámica de dicha tasa, hay que comprender que

> todos los economistas caen en el error de considerar al plusvalor no puramente en cuanto tal, sino como una forma particular de la ganancia y la renta. Tales necesarios errores teóricos deben producirse [...] [porque] se toma el plusvalor como [forma de] ganancia" (manuscritos 1861-63, MEGA, II, 3/2-4, Berlín, Dietz, 1977, traducción de Enrique Dussel).

Por eso la aprehensión de la crisis en *El capital* requiere la previa derivación de la categoría plusvalor. Marx irá desarrollando su análisis de la "posibilidad" de la crisis capitalista a medida que van apareciendo lógicamente las categorías. Por eso podemos decir que, analíticamente, tenemos tres "teorías" de la crisis. La primera se desprende de la propia aparición del dinero, al poder separar el acto de compra del acto de venta. Esta, evidentemente, tiene puntos de contacto con la "crisis de sobreproducción". Sin embargo, esta concepción no es estrictamente hablando una "teoría de la crisis capitalista", ya que podría ser aplicada a cualquier economía mercantil (o sea, donde haya mercado, no necesariamente a una economía capitalista con propiedad privada de los medios de producción y trabajo asalariado). Se trata, entonces, de un planteo "general" de la posibilidad de la crisis. Pero ya se ubica en la vereda opuesta a la ley de Say.

Las otras dos "teorías" que aparecen en el capital sí son propias del modo de producción capitalista. En el tomo II aparece lo que podríamos llamar "crisis por desproporción entre los sectores de la producción". En este planteo, lo que quedaría afectado sería la posibilidad de sostener en el tiempo la reproducción ampliada del capital. Siguiendo este razonamiento y poniendo énfasis en que esto lleva, finalmente, a una teoría del subconsumo, surgieron las concepciones de Rosa Luxemburgo.

La tercera "teoría de la crisis" que aparece en *El capital,* sin duda la considerada más importante, es la de tendencia a la caída de la tasa de ganancia, desarrollada en el tomo III.

Tasa (o cuota) de ganancia

La tasa (o cuota) de ganancia es la relación clave y más importante para el análisis de lo que sigue. Porque este es el dato clave que toma en cuenta el capitalista para decidir si reinvierte o no y, por lo tanto, si sigue adelante con el proceso de reproducción (simple y, sobre todo, ampliada) del cual depende el propio funcionamiento del sistema capitalista. Es la relación entre la plusvalía y todo el capital invertido (el constante más el variable). Así: $g = p/c + v$.

Responde a la pregunta del capitalista: ¿cuánto por ciento ganaré si invierto mi capital en un negocio determinado? El capitalista calcula cuánto le implica invertir en maquinaria, en insumos, eventualmente en alquiler de lugar, cuánto debe pagar en términos de nómina de salarios. Todo eso da una suma: el total de capital constante más variable. Supone a partir de allí que obtendrá una determinada cantidad de ganancia (plusvalía). ¿Le conviene hacer la inversión? La cuenta que hace es la de la tasa de ganancia. Divide la plusvalía por todo el capital invertido y le da un tanto por ciento (10 %, 20 %, etcétera). A partir de allí, debe tomar la decisión de invertir, o reinvertir si ya estaba produciendo, su capital.

Veamos cómo lo plantea Marx, ya en el tomo III de *El capital*:

Al capitalista le es indiferente que se considere que anticipa el capital constante para obtener una ganancia del capital variable, o que anticipa este último para valorizar aquel; que invierte dinero en salarios para dar mayor valor a las máquinas y las materias primas, o que lo anticipa en forma de máquinas y materias primas para explotar el trabajo. Solo la parte variable del capital crea plusvalía, pero únicamente si también se anticipan los otros elementos, las condiciones materiales de la producción. Como el capitalista no puede explotar el trabajo si no anticipa el capital constante, ni puede valorizar a éste si no anticipa el variable, para su imaginación estos dos elementos cumplen la misma función. Y esta impresión es tanto más fuerte cuanto que la proporción real de su ganancia no la determina la relación de esta con su capital variable, sino la relación con el capital total; no la tasa de plusvalía, sino la de ganancia, que, como veremos, puede mantenerse igual y sin embargo expresar distintas tasas de plusvalía.

El costo del producto abarca todos los elementos de valor pagados por el capitalista, o por los cuales lanzó un equivalente a la producción. Estos costos deben ser reembolsados para conservar el capital, o para reproducirlos en su magnitud primitiva.

El valor que contiene la mercancía es igual al tiempo de trabajo que exige su fabricación, y la suma de este tiempo comprende trabajo pagado y no pagado. Para el capitalista, en cambio, el costo de la mercancía solo abarca la fracción de trabajo que pagó, y que la mercancía materializa. El sobretrabajo que contiene esta nada le cuesta, aunque le cueste trabajo al obrero, lo mismo que el trabajo pagado, y, como éste, cree valor y entre en la mercancía como elemento creador de valor. La ganancia del capitalista proviene de la circunstancia de que tiene para vender, algo que no pagó. La plusvalía, o ganancia, es precisamente ese excedente del valor de la mercancía respecto de su precio de costo, es decir, el excedente de la cantidad total de trabajo contenido en la mercancía respecto de la magnitud de trabajo pagado. Sea cual fuere su origen, la plusvalía es, pues, un excedente sobre el total del capital anticipado. La relación de este excedente con el capital total se expresa, entonces, en la fracción pl/C, donde C designa el capital total. Obtenemos así la tasa de ganancia pl/C= pl/c+v, distinta de la tasa de plusvalía pl/v.

Marx nos va a decir a continuación algo muy importante: la plusvalía y la ganancia, como masa, esto es, como dinero obtenido, o como horas de trabajo no pagadas al obrero, son lo mismo (esto, estrictamente hablando, no es así: en realidad, la masa de plusvalía es igual a todo el excedente, que centralmente constituye la masa de ganancia capitalista. Pero de este excedente también salen los pagos en concepto de renta, de interés e, incluso, de impuestos al Estado).

Pero la tasa de plusvalía y tasa de ganancia, que son proporciones, porcentajes, son dos cosas distintas. El denominador de ambas es distinto. En la tasa de plusvalía, se puede ver cuánto se explota a los obreros, o sea, cuantas horas se les paga y cuántas no, y qué relación hay entre unas y otras. La tasa de ganancia es algo completamente distinto. Muestra cuánto se gana, obviamente por horas de trabajo no pagadas al obrero, con respecto a todo el capital invertido por el capitalista, el variable más el constante.

La relación de la plusvalía con el capital variable se denomina tasa de plusvalía; la relación de ésta con el capital total se llama tasa de ganancia. Son dos medidas distintas de la misma magnitud, que expresan al mismo tiempo dos relaciones o referencias distintas de ésta, a consecuencia de la diferencia entre las medidas utilizadas.

Es muy importante el orden del razonamiento, tal como subraya Marx, en una diferenciación importante con respecto al planteo de Ricardo:

La transformación de la plusvalía en ganancia debe deducirse de la conversión de la tasa de plusvalía en tasa de ganancia, y no a la inversa. Pero en rigor esta última fue el punto de partida histórico. La plusvalía y su tasa son, relativamente, el elemento invisible y el punto esencial que es preciso aclarar, en tanto que la tasa de ganancia, y por consiguiente la plusvalía en su forma de ganancia, son fenómenos que se revelan en la superficie.

En cuanto al capitalista individual, es muy evidente que lo único que le interesa es la relación de la plusvalía o del excedente de valor que obtiene al vender su mercancía con el capital total que anticipó para la producción de ésta. En cambio, la relación exacta de ese excedente con los componentes particulares de su capital y su vinculación interna con ellos, no solo no le interesan, sino que, por el contrario, le importa proyectar una cortina de humo sobre esa relación exacta y esa vinculación interna.

Ley de la tendencia decreciente de la tasa de ganancia

Llegamos a un punto fundamental de nuestro análisis. Para Marx las crisis en el capitalismo se explican en última instancia por la ley que vamos a exponer a continuación: la tasa de ganancia tiene una tendencia a caer. Esta será la causa de fondo de toda crisis capitalista, independientemente de que se manifieste en la superficie bajo la forma de un *crack* financiero, de una crisis de sobreproducción o de cualquier otra manera.

Procedamos a analizar con cuidado. Lo primero que tenemos que decir es que es una "tendencia", o sea, algo que tiende a suceder, pero que no "sucede siempre". Hasta que llega un momento en que termina pasando.

¿Por qué existe esta tendencia? Porque, a la vez, hay una tendencia a que aumente la composición orgánica del capital, a que aumente el capital constante. En nuestra fórmula,

tasa de ganancia = $p/c + v$, hay una tendencia a que aumente constantemente c (el capital constante) en el denominador, o sea, a que se achique el número de esa fracción. O sea que c está aumentado siempre.

¿Eso quiere decir que entonces indefectiblemente bajará la tasa de ganancia? No, por eso decimos que es una tendencia. Existe lo que los marxistas llamamos "contratendencias", que evitan esa baja. Son las siguientes:

1. El primero es obvio: el aumento del grado de explotación (aumento de la plusvalía). En este caso aumenta el numerador (p) en la misma o mayor proporción al aumento de c.
2. La reducción del salario por debajo de su valor. O sea, reducir el otro término del denominador (v).
3. El abaratamiento del capital constante (c). Esto es una consecuencia del cambio tecnológico, que deprecia el capital ya existente.
4. La existencia de un importante ejército industrial de reserva, disponible tanto para aumentar la explotación como para reducir los salarios.
5. El comercio exterior, que permite comprar materias primas más baratas, lo que abarata tanto c como v.
6. El aumento del capital por acciones, que permite obtener ganancias extraordinarias. En la práctica, este último punto "rompe" la tendencia a la igualación de la tasa de ganancia, por la posibilidad de obtener superganancias o cuasi rentas financieras.

Vamos a presentar otra forma de visualizar la tendencia, que requiere un pequeño paso algebraico:

$$tasa\ de\ ganancia = \frac{p}{c + v}$$

Dividimos numerador y denominador por V, y queda

$$tasa\ de\ ganancia = \frac{p/v}{c/v + v/v}$$

Analicemos: en el numerador tenemos p/v, o sea la tasa de plusvalía. En el denominador c/v, o sea, la composición orgánica del capital. Más v/v que es 1.

O sea que queda:

$$tasa\ de\ ganancia = \frac{tasa\ de\ plusvalía}{composición\ orgánica\ del\ capital + 1}$$

Por lo tanto, podemos decir que la tasa de ganancia aumenta cuando aumenta la tasa de plusvalía, y disminuye cuando aumenta la composición orgánica del capital.

La tendencia al aumento de la composición orgánica del capital es algo siempre presente en el capitalismo, más allá de alguna contratendencia al abaratamiento del capital constante. La tasa de plusvalía es un resultado de la lucha de clases.

Al no estar el tomo III de *El capital* definitivamente corregido por Marx, quedan algunos elementos confusos en el texto. Los ponemos a continuación para ilustración:

Si se admite, además, que esta modificación gradual en la composición del capital no ocurre solo en esferas de producción aisladas, sino que en mayor o menor medida se la encuentra en todas, o por lo menos en las esferas claves de la producción, y por lo tanto que implica modificaciones en la composición orgánica media del conjunto del capital de una sociedad determinada, es inevitable que este ascenso progresivo del capital constante respecto del variable tenga como resultado forzoso un descenso gradual de la tasa general de ganancia, si la tasa de plusvalía o bien el grado de explotación del trabajo por el capital se mantienen iguales. Pero hemos demostrado que esta es una ley del modo de producción capitalista: a medida que éste se desarrolla, se produce una disminución relativa del capital variable respecto del constante, y por lo tanto del capital total puesto en movimiento. Lo cual significa muy sencillamente lo siguiente: la misma cantidad de obreros, la misma cantidad de fuerza de trabajo que hacía trabajar un capital variable de un volumen de valor dado, pondrá en movimiento, en el mismo lapso, a consecuencia del desarrollo de los métodos de producción propios de la producción capitalista, una masa cada vez mayor de medios de trabajo, de máquinas y de capital fijo de todo tipo, tratará y consumirá en forma productiva una cantidad cada vez mayor de materias primas y auxiliares, y por consiguiente hará funcionar un capital constante de un valor en perpetuo aumento.

A medida que disminuye en forma gradual el capital variable respecto del constante, se eleva cada vez más la composición orgánica del conjunto del capital, y la consecuencia inmediata de esta tendencia consiste en que la tasa de plusvalía se traduce en una tasa general de ganancia en continuo descenso, en tanto que el grado de explotación del trabajo se mantiene sin modificaciones o incluso aumenta (Más adelante veremos por qué esta baja no se manifiesta en su forma absoluta, sino en forma de tendencia a una reducción progresiva). Por consiguiente, la tendencia progresiva a la disminución de la tasa general de ganancia es cada vez más una manera propia del modo de producción capitalista, de expresar el progreso de la productividad social del trabajo. No decimos que no puedan existir otras razones para un descenso pasajero de la tasa de ganancia: pero hemos demostrado con ello que el progreso de la producción capitalista implica por fuerza que la tasa general media de la plusvalía se traduce en un descenso de la tasa general de ganancia; se trata de una necesidad evidente, que deriva de la esencia del modo de producción capitalista. Como la masa de trabajo vivo empleado disminuye sin cesar respecto de la de trabajo materializado que pone en acción, respecto de los medios de producción consumidos productivamente, es inevitable que la fracción no pagada de dicho trabajo vivo, que se concreta en plusvalía, vea disminuir sin cesar su relación con el volumen de valor del capital total. Pero esta relación de la masa de plusvalía con el valor del capital total empleado es la tasa de ganancia: por consiguiente, ésta debe descender en forma constante.

¿Qué consecuencias trae un descenso de la tasa de ganancia?

La lógica de un funcionamiento normal del capitalismo consiste en la inversión (y reinversión) del capital en forma productiva. O sea, que cada vez más y más medios de producción son trabajados por más y más trabajadores, de forma que producen cada vez más bienes. Esto generará más plusvalía para el capitalista, pero también aumentará la masa global de mercancías existentes.

Ahora bien, cuando se produce un descenso de la tasa de ganancia, a los capitalistas ya no les convendrá invertir (o reinvertir) productivamente su capital. Lo "invertirán", pero en sitios que generan ganancias "ficticias". Cuando decimos "ganancias ficticias", no planteamos que estas no existan para el capitalista individual –para este son clarísimas–, sino que no son resultado del capital productivo.

Recordemos que el capitalismo es D-M-D', donde el D' es producto de que se ha creado nuevo valor, mayor valor, no pagado al obrero.

Cuando no se invierte productivamente, y el capitalista vuelca su dinero al circuito especulativo (D-D'), obtiene una diferencia a su favor, pero la masa de bienes existentes sigue siendo la misma. O, lo que es lo mismo, la masa de plusvalía no ha aumentado, solo se ha redistribuido: aumentó el capital valorizado especulativamente por sobre el productivo.

Cuando cae la tasa de ganancia, queda entonces una inmensa masa de capital disponible, "flotando" en el aire, "gaseoso", que es el que se termina invirtiendo especulativamente, lo que crea ganancias ficticias, y, como veremos más adelante, genera burbujas especulativas que terminan estallando.

Dice Marx:

> Adrede exponemos esta ley antes de explicar cómo se descompone la ganancia en distintas categorías promovidas respectivamente al rango de su autonomía. Como esta exposi-

ción no depende de la división de la ganancia en distintos elementos que corresponden a diferentes categorías de personas, ello demuestra desde el comienzo que la ley, en su generalidad, es independiente de tal división y de las relaciones recíprocas que rigen las categorías de ganancia que resultan de ello. La ganancia de que aquí se trata es nada más que otra denominación de la plusvalía, estudiada en su relación con el capital total, en lugar de hacerlo respecto del capital variable del cual nace. La baja de la tasa de ganancia traduce, en consecuencia, la de la relación de la propia plusvalía con el conjunto del capital anticipado, y es, entonces, independiente de toda distribución –sea cual fuere– de dicha plusvalía entre diferentes categorías de beneficiarios.

Que descienda la tasa de ganancia no quiere decir que también lo haga la masa de plusvalía (o ganancia). Cada vez que aumenta la composición orgánica del capital, lo lógico y normal es que aumente también la plusvalía. Obviamente: cada incorporación de tecnología y maquinaria aspira a incrementar la plusvalía relativa. Y normalmente lo hace. Pero si lo hace en una menor proporción al capital constante incorporado, la tasa de ganancia caerá.

Marx nos lo ilustra con un ejemplo:

La ley del descenso progresivo de la tasa de ganancia, o de la disminución relativa del sobretrabajo que se apropia el capitalista respecto de la masa de trabajo materializada que el trabajo vivo pone en acción, no excluye en manera alguna que la masa de trabajo puesta en movimiento y explotada por el capital social aumente en magnitud absoluta, ni, en consecuencia, que pueda crecer la masa de sobretrabajo que éste se apropia. Tampoco excluye que los capitales puestos bajo las órdenes de capitalistas individuales dispongan de una masa cada vez mayor de trabajo y por lo tanto de sobretrabajo, pudiendo éste llegar a aumentar aun cuando no crezca la cantidad de obreros que emplean.
Tomemos una población obrera, por ejemplo de dos millones; consideremos además, como ya dadas, la duración e intensidad de la jornada media de trabajo, así como el salario, y en consecuencia la relación del trabajo necesario con el

sobretrabajo: el trabajo total de estos dos millones de obreros, así como su sobretrabajo, que se expresa en plusvalía, producirá siempre la misma magnitud de valor. Pero a medida que crece la masa de capital constante –fijo y circulante– que este trabajo pone en movimiento, se ve disminuir la relación de dicha magnitud de valor con el valor del capital, que por su parte aumenta con la masa de éste, aunque el aumento no sea proporcional. Esta relación, y por lo tanto la tasa de ganancia, disminuyen, aunque, como antes, el capital dirige la misma masa de trabajo vivo y absorbe la misma cantidad de sobretrabajo.

Si la relación se modifica, ello no ocurre porque la masa de trabajo vivo disminuya, sino porque aumenta la masa de trabajo ya materializado que pone en movimiento. La disminución es relativa, y no absoluta; y en rigor nada tiene que ver con la magnitud absoluta del sobretrabajo y del trabajo puesto en movimiento. El descenso de la tasa de ganancia proviene de una reducción puramente relativa, y no absoluta, del elemento variable del conjunto del capital, en comparación con el elemento constante de éste.

Pero en el razonamiento que rige para una masa dada de sobretrabajo y del trabajo es válido también para el ascenso de la cantidad de obreros y, en consecuencia, en nuestra hipótesis inicial, para el crecimiento del trabajo bajo las órdenes del capital, en general, y de su parte no pagada, el sobretrabajo, en especial. Si la población obrera pasa de dos a tres millones, y si de la misma manera el capital variable que se le entrega en forma de salario pasa de dos millones de antes a tres millones de ahora, en tanto que, en cambio, el capital constante se eleva de cuatro a quince millones, en las condiciones de nuestra hipótesis (jornada de trabajo y tasa de plusvalía constantes), la masa del sobretrabajo, de la plusvalía, aumentará en la mitad, en un 50 por ciento, y pasará de dos millones a tres. No por ello es menos cierto que, a despecho de este aumento en el 50 por ciento de la masa absoluta del trabajo, y por lo tanto de la plusvalía, la relación del capital variable con el constante descenderá de 2/4 a 3/15 y que la relación de la plusvalía con el capital total se establecería como sigue (en millones):

I-4c + 2v + 2pl; C=6 g'=33,33%
II-15c+3v +3pl; C=18 g'=16,66%

En tanto que la masa de plusvalía aumentó en la mitad, la tasa de ganancia no es más que la mitad de lo que era antes. Pero la ganancia es la plusvalía referida al capital social, y la masa de la ganancia, su magnitud absoluta, es, por consiguiente, desde el punto de vista social, igual a la magnitud absoluta de la plusvalía. La magnitud absoluta de la ganancia, su masa total, habría aumentado entonces en un 50 %, a pesar de una enorme disminución de la relación de ésta con el capital social anticipado, o dicho de otra manera, a despecho de la enorme baja de la tasa general de la ganancia. La cantidad de obreros empleados por el capital, y por lo tanto la masa absoluta de trabajo que pone en movimiento, es decir, la de trabajo que absorbe, o sea la masa de plusvalía que produce, y por consiguiente la masa absoluta de ganancia que engendra, pueden, entonces, crecer, y crecer de manera progresiva a despecho del descenso progresivo de la tasa de ganancia. No basta con decir que puede ser así; es preciso que sea así −si se dejan a un lado las oscilaciones pasajeras− sobre la base de la producción capitalista.

Mucho se ha escrito sobre la indeterminación de la propia fórmula de Marx acerca del sendero de la tasa de ganancia. También sobre las propias dificultades estadísticas para medir en términos macroeconómicos la propia tasa de ganancia. Es evidente que el propio Marx, por lo menos en la redacción que quedó como "definitiva" a su muerte (tomo III, sección tercera, capítulos 13, 14 y 15), se enreda en su presentación de la tendencia y lo que llama "las causas contrarrestantes".

La fórmula de la tasa de ganancia (tasa plusvalía/composición orgánica del capital +1) y su tendencia a la caída encierra consecuencias políticas muy importantes. No es solo "una fórmula técnica", aunque tiene su parte "puramente técnica" (alrededor de la composición orgánica del capital). En el denominador la composición orgánica del capital expresa la tendencia permanente a la mecanización del trabajo, solo atenuada por la reducción en valor de los propios medios de producción. Pero lo esencial es que el numerador es la tasa de plusvalía, que expresa exactamente el "resultado" de la relación de fuerzas de la lucha de clases.

Podemos afirmar que casi la totalidad de las incomprensiones, "refutaciones" o intentos de ataque a la construcción monumental de *El capital* arranca de la no comprensión de los diferentes niveles de análisis en que se hallan los tomos I y III (mediados por la situación intermedia, relativa a la circulación, la proporcionalidad entre sectores y el factor "tiempo", del tomo II).

El funcionamiento del sistema capitalista y su crisis requiere de los desarrollos de los tres tomos. Como bien señala David Harvey (2013), el problema de la realización de la plusvalía y, por lo tanto, una correcta refutación de las posiciones keynesianas estarían incompletos sin los largos capítulos de la reproducción simple y ampliada del tomo II. Y entender profundamente la crisis capitalista es imposible sin arribar al tomo III, y a las contradicciones que, efectivamente, se derivan de la tasa de ganancia.

Es evidente que es parte del programa de investigación marxista la crítica de las "soluciones" cuantitativas que el propio Marx propuso en esos tomos nunca publicados. Bienvenidos sean los análisis, los intentos de modelización matemática y las correcciones necesarias. Pero lo que nunca debemos olvidar es que hay una línea de demarcación, un abismo, que nos separa de lo que son esas mismas categorías para el resto del pensamiento económico. Tanto la mercancía, como el dinero y el capital son formas fetichizadas del trabajo vivo. El salario no es "el equivalente a la productividad marginal del trabajo", pero tampoco cualquier otra corrección que, en el intento de acercarlo más a la realidad empírica, termina aceptándolo como "factor de producción". El capital no es el acervo de máquinas, ni siquiera el "adelanto" monetario. Es la expresión de relaciones sociales, de la realidad "viva" (insistimos con esta palabra) de la explotación. Pero el salario, la ganancia, incluso la renta, ni hablar de la fuerza de trabajo y el capital, tampoco son las categorías "ahistóricas" de Smith y Ricardo. El mayor riesgo de las revisiones neomarxistas es olvidar esto, lo que en este artículo llamamos "la dimensión cualitativa", desarrollada a fondo en el tomo I.

El problema de la transformación de valor a precio

Vamos a realizar a continuación una breve introducción al problema de la lógica entre las conceptualizaciones del valor trabajo, tal como son presentadas en el tomo I de *El capital*, y las elaboraciones que hace Marx en el tomo III. El problema es el siguiente: si el valor de una mercancía está dado por el tiempo de trabajo que contiene (descompuesto en sus elementos C + V + P), pero a la vez Marx acuerda con sus predecesores Smith y Ricardo en que existe una tendencia a la igualación de las tasas de ganancia entre las diferentes ramas de la producción, ¿cómo se condice una cosa con la otra?

Bajémoslo a tierra. Si solo el capital variable produce plusvalía, ¿por qué se invierte en capital constante? Una empresa con mayor composición orgánica del capital, ¿entonces tendrá una menor tasa de ganancia que una con menor composición orgánica? Esto es ilógico. En la realidad y en la propia teoría que presupone la igualación de tasas de ganancia.

Marx, en el tomo III de *El capital*, lo resuelve con la transformación de valor a precio: las mercancías se producen por su valor, pero se venden por su precio de producción. Veamos la diferencia:

Valor = c + v + p
Precio de producción = c + v + tasa media de ganancia.

Veamos cómo se da la transformación en un ejemplo. Utilicemos un ejemplo donde tenemos cuatro ramas de la producción (I, II, III y IV), la primera con mayor composición orgánica del capital que la segunda, la segunda con mayor composición orgánica del capital que la tercera y así sucesivamente. En todas ellas, la tasa de explotación (o tasa de plusvalía) se mantiene igual en el 100 %.

Sector	C	V	P	Capital total	Tasa de plusvalía	Tasa de ganancia
I	90	10	10	100	100 %	10 %
II	70	30	30	100	100 %	30 %
IIII	50	50	50	100	100 %	50 %
IV	30	70	70	100	100 %	70 %
Total	240	160	160	400	100 %	40 %

La tasa media de ganancia de esta economía es la suma de las plusvalías (160) dividida por la suma del total del capital (400). O sea, 40 %. Esto significa que cada rama de la producción va a obtener su precio de producción, el precio al cual va a vender, sumando a c + v un 40 %.

Y quedará entonces,

Sector	C	V	Tasa media de ganancia	Precio de producción
I	90	10	40	140
II	70	30	40	140
III	50	50	40	140
IV	30	70	40	140

¿Qué pasó? En la rama IV fue donde se extrajo más plusvalía (70), pero le quedaron apenas 40 (por el precio de producción). Los otros 30 tuvo que "cederlos" por el mecanismo del mercado, a ramas con mayor composición orgánica. En el caso inverso, la rama I, que extrajo solo 10 de plusvalía, agregó a su capital 30 por la tasa media de ganancia, beneficiada por el precio de producción. La síntesis es que no siempre el mismo capitalista que extrae físicamente la plusvalía es el que se la termina apropiando, ya que el mecanismo de mercado la "redistribuye" entre ellos.

¿Por qué es importante el debate sobre las teorías de la crisis en Marx y qué connotaciones políticas tiene debatir la "tendencia a la baja de la tasa de ganancia" o la "sobreacumulación" (o subconsumo) como causas centrales de la crisis?

Todo el proceso de transformación de valor a precio de producción será el mecanismo que utiliza Marx para resolver la contradicción que había quedado abierta desde Ricardo: cómo sostener que el valor de una mercancía estaba dado por el tiempo de trabajo y, a la vez, sostener la igualación de las tasas de ganancia ahí donde hay distintas composiciones orgánicas del capital. El proceso de transformación puede ser el de Marx, o mejorado y complejizado, como han planteado economistas marxistas posteriores. Pero es fundamental que exista, porque lo que está en juego es la vigencia de la teoría del valor trabajo. Y, detrás de ella, tanto la existencia de la explotación, como la explicación de la crisis debido a la tendencia a la caída de la tasa de ganancia. Plantear la resolución de otra forma, por fuera de la teoría del valor trabajo, lleva lógicamente a concebir la crisis capitalista por otros motivos (en general, vinculados a lo que vamos a ver es la concepción keynesiana de la crisis, por subconsumo o, más estrictamente, por falta de demanda efectiva). Esto será lo que planteará la sin duda más completa crítica del problema de la transformación de Marx, llevada adelante por Piero Sraffa (1966). El autor italiano va a plantear que los precios de producción pueden resolverse por un sistema simultáneo de ecuaciones, con la sola condición de considerar al salario como variable "exógena" (y, por lo tanto, dependiente de la lucha política). De ahí que, correctamente, su libro se denomine *Producción de mercancías por medio de mercancías*, lo cual quiere decir que no se habla de "producción de mercancías por medio del trabajo".

Sostener que la causa estructural de la crisis es la caída de la tasa de ganancia y no la sobreacumulación o subconsumo no es solo un debate teórico. Se trata de no confundir la concepción marxista de la crisis con la keynesiana. El keynesianismo (y no es un objeto de este capítulo adentrarnos en este aspecto) plantea que el centro de toda crisis (entendida como recesión o depresión) se lo ubica en la falta de demanda efectiva. Y su solución en una correcta intervención del Estado (por medio de políticas monetarias y fiscales) para resolverla. O sea, con políticas reformistas keynesianas, podría evitarse (o eventualmente resolverse) cualquier crisis.

Seamos claros: es obvio que toda crisis, en su retroalimentación, genera caídas de la demanda efectiva y también de las tasas de ganancia de las distintas empresas. Pero la discusión que se plantea entre marxistas y keynesianos no se refiere a esto, sino a cuál es el factor principal, esencial, para determinar el origen de la crisis. Para los keynesianos serán las deficiencias en la demanda efectiva; para los marxistas, la caída de la tasa de ganancia.

Claro que, cuando hablamos de la conceptualización sobre la crisis capitalista en Marx, también tenemos que incorporar la dimensión histórica. Porque Marx, naturalmente, solo podía observar las crisis comerciales decenales del capitalismo de su época que comenzaron en 1825. Es evidente que, si bien pudo vivir para ver una crisis más profunda, más larga y de otras características que se abrió a partir de 1873, no tuvo tiempo para poder sacar todas las conclusiones teóricas que se desprendían de un nuevo momento del capitalismo.

Las crisis comenzaban entonces a mutar en dos sentidos. Por un lado, adquirirían una profundidad, internacionalización y duración mucho mayores que en el período anterior. Por otro, las formas de resolución, de salida a la crisis que se daba el sistema, también cambiaban. Serían ahora la competencia por los nuevos mercados, la expansión del colonialismo, el surgimiento de aquello que finalmente sería denominado "imperialismo". Así es como, hacia el final del siglo XIX, se abría un inmenso debate en la economía marxista sobre las "teorías de la crisis". Pero ya no estaba Marx, y el propio Engels, que vivió hasta 1895, no terminó de pronunciarse sobre estas discusiones, aunque ambos llamaron la atención reiteradas veces acerca de la tendencia a la concentración y centralización del capital.

Los economistas marxistas debatieron alrededor de dos flancos. Por un lado, estaban las discusiones contra los economistas neoclásicos y marginalistas que, sobre todo en Alemania y Austria, por primera vez prestaban atención al marxismo y trataban de refutar sus afirmaciones, en particular las que se referían a la posible caída del sistema. Por otra parte, estaban los intentos de tratar de comprender la nueva realidad histórica que generaba el propio proceso imperialista que antes citábamos.

Las crisis en la época imperialista

Vamos a asumir para nuestro análisis la periodización clásica que estableció Lenin (1973) (2) y que después fue tomada por el marxismo de la Tercera Internacional. Lenin planteó la emergencia de una nueva fase (o época) en el modo de producción capitalista radicalmente distinta a la anterior, la época del imperialismo. Esta que comenzó a dar sus primeras señales en el último cuarto del siglo XIX y se manifestaría plenamente en sus consecuencias a partir de 1914 con la Primera Guerra Mundial.

Sintetizando lo nodal de la afirmación de Lenin, tenemos, por un lado, las cinco características con las que él definía al capitalismo imperialista y, por otra parte, la ubicación histórica del período. Se abrió una nueva época con el imperialismo, el capitalismo ya no tenía nada más "progresivo" que ofrecer. Lenin la definió como "época de guerras y revoluciones" o "fase final y última del capitalismo".

Cabe aclarar, como resulta fácil de ver para cualquiera que recorra la obra de Lenin, que este no estaba prediciendo que el capitalismo ya se acababa. Lo que sí estaba afirmando era la imposibilidad de una recuperación estructural del capitalismo que lo colocara históricamente otra vez en el puesto de un modo de producción progresivo para la humanidad.

Es muy importante sacar todas las conclusiones de esta afirmación. Hay dos formulaciones que la expresan en toda su potencia. La primera es la de Rosa Luxemburgo (1974) de "Socialismo o barbarie". La segunda es la de Trotsky (1999), cuando afirma en 1938 que las fuerzas productivas se han estancado, han cesado de crecer.

Entender estas afirmaciones es fundamental, y nos remite nuevamente a Marx y a una compresión profundamente humanista del concepto de "fuerzas productivas". Esta es la interrelación entre el ser humano (su capacidad de trabajar), la naturaleza, que va a ser transformada por este, y las herramientas, técnicas y tecnologías que se van creando a lo largo de la historia de la humanidad. La íntima unión de estos tres elementos integra el concepto profundo de "fuerzas productivas": cuando Marx habla de su desarrollo, se refiere, en perspectiva histórica, a los avances articulados de estos tres elementos, de los cuales obviamente el más importante es el propio ser humano.

El propio Marx, en algunos pasajes de *El capital* o la Tercera Internacional, en ciertos análisis de la economía mundial solía dar al concepto "fuerzas productivas" un alcance más estrecho, de forma que lo transformaba en sinónimo de "crecimiento de la productividad del trabajo". Nosotros vamos a entender que el concepto "estancamiento de las fuerzas productivas" de Trotsky, que completa la definición de "imperialismo" de Lenin y que da sentido a la expresión "socialismo o barbarie" de Rosa Luxemburgo, se refiere a esta definición más amplia (y humanista) de "fuerzas productivas". Que gana toda su potencia explicativa en los últimos años, al calor de la destrucción ambiental planetaria que está generando el propio sistema capitalista.

Es importante esta aclaración porque es obvio que, durante el siglo XX y lo que va del XXI, ha seguido habiendo avances tecnológicos, incluso revoluciones científico-técnicas, y que esto ha ocasionado que se dieran períodos en que la productividad del trabajo se incrementó, pero —y en esto seguimos a Marx en la *Ideología alemana*— las mejoras tecnológicas que no redundan en mejoras en la calidad de vida de los seres humanos en su conjunto, o que destruyen la naturaleza, más que "desarrollo de las fuerzas productivas", deben ser llamadas "desarrollo de las fuerzas destructivas".

Todo esto resulta muy visible en la primera mitad del siglo XX. Sin embargo, *a posteriori* de la Segunda Guerra Mundial, se dio un proceso de crecimiento económico más o menos sostenido, sin crisis agudas importantes en los países centrales, particularmente Estados Unidos, Europa Occidental (incluyendo la Alemania Federal destruida por la guerra) y Japón. Este período acuñó la denominación de "el *boom* económico de la posguerra". Y llevó a que algunos economistas marxistas pusieran en cuestión la caracterización de la crisis de Marx, e incluso la periodización de Lenin. Se llegó así a hablar de la existencia de una fase "neoimperialista", donde el capitalismo volvía a poseer toda la pujanza que tuvo en el siglo XIX y donde los problemas pasaban por la "alienación ante el consumo". La reaparición de la crisis a fines de los años 60 y su continuidad y cronicidad en las décadas posteriores volvieron a poner a la orden del día las concepciones marxistas de la crisis (caída de la tasa de ganancia) y las periodizaciones propuestas por Lenin, Rosa Luxemburgo y Trotsky.

Conclusión

La crítica de la economía política necesita seguir avanzando tanto en el terreno analítico como para contar con mejores herramientas para comprender la actual dinámica de un capitalismo en crisis, decadente, que se sobrevive a sí mismo como régimen social, hundiendo a la humanidad en niveles de desigualdad nunca vistos en la historia y poniendo a todos los habitantes del planeta –por primera vez– ante la disyuntiva de la destrucción de nuestro ambiente. Los que leemos y releemos obsesivamente *El capital* no debemos olvidar, a riesgo de "desgajar" la producción de toda una vida de Marx, que el verdadero "uso" de este libro consiste en buscar las claves para la emancipación de la clase trabajadora, entendida como la destrucción del capitalismo y el comienzo de la construcción de una nueva sociedad, sin explotadores ni explotados: el socialismo.

Bibliografía

Böhm-Bawerk, Eugen (2000), *La conclusión del sistema marxista*, Unión Editorial, Madrid.

Castillo, José, *La genealogía del Estado en Marx*, en Mabel Thwaites Rey (comp.) (2007), Estado y marxismo: un siglo y medio de debates, Prometeo, Buenos Aires.

Castillo, José y Lenta, Malena (2019), *En torno a las tesis de Feuerbach*, Mimeo, Buenos Aires.

Dussel, Enrique (1985), *La producción teórica en Marx*, Siglo XXI Editores, Buenos Aires.

Dussel, Enrique (1988), *Un Marx desconocido: un comentario de los manuscritos 1861-63*, Siglo XXI Editores, Buenos Aires.

Dussel, Enrique (1990), *El último Marx (1863-1882) y la liberación latinoamericana*, Siglo XXI Editores, Buenos Aires.

Engels, Federico (1975), *Anti-Dühring*, Cartago, Buenos Aires.

Harvey, David (2013), *Guía de* El capital *de Marx, Libro Segundo*, Akal, Madrid.

Hobsbawm, Eric (1998), *La era de las revoluciones, 1789-1848*, Crítica, Buenos Aires.

Lenin, Vladimir (1960), *Karl Marx, esbozo biográfico*, en *Obras completas*, Editorial Cartago, Buenos Aires.

Lenin, Vladimir (1973) (1), *Imperialismo, fase superior del capitalismo*, Buenos Aires, Anteo.

Lenin, Vladimir (1973) (2), *Tres fuentes y tres partes integrantes del marxismo*, Anteo, Buenos Aires.

Luxemburgo, Rosa (1974), *Reforma o revolución*, en *Obras escogidas*, Editorial Pluma, Buenos Aires.

Marx, Karl (1970), "Prólogo a la *Contribución a la Crítica a la Economía Política*", en *Introducción general a la crítica a la economía política*, Cuadernos de Pasado y Presente 1, Córdoba.

Marx, Karl (1973) (1), *Manifiesto comunista*, Anteo, Buenos Aires.

Marx, Karl (1973) (2), *El capital*, Siglo XXI Editores, Buenos Aires. Existen diversas traducciones, de las cuales las más conocidas en castellano son la que acabamos de citar y la del Fondo de Cultura Económica, con su reciente edición corregida de 2015).

Marx, Karl (2006) (1), "Tesis sobre Feuerbach", en *Escritos de Juventud*, Antídoto, Buenos Aires.

Marx, Karl (2006) (2), "Manuscritos económico-filosóficos", en *Escritos de Juventud*, Anteo, Buenos Aires.

Marx, Karl (2007), *Elementos fundamentales para la crítica de la economía política [Grundisse]*, Siglo XXI Editores, México.

Miliband Ralph y Nicos Poulantzas (1991), *Debates sobre el Estado capitalista*, Ediciones Imago Mundi, Buenos Aires.

Rosdolsky, Roman (1978), *Génesis y estructura de* El capital *de Marx*, Siglo XXI Editores, México.

Rubin, Isaak Illich (1982), *Ensayo sobre la teoría marxista del valor*, Pasado y Presente, México.

Sraffa, Piero (1966), *Producción de mercancías por medio de mercancías*, por Oikos-Taum, Barcelona.

Sweezy, Paul (1946), *Teoría del desarrollo capitalista*, Fondo de Cultura Económica, México.

Trotsky, Leon (1999), *Programa de Transición*, Ediciones socialistas, Buenos Aires.

Neoclásicos, marginalistas, subjetivistas, utilitaristas... El nacimiento de la "ciencia económica", o el asesinato de la economía política y su crítica

José Castillo y Patricia Arpe

Pensamos mucho al darle un nombre a este capítulo. "Neoclásicos", así se va a definir un grupo importante de los autores que agrupamos acá. Prestemos atención a la composición de la palabra: "neo-" y "clásicos", "nuevos" clásicos. ¿Qué es lo nuevo, o sea, lo diferente, que esta corriente plantea frente a la economía política clásica de Smith y Ricardo? La respuesta más contundente será: otra teoría del valor, la teoría del valor utilidad, o teoría subjetiva del valor, o teoría de la utilidad marginal. Veremos enseguida que esto lleva a definir también otras "novedades" –como otro campo epistemológico para la propia economía como ciencia–. Pero el término "neoclásicos" también nos obliga a preguntarnos acerca de lo que permanece del planteo clásico, ya que estos autores se definen como sus continuadores. Y acá la respuesta es clarísima: estos autores compartirán con Smith y Ricardo su confianza ilimitada en el mercado como mejor asignatario de los recursos, a la vez que su desconfianza en el Estado para "intervenir" eficientemente.

Pero la definición de "neoclásicos" no alcanza. Veremos más adelante que algunos de los autores presentados en este capítulo no se sentirían representados si los agrupáramos bajo este rótulo (en particular los miembros de la denominada "escuela austríaca"). Pasemos a otro sustantivo colectivo, que nuevamente intenta definirlos –aunque, de nuevo, dejará sus "descontentos"–: "utilitaristas". Acá el centro está en que la teoría del valor que irán conformando se basará en la "utilidad", y ya no en el trabajo, como centro explicativo del valor de los bienes. Pero no en la utilidad intrínseca a cada mercancía (sea natural o histórica), tal como la solían definir las concepciones del término "valor de uso" de clásicos o marxistas. Se tratará de la utilidad que "cada" consumidor, que será "soberano" en su subjetividad individual, le da al bien en cuestión. De ahí que, a veces, también aparezca la denominación "subjetivistas" para agrupar a nuestros autores. Se tratará, entonces, de los partidarios de una teoría "subjetiva" del valor, basada en la utilidad individual, a diferencia de la teoría "objetiva" del valor de clásicos y marxistas. Acá veremos que, mientras los autores de la escuela austríaca sí se ubicaban plenamente bajo este rótulo, la corriente walrassiana no le dio tanta importancia. Y, en lo que respecta a los autores ingleses, algunos como Jevons, lo consideraron central a su análisis, mientras que otros, sin dejar de asumirlo, lo combinaron con otros postulados que retomarían de alguna manera, elementos objetivistas, como el caso de Marshall.

Y existe aún otra definición, la de "marginalistas". Se refiere aquí a los partidarios de la teoría de la "utilidad marginal". Más adelante desarrollaremos el concepto. Por ahora retengamos que el término "marginal" remite a una connotación propia del análisis matemático: los movimientos de la próxima (o la "ultima") unidad del bien que consumir o que ofrecer. Esta denominación nos permite observar una característica distintiva de la mayoría de los economistas que aquí agrupamos: la utilización profusa, hasta el extremo de confundir un método con la disciplina científica en sí, de la matemática. "La" economía pasará a ser una disciplina que mostrará su estatus de cientificidad a partir de la construcción de modelos matemáticos. Las matemáticas avanzadas serán "su" lenguaje (nuevamente, debemos excluir de esto a la escuela austríaca).

La idea de lo "marginal" es, de hecho, una generalización de un concepto que existía previamente en ciertos planteos de la escuela clásica: el de la productividad marginal decreciente, que había resultado central para la teoría de la renta diferencial de Ricardo (e incluso había aparecido en algunas deducciones de Adam Smith).

Una excelente síntesis del planteo de esta corriente es el que nos ofrece Cesaratto (2018):

> En la base de esta teoría se encuentra la idea de que la economía está formada por individuos que desempeñan la doble función de propietarios de los "factores de producción"(trabajo, capital y tierra) y de consumidores. En su calidad de productores, que es el aspecto que aquí nos interesa en mayor medida, estos reciben un rédito (salario, ganancia o renta) proporcional al aporte que el "factor productivo" poseído por algún sujeto cualquiera le ocasiona a la producción (el así llamado "producto marginal"). Este aporte puede ser matemáticamente determinado a través del "cálculo marginal" (o diferencial); del cual la teoría toma el nombre de marginalismo.

Para terminar la explicación del título de nuestro artículo, digamos que, rápidamente, estos autores irán abandonando la denominación "economía política" (*political economy* en la designación de una disciplina, mayoritariamente anglosajona) para pasar a hablar de *economics* a secas –"la" economía o "lo" económico, que en español normalmente se terminará traduciendo como la "ciencia económica"–. No es casual que se busque eliminar el componente "político", para enfatizar que esta nueva "ciencia económica" se basa en algo diferente: una ciencia de la "conducta individual", la que busca explicar cómo se asignan eficientemente los recursos escasos.

¿Por qué surgió esta nueva corriente?

Existe un muy fuerte debate entre los especialistas en historia del pensamiento económico para responder esta pregunta. Según Mark Blaug (1985), se pueden agrupar las explicaciones en tres interrogantes:

a. Se trató de un desarrollo intelectual autónomo dentro de la economía, la "natural decantación" de una disciplina que va creciendo, complejizándose y adquiriendo un perfil propio.
b. Fue un producto de corrientes filosóficas distintas de las que se derivaron de la escuela clásica.
c. Fue la forma de plasmar los cambios que estaban sucediendo en el propio devenir histórico de la economía de su tiempo (el estado de desarrollo del capitalismo).
d. Se trató de un contraataque frente al surgimiento del marxismo.

Blaug sostiene que la respuesta más plausible es la primera. Si bien algo de razón tiene, como veremos más abajo, repasemos las "partes de verdad" que existen en las afirmaciones b), c) y d).

Con respecto a las cosmovisiones filosóficas, la primera respuesta debería ser negativa: los autores marginalistas que veremos a continuación responden a "ambientes intelectuales" muy diferentes entre sí. Mientras que la Gran Bretaña de Jevons y Marshall estaba imbuida de la tradición empirista-utilitarista, el clima filosófico suizo donde se movería Walrass era cartesiano y, en Austria (como en todo el mundo alemán), prevalecía lo que se llama el "neokantismo". Sin embargo, aun sobre este "piso" heterogéneo, debemos prestar atención a un mundo donde iba ganando peso la "instrospección", el subjetivismo y el hedonismo por sobre las grandes "filosofías de la historia", que habían estado de moda en la primera mitad del siglo XIX.

Con respecto al punto c), referido a los cambios en el mundo económico, hay un dato que merece ser tomado en cuenta: la aparición de las sociedades por acciones unida al surgimiento del *management* científico produciría una separación entre el "capitalista" y el "ejecutor" (la gerencia y la dirección efectiva de la empresa). Esto daría lugar a un nuevo tipo de "rentista", muy distinto ya al terrateniente ricardiano: el accionista especulador, que vivía del "corte de cupones" y de la ganancia inmediata que obtenía de esos títulos de propiedad y que desconocía en absoluto (más aún, no le importaba) el proceso productivo. Tal vez exagerando y absolutizando un poco, Nicolái Bujarin (1974) llamaría por eso al marginalismo "la economía política del rentista".

Con respecto al punto d), si bien fácticamente el planteo de Blaug es incorrecto en cuanto a verlo como "causa" del surgimiento del pensamiento neoclásico, sí observamos la importancia que adquirió a partir de la segunda generación austríaca como factor de desarrollo de esta escuela.

Pasemos, ahora sí, a lo que Blaug consideraba el "motivo" central del surgimiento del marginalismo: el estado del debate del propio pensamiento económico previo. Esto nos obligará a retomar las zonas grises dejadas abiertas nada menos que por David Ricardo.

Los problemas que dejó planteados Ricardo

David Ricardo y Adam Smith constituyeron las dos "espadas teóricas" de la burguesía en ascenso, en su lucha contra el antiguo régimen. Y, en el caso de Ricardo, contra el poder terrateniente inglés, en particular, al cual enfrentó en los planos teórico, político y práctico. Así, Ricardo impulsó la derogación de las "leyes de granos" y mostró las contradicciones en que caería el sistema (aún no se lo denominaba "capitalista"), en particular el miedo a la crisis y el estancamiento. Sus contribuciones sobre el origen de la renta diferencial de la tierra y sobre las ventajas comparativas en el comercio exterior fueron dos mandobles demoledores contra el proteccionismo conservador terrateniente de la época.

Claro que el propio Ricardo dejó abierto "huecos teóricos", en particular en su análisis sobre la teoría del valor. Recordemos que él dio un inmenso paso adelante, con respecto a Adam Smith, al precisar claramente de qué se trataba la teoría del valor trabajo: el valor de una mercancía está dado por el trabajo que contiene, no por lo que se paga por ese trabajo (que Ricardo llamó "valor del trabajo" y Marx, "fuerza de trabajo"). Ya discutimos cómo esto había aparecido confuso en Smith, haciendo que su inicial teoría del valor trabajo se deslizara a otra que podemos denominar "de los costos de producción".

Pero el propio Ricardo tampoco fue capaz de dar una solución completa al problema. Es que, si el valor de una mercancía (dado por el trabajo que incorpora) es distinto al "valor del trabajo" (lo que se le paga al trabajador), queda un "excedente", distribuido entre el terrateniente (renta) y el empresario capitalista (ganancia o beneficio). Esto es sumamente importante: ese excedente es trabajo no remunerado, no pagado, originado en el trabajo. En concreto, el análisis de Ricardo remite con claridad a que al trabajador no se le paga el total del fruto de su trabajo, sino una parte (el "valor de trabajo", materializado en el salario), y el resto va a parar (es apropiado, por distintos mecanismos que Ricardo analiza a fondo en *Principios*) a manos de empresarios capitalistas y terratenientes.

Sin embargo, dado que el interés ricardiano estaba puesto en la confrontación entre capitalistas y terratenientes, no se interesó en poner el foco en la importancia del origen de este excedente. Apenas si lo hace para destacar que hay una relación inversa entre salarios y ganancias. Así, afirma Ricardo (1985):

La proporción que debería pagarse en concepto de salarios es de importancia máxima en lo que atañe a las utilidades, pues bien se comprende que las utilidades serán altas o bajas, exactamente en proporción a que los salarios sean bajos o altos.

En lo que respecta a la distribución de esa riqueza generada por el trabajo, Ricardo determina leyes diferentes para el salario, el beneficio o ganancia y la renta. Mientras que esta última está dada por el mecanismo de la renta diferencial, y el salario, por el valor de una canasta de bienes de subsistencia, la ganancia o beneficio del empresario se obtiene por el "resto". Es la "diferencia", lo que queda tras abonar salarios y rentas. Claro que ese beneficio o ganancia existe porque el empresario capitalista ha invertido (ha adelantado capital). ¿Por qué lo ha hecho? ¿Con base en qué expectativas? La respuesta es simple: esperando obtener una diferencia, que será mucha o poca en proporción justamente a ese capital invertido: un porcentaje, una "tasa de ganancia". Ricardo sostiene que, en una economía donde hay libertad para elegir cómo invertir ese capital, nadie lo hará donde obtenga menos tasa de ganancia. Todos buscarán el máximo beneficio posible, y así, en el mediano plazo, se producirá una "tendencia a la igualación de las tasas de ganancia".

Esto es muy importante. Y obliga a Ricardo a responder a un par de problemas. Lo hará en las secciones 4 y 5 del capítulo I de *Principios*. El primer inconveniente teórico fue: ¿qué sucede si, para producir dos bienes, se requieren distintas dotaciones de trabajo y capital?

Como cuando el salario crece la ganancia se reduce, la única posibilidad de que eso no afecte a la igualación de las tasas de ganancia es si, en todas las ramas de la producción, hay similar dotación de capital fijo (maquinarias o insumos producidos en períodos de tiempo anteriores). Pero, en la realidad, las cantidades de capital fijo necesarias son distintas en cada sector.

Quedaba planteado un problema: o se mantenía la "ley" enunciada por Ricardo al comienzo de *Principios,* de que el valor de una mercancía está dado por el tiempo de trabajo que contiene y, por lo tanto, la distribución de ese tiempo en salarios, renta y ganancias no influye en ese valor; o se modificaba esa ley para hacer cumplir la otra "ley", la de la tendencia a la igualación de las tasas de ganancia, y entonces modificaciones en salarios y ganancias hacen mover, a la vez, el valor de la mercancía. Ricardo optó por esta segunda salida. Al hacerlo abandonó la estricta disciplina de la teoría del valor trabajo y pasó a una teoría del valor de acuerdo a los costos de producción.

¿La teoría del valor de Ricardo era, entonces, una teoría del valor trabajo o una teoría del valor acorde a los costos de producción (como, recordemos, había terminado siendo la de Smith)? Y, lo más importante: ¿cómo se resuelve el problema del valor? La respuesta quedaría pendiente hasta Marx.

Sin embargo, el tema no opacó el éxito de Ricardo. Y eso se debió a razones estrictamente históricas: donde había absoluta claridad era en el mecanismo entre ganancia capitalista y renta terrateniente. Y en la salida que ofrecía nuestro autor a partir de las ventajas comparativas en el comercio internacional. Esa era la pelea decisiva en los primeros años del siglo XIX, cuando la burguesía aún no se había asentado en el poder político y mientras la lucha de clases entre la burguesía y el proletariado permanecía en un estadio más larvado.

Como bien señala Marx (1975) en el prólogo a *El capital,* esto cambiaría en las décadas siguientes, posteriores a la muerte de Ricardo. Ricardianos y antirricardianos se enfrentaron hasta 1830, dando lugar, al decir de Marx, a "brillantes torneos". James Mill, John Ramsay McCulloch y Thomas de Quincey del lado de Ricardo y Robert Torrens, Samuel Bailey y Nassau William Senior, en su contra. Pero la realidad es que todos, más temprano o más tarde, fueron abandonando la teoría del valor trabajo y pasándose a una concepción donde lo importante era que los precios se determinaban de acuerdo a los "costos de producción". Todo esto fue acompañado por una fuerte "vulgarización" de la economía política, transformada ahora en una disciplina cuyo principal (y casi único) objetivo pasaba a ser realizar una apología del sistema existente, el modo de producción capitalista. Todo eso, como brillantemente explicó Marx, iba de la mano del ascenso de la lucha de clases entre la burguesía y el proletariado, que ahora se ubicaba en el centro del escenario. La burguesía era cada vez más clase "políticamente" –además de económicamente– dominante.

Un antecedente "prehistórico" del marginalismo: Nassau William Senior

Entre los "antirricardianos", merece destacarse Nassau William Senior, que realizó algunas afirmaciones que fueron antecedentes claros de lo que luego irían a ser algunos de los planteos marginalistas y neoclásicos. Siguiendo a otro antirricardiano más antiguo, Jean Baptista Say (autor de la famosa frase, luego hecha "ley" con su nombre: "La oferta crea su propia demanda"), Senior planteó que tierra, capital y trabajo son tres "factores" de la producción que, sumados, constituyen el valor de las mercancías. Y Senior puso énfasis en el concepto de "sacrificio". Así como el trabajo implica un "sacrificio" al obrero, el capitalista también se "sacrifica", en este caso al dejar de consumir (es una "abstinencia"). Con una clara connotación clasista que no se le escaparía a Marx, Senior afirmó: "Abstenerse del disfrute que está en nuestro poder, o buscar resultados distantes en lugar de resultados inmediatos, está entre los esfuerzos más dolorosos para la voluntad humana".

El "cierre ecléctico" de las controversias sobre Ricardo: John Stuart Mill

La vulgarización de la teoría ricardiana alcanzó su punto más alto con la publicación de *Principios de economía política*, de John Stuart Mill, obra a la que podemos calificar como la primera "manualización" (en el sentido peyorativo del término) de la economía política.

John Stuart Mill (1978) "resolvió" las controversias previas sobre la teoría del valor retrocediendo a Adam Smith, en particular al capítulo VI de *La riqueza de las naciones*: el valor de las mercancías es la suma de los distintos "costos de producción" (increíblemente, Mill afirmaba que esto es lo que "dijo" Ricardo). Pero a esto le agregó el "aporte" antirricardiano de Senior: el "costo del capital" se toma de la "espera" o "abstinencia" sufrida por el capitalista: "De la misma manera que el salario del trabajo es la remuneración del trabajo, así las ganancias del capitalista son propiamente, según la afortunada expresión de Mr. Senior, la remuneración de la abstinencia".

Como conclusión, podemos decir que, al momento en que surgió el pensamiento neoclásico, la teoría del valor trabajo tal como la había planteado Ricardo (aun dejando abiertas sus zonas grises) ya no era defendida por ninguno de los autores posteriores, en los 25 años siguientes. Todos, sin excepción, se habían pasado a una teoría del valor basada en la "suma de los costos de producción", con los obvios matices acerca de qué significaba exactamente esto para cada uno de ellos.

De ahí que sería Karl Marx quien retomaría la teoría del valor trabajo, siendo plenamente conciente de los problemas teóricos que había dejado sin resolver Ricardo.

Los manuscritos de 1857-1858 (*Gründisse*), la *Contribución a la crítica de la economía política* (1859), los manuscritos de elaboración de su obra magna en la década del 60 y, finalmente, la publicación del tomo I de *El capital* (1867) serían su respuesta.

Pero el conjunto de estos textos de Marx era absolutamente desconocido por el mundo de los economistas al momento del surgimiento del pensamiento neoclásico (formalmente en 1871 con la aparición de las primeras obras). Bastante más adelante, con el surgimiento del marxismo como movimiento político en las décadas posteriores, y particularmente con la publicación de los tomos II (1885) y, especialmente, III de *El capital* (1893), un sector del marginalismo le saldría al debate.

¿De quién estamos hablando? La presentación de los personajes. Los precursores

Los autores neoclásicos no surgieron de la noche a la mañana. Aquí y allá, en las décadas previas, podemos encontrar algunos antecedentes en las décadas anteriores a 1870 –a veces más lejanos, a veces más cercanos–. En todos los casos, se trató de economistas que se mantuvieron alejados de la corriente principal de la economía clásica smithiano-ricardiana.

Citaremos solamente a tres. En primer lugar, a Jean Baptista Say, que pasó a la historia por la célebre frase que luego sería centro de la crítica de Keynes: "La oferta crea su propia demanda". O sea: los equilibrios de oferta y demanda son automáticos, sin que haga falta preocuparse por fomentar o intervenir sobre la demanda para garantizar la realización en el mercado de los bienes producidos. Detrás de este planteo, está lo que luego sería un supuesto muy fuerte de todo el neoclasicismo: cuando los mercados están en equilibrio, siempre están ocupados todos los recursos (entre ellos el trabajo, por lo que no existirá el desempleo "involuntario"). La economía pasará a ser una disciplina cuyo centro será lograr la asignación óptima de recursos escasos, todos plenamente ocupados.

Jeremy Bentham será nuestro segundo nombre; él aportó a la cosmovisión económica su concepción del "hedonismo". El ser humano actúa racionalmente si maximiza placer y minimiza dolor. Sería lo que luego se denominaría el *homo economicus*, un supuesto psicológico de conducta que estaría en el centro de toda la concepción neoclásica.

Y el tercer "antecedente" sería Hermann Heinrich Gossen, el real "descubridor" de la teoría de la utilidad marginal decreciente. Gossen aportaría dos "leyes" que serían fundamentales para el concepto de la teoría del valor neoclásico. La primera ley de Gossen diría, citada por Roll (1980): "La cantidad de uno y el mismo goce disminuye constantemente a medida que experimentamos dicho goce sin interrupción, hasta que se llega a la saciedad".

Y la segunda afirmará:

> [...] para obtener la cantidad máxima de goce, un individuo que puede elegir entre muchos pero no disponer de tiempo suficiente para procurárselos todos plenamente, está obligado, por mucho que difiera la cantidad absoluta de los goces individuales, a procurárselos todos parcialmente, aun antes de que haya terminado el más grande de ellos. La relación entre ellos tiene que ser tal que, en el momento en que son discontinuados, las cantidades de todos son goces son iguales.

La primera generación (1871)

Ubiquémonos en el año 1871. Apenas cuatro años después de la publicación del tomo I de *El capital* de Marx. Muchos cedieron a la "tentación" de pensar el surgimiento de la corriente neoclásica como una respuesta a los planteos marxistas. La historia del pensamiento económico y el recorrido de las biografías de los autores que citaremos a continuación nos permiten asegurar que no fue así. Ninguno de los tres autores de la naciente escuela neoclásica conocía el texto de Marx, editado, por otra parte, en una oscura editorial de Hamburgo.

Pero estamos en los comienzos. Y sí hay algo sorprendente: la simultaneidad y coincidencias de los planteos de tres economistas que vivían en distintos países y que provenían, cada uno de ellos, de tradiciones culturales diferentes. Stanley Jevons, autor de la *Theory of Political Economy* (1871, en Gran Bretaña, Manchester), Karl Menger, con su *Grundsätze der Volkswirtschaftslehre* (1871, Austria, Viena), y Leon Walras, con *Éléments d'économie politique pure* (1874, Lausane, Suiza), sorprenden por la simultaneidad y similitud de sus reflexiones centrales. Los tres llevaron la economía a un nuevo camino, detrás de la utilización del concepto de "utilidad marginal". Jevons (1871), en el prefacio de su obra, deja muy claras sus intenciones: "La continua reflexión y la investigación me han conducido a la idea, algo novedosa, de que el valor depende por entero de la utilidad". Para enseguida agregar: " [...] en esta obra he intentado tratar a la economía como un cálculo del placer y del dolor".

Claro que también conviene señalar, en este marco común, las diferencias, o, mejor dicho, "especificidades", de cada uno de estos tres autores. Jevons fue el que expresó con mayor claridad la llamada "teoría subjetiva del valor". El propio Leon Walrass se lo reconocerá:

> Jevons afirmó claramente en mayo de 1879, al final del prefacio a su segunda edición de tres páginas muy curiosas, que debería invertirse totalmente la fórmula de la escuela inglesa, al menos la de la escuela de Ricardo y Mill, porque los precios de los servicios productivos vienen determinados por los de los productos, y no al revés.

Esto es lo primero, y diríamos lo central, del planteo de Jevons y luego de todo el pensamiento marginalista: "invertir la fórmula". El valor de un bien ya no está dado por nada "previo", sea el trabajo que llevó producirlo o la suma de los costos de producción. Por el contrario, se determina en el mercado. Para llevar a fondo la discusión: los bienes llegan sin valor previo al mercado.

Recordemos que, tanto para los clásicos como para Marx, obviamente había "algo" que sucedía en el mercado: existía un precio de mercado que terminaba manifestándose después de las interacciones de ofertas y demandas. Pero lo que define al pensamiento clásico y marxista es la existencia previa de otras categorías (valor, precio natural, precio de producción, trabajo, según los autores) que eran expresión de sucesos previos a los de mercado. Esto desaparecería en el neoclasicismo (por lo menos en la primera generación, después veremos que Marshall los "reintrodujo" de una forma muy particular). Las mercancías (los "bienes", en la denominación preferida por los marginalistas) no tienen ningún atributo objetivo intrínseco que les confiera valor. Jevons en particular propuso directamente eliminar todas estas denominaciones y pasar a hablar directamente de "relaciones de intercambio".

Los que le atribuyen valor a los bienes son, entonces, los individuos en el mercado. Esto es muy importante: todo el mundo de la producción ha desaparecido del análisis. Lo único que importa es cómo se determina el precio en el único lugar digno de ser examinado: el mercado, para estos autores.

En este mercado, los bienes tienen entonces solo dos atributos: una cantidad y una utilidad, definida subjetiva, individual y psicológicamente por el consumidor. Esta utilidad subjetiva expresa la capacidad del bien en cuestión en procurar placer (o evitar dolor) al consumidor. Como lo dirá el propio Jevons: "En esta obra he intentado tratar a la economía como un cálculo de placer y dolor".

Es muy importante entender la articulación entre cantidad y utilidad. La utilidad total de un bien no es lo importante. No tiene sentido la pregunta: ¿cuál es la utilidad del agua? Sino que debemos remitirnos, señalaba Jevons, a los distintos grados de utilidad de las diferentes porciones del bien. Y acá nuestro autor, siguiendo a Gossen, afirmaba que la utilidad se va reduciendo a medida que el individuo consume más y más del mismo bien. La pregunta, obviamente, es hasta dónde puede reducirse la utilidad del bien. Y la respuesta depende de la cantidad total de este. Si el bien es muy abundante, llega un momento en que la utilidad es cero (más aún en el caso del agua, puede terminar siendo un problema, una "desutilidad", por ejemplo en el caso de una inundación). Pero en muchísimos bienes existe el principio de escasez: se acaban antes de que su utilidad llegue a cero. Así, la "última unidad deseada", que se llamará la "utilidad marginal", será el valor (y, por lo tanto, el precio) del bien en cuestión.

Esta ley, de la "utilidad marginal decreciente", es la base de la teoría neoclásica del intercambio puro, por lo menos en esta primera versión jevoniana. El valor de un bien se determina de esta manera en el intercambio, antes de la producción.

Jevons desarrolló todo esto como base para el intercambio entre dos bienes. Quien lo generalizaría hasta demostrar cómo se realiza el equilibrio entre todos los bienes en el mercado sería Leon Walras.

Walras fue el verdadero creador de la economía matemática y del concepto de "equilibrio general", donde los precios y las cantidades intercambiadas se explican por las interacciones de todos los mercados. A la "utilidad marginal" o "grado final de utilidad" de Jevons, Walrass la llamaría *rareté*. Para Walras las funciones de demanda y oferta de un bien dependen no solo de su precio, sino también de los precios de los demás productos, de los ingresos, y de las cantidades de los bienes existentes. Los participantes económicos en el mercado proceden mediante un "tanteo", que finalmente implica un comportamiento que tiende a maximizar la utilidad. El punto de equilibrio de cada mercado depende de lo que sucede en todos los demás, por lo que la determinación del equilibrio general de todos ellos implica también la determinación simultánea del equilibrio parcial de cada mercado. Walras construyó para esto un sistema de ecuaciones que define este equilibrio.

El tercer autor en cuestión, Karl Menger (1985), por su parte, fue el que insistió en que el método de la economía debía asentarse sobre una base individualista, y que de lo que se trata es de estudiar las conductas de los seres humanos abocados a la actividad económica, entendida como la utilización eficiente de los recursos escasos. Menger generalizó todos estos principios no solo a los bienes de consumo, sino también a los medios de producción. El economista austríaco también partía de la utilidad marginal tal como Jevons (aunque él la llamó *Grenznutzen*, textualmente "utilidad en el límite" o "utilidad en la frontera").

Siempre partiendo del mercado y de la primera determinación del valor de los bienes de acuerdo a la utilidad y la cantidad, Menger propuso integrar todo esto con una teoría de la distribución. "Reaparecieron" entonces las preguntas de cuánto se remunera al trabajo, al capital, a los insumos que se utilizan. A lo bienes que se utilizan para producir otros bienes los denominó "bienes de orden superior".

Tengamos claridad: Menger rechazaba absolutamente cualquier planteo de que los precios dependen de los costos de producción. "El valor que tienen para nosotros los bienes de orden inferior no puede estar condicionados por el valor de órdenes superiores utilizados para la producción de los primeros". O sea que todos los valores de estos bienes de orden superior dependen de las previsiones sobre el valor de los bienes de primer orden. Menger, a diferencia de Walrass, se sostuvo enfáticamente en el terreno de una economía "literaria", restándole entidad a los desarrollos matemáticos como presuntamente "mas científicos". Esto abrió una especificidad de la corriente austríaca, la única de todas estas tendencias surgidas en los años 70 del siglo XIX y que perviven hasta hoy que sigue resistiéndose a la matematización extrema de los modelos de la "ciencia económica" moderna.

Digamos, para terminar, que esta primera generación de autores, "fundacional", no logró ser rápidamente aceptada en el mundo de la economía. La "ortodoxia" seguiría siendo, por un tiempo, la escuela ricardiana, "leída" por el texto de John Stuart Mill. Y, en segundo lugar, en el mundo germano, la llamada "escuela histórica". Esta corriente, que no desarrollamos en este libro, había puesto énfasis en la inexistencia de leyes económicas generales (de hecho, ni generales ni pertenecientes a un único modo de producción, concepto por lo demás extraño a esta escuela). En la práctica, era una escuela que se centraba casi exclusivamente en la historia económica, más que en la economía política o la ciencia económica.

La segunda generación: Alfred Marshall y *Principios de economía*

Si hubiera que definir "un libro" exclusivo para los fundadores del neoclasicismo, este sería sin duda *Principios de economía* de Alfred Marshall, publicado en 1890. A este autor se le debe el prestigio ganado por lo que pasaría a denominarse la "escuela de economía de Cambridge". Otros autores importantes de esta corriente en Gran Bretaña fueron Francis Edgeworth, Philip Wicksteed y Arthur Pigou.

En el origen de la enseñanza y la investigación en economía de esta prestigiosa universidad inglesa, se encuentra la figura de Marshall. *A posteriori*, uno de sus discípulos, John Maynard Keynes, "derrotaría" en ese bastión a los neoclásicos. Discípulos de Keynes, a su vez, harían nuevas aportaciones –bastaría acá nombrar a figuras como Richard Kahn, Joan Robinson, o Piero Sraffa para dar cuenta de la importancia que tendría este lugar en el futuro del pensamiento económico–. Pero el Cambridge, desde los años 30 del siglo XX, ya sería plenamente keynesiano. El neoclasicismo británico disputaría en esos tiempos desde el lugar de la London School of Economics, bajo la dirección de Lionnel Robbins, que incluso traería a Londres a Friedrich Hayek, uno de los más grandes economistas austriacos. Sin embargo, en los años posteriores, cuando se impusiera la hegemonía keynesiana, incluso ese baluarte pasaría a tener cada vez más economistas de esta corriente.

Vilfredo Pareto y su "óptimo"

El italiano Vilfredo Pareto sería el sucesor de Walrass en la cátedra de Economía de Laussana en 1893. Se suele decir que la escuela de Lausana en la práctica se desintegró tras la muerte de Pareto en 1923. Si bien esto es cierto, veremos que, tras la crisis del pensamiento económico de la década del 70, muchos economistas retomarán los planteos walrasianos del equilibrio general.

Si bien el sucesor de Walras terminó siendo Pareto, su acceso a los estudios con su maestro le fue dado por otro economista italiano, Maffeo Pantaleoni, que estudió en primera instancia a través de la obra de este. Vilfredo Pareto publicó, ya a cargo de la cátedra cedida por Walras, su *Curso de economía política* entre 1896 y 1897, *Sistemas socialistas* entre 1901 y 1902 y finalmente su *Manual de economía política* en 1906 (corregido en la segunda edición publicada en francés en 1909). En los últimos años de su vida, si bien continuó con su interés en la economía, escribió su gran obra sociológica: *Tratado de sociología general*, en 1917. Quizás como una señal de la deriva hacia la derecha del pensamiento económico liberal a partir del neoclasicismo, Pareto al final de su vida adhirió al fascismo en 1923.

Remitiendonos a Pareto y su aporte, digamos que quizás se trate del único de todos estos autores neoclásicos que se dedicó a algo más que a la "economía", como ya se la empezaba a conocer (la otra excepción fue Hayek). Así, Vilfredo Pareto fue también un destacado sociólogo. Su capacidad para continuar el avance de la matemática en el discurso económico se debía a su sólida formación en ese aspecto, ya que de origen era ingeniero.

Desde el punto de vista de su aportación al pensamiento neoclásico, nuestro autor reformuló la célebre "mano invisible" de Adam Smith. Los seres humanos, actuando libremente y sin interferencia estatal en los mercados, alcanzarían, según Pareto, una situación "óptima" de satisfacción de sus necesidades, dados los recursos escasos existentes. A este óptimo llegará el mercado automáticamente, por medio de los movimientos de oferta y demanda, al alcanzar el punto de equilibrio. Pareto aportó al análisis económico las "curvas de indiferencia", que se tornarían en la forma popular de derivar las curvas de demanda. Insistió, a la vez, en que ninguna intervención estatal estaría en condiciones de reunir la "información" necesaria de las infinitas decisiones individuales que permiten alcanzar el punto óptimo. Pareto pretendió así "demostrar científicamente", en lo que llamaría la "economía del bienestar", la superioridad del libre mercado por sobre cualquier intervención estatal o intento de planificación. Otros autores de esta "segunda generación" de la escuela suiza fueron los italianos Giovanni Antonelli y Enrico Barone (de ahí que, por la presencia de tantos economistas de esta nacionalidad, algunos pasaron a llamarla la "escuela italiana").

La escuela austríaca y su confrontación con el marxismo

Será la segunda generación austríaca la que sí, efectivamente, iniciaría la disputa con el planteo de Marx. Ahí se destacaría Eugen Böhm-Bawerk, autor del primer texto marginalista de crítica al marxismo. El hecho de que los autores austríacos se hallaban en el entorno "alemán" con una fuerte presencia política de la socialdemocracia primero y luego de 1918, también de los partidos comunistas, hizo que esta subcorriente del neoclasicismo fuera la que asumiera las posiciones más "de batalla" contra el marxismo.

Un contemporáneo importante de Böhm-Waker sería Friedrich von Wieser. Pero la potencia de esta escuela se desarrollaría en las primeras décadas del siglo XX. Allí se destacaría la figura de Ludwig von Mises, y luego de su discípulo Friedrich Hayek, al que se lo consideraría luego uno de los padres fundadores del pensamiento neoconservador.

Von Mises también se mostraría como un gran polemista, con importantes textos de debate con respecto a la viabilidad de la planificación socialista (*Socialismo, teoría e historia*). Ya en los años posteriores de su vida, culminaría su obra con la publicación de un importante tratado: *La acción humana*, en 1949. Hayek, por su parte, tras participar en un primer período de las confrontaciones contra Keynes y prácticamente "retirarse" luego de los debates sobre el pensamiento económico, reaparecería luego con la crisis de los años 70 y su nominación como Nobel de Economía.

Otros autores

Esta "segunda generación marginalista" también tuvo un importante desarrollo en Suecia, con las figuras de Knut Wicksell y Gustav Cassel. Y en los Estados Unidos, con John Bates Clark e Irving Fisher. El aporte de los suecos a los desarrollos sobre la teoría del capital sería muy importante, y ejercería una influencia importante en Mises y Hayek; disputaría, de hecho, la "punta" del desarrollo neoclásico a los ingleses de Cambridge. Sin embargo, la mayor extensión del idioma inglés por sobre el sueco o el alemán sería el factor determinante para mantener a la ciencia económica como una disciplina centralmente "anglosajona".

El derrotero del pensamiento neoclásico/marginalista en el siglo xx

El neoclasicismo, que se transformaría en "la economía", de forma que hegemonizaría todo lo que se consideraba "ciencia" en este campo, sufrió una dura derrota en la crisis de 1929, al no poder dar respuesta a la Gran Depresión. De su seno surgió (en particular de Cambridge) y se desgajó lo que sería la corriente keynesiana.

El neoclasicismo/marginalismo permaneció como una corriente minoritaria, refugiada en unos pocos centros académicos, hasta la crisis de 1973. Uno de sus bastiones fue, como mencionamos antes, la escuela austríaca. Otro surgió en la Universidad de Chicago, en los Estados Unidos de América, que, bajo la dirección de Milton Friedman, dio lugar a lo que se conocería como el "monetarismo". Ambas construirían un importante foro conjunto en 1947, llamado la Sociedad Mont Pelerin, que quedaría como el reservorio del pensamiento liberal más extremo, fuertemente conservador, antisocialista y antikeynesiano.

A posteriori de la depresión de 1973, y cuando se produzca la crisis del keynesianismo, asistiremos al *revival* neoclásico, ahora bajo la denominación más moderna de lo que algunos llaman –un poco imprecisamente, a nuestro entender– "neoliberalismo".

Premisas fundamentales

En el momento en que surgió el neoclasicismo, lo que prevalecía en el campo epistemológico era el positivismo. Era el momento del auge de lo medible. Todo estaba inserto en un "monismo metodológico", donde "el método" científico era el de las ciencias naturales. Jevons y Pareto, en la primera y segunda generación, respectivamente, son ejemplos claros: tomaron el cálculo diferencial y la mecánica racional newtoniana y buscaron el equivalente de la física para aplicarlos a los fenómenos económicos.

La persona (y su conducta) quedó, entonces, definida como una función matemática. Sería el *homo economicus* que maximiza placer y minimiza dolor. Todo es un proceso para resolver el problema entre medios (escasos) y fines (múltiples, en el límite "infinitos").

Rápidamente, surgió un gran problema: para poder realizar todos estos cálculos, que involucran además al tiempo (y en particular al futuro), se requiere de una capacidad de información altísima. Nuevamente: casi infinita.

Los neoclásicos ingleses y walrassianos se moverían en este mundo, donde es posible la información plena y perfecta y se alcanzan "equilibrios".

Los austríacos, influidos, sin duda, por el neokantismo, que daría lugar, entre otras cosas, al pensamiento weberiano, no se sentirían cómodos ni con la plena información, ni con los "equilibrios": pondrían énfasis en los acontecimientos de evento único.

Generaciones posteriores, tanto de autores que romperían con el marginalismo como Keynes, como de otros que permanecerían dentro de este paradigma, incorporarían la incertidumbre, las expectativas y la racionalidad acotada. Pero eso ya sería otra historia.

Limitémonos, por ahora, a los conceptos básicos de ese neoclasicismo naciente, que se desarrolló entre 1870 y la crisis del 1930:

-El concepto de "equilibrio": tanto en los planteos de Marshall, como en los de Walrass, los análisis se centran en el equilibrio del mercado que, según los neoclásicos, tiende a perpetuarse, salvo que se produzcan perturbaciones (*shocks*) exógenos al sistema. En el caso de los mercados competitivos, el equilibrio se alcanza cuando, al precio de mercado, la cantidad ofrecida por los vendedores (la "oferta") es igual a la cantidad demandada por los consumidores (la "demanda"). Esta sería la definición más general de "equilibrio", tal como la enunció Leon Walrass, que se debería dar simultáneamente en todos los mercados existentes, el llamado "equilibrio general". Alfred Marshall, *a posteriori*, analizó los equilibrios en cada mercado en particular, los llamados "equilibrios parciales". Pero, más allá de que estemos hablando en términos de equilibrios simultáneos de todos los mercados (el equilibrio general walrassiano) o de equilibrios de cada mercado en particular (con la explicación de las curvas de oferta y demanda de Marshall), lo que debe quedar claro es que todo autor neoclásico se basa en la existencia de un equilibrio, al cual se arriba si operan un conjunto de supuestos. Como ya dijimos, la única corriente que cuestionó esa omnipresencia de los "equilibrios" en el análisis económico marginalista fue la austríaca.

-El rol de la competencia de mercado: el supuesto de mercados de "competencia pura" significa que ningún agente individual, sea oferente o demandante, tiene la capacidad de influir sobre el precio de mercado. En el límite se enuncia esto diciendo que hay "infinitos" demandantes e "infinitos" oferentes. Esto implica que los agentes individuales toman decisiones de producción o consumo, aceptando los precios de mercado como un dato. Si le añadimos el supuesto de que las empresas tienen libertad para entrar y salir de los distintos mercados —es decir, cambiar de rubro—, o, más en general, que todos los productos que se ofrecen en el mercado tienen un sustituto, y que todos los agentes tienen perfecta información —conocen todos los productos ofrecidos y demandados, sus precios, cualidades y cantidades—, tendremos lo que se denomina como "competencia perfecta". El planteo de competencia pura, que no requiere todos los otros "supuestos" que acabamos de enunciar, basta para los análisis de corto plazo. Para sostener planteos vinculados al largo plazo, los neoclásicos requerían del total de los supuestos que llevan a la competencia perfecta.

-El individualismo metodológico: el análisis siempre parte del estudio del comportamiento de agentes individuales, con empresas productoras (oferentes) y hogares consumidores —que generalmente se los denomina "familias" consumidoras– (demandantes). Las empresas deciden cuánto producir, qué insumos contratar, cuánto tomar prestado y cuánto invertir. Los hogares deciden cuánto trabajarán sus miembros, cuánto ahorrarán y qué bienes consumirán. La suma de las decisiones individuales determina el comportamiento de la oferta y la demanda en los mercados. Se supone que cada individuo toma la mejor decisión, suponiendo como dadas o fijas las decisiones de los demás (en la definición de equilibrio de John Nash [1950], que, en mercados competitivos, equivale al equilibrio general walrassiano).

Detengámonos en comprender qué significa que cada agente tome "la mejor decisión". En el caso de las empresas, implica que logran maximizar sus beneficios. Para los hogares, que maximizan su utilidad o satisfacción. Este último supuesto de comportamiento es una innovación importante respecto al pensamiento clásico: la conducta maximizadora es deducida como resultado de la racionalidad de los "agentes", es decir, de su capacidad de elegir los mejores medios escasos, para alcanzar sus fines. Fines que suelen tomarse como dados.

El método

El nuevo método –o enfoque–, cuyo surgimiento histórico hemos comentado en los párrafos precedentes, a pesar de contener algunos elementos de la cosmovisión clásica, plantea una fuerte ruptura epistemológica, al centrar su teoría del valor en los principios de utilidad y escasez.

Mientras que los clásicos (y su crítica, tal el caso de Marx) ponían el énfasis en el lado de la producción y sus costos (o lado de la "oferta", para empezar a familiarizarnos con la terminología que acá presentamos), los autores neoclásicos lo harían del lado de la demanda. De hecho, como veremos, la "curva de demanda" tendría un rol central en la determinación de los precios en el mercado. En el caso de la escuela austríaca, este rol sería excluyente.

Muchos autores dan a este nuevo enfoque el nombre de "revolución marginal". Todos los miembros de esta corriente compartían una fuerte insatisfacción por la teoría del valor trabajo, que en sus distintas versiones había sido el basamento del pensamiento clásico. Pero incluso, tampoco consideraron válidas las soluciones "eclécticas" que diversos autores (postricardianos, Senior, John Stuart Mill) propusieron como salida explicativa para la formación de precios. El "abandono tajante" de la teoría del valor trabajo y un rediseño absoluto de todos los supuestos que conformaban la hasta entonces economía política estuvieron en el origen de esta "revolución marginalista". Maurice Dobb (1975) afirma que hay dos modificaciones sustanciales con respecto a los clásicos:

> En primer lugar, en lo referente a las influencias y determinantes causales, desvió el énfasis que se ponía en los costos en que se incurría en la producción, y por lo tanto arraigado en las circunstancias y en las condiciones de producción, hacia la demanda y el consumo final, poniendo así el acento sobre la capacidad de lo que emergía de la línea de producción para contribuir a la satisfacción de los deseos, urgencias y necesidades de los consumidores.

Y de ahí se derivó, continúa Dobb, la segunda cuestión: "[...] un prejuicio individualista o atomístico del pensamiento económico moderno conducente a la preocupación por el análisis microeconómico de la conducta y la acción individuales en el mercado y el enraizamiento de las generalizaciones económicas en esos macrofenómenos."

Una novedad que ofrecieron los neoclásicos es que se modificó rotundamente el sentido de las relaciones de causa-efecto en economía. Para Ricardo y también para Marx, la distribución era un proceso anterior al intercambio. Lo que determinaba el salario, el beneficio o la renta estaba dado previamente por las "condiciones de producción de los bienes-salario" en Ricardo, o por las "relaciones sociales de producción" en Marx. No estaban relacionadas con el mercado, sino que dependían de condiciones socio-históricas exógenas y, en cierta forma, anteriores al proceso de intercambio. Por ejemplo, recordemos que para Marx el valor de la fuerza de trabajo era el equivalente al valor de una canasta de bienes necesarios para la reproducción del trabajador y su familia, y que dependía de condiciones históricas, geográficas y, en el sentido más general, del resultado en un momento determinado de la lucha de clases. Por el contrario, en el análisis económico neoclásico/marginalista, los precios de los factores de la producción (así se denomina al "factor" trabajo, tierra, capital o capacidad empresaria), están determinados endógenamente. No son otra cosa que las "productividades marginales" respectivas de esos factores.

La demanda

Los términos "demanda" y, por contrapartida, "oferta" obviamente no fueron inventados por los neoclásico/marginalistas. Pero sí es cierto que ellos fueron los primeros en hablar de "curvas" de demanda y "curvas" de oferta.

El eje básico, y archiconocido, del funcionamiento de lo que se denomina la "curva de demanda" se sintetiza en la premisa: "Si sube el precio de un bien, la cantidad demandada del mismo caerá; si, por el contrario, el precio desciende, se incrementará la cantidad demandada". Y suele representarse en un eje cartesiano como una curva de pendiente negativa. Esta curva, entonces, representa en qué condiciones "cuantitativas" (a qué precio) se está dispuesto a adquirir unidades adicionales del bien en cuestión.

Por supuesto, podríamos aceptar que esta curva no hace otra cosa que reflejar el comportamiento de la mayor parte de los bienes en el mercado (los llamados "bienes normales"). Cualquiera puede observar que, si se incrementa el precio de un artículo y el consumidor puede prescindir de él, o buscar un sustituto, le conviene hacerlo y, por lo tanto, demandará menos del bien en cuestión. Claro que todo esto supone que cualquier otro factor (el ingreso de la persona en cuestión, los precios de todos los demás bienes, los gustos respecto al bien en cuestión y a todos los alternativos) permanece constante (*ceteris paribus*, se suele decir en la jerga microeconómica). Por supuesto, desde este planteo básico, habría autores neoclásicos de la microeconomía que irían incorporando los efectos de ir levantando cada uno de estos supuestos (de forma que darían lugar a lo que se conocería como los efectos "ingreso" y "sustitución").

Pero el enfoque neoclásico es más complejo. La curva en cuestión no es deducida simplemente desde algún tipo de verificación empírica. La teoría se basaba, en su formulación original, en la llamada "ley de la utilidad marginal decreciente". La elección de los bienes que consumimos está asociada a la satisfacción o utilidad que proporcionan. Se consumirá más de un bien cualquiera en tanto proporcione más utilidad. En concreto: "más" de ese bien es preferible a "menos". Esto técnicamente se enuncia como que la utilidad marginal del bien en cuestión debe ser positiva –mayor que cero–. Sin embargo, como hemos visto que señalaba Gossen, cada unidad adicional de ese bien implica un aumento cada vez menor de la satisfacción, o, lo que es lo mismo, la última unidad consumida se valora menos que la unidad anterior. En el punto de máxima utilidad, las últimas adiciones del bien ya no aportan ningún aumento apreciable de la satisfacción, y, a partir de ahí, un consumo mayor del bien en cuestión empieza a reducir (y no aumentar) nuestra satisfacción. Es que hemos llegado al punto de saturación. De todo esto deducimos que los puntos realmente relevantes de la curva de demanda están donde la utilidad marginal (utilidad que produce agregar una nueva unidad) es mayor que cero y decreciente, es decir, la última unidad consumida incrementa la satisfacción del consumidor, pero se valora menos que la unidad anterior.

Así, el aumento de las cantidades consumidas de un bien aumenta la utilidad total que produce ese consumo. Al principio, cada unidad consumida aumenta mucho la satisfacción, hasta llegar al punto de inflexión, donde cada incremento del consumo sigue aumentando la utilidad, pero cada vez menos. Finalmente llegamos al punto de saturación (utilidad máxima), más allá del cual mayores consumos producirán menos (y ya no más) utilidad total.

Preguntémonos ahora por la utilidad marginal de esos consumos (o sea, la utilidad de la última unidad consumida en cada caso). La utilidad marginal será creciente hasta el punto de inflexión, y luego pasará a ser decreciente hasta la utilidad máxima (el punto de saturación), tras lo cual se transformará en negativa. Ese "tramo" de la curva de utilidad marginal (el que va del punto de inflexión al de saturación), donde se verifica la pendiente negativa, es el que se utiliza para la construcción analítica de la curva de demanda en la corriente neoclásico/marginalista.

Un punto en el que se ha hecho mucho hincapié es la solución de la llamada "paradoja del valor" de los economistas clásicos. Los clásicos se preguntaban: ¿por qué algunos bienes muy útiles para la vida, como el agua, eran casi gratuitos en su época, mientras que otros bienes claramente prescindibles y, por tanto, menos útiles, como el oro, eran muy caros? Mientras que la solución clásica se basaba en el trabajo que llevaba producirlos o extraerlos, los neoclásicos propondrían otra respuesta, basada en la distinción entre utilidad total y utilidad marginal y en la "ley de utilidad marginal decreciente". Así, el agua brinda una gran utilidad total, puesto que sin ella no se podría vivir. Sin embargo, cuando se la bebe en gran cantidad, la utilidad marginal del último vaso será muy pequeña, y en consecuencia el consumidor no estará dispuesto a pagar prácticamente nada por él. El caso del oro es opuesto. Como el oro es un bien siempre escaso, normalmente se lo encuentra en poca cantidad, por lo que su utilidad marginal permanece alta, y, por lo tanto, los consumidores estarán dispuestos a pagar mucho por él.

Nótese entonces el lugar central que en este análisis juega la escasez para determinar el valor de los bienes. Acá podemos señalar un punto de contacto con David Ricardo, que no ignoraba la influencia de la escasez en el valor de las mercancías, pero la consideraba solo pertinente para los bienes raros cuya oferta no podía incrementarse con el trabajo.

La oferta

La primera generación neoclásica negó cualquier pertinencia a "los costos de producción" en la determinación de los valores de los bienes. Sin embargo, esto cambió con Alfred Marshall, que, conservando el planteo subjetivista neoclásico, reintrodujo una "teoría de la oferta". A partir de *Principios* de Marshall, esta fue la concepción prevaleciente que apareció en los manuales neoclásicos de microeconomía.

La teoría neoclásica de la oferta se fundó en la llamada "teoría de la producción", que a su vez se basó en la llamada "ley de la productividad marginal decreciente", de gran similitud formal con la "ley de la utilidad marginal decreciente".

El primer concepto para la construcción de la curva de oferta neoclásica es el de la función de producción. Para producir bienes, se necesitan otros bienes, o, en otras palabras, para obtener productos, se requiere de insumos. Para los autores neoclásicos, los insumos abarcaban desde medios de producción –maquinarias, bienes intermedios, materias primas, distintas clases de tierras– hasta el insumo "trabajo", también en distintos tipos y categorías. Dado el estado de la tecnología, el llamado "estado de arte", existe una relación entre productos e insumos. La función de producción de cierto bien define, entonces, la cantidad máxima de producto que puede obtenerse con un conjunto dado de insumos, lo cual corresponde con la noción de eficiencia técnica. Así, si q es la cantidad de producto y $x1$ y $x2$, las cantidades de los insumos necesarios para producir un bien, la función de producción se representa con la expresión matemática "$q = f(x1, x2)$".

Suele suponerse que la función de producción tiene ciertas propiedades según como se comporte frente a ciertos cambios. La primera propiedad se refiere a cuánto varía la producción ante cambios de la escala de la actividad productiva. Por ejemplo, qué pasa con la producción cuando se duplican los insumos $x1$ y $x2$. Si en tal caso la producción se duplicara, diríamos que la función de producción tiene rendimientos constantes a escala. Este es el supuesto neoclásico tradicional ante cambios de escala.

Sin embargo, existe la posibilidad de que haya rendimientos crecientes a escala, es decir que, ante, por ejemplo, una duplicación de las cantidades utilizadas de todos los insumos, la producción aumente más del doble. Este caso se conoce también como "economías de escala". En las últimas décadas, la escuela neoclásica le ha prestado mucha atención a las economías de escala, pero debemos hacer notar que lo básico del esquema neoclásico en la determinación tradicional de las curvas de oferta se basa en el supuesto –irreal e inverificable– de que la inmensa mayoría de las funciones de producción tienen rendimientos constantes a escala.

Los rendimientos a escala son una propiedad cuyo interés va más allá de lo técnico, ya que tiene importantes consecuencias sobre los atributos de los equilibrios de mercado. La existencia de mercados competitivos depende crucialmente de que los rendimientos sean constantes a escala. La presencia de economías de escala puede llevar a situaciones de oligopolio y hasta monopolio.

La segunda propiedad de la función de producción se refiere a cómo responde la producción ante la variación de la cantidad utilizada de un solo insumo, manteniendo constantes las cantidades empleadas de los demás. La variación en la producción generada por el aumento (pequeño) de la cantidad utilizada de un insumo se conoce como "producto marginal" del insumo en cuestión. El punto central es si el producto marginal de ese insumo es decreciente o no. Y esto depende decisivamente de los rendimientos a escala. Si los rendimientos son constantes a escala, el producto marginal del insumo cuya utilización aumenta será decreciente. Esta es la llamada "ley de la productividad marginal decreciente". Por ejemplo, supongamos que tenemos dos insumos, tierra y trabajo (ambos homogéneos), que se utilizan para producir trigo. Fijamos la cantidad de tierra y vamos agregando trabajadores. Partiendo de cero, el primer trabajador agregará cierta cantidad a la producción, el segundo, otra cantidad positiva, el tercero, otra, y así sucesivamente. La pregunta es si el segundo agrega más producción, pero menos que el primero, y el tercero, menos que el segundo, y así correlativamente. Esta idea ya estaba en los clásicos (en particular en Ricardo) con el nombre de "ley de proporciones variables", y también detrás de las famosas leyes del crecimiento de la población (progresión geométrica) y los alimentos (progresión aritmética) en Thomas Malthus. En tanto que, en un sentido amplio, también podríamos vincularlo con la productividad marginal decreciente del trabajo agrícola que fundamenta la teoría de la renta diferencial ricardiana.

La existencia de rendimientos decrecientes en la producción en el corto plazo implica que la productividad media y marginal del trabajo es decreciente, es decir, la última unidad de trabajo incrementa la producción, pero menos que la unidad anterior.

Vemos entonces que los neoclásicos generalizan la "ley del producto marginal decreciente" para todas las clases de trabajo y para todos los factores de la producción, cada vez que suponen los famosos "rendimientos constantes a escala".

En el caso ricardiano, esto es un resultado del agotamiento de las tierras fértiles: así se deduce que cada vez cuesta más producir una unidad, por lo cual los costos medios (el costo de producir una unidad, o, matemáticamente, el costo total dividido por la cantidad de un insumo) y los costos marginales (el costo de producir la última unidad) crecen.

El enfoque neoclásico deduce que la curva de costo marginal es equivalente a la curva de oferta, por lo cual esta es creciente o de pendiente positiva porque la propia curva de costo marginal es creciente.

Oferta y demanda: determinación del precio de equilibrio

En el punto donde se intersecta la curva de demanda con la curva de oferta, se obtiene el precio de equilibrio o de mercado, es decir, el precio de un bien es igual a su utilidad marginal y, además, coincide con el costo marginal.

Así, tenemos que:

Precio = Umg (utilidad marginal del bien) = Cmg (costo marginal del bien).

De esta forma, para los neoclásicos se deducía que el precio surge de la utilidad y el costo; desaparece así el trabajo como determinante del valor de una mercancía, tal como lo planteaba la escuela clásica y marxista.

Teoría de la distribución: las curvas de demanda y oferta de los factores productivos

Para este enfoque, el análisis de la distribución del ingreso no es más que un problema de formación de precios de los factores productivos "trabajo", "tierra", "capital" y, le agregan, "aptitud empresarial". Estos interactúan en el proceso de producción de bienes, asignándose a cada uno de ellos una participación en el ingreso de acuerdo a su productividad.

El ingreso del factor trabajo (nótese ya que no se trata del valor de cambio de la fuerza de trabajo), que corresponde al salario, es el equivalente a su productividad y a la valoración del ocio que realiza el trabajador individual.

Los propietarios de la tierra reciben como remuneración la renta o alquiler, asociado a los servicios productivos que esta genera.

Los propietarios del capital perciben el interés como recompensa a su espera, por el sacrificio que implica el renunciar al consumo presente, a favor de una posible ganancia futura.

La aptitud empresarial obtiene como retribución la ganancia ("salario imputado" a los empresarios propietarios, de acuerdo a Marshall) por su función de organizar y dirigir la producción.

Como vemos, en estas definiciones de las participaciones distributivas del ingreso, desaparece el concepto de "plusvalía" de Marx y aun el de "beneficio", de la escuela clásica.

Vamos a detenernos en dos de estos "mercados" de los factores de la producción, por la importancia que tienen para la construcción del discurso económico neoclásico/marginalista como gran "justificador" del orden capitalista existente: el llamado "mercado de trabajo" y, *a posteriori*, el "mercado de capital".

Mercado de trabajo

En él se determinará tanto el "precio del factor trabajo" (el salario), como la cantidad de personas ocupadas en la producción. En la lógica neoclásica, se actúa como en cualquier otro mercado: por el cruce de las curvas de oferta y demanda.

Una apreciación previa es que, siguiendo la cosmovisión de esta corriente, en dicho mercado interactúan individuos. Por lo tanto, no se habla de trabajadores y capitalistas en cuanto clases sociales, sino exclusivamente de individuos propietarios, uno del factor capital, y que entonces "demanda" trabajo (el empresario), y, por otro lado, el propietario del factor trabajo (el trabajador) que ofrece esto último. Veamos, a partir de ahí, cómo se constituyen ambas curvas.

Comencemos con la curva de demanda de trabajo. Por el supuesto de productividad marginal decreciente, cuanto más se utilice de un factor productivo (en este caso, el trabajo), menores serán los aportes o rendimientos marginales (el aporte adicional de una nueva unidad de trabajo). El empresario, que paga por la utilidad marginal de esas unidades de trabajo, pagará menos por cada unidad adicional. La curva de demanda de trabajo tendrá entonces pendiente negativa (pocas unidades de trabajo serán demandadas a un precio –salario– muy alto, y luego, en descenso, se llegará a que muchas unidades de trabajo solo sean demandadas a un precio –salario– cada vez más bajo).

Ya mucho se podría discutir sobre todos los supuestos que esconde la construcción de esta curva. Como vemos, está fuera de análisis si se está en una situación de recesión o crecimiento económico o cualquier planteo acerca de la tasa de ganancia que requiere dicho empresario. Para responder algunas (solo algunas) de estas cuestiones, tendremos que esperar a ver cómo se determina el mercado de capital, *a posteriori* cómo todo esto se articula con el mercado de bienes y, en una lógica de "equilibrio general", cómo cierra el conjunto del sistema.

Pero adentrémonos en la curva de oferta de trabajo. Acá es donde se percibe con más claridad toda la cosmovisión ideológica neoclásica/marginalista. Comencemos por el final: la curva de oferta de trabajo tendrá, como la mayoría de las curvas de oferta de los demás bienes, pendiente positiva. O sea que, a medida que se incremente el precio del bien (en este caso, el "precio del factor trabajo", es decir, el salario), aumentarán las "cantidades" (en concreto, los individuos que, a un mayor salario, estarán dispuestos a trabajar). A un salario muy bajo, pocas personas aceptarán trabajar, pero luego, a medida que se ofrezcan salarios más altos, más individuos desearán ingresar a ese puesto de trabajo, y así sucesivamente: a salarios muy altos, muchos individuos-trabajadores se ofrecerán.

Detengámonos a analizar cuidadosamente los supuestos que hay detrás de la construcción de esta curva. Se trata de una ruptura total y absoluta con los planteos de determinación del salario en clásicos y marxistas. Para ambos, el salario (como expresión monetaria del valor del trabajo –en Smith y Ricardo– y la fuerza de trabajo –en Marx–) era algo "exógeno" al modelo. En concreto, se establecían socialmente, a partir de las relaciones sociales (en clave más "demográfica" en Ricardo, siguiendo a Malthus, y de acuerdo a la lucha de clases en Marx). Con los neoclásicos sería totalmente distinto: el salario de equilibrio se determinaría "endógenamente" en el mercado de trabajo.

¿A partir de qué un individuo-trabajador decide aceptar o no cierto salario? El supuesto es que el trabajo es un "sacrificio", una "desutilidad". Por el contrario, el "placer", su contrario, está en el "ocio". Cada trabajador, como individuo con sus preferencias individuales, en cuanto "consumidor soberano", sabrá cuánto ocio (placer) está dispuesto a canjear a cambio de los nuevos bienes que puede adquirir con un salario determinado. De esta forma, al principio, a niveles de salarios muy bajos, serán pocos los individuos-trabajadores que, en su particular relación ocio/placer versus trabajo/dolor, aceptarán trabajar. Solo lo harán aquellos que valoren muy poco el ocio, y, por lo tanto, prefieran fácilmente canjearlo por los nuevos que podrán adquirir con el salario ofrecido. Pero, a medida que aparecen en oferta salarios más altos, más individuos-trabajadores irán sacando la conclusión de que la utilidad marginal que obtienen con los nuevos bienes que pueden adquirir supera al placer del ocio que deben ceder a cambio.

Así, cruzando las curvas de demanda y oferta de trabajo, se tendrá un punto de equilibrio, donde se obtendrá un salario y una cantidad de trabajo (número de trabajadores en realidad) donde coincidan ambos y efectivamente se realice la transacción: se contratará a esa cantidad de personas y a ese salario.

Veamos la conclusión ideológica de todo esto. Con este esquema, no hay lugar ("no existen") desempleados involuntarios. Solo hay personas a las que, en su particular preferencia ocio/trabajo, eligen "no trabajar", porque valoran más el placer de no hacerlo que los bienes que podrían obtener a cambio. En concreto: hay puestos de trabajo para ellos, a un salario menor, que dichas personas no aceptan.

Reflexionemos sobre el fuerte contenido clasista de este planteo. Ante la existencia empírica y efectiva del desempleo involuntario, los neoclásicos responderían que ello se debe a uno de los dos motivos siguientes. El primero, a problemas de "información": los puestos de trabajo existen, pero las personas en cuestión no lo saben, y "tardan" en encontrarlos; es lo que se denomina "desempleo por fricción". El segundo motivo se debe a lo que estos autores llamaron la "rigidez de los mercados de trabajo". En este caso, el salario mínimo se fija en un nivel superior al de equilibrio. Por motivos vinculados sea a la legislación laboral o a la presión de los sindicatos, el salario no puede descender hasta el punto de equilibrio. A ese valor, demasiado "alto" para el mercado de trabajo, menos empresarios estarán dispuestos a tomar más trabajadores. Más aún, como el salario está en ese nivel elevado, muchos individuos-trabajadores quieren ingresar al mercado de trabajo. La solución neoclásica/marginalista sería "flexibilizar" las relaciones laborales (derogar o reducir salarios mínimos, quitar cargas patronales, eliminar indemnizaciones por despidos, no cumplir con los convenios colectivos), en concreto, "reducir los costos laborales". Según este planteo, cuando el mercado se flexibilice, los salarios bajarán. Y así se llegará al pleno empleo, en parte porque más empresarios tomarán a más personas a esos salarios menores; pero también porque una porción de los individuos-trabajadores se retirarán del mercado de trabajo, ya que, a ese menor salario, su preferencia será permanecer en ocio, ya que eso les garantiza más placer.

Todo este planteo desnuda el conjunto de la cosmovisión neoclásica: no se pregunta cómo hace una familia trabajadora para vivir y reproducir sus condiciones de existencia sin ingresos ni, mucho menos, se incorpora ninguna otra variable social. Se trata del más crudo planteo reaccionario de defensa del punto de vista del capital. Veremos, en el capítulo sobre Keynes, el cuestionamiento a todo esto desde el punto de vista analítico.

Mercado de capital

Los supuestos para conformar el mercado del factor productivo capital no son muy distintos. Los individuos que ahorran "ofrecen capital", y están dispuestos a cederlo a cambio de un precio: una cierta tasa de interés. A mayor interés, mayor ahorro. Esto solo ya merece toda una discusión. Mientras que, para el marginalismo, el ahorro era el producto de "no consumir" (y el interés, un precio de "premio" por posponer consumos), veremos que posteriormente para Keynes sería una función del ingreso disponible de las personas. Estudiaremos entonces que la relación de causalidad ahorro-inversión sería inversa en un planteo y el otro. Pero no nos adelantemos. Por ahora, digamos que, en el planteo neoclásico/marginalista, el ahorro determina la inversión.

Ahora bien, para culminar el análisis del mercado de capital, tenemos que incorporar la curva de "demanda de capital". En principio, el planteo parece simple: la demanda de capital, como la de tantos otros bienes, es decreciente. Ya que más unidades de capital tendrán una productividad marginal decreciente.

El cierre del esquema es simplista: se cruzan ambas curvas y allá habrá una tasa de interés de equilibrio que garantiza el pleno empleo de los recursos de capital.

Claro que acá tenemos que detenernos y preguntarnos qué entiende exactamente el neoclasicismo/marginalismo por "capital". Acá hay un problema de mensurabilidad producto de la teoría del valor utilidad, que es técnicamente irresoluble. Porque el pensamiento neoclásico/marginalista se apoya en cantidades de factores productivos. Cuanto más escaso es ese factor (llámese "tierra", "trabajo" o "capital"), más alta será su remuneración. Esto es fácil de explicar con el trabajo: las unidades son personas ocupadas, u horas de trabajo. Incluso con la tierra, que la podemos medir por hectáreas o cualquier otro signo métrico.

Pero esto es imposible de determinar en el *stock* de capital. Porque el capital se compone de un conjunto de bienes heterogéneos (insumos, máquinas, etcétera). Solo es cuantificable si se lo homogeneiza en términos de valor. Para los clásicos, y más claramente aún para Marx, esto se resolvía con las horas de trabajo socialmente necesario a que correspondían. Pero, si vamos a una teoría del valor utilidad, ¿cómo lo medimos? La respuesta simple sería tomar todas las cantidades de los distintos bienes de ese *stock* de capital y multiplicarla por los precios. Pero el problema es que no conocemos sus precios ni su distribución. El "precio del capital" es su retribución, equivalente a su productividad marginal. Pero, para conocer cuánto es esa productividad marginal, necesitamos saber cuál es el *stock* de capital; y para conocer este último, necesitamos esos precios. Es un círculo vicioso sin salida, irresoluble, cuyo simple enunciado manifiesta un ataque demoledor a la teoría subjetiva del valor en sus propios términos analíticos. Sería tarea de la escuela de Cambridge en las décadas del 50 y 60 entrar en estos debates, en particular con Piero Sraffa y sus sucesores, que destrozaron a los neoclásicos/marginalistas en su propio terreno. Por supuesto, como sabemos, esto no hizo mella en la capacidad político-ideológica de esta corriente como uno de los principales pilares de justificación de la dominación capitalista. Tal vez como una de las mayores demostraciones que lo central en el debate económico no es la coherencia analítica, sino su función social como discurso de poder.

Bibliografía

Blaug, Mark (1962), *Teoría económica en retrospección*, Fondo de Cultura Económica, México.

Bujarin, Nicolái (1974), *La economía política del rentista (crítica de la economía marginalista)*, Pasado y Presente, Córdoba.

Böhm-Bawerk, Eugen (1949), *Karl Marx and the Close of his System*, Kelley, Nueva York.

Dobb, Maurice (1975), *Teoría del valor y la distribución desde Adam Smith*, Siglo XXI Editores, México.

Cesaratto, Sergio (2018), *Seis clases sobre economía. Conocimientos necesarios para entender la crisis más larga (y cómo salir de ella)*, UNM Editora, Universidad Nacional de Moreno.

Jevons, Stanley (1871), *The Theory of Political Economy*, Londres.

Mandeville, Bernard (1970), *The Fable of the Bees*, Penguin Classics, Londres.

Marx, Karl (1973), *El capital*, Siglo XXI Editores, Buenos Aires.

Menger, Karl (1985), *Principios de economía política*, Hyspamérica, Buenos Aires.

Nash, John (1950), "Equilibrium points in n-person games", *PNAS*, vol. 36, n.º 1, pp. 48-49.

Ricardo, David (1983), *Principios de economía política y tributación,* capítulo 1, sección 1, Fondo de Cultura Económica, México.

Roll, Eric (1939), *Historia de las doctrinas económicas,* Fondo de Cultura Económica, México.

Senior, Nassau William (1850), *Political Economy,* Richard Griffin & Co, Londres.

John Maynard Keynes: ¿el economista burgués más lúcido del siglo XX?

José Castillo

La irrupción de Keynes en la teoría económica y en la práctica de la política económica es inescindible de las grandes transformaciones y crisis que vivió el capitalismo en el siglo XX. De ahí que enmarquemos este capítulo dentro de lo que definimos como una nueva "época" en el modo de producción capitalista. "Era del imperio" llamaría el historiador británico Eric Hobsbawm al período que se abrió con la crisis de 1873 y se desplegó sobre el siglo XX, anticipando las grandes convulsiones que se sucederían en el nuevo siglo. Lenin, en 1916, hablaría de "el imperialismo", "fase superior o última del capitalismo", "época de guerras y revoluciones". Leon Trotsky (1999), ya en 1939, también daría su veredicto: "Las fuerzas productivas de la humanidad se estancan. Los nuevos inventos y mejoras técnicas ya no consiguen elevar el nivel de la riqueza material". Sin profundizar en ninguna de estas definiciones, limitémonos a enumerar los sucesos que recorrieron la vida adulta –y llamaron la atención– de John Maynard Keynes: Primera Guerra Mundial, Revolución rusa, el Tratado de Versalles, hiperinflación alemana de 1923, incapacidad británica de recuperación tras la Primera Guerra –y consecuente ascenso norteamericano al liderazgo mundial–, crisis del 30, ascenso del nazismo, Segunda Guerra Mundial y negociaciones con vistas a instaurar un nuevo orden económico internacional en la posguerra. Cualquiera de estos hechos por sí solo bastaría para llenar las aspiraciones de interpretación e intervención de cualquiera. Keynes fue contemporáneo de Lenin, Trotsky y Stalin, de Hitler y Mussolini, de Churchill y Roosevelt; y, aunque apenas un poco menor en edad, también de Durkheim, Weber y Gramsci. Entender su pensamiento requiere tomar conciencia de lo que significó vivir en ese momento histórico.

Antes de adentrarnos en nuestro autor, haremos dos reflexiones más. El "joven" Keynes se formó en la atmósfera irreverente y culturalmente radicalizada de una nueva generación de la intelectualidad inglesa que, a la vuelta del siglo, percibía el fin de lo más alto del dominio británico, y cuestionaba severamente los valores y la cosmovisión victoriana: la llamada generación "eduardiana" –por el nombre del rey sucesor de Victoria–, una de cuyas máximas expresiones fue el grupo de *Bloomsbury*, al que perteneció Keynes junto a figuras como Virginia Woolf, Isadora Duncan o Lytton Strachey (otros referentes fueron George Moore y Bertrand Russell). La impronta rebelde, iconoclasta, pero a la vez de un cierto aristocratismo intelectual, se mantuvo siempre presente en el Keynes adulto y es fundamental para la comprensión de muchas de sus reflexiones. Nuestro autor siempre se movió en un ambiente cercano a la clase dirigente británica, a la "elite" que se creía con derechos, adquiridos por siglos, de conducir Gran Bretaña y el mundo. Pero, dentro de ella, fue "burgués", "liberal", nunca conservador y con una tendencia a lo heterodoxo, a escandalizar por un cierto pensamiento lateral y una forma de actuar que solo tenía una minoría, aun dentro de la clase dominante, en su época: los lúcidos que veían, en el cambio de siglo, la catástrofe que se avecinaba. Y, dentro de ella, el rol amenazador de una clase social, el proletariado, que les cuestionaba sus privilegios y lugares establecidos en la sociedad.

La segunda acotación tiene que ver con algo que suele suceder con casi todo autor que da nacimiento a una nueva escuela: la necesidad de precisar exactamente lo que dijo o sostuvo Keynes de lo que *a posteriori* se denominaría el "keynesianismo". Este último se desplegaría con toda su potencia en la posguerra, hasta transformarse en la doctrina económica hegemónica entre 1945 y mediados de la década del 70. Términos como "el Estado benefactor keynesiano" o simplemente "el Estado del bienestar" suelen muchas veces tratarse indiferenciadamente junto con las ideas del propio Keynes. Haremos en este capítulo un especial esfuerzo por diferenciarlos.

Los años de formación

Keynes fue parte de la generación que nació y creció en el momento en que el Imperio británico había alcanzado su máxima extensión y, naturalmente, comenzaba a encontrar sus propios límites. En lo económico, ello coincidió con la expansión de un capitalismo que iba ocupando todo el planeta y con otras potencias imperialistas que le empezaban a disputar a Gran Bretaña la conquista de colonias y semicolonias (tal el caso de Francia y Alemania, pero también Bélgica, Rusia, Estados Unidos, Japón e Italia).

John Maynard Keynes nació en 1883 (apenas dos meses después de la muerte de Marx) en "cuna" académica y "económica". Sus progenitores eran dos catedráticos de la Universidad de Cambridge. Su padre, John Neville Keynes, fue un destacado economista de la segunda generación neoclásica inglesa y amigo personal de Alfred Marshall.

Estudiante del exclusivo Colegio Eaton primero y del King's College de Cambridge después, los primeros intereses de Keynes no se volcaron hacia la economía. Por el contrario, parecieron dirigirse hacia la matemática y la reflexión filosófica (en particular sobre el arte y la moral). En este campo lo podemos ubicar como seguidor de George Edward Moore, y contemporáneo de Bertrand Russell. Recién hacia fines de 1904, interrogándose sobre si prepararse para rendir el examen de ingreso al "servicio civil" (que habilitaba a los altos cargos de la administración pública del Imperio británico), se topó con la economía política.

Leyó detenidamente *Principios de economía* de Marshall y recorrió algunos textos de Stanley Jevons. Luego asistió a las clases del propio Marshall y tomó lecciones particulares con quien entonces era el otro gran economista neoclásico inglés de la época: Alfred Pigou.

En 1905 le escribía a su gran amigo y amante Lytton Stratchey, tal como lo cita Hession (1984): "La economía me parece bastante satisfactoria, y creo que soy bastante bueno en el tema [...]. Marshall está fastidiándome constantemente para convencerme de que me convierta en economista profesional".

Finalmente lo sería, pero de una forma muy diferente al "típico" economista neoclásico inglés de esos años. Su primera obra fue un tratado matemático sobre la probabilidad. Trabajaría en el servicio civil. Opinaría con cierto grado de heterodoxia sobre los asuntos del Imperio británico en *Indian Finance and Currency*. Por sobre todo, seguiría fuertemente vinculado a los intereses, discusiones y prácticas alternativas del Grupo de Bloomsbury.

Este joven Keynes, sin salirse de la cosmovisión y menos aún de los planteos analíticos del neoclasicismo inglés, ya mostraba una independencia de criterios notable en sus opiniones. Lo ilustraremos con la siguiente frase, tomada también de Hession (1984), donde se animaba a poner en cuestión el "intocable" sistema del patrón oro, con que el Imperio británico lograba hegemonizar aun las finanzas mundiales:

> Quizás no esté lejos el momento en que Europa, después de perfeccionar su mecanismo de cambios sobre la base de un patrón oro, descubra la posibilidad de regular su patrón de valor sobre una base más racional y estable. No es probable que dejemos permanentemente los ajustes más íntimos de nuestro organismo económico a merced de un explorador afortunado, de un nuevo proceso químico o de un cambio de las ideas que prevalecen en Asia.

La irrupción pública de Keynes tras el Tratado de Versalles

Keynes participó de la delegación británica en los acuerdos de Versalles. Tenemos una interesante pintura de esos días en Keynes (2006). Era, en ese entonces, un joven funcionario de menor grado, casi un asesor en "asuntos del Tesoro" con escaso, tendiente a nulo, poder de decisión. Su discrepancia con lo que se estaba entonces resolviendo lo llevó a renunciar y retirarse.

Poco después apareció su libro *Consecuencias económicas de la paz*. Este es el texto que lo haría famoso. Su estilo "periodístico" –Keynes se destacaría partir de ese momento por escribir profusamente para el gran público–, sus opiniones fuertemente críticas y sus pinturas casi grotescas de los grandes personajes políticos de la época harían que el libro se vendiera por millares.

Lo que nuestro autor expresaba en ese texto era relativamente simple: los grandes líderes políticos triunfadores en Versalles estaban profundamente confundidos acerca del momento histórico en que estaban viviendo y, por sobre todo, por las perspectivas que se abrían de ahí en adelante. Keynes mostró en ese escrito una lucidez que permite colocarlo junto a Max Weber como uno de los pocos intelectuales burgueses que se daban cuenta de lo que estaba pasando. Se vivía la irrupción de las masas en la vida política y social, la Revolución rusa, y un capitalismo que había entrado en una nueva fase y ya no podría funcionar como antes. Se trataba de realidades que no eran visualizadas por la gran mayoría de los dirigentes de la época.

Keynes se opuso a la imposición de "reparaciones de guerra" contra las derrotadas potencias centrales. Lo haría por realismo político, viendo que esto generaría una virtual imposibilidad de estabilización política en Alemania (entonces inmersa en pleno proceso revolucionario tras la caída de la dinastía de los Hohenzollern), pero también por análisis económico: la destrucción del mercado alemán y de Europa Central restaría demanda a las exportaciones británicas y abonaría a la decadencia inglesa frente al avance norteamericano. Nótese que en este razonamiento ya aparece una fuerte heterodoxia frente a uno de los pilares del pensamiento neoclásico: la ley de Say. Efectivamente, Keynes no creía que "la oferta creara su propia demanda", y mostraba preocupación por una decisión de política internacional que limitaba fuertemente lo que más tarde llamaría la "demanda efectiva" británica. La lucidez de Keynes ante lo que se avecinaba es increíble:

> Si perseguimos intencionadamente el empobrecimiento de Europa Central, me atrevo a predecir que la venganza no tardará. Nada puede postergar mucho tiempo esa definitiva guerra civil entre las fuerzas de la reacción y las desesperadas convulsiones de la revolución, ante la cual los horrores de la última guerra germana quedarán reducidos a nada, y que destruirán a quienquiera que sea el vencedor, así como la civilización y el progreso de nuestra generación.

Los años de debate político y transición teórica

Entre la publicación de *Las consecuencias económicas de la paz* y el estallido de la crisis de 1929, se fue formado y modelando la personalidad política y económica de Keynes.

Mientras que mantuvo su actividad académica, se introdujo a fondo en el mercado especulativo de bonos, acciones y movimientos de los tipos de cambio, los cuales llegó a conocer al detalle, y logró obtener una fortuna en ellos (en esto seguía la "tradición" similar llevada adelante un siglo antes por David Ricardo). Mientras tanto, sus textos, publicados bajo la forma de artículos en periódicos, marcaron su fuerte compromiso político, así como la lucidez de su comprensión de la realidad del momento.

Seguir la evolución del pensamiento de Keynes en esos años nos obliga a una doble tarea: por un lado, tenemos sus opiniones sobre la coyuntura, profundamente comprometidas políticamente, que toman muchas veces la forma de panfletos, "textos de combate" partidariamente comprometidos siguiendo los avatares del partido liberal británico, del que, aun con todas sus contradicciones, se sentía parte. Keynes intervino sobre las posiciones de los partidos rivales (conservadores y laboristas), sobre el programa de salida a la crisis británica que tuvo que levantar su propio partido y acerca de política internacional y las posiciones que debió asumir Gran Bretaña al respecto. Pero también mostró una perspectiva más amplia de la realidad político-social y, como veremos, tomó una posición explícita sobre lo que estaba sucediendo en los primeros años 20 en ese territorio que entonces sacudía al mundo: la naciente Rusia Soviética.

Pero, al mismo tiempo, tenemos al Keynes que, trabajosamente, realizó una ardua tarea académica en el terreno específico de la doctrina económica. Su reflexión teórica, si bien fue acompasada con todos estos acontecimientos, tuvo otro ritmo. Keynes (1996) escribió en 1923 su *Breve tratado sobre la reforma monetaria*, que lo sometió a largas sesiones de debate con su grupo de discípulos en Cambridge (que se denominaría el *Circus*), para luego escribir un segundo libro que vio la luz recién en diciembre de 1930: *Treatise on Money*. Este texto que, como vemos por la fecha, salió después del estallido de la crisis mundial en octubre de 1929, sin embargo, no la recogió plenamente como tema de reflexión conceptual. Sucede que fue un libro que se había ido elaborando trabajosamente en los años previos. Fue su debate en el *Circus* y, ahora sí, la plena interrelación entre las opiniones de política económica de Keynes y la reflexión teórica lo que llevó a dar a luz su obra más importante: *La teoría general de la ocupación, el interés y el dinero* (Keynes, 2006), que apareció recién en 1936.

Pero lo que permite conocer mejor la evolución de su pensamiento fueron sus textos periodísticos, políticos, si bien siempre muy cercanos a los debates sobre política económica. De ellos rescataremos cuatro que nos permiten ubicar otras tantas aristas de su pensamiento.

El primero de ellos es el producto de su viaje a Rusia en 1924, y que permite precisar su ubicación ante la Revolución bolchevique y el gobierno soviético, así como frente al pensamiento marxista. Keynes fue fuertemente crítico del marxismo. Más aún, directamente lo despreciaba como parte del pensamiento económico. Las citas, extractadas de Keynes (1926), que reproducimos a continuación son altamente ilustrativas:

> El socialismo marxista tendrá que constituir siempre un prodigio para los historiadores de la opinión, que no podrán explicarse como una doctrina tan ilógica y tan obtusa puede haber ejercido una influencia tan poderosa y duradera sobre la mente de los hombres y, a través de ellos, sobre los acontecimientos históricos. [...]. ¿Cómo puedo aceptar una doctrina que erige como biblia, por encima de toda crítica, un manual de economía anticuado, que yo sé que no solo es científicamente erróneo, sino que además carece de interés y no tiene aplicación al mundo moderno?

La segunda reflexión que queremos subrayar es la que surge de la invitación del partido laborista británico a Keynes para que se sumase a sus filas. No la aceptó, y permaneció como miembro del partido liberal. Recordemos que todo esto sucedió en la década del 20, cuando en la política británica se estaba dando un proceso, que culminaría poco después, en que el viejo bipartidismo conservador (*tories*)-liberal (*wighs*) iba dando paso a un nuevo sistema político basado en el enfrentamiento conservador-laborista. En la época de Keynes, esto aún estaba en transición, y todavía existía un relativamente competitivo electoralmente partido liberal, por lo que eran tres las fuerzas políticas en pugna por el poder (conservadores, liberales y laboristas). Pero lo que a nosotros nos interesa es la respuesta de Keynes (1933) ante el planteo laborista para que se incorporase a sus filas.

Pocas veces nuestro autor explicitó con tanta transparencia su posición y conciencia de clase:

> En primer lugar, es un partido de clase, y de una clase que no es la mía. Si yo he de defender intereses parciales, defenderé los míos. Cuando llegue la lucha de clases como tal, mi patriotismo como tal, mi patriotismo local y mi patriotismo personal [...] estará con mis afines. Yo puedo estar influido por lo que estimo que es justicia y buen sentido; pero la lucha de clases me encontrará del lado de la burguesía educada.

Explicitada entonces esta ubicación ideológica, vamos a tratar de seguir el tránsito de las rupturas epistemológicas de Keynes con su cosmovisión anterior, la del pensamiento neoclásico, básicamente en la versión marshalliana. Acordaremos en esto con la opinión de Dillard (1952) al respecto:

> La tesis general de la exposición siguiente es la de que Keynes se trocó de economista teórico clásico en anticlásico, a causa de un cambio de sus ideas acerca de la política económica. Su teoría económica anticlásica se deriva de su posición práctica.

Así, Keynes se opuso fuertemente a la reinstauración del patrón oro en la posguerra de la Primera Guerra Mundial.

El tercer texto que analizaremos será la polémica con Winston Churchill, en relación con la vuelta al patrón oro con la paridad de preguerra. En este punto, particularmente interesante es el texto aparecido bajo el título de *Las consecuencias económicas de Mr. Churchill*, publicado en 1925. Keynes predecía en él lo que sucedería si prevalecía la posición "deflacionista" de Churchill, apoyada en la vuelta al patrón oro con la paridad de preguerra. Aclaremos que esto implicaba en los hechos una fuertísima revaluación de la libra esterlina con respecto al dólar americano, ya que en 1914 una libra equivalía a 4,86 dólares y en 1925 la paridad era equivalente a 4,40 dólares. El objetivo del líder conservador era "recuperar" el lugar hegemónico de la City financiera de Londres, perdido frente al auge de Wall Street. Keynes respondía que en este altar se sacrificaba la competitividad de la industria británica, lo que provocaría más recesión y desempleo. Como siempre, nuestro autor mezclaba en sus argumentos las consecuencias políticas con los riesgos que ello conllevaba acerca de los levantamientos de la clase obrera. Así lo cita Dillard (1952), rescatando varios párrafos de *Consecuencias económicas de Mr. Churchill*:

> Las clases trabajadoras [...], que son las primeras atacadas, se enfrentan con una depresión de su nivel de vida, porque el coste de la vida no bajará hasta que todas las demás hayan sido también atacadas con éxito, y, por consiguiente, está justificado que se defiendan [...]. Tienen que resistir todo el tiempo que puedan; y tiene que haber lucha hasta que sean batidos los que sean económicamente más débiles [...]. La situación apurada de los mineros del carbón será la primera, pero no la última –a menos que tengamos mucha suerte– de las consecuencias económicas de la paridad de la libra esterlina.

El planteo de Keynes terminó siendo profético. En 1926, la huelga de los trabajadores del carbón llevó a una situación donde por primera vez Gran Bretaña estuvo al borde de una revolución obrera.

Yendo a un planteo más específicamente analítico, digamos que, a principios de los años 20, Keynes estaba convencido de que bastaban las políticas monetarias para resolver el problema de la recesión y el desempleo. Así lo expresó incluso en medio del debate con Churchill, citado nuevamente por Dillard (1952):

> Los defensores de la reforma monetaria, de la que yo, después de mucho estudio y reflexión, soy un partidario más convencido que antes, por ser la medida de mayor importancia y significación que la Gran Bretaña puede adoptar para incrementar el bienestar económico.

Aclaremos que por "reforma monetaria" Keynes se refería a nuevas políticas de intervención directa del Estado sobre la emisión monetaria, en oposición al planteo "automático" de que todo lo resolviera el mercado vía el patrón oro.

Si bien había realizado algunos planteos aislados en 1924, sería recién en 1929 cuando Keynes comenzara a abogar sistemáticamente por la utilización del gasto público como medida de política económica para salir de la recesión. Keynes propondría por primera vez la realización de un amplio plan de obras públicas para resolver el problema del desempleo, en un panfleto escrito para apoyar la candidatura de Lloyd George (del partido liberal) que lleva por título *Can Lloyd George Do It? An Examination of the Liberal Pledge.*

En los textos teóricos, también podemos ver, más tortuosamente, la evolución del pensamiento de Keynes. Ya en el prólogo al *Breve tratado sobre la reforma monetaria* afirma que los mayores males del capitalismo se deben a la inestabilidad monetaria, abogando por el control del Estado sobre el dinero, en contra del patrón oro. Señalemos que ese texto está escrito en un momento donde el gran debate en Europa era la inflación (pensemos en la hiperinflación alemana de ese año). Keynes (1992), sin escaparle al tema, consideraba, sin embargo, que una suba de precios moderada puede ser un mal menor ante una recesión extendida: "Es peor, en un mundo empobrecido, provocar el paro que frustrar al rentista".

En ese texto se observan todavía muchos elementos de coincidencia con el planteo neoclásico. Uno fundamental es la idea de que la igualdad entre ahorro e inversión no siempre se da automáticamente, sino que es algo que se alcanza en las situaciones de "equilibrio". Veremos más adelante que el planteo en definir la igualdad entre ahorro e inversión como una identidad (y en los hechos otorgarle a la inversión el rol "activo" primario y concebir el ahorro como una consecuencia necesaria posterior) fue una de las rupturas analíticas más importantes de Keynes.

De la crisis del 30 al New Deal de Roosevelt

La crisis que estalló en octubre de 1929 y que se extendió por los primeros años 30 operó un parteaguas en nuestra lectura de Keynes. Por un lado, la importancia que adquirieron las ideas "heterodoxas" en economía, ante la bancarrota del pensamiento neoclásico oficial, hizo que planteos como el keynesiano pasasen a ser escuchados de otra manera y a adquirir, más lentamente de lo que se suele relatar muchas veces, la posibilidad de transformarse en políticas públicas concretas.

De alguna forma, esto también radicalizó la postura de un Keynes que ya venía rompiendo aceleradamente con los postulados ortodoxos. Ante los planteos de "austeridad" (lo que hoy llamaríamos "ajuste"), como recetas para salir de la crisis, Keynes insistiría cada vez más en sus propuestas expansivas. Así, oponiéndose a un presupuesto equilibrado para el año 1931, llegó a decir, citado por Dillard (1952): "Si ha de aceptarse la teoría que subyace por debajo de todo esto, el final será que nadie podrá estar empleado, a no ser aquellos pocos felices que cultivan sus propias patatas".

Los planteos de Keynes no obtuvieron una recepción importante en la Gran Bretaña de esos años. Un tema de debate histórico, en cambio, es la exacta influencia de las ideas keynesianas sobre el New Deal del presidente norteamericano Franklin Delano Roosevelt en los años 30. Es evidente que alguna influencia existió. Pero la mayoría de los autores coinciden que no fue directa y que Keynes no participó de ningún modo en la elaboración del programa de obras públicas de Roosevelt. Por otra parte, se ha exagerado el éxito de este para resolver la crisis de desempleo abierta que existía entonces en los Estados Unidos. El programa de Roosevelt, que evidentemente reactivó la economía norteamericana en los primeros años, nunca resolvió plenamente el flagelo del desempleo. Incluso en el año 1937, en la creencia de que ya se había salido de la recesión, se procedió a realizar una serie de recortes del gasto que rápidamente hundió a la economía yanqui en un nuevo pozo. Sería recién con el lanzamiento masivo de la industria armamentista en las vísperas de la Segunda Guerra Mundial y más particularmente con la entrada de los Estados Unidos en ella a fines de 1941 cuando se alcanzaría el pleno empleo.

La teoría general

La teoría general del interés, la ocupación y el dinero es una producción del pensamiento maduro de Keynes. No solo porque lo escribió a los 52 años de edad (y a diez de su muerte). Sino porque es la conclusión de todas las batallas políticas que venía dando en el período previo. *La teoría general* es un texto dirigido primariamente a los economistas, tal como lo habían sido el *Breve tratado* y el *Tratado del dinero*. Keynes apuntaba directamente contra los fundamentos de lo que él denominó "teoría clásica" (aunque, como veremos, no cuestionando la mayor parte de sus microfundamentos y en particular la teoría del valor utilidad). Su centro era darle "base teórica" a lo que habían sido centralmente, hasta ese momento, propuestas de política económica.

Muchas veces se ha tildado al libro de difícil, acusando que ello se debe a que está escrito "desordenadamente". No coincidimos. Se trata de una obra monumental, uno de esos textos insustituibles del pensamiento económico, a la altura de *La riqueza de las naciones* de Smith, los *Principios* de Ricardo o *El capital* de Marx. Tiene una lógica interna que muchas veces no ha sido percibida incluso por los propios partidarios del keynesianismo, que han preferido remitirse a diversos "manuales" que, como veremos, han simplificado y modificado aspectos sustanciales del propio Keynes.

El texto está dividido en seis "libros" o partes que contienen 24 capítulos en total en su interior. En el libro I, que contiene 3 capítulos, Keynes se limita a explicar que su teoría es "general" y cuáles son los postulados de la ortodoxia (lo que llama "clásicos") que va a cuestionar, y define su concepto clave: el "principio de demanda efectiva".

El libro II, que, para muchos comentadores, aparece como el más oscuro y "desordenado", es extremadamente importante. Detrás de las definiciones de "ingreso", "ahorro" e "inversión" y su significado (capítulos 6 y 7), se establece la ruptura total con el pensamiento neoclásico.

Los libros III y IV son donde se despliega el núcleo de lo que podemos llamar el "modelo keynesiano". Ahí están sus análisis de la propensión a consumir, del principio del multiplicador, de la eficiencia marginal del capital y de la preferencia por la liquidez. Todos conceptos que los presentaremos articulados en el apartado siguiente. Cabe mencionar acá el lugar que se le da a las expectativas, estableciendo un puente con lo que Keynes había escrito años antes relativo a la teoría de la probabilidad.

El libro V, que contiene los capítulos 19 a 21, se concentra sobre el problema de los salarios nominales y su relación con la ocupación y los precios. Veremos cómo ciertos autores de lo que se llamará la "síntesis neoclásica" se basarán en estos capítulos para construir un Keynes "casi" neoclásico, que simplemente considera que ciertos precios son inflexibles a la baja.

La última parte, el libro VI, está compuesto de tres capítulos, que son los únicos que plantean extensiones sobre el argumento original. El capítulo 22 ofrece una muy interesante visión de la teoría del ciclo económico, que puede ser comparada con las de otros autores, como Schumpeter, Kalecki o incluso con las de Kondratiev o Juglar. Es quizás el único momento en que Keynes sale brevemente de su análisis centrado exclusivamente en el corto plazo. El capítulo 23 se adentra en forma muy particular en la historia del pensamiento económico, retomando y dándoles valor a muchos de los viejos principios mercantilistas. Y realizando a la vez una serie de propuestas originales, basada en autores menores de extrema heterodoxia, como Silvio Gesell. Y finalmente, en el último capítulo, el 24, Keynes vuelve a planteos donde explicita su posición político-ideológica, en términos similares a como lo había hecho en la década del 20.

¿Quiénes son los "clásicos" a los que se refiere Keynes y por qué los agrupa de esa manera?

Siempre ha llamado la atención que Keynes, para referirse a sus rivales, los agrupase bajo la denominación de "los clásicos", de una forma muy distinta a lo que se entendía usualmente en teoría e historia del pensamiento económico bajo esta denominación. Recordemos que "los clásicos" fue una denominación creada por Marx para referirse a una serie de economistas que le antecedieron, en particular Smith y Ricardo (se le pueden sumar algunos pocos otros, como Malthus, Petty, Steuart, etcétera). El propio Marx le negaba este título incluso a los economistas posteriores a Ricardo de las décadas del 30 y 40 del siglo XIX. Por supuesto, mucho menos les cabría esta denominación a todos aquellos que han aparecido en los últimos 30 años del siglo XIX y hemos agrupado bajo las denominaciones de "marginalistas", "neoclásicos" o "utilitaristas".

Sin embargo, Keynes denominaba "clásicos" a todos. Incluyendo ahí a Jean Baptista Say, a Ricardo, pero también a todos los posteriores, y dentro de ellos explícitamente a los neoclásicos. Cabe aclarar que, al referirse a estos últimos, Keynes se centraba en la tradición inglesa (marshalliana), pero que, desde mediados de los 20, también tuvo un fuerte debate con la corriente austríaca, personificada en ese momento en Friedrich Hayek.

Ahora bien, la pregunta es por qué Keynes agrupaba de esta forma a autores tan disímiles (de hecho, a la tradición ricardiana, con una teoría del valor trabajo, junto con los autores de la teoría del valor utilidad). La respuesta es que para Keynes todos estos autores tenían algo en común: su adscripción a la ley de Say, con su frase fundamental: *"La oferta crea su propia demanda"*. Por eso Keynes dejó fuera de su agrupamiento de "clásicos" a los autores que cuestionaron dicha ley, de los cuales el caso más representativo fue el propio Thomas Malthus.

El "sistema keynesiano"

Las dificultades antes mencionadas para la lectura del propio libro central de Keynes llevaron a muchos de sus primeros seguidores a publicar textos de divulgación donde trataban de ordenar sus ideas de forma accesible para un público intermedio, con conocimientos de economía, pero no del conjunto de los debates de la teoría económica, pero a la vez más exigente y preparado en el tema que aquellos que se contentaban solamente con los materiales periodísticos del propio Keynes.

Acá deberemos avanzar con cuidado. Porque ya estamos en el terreno donde se empieza a confundir el pensamiento del propio Keynes con el llamado "keynesianismo". Por ello seleccionamos para este apartado al autor más "ortodoxo" y que explícitamente se limitó a lo escrito y dicho por Keynes, separándolo explícitamente de sus seguidores: Dudley Dillard (1952).

Coincidimos con Dillard en que la cosmovisión de Keynes, una vez que ha alcanzado su "maduración" explícita en *La teoría general*, puede sintetizarse en cinco características:

1. *La de una teoría "general"*, dándole ese carácter porque sirve para explicar todos los niveles de empleo o desempleo, contraponiéndola a la que Keynes denominaba "teoría clásica", que supone solo el caso de pleno empleo (en realidad plena ocupación de todos los recursos). Dillard señalará que la definición de "general" puede ampliarse a que permite explicar (y proponer políticas para resolver) las situaciones tanto de desempleo como de inflación. Entendemos que ello es correcto si ampliamos el planteo de Keynes a sus últimos textos, en particular *How to Pay For The War*, pero no se desprendería directamente de la lectura exclusiva de *La teoría general*. Finalmente, Dillard señala un tercer motivo para hablar de una teoría "general", al plantear que Keynes fundó de hecho lo que más adelante sería conocido como la macroeconomía, ya que los conceptos con los que trabajó son la oferta y la demanda agregada, y dedujo desde allí el resto de las categorías, mientras que hasta ese momento, cuando se hablaba de oferta y demanda, se lo hacía en término de las de los bienes individuales específicos (típico de lo que se conoce como "microeconomía").

2. *La de una teoría "monetaria"*. Tema fundamental que nos remite a la no neutralidad del dinero y a su carácter fundamental para la comprensión de la sociedad presente (el capitalismo). Para Keynes el dinero desempeña tres funciones: la de medio de cambio, la de unidad de cuenta y la de acumulador de valor, de las cuales esta última es esencial para una economía monetaria.

3. *El interés es el premio por no atesorar dinero*. Esta definición veremos que rompe radicalmente con la inmensa mayoría de los autores anteriores del pensamiento económico, que iban a ubicar el interés como una recompensa por posponer consumos. Para Keynes, al contrario, es un premio por ceder liquidez. Esto lleva a que el nivel de la tasa de interés se decida en el mercado de dinero y no en el de bienes, como suponían los autores

neoclásicos contemporáneos a Keynes (tema particularmente subrayado por los de la escuela austríaca).

4. *La inversión es el factor determinante del nivel de empleo.* Notemos que Keynes no se refiere a la importancia de la inversión para el crecimiento económico de largo plazo (lo que llamaríamos la "acumulación del capital"), sino a su importancia de corto plazo, más allá de las modificaciones efectivas sobre la dotación de capital. La inversión es central porque, en una economía como la capitalista, la desigualdad de riqueza e ingresos limita la capacidad de consumir. Hay un exceso potencial de recursos a ocupar por sobre lo que se puede consumir. Y esa diferencia debe ser cubierta con bienes de inversión. Y, a la vez, la nueva inversión genera un efecto multiplicador sobre el empleo de los recursos, siendo el elemento estratégico para alcanzar así el pleno empleo. Las trayectorias de la inversión privada, el cómo se toman las decisiones para llevarla a cabo y su impacto posterior y de qué dependen son fundamentales para la concepción keynesiana.

5. *La irracionalidad* (con todo lo que implica el término en términos de supuestos de conducta psicológica individual) es la causa de la inestabilidad y las fluctuaciones económicas que afectan los niveles de empleo.

Precisemos el concepto de "empleo total". Si bien podemos suponer que este término nos remite al empleo total del conjunto de los recursos económicos, incluyendo tanto fuerza de trabajo como medios de producción (incluidos los recursos naturales), en Keynes el foco está puesto en el empleo total de la mano de obra empleable. Se trata de un concepto que nos remite al de "pleno empleo" en los datos estadísticos modernos.

Para Keynes el empleo total depende de la demanda total (también llamada "demanda agregada"). El desempleo, por lo tanto, se debe a una debilidad (falta, ausencia) de esa demanda total. Notemos, entonces, que en nuestro autor la causa del desempleo (por lo menos, el de corto plazo) no se encuentra en ninguna dinámica que pudiéramos ubicar en "el lado de la oferta" de la economía. No tiene que ver, como planteaba Marx, por ejemplo, con el reemplazo de mano de obra producto de aumentos de productividad (capital constante que reemplaza a capital variable).

Este foco puesto "en el lado de la demanda" sería típico de las preocupaciones de Keynes, tanto en sus explicaciones de las crisis, como en sus propuestas políticas para solucionarlas.

Comencemos definiendo entonces el concepto fundamental de "demanda total", absolutamente diferente de la demanda individual de un producto en el mercado. La demanda individual típica de un bien normal permitía, como ya vimos en el capítulo anterior, construir una curva de pendiente negativa relacionando los distintos niveles de precios del bien con las cantidades demandadas de este. La demanda total, en cambio, relaciona todos los bienes de una economía (y, por lo tanto, el volumen del producto, lo que a la vez genera en términos monetarios un similar volumen de ingresos) con el empleo que genera. La curva que se genera, por lo tanto, tendrá pendiente positiva: a mayor nivel de producto e ingreso, más empleo, y viceversa. Claro que esta relación (volumen de bienes producidos con empleo que se genera) también permite diseñar la curva de oferta total, también de pendiente positiva. Precisemos: ambas curvas (demanda total y oferta total) tienen pendiente positiva, pero no coinciden.

La demanda total es la suma de las demandas totales de bienes de consumo (C) y de bienes de inversión (I). La curva de demanda total (C + I) expresa los niveles de ingresos esperados según los distintos niveles de empleo.

La curva de oferta total agregada la construye Keynes a partir del supuesto de que, en una economía capitalista, cada empresario emplea el número de trabajadores que le rinda mayor beneficio, siendo entonces dicha curva la suma de los empleados de todos los patrones. Existe una cantidad mínima de rendimiento que es requerida por los patrones en su conjunto para que estos sean inducidos a ofrecer una cantidad total dada de empleo. La curva se construye, entonces, con dichas cantidades mínimas de rendimiento para cada nivel de empleo.

Con el nivel de empleo en un eje cartesiano horizontal, ambas curvas (demanda y oferta global), como dijimos, tienen pendientes positivas, aunque no necesariamente iguales. Como Keynes se movió en un horizonte de corto plazo (y, digámoslo, como su centro estaba puesto en la demanda), ubiquemos, siguiendo a Dillard (1952), la curva de oferta con una pendiente de 45° (es una forma geométrica de no dar ninguna hipótesis sobre la velocidad de esa trayectoria positiva). Y una curva de demanda agregada con una pendiente menor. ¿Por qué "menor"? Simplemente para resaltar que el objetivo buscado, el pleno empleo, se logra por medio de una curva de demanda donde el empleo crece con el producto (tiene pendiente positiva), pero ese incremento es "trabajoso", "lento", "problemático", y por eso habrá que centrar las políticas económicas en él.

Cuando la curva de demanda total esté por encima de la curva de oferta total, el rendimiento mínimo requerido de cada cantidad de empleo es menor que el que se obtiene en la realidad, por lo que la lógica indicaría que los patrones deberían aumentar el empleo de mano de obra, ya que así obtendrían mayores rendimientos.

Habrá un punto, entonces, en que ambas curvas se cruzarán. Ese será el punto que Keynes llamará "de demanda efectiva". Aquí, los empresarios obtienen el máximo de beneficio esperado; con más o menos empleo, estos serían menores. Este punto es crucial: refleja el nivel de empleo que se puede alcanzar en ese momento en esa economía específica. Citando a Dillard:

El adjetivo efectivo se emplea para designar el punto de la curva de la demanda total en que ésta es cortada por la curva de oferta total. Hay otros puntos en la curva de demanda total, pero no son efectivos para la determinación del volumen real del empleo. El término efectivo es también útil para poner de relieve la distancia entre el mero deseo de comprar y el deseo más la posibilidad de comprar. Únicamente el último tiene importancia económica.

Del volumen de la demanda efectiva, entonces, depende la cuantía del empleo. Ese punto no necesariamente coincidirá con el empleo total, como sostenían la inmensa mayoría de los economistas de la corriente dominante en esos primeros treinta años del siglo XX. Puede fluctuar en algún punto muy alejado del pleno empleo. Más aún, dirá Keynes, lo más probable es que eso sea efectivamente lo que suceda.

Del carácter estratégico de la demanda efectiva, se desprende la pregunta siguiente: ¿cómo se constituye ese volumen de demanda efectiva? Analizando una economía cerrada (sin considerar el comercio exterior), esta se compone de la demanda de bienes de consumo (C) más la demanda de bienes de inversión (I). El consumo, a su vez, será una función del ingreso disponible (que normalmente se entiende como el ingreso total de las personas menos los impuestos indirectos) y aumentará con el incremento de este. La diferencia entre la curva de demanda total C + I y la curva de consumo C representa la inversión.

De aquí se desprenden tres interrogantes centrales: ¿de qué depende la cantidad del ingreso que se destina al consumo?; ¿cuál es la trayectoria del consumo a medida que se incrementa el ingreso total?; y el tercero, que se terminará transformado en el más importante, es de qué depende que la inversión cubra efectivamente la diferencia entre el consumo y la demanda efectiva en el punto de pleno empleo. Se tratará entonces de analizar a fondo la función consumo y la función inversión en la perspectiva de Keynes.

La propensión marginal a consumir

Como señalamos más arriba, la primera afirmación es que el consumo es una función del ingreso. Hay una porción del consumo de bienes que es indispensable, incluso independientemente de los ingresos disponibles de las personas. A partir de ese punto, el consumo empieza a crecer a medida que crece el ingreso disponible (entendemos por tal el ingreso total menos los impuestos pagados). Pero lo hará en una proporción de ese ingreso. La trayectoria del incremento del ingreso y del consumo se va abriendo cada vez más. A medida que continúan los incrementos del ingreso, veremos que, paulatinamente, los incrementos del consumo van siendo cada vez menores. La diferencia entre el ingreso y el consumo va dando lugar al ahorro. Observemos que el tamaño de esa diferencia dependerá de cuán distinta sea la pendiente del consumo con respecto al ingreso. A eso lo llamamos "propensión marginal a consumir".

La pregunta crucial será, entonces: dado un incremento del ingreso, ¿qué harán las personas con él?; ¿cuánto consumirán y cuánto ahorrarán? Es obvio que, cuanto más se consuma, menor será el monto que se requerirá de inversión para cubrir la diferencia que falte hasta llegar a una demanda efectiva de pleno empleo.

Pero el interrogante por responder será de qué depende la propensión marginal a consumir. ¿Qué pendiente tendrá esa curva? Keynes sostendría que se construye a partir de una serie de cuestiones estructurales que incluye factores tales como las costumbres (pueblos que consumen o ahorran más que otros), pero que un elemento crucial será la distribución del ingreso. Las personas con menores ingresos necesariamente consumen proporcionalmente más del total de lo que reciben (no tienen posibilidades de ahorrar un porcentaje importante de su ingreso). Por el contrario, los sectores de mayores ingresos pueden, y suelen, ahorrar porciones mayores de estos. Diremos entonces que los sectores de ingresos más bajos tienen una más alta propensión marginal a consumir que los de ingresos más altos. Un incremento de ingresos en los sectores de bajos recursos irá con seguridad casi totalmente al consumo. Por el contrario, si ese aumento va a sectores de altos ingresos, el alza en el consumo será proporcionalmente menor, creciendo por contrapartida el ahorro.

Podríamos entonces concluir que de acá ya se desprende una primera "política económica keynesiana": si el objetivo es aumentar el empleo, una de las formas es incrementando la propensión marginal a consumir, y eso se obtiene por una redistribución del ingreso a favor de los sectores de menores recursos. Ejemplos pueden ser políticas impositivas (desgravaciones al consumo, impuestos progresivos), subsidios a estos sectores, incrementos salariales o de jubilaciones, etcétera. Aclaremos, sin embargo, que Keynes, al enfocarse en el análisis de corto plazo, consideraba bastante "rígida" la propensión marginal a consumir. En su análisis la tomaba como "dada" en un momento determinado y difícil de modificar. De ahí, entre otras cosas, su énfasis en la inversión.

Los incentivos de la inversión: la tasa de interés y la eficiencia marginal del capital

Recordemos la trayectoria del pensamiento de Keynes. A partir de 1930, se produjo un cambio analítico fundamental: el ahorro y la inversión son siempre iguales; se trata de una identidad. Esto es fundamental, ya que rompe con el paradigma neoclásico (y que sería fuertemente defendido en particular por la escuela austríaca) de un ahorro que está dado en primer término y así "financia" la inversión, que sería su consecuencia en un segundo momento. Para Keynes no es así. El volumen y la trayectoria de la inversión estarán determinado por dos cuestiones que, tal como serán planteadas, son una creación del propio Keynes.

La primera cuestión es que la inversión dependerá, en forma inversamente proporcional, del monto en que se encuentre la tasa de interés de referencia. Los motivos son sencillos y transparentes: un incremento de la tasa de interés hará que menos proyectos de inversión sean rentables, bien porque el empresario en cuestión deducirá que le conviene colocar su dinero a interés y así obtener un rendimiento mayor que el de su inversión productiva, o bien –una forma alternativa de verlo, pero que en esencia es lo mismo– porque el costo de obtener fondos de préstamo para realizar la inversión es tan caro que ese negocio ya no es rentable. Una tasa de interés en alza irá así "eliminando" los proyectos de inversión menos rentables y reduciendo el monto total de inversión de esa economía.

Vemos entonces que resulta crucial, para Keynes, que la tasa de interés se mantenga en niveles bajos, que no suba y, sobre todo, que se la pueda bajar por medio de políticas monetarias en momentos de desempleo.

Esto nos obliga a detenernos en el propio análisis de la tasa de interés y, más en general, del dinero. Este es un punto central, tal como citamos más arriba, al extremo que en el propio título de *La teoría general*, a su lógico interés por la "ocupación", Keynes le agrega "del interés y el dinero".

Acá la ruptura con el paradigma neoclásico es total. Keynes acuña un concepto fundamental: "preferencia por la liquidez". Keynes se opone a la afirmación de que el interés es una recompensa al ahorro, a la espera o a la "abstinencia de consumir". Como señalamos más arriba, para él el interés será el "premio" que hay que pagar para lograr que los individuos se desprendan de su liquidez.

Keynes se preguntaría en qué se basa el deseo de poseer un bien, el dinero, que en forma líquida no genera ningún rendimiento. ¿Por qué en determinadas circunstancias se prefiere tener dinero efectivo en vez de invertirlo en un proyecto de inversión (y obtener entonces una ganancia) o simplemente colocarlo en el banco y recibir el interés respectivo? Notemos que para Keynes era obvia la relación contradictoria e inversa entre la tasa de interés que se obtiene por una colocación financiera (o la que se debe pagar para acceder a fondos de préstamo) y la tasa de ganancia que se aspira a lograr en una inversión productiva. Es una cuestión matemática cuál es mayor y cuál menor y qué decisión se debe tomar al respecto. Pero la "irracionalidad" aparece al constatar que, sin embargo, una porción del dinero es conservado preferentemente en la forma líquida. ¿De qué depende esta preferencia por la liquidez? Keynes enumeraría tres motivos.

El *motivo transacción* está relacionado con las operaciones diarias que hay que realizar con dinero efectivo. El *motivo precaución* se basa en el dinero que la gente prefiere conservar por sobre estas transacciones para hacer frente a otras que puedan surgir imprevistamente. Estos dos motivos son más o menos estables en cada momento histórico, dada la forma de organización del sistema bancario y las posibilidades de acceder con una cierta rapidez al dinero (pensemos hoy cuánto ha cambiado esto desde la época de Keynes, con la presencia de cajeros automáticos, tarjetas de débito y crédito y transacciones por *home-banking*, en comparación con un momento histórico donde la inmensísima mayoría de las compras y ventas debían realizarse con dinero físico y el único instrumento alternativo era el cheque). Pero lo volátil y más difícil de entender es el tercer motivo.

El *motivo especulación*, generado porque ciertas personas prefieren mantener dinero en efectivo ya que así evalúan que obtendrán un rendimiento futuro mayor que colocándolo en cualquier opción productiva o financiera. Estas personas, permaneciendo "líquidas", aspiran a ganarle al mercado en el futuro inmediato, a partir de tener expectativas de poseer información o intuiciones que la mayoría no tiene. El motivo especulación es sumamente volátil. Puede crecer o decrecer. Es particularmente alto en momentos de crisis agudas. Aquel en que nadie quiere desprenderse de un dinero en efectivo que aparece como una "tabla de salvación" frente a la incertidumbre.

Por supuesto que la preferencia por la liquidez acrecentada por el motivo especulación, que genera un deseo voraz de atesoramiento de dinero en efectivo, puede ser confrontada con un incremento de la tasa de interés. Una mayor tasa de interés hará que esos atesoradores acepten, finalmente, desprenderse de su dinero. A cuál nivel de la tasa de interés ello sucederá dependerá, justamente, de la potencia de ese deseo, o sea, de la fortaleza de esa preferencia por la liquidez.

La demanda de mayor liquidez genera entonces un incremento de la tasa de interés. Pero hemos visto anteriormente que un aumento de la tasa de interés, a la vez, reduce la inversión. Ya habíamos dicho que una política keynesiana típica de reactivación e incremento del empleo es la de tratar de reducir la tasa de interés, para que así aumente la inversión. Esta "política monetaria" puede lograrse con distintos instrumentos, desde bajar alguna tasa de referencia que dependa políticamente del gobierno, hasta regulando directamente el conjunto de las tasas ofrecidas por los bancos, pasando por distintas políticas directas (emisión de dinero líquido por la autoridad monetaria) o indirectas (redescuentos, cambios de efectivo mínimo bancario, emisión de letras, etcétera) que respondan a este mayor deseo de liquidez con una mayor oferta monetaria. Prestemos atención a esta situación contradictoria: una política expansiva hacia el pleno empleo exige bajar la tasa de interés. Pero, en un momento de alta preferencia por la liquidez, ello es contradictorio con "vencer" el motivo especulación de quienes optan por atesorar en efectivo. Esto puede terminar esterilizando entonces cualquier política monetaria, cayendo en la denominada "trampa de la liquidez".

La eficiencia marginal del capital y el rol central de la incertidumbre

La inversión no depende solamente de la tasa de interés. También es función de la eficiencia marginal del capital. A esta última la definimos como el rendimiento esperado de la inversión en la "próxima" unidad de capital. Nótese que debemos poner el énfasis en la palabra "esperado" y en particular en que ello se refiere al futuro, en el que siempre prima algún grado de incertidumbre. Esto último es fundamental: la eficiencia marginal del capital se puede equiparar al cálculo de la tasa de ganancia que los capitalistas esperan obtener por nuevas inversiones, con todos los estudios previos objetivos (de mercado, de comercialización, etcétera) que pueda incluir esta proyección. Pero Keynes pone el acento en que el futuro contiene elementos desconocidos. Y que, por lo tanto, la definición o no de invertir estará teñida por esa incertidumbre. Así, decía Keynes, en momentos de auge, prevalecerá el juicio optimista y probablemente se realizarán inversiones que incluso tienen escasas probabilidades de ser rentables. Y en momentos de depresión, será mayoritario el pesimismo. En momentos de crisis, entonces, puede darse que no haya baja de la tasa de interés que convenza a los empresarios a invertir, ni aun cuando esta llegue hipotéticamente a cero ("la trampa de la liquidez").

Una cuestión importante es responder por qué tienden a prevalecer comportamientos "en manada" de los inversores: en momentos de auge, todos creen que podrán obtener beneficios superiores de sus inversiones, incluso con tasas de interés elevadas. Y cuando llega la depresión, todos huyen despavoridos de cualquier inversión productiva, lo que provoca, con ese mismo comportamiento, que la crisis se profundice. Keynes observó que esto tiene una relación profunda con los importantes cambios que se produjeron en el capitalismo desde el último cuarto del siglo XIX. La concentración y la centralización del capital, la aparición de los monopolios y del capital financiero han producido una separación entre los propietarios del capital accionario y aquellos que ejercen la gestión técnica (el *management*) de las empresas. Los accionistas, que desconocen en general los detalles específicos del negocio en cuestión, priorizan la obtención de ganancias de corto plazo. Son las que se obtienen de lo que Keynes llamaba "el corte de cupón" de las acciones. O en muchos casos, ni siquiera de eso, sino simplemente de la suba de la cotización de las acciones de las empresas en el mercado de valores. Estos "cortadores" de cupones, que en definitiva se trata de "rentistas puros", son los que en el capitalismo moderno terminan decidiendo el volumen y la dirección de las inversiones. La inestabilidad de la inversión privada, y su rol estratégico en la crisis del capitalismo, llevaría a Keynes a plantear que no se puede depender exclusivamente de esta para alcanzar los objetivos de pleno empleo. De ahí que propondría, y eso es lo que llamaremos la "tercera política keynesiana", recurrir al incremento del gasto público, a la inversión pública como herramienta para salir de las recesiones.

El multiplicador keynesiano

Para Keynes, el motivo de la importancia central de la inversión, ya sea esta pública o privada, se deriva de que el incremento de esta no aumenta la demanda efectiva solo en el monto original de ella, sino además en algún valor superior. Es lo que se conoce como el "principio del multiplicador". Aclaremos que, si bien el multiplicador siempre apareció asociado a la figura de Keynes, y de hecho este lo presenta en *La teoría general*, su descubrimiento pertenece a su discípulo Richard Kahn.

Conceptualmente, se trata de que la inversión inicial, que aumenta el producto en ese monto ($\Delta I = \Delta Y$), producirá luego un incremento en el consumo (proporcional a la propensión marginal a consumir), que a su vez retroalimentará el crecimiento del producto en un nuevo ciclo, y así sucesivamente. Tendremos entonces que existe una relación entre la propensión a consumir ($\frac{\Delta c}{\Delta Y}$) y el incremento que la inversión produce sobre el producto o ingreso ($\frac{\Delta Y}{\Delta I}$). El multiplicador matemáticamente será la inversa de uno menos la propensión marginal a consumir ($\frac{1}{1-\frac{\Delta c}{\Delta Y}}$). Como vemos, se trata de una fracción, un número positivo menor a uno, que es el monto en que se multiplicará el producto más allá de la inversión original. Cuanto mayor sea la propensión a consumir, mayor será el multiplicador. Observemos que, teóricamente, el multiplicador puede oscilar entre 1 e infinito. Si la propensión a consumir es muy baja, el denominador de la fórmula del multiplicador se acerca a uno, y entonces el multiplicador se reduce también a un número cercano a ese valor: quiere decir que la nueva inversión no genera mucho mayor crecimiento en el producto que el propio de su monto original. Si, en cambio, la propensión a consumir es muy alta, y ella misma se acerca a uno, el denominador de la fórmula se acerca a cero, y el valor del multiplicador crece. En un límite teórico máximo (que, por supuesto, no puede existir), si la propensión a consumir fuera del 100 % (no se ahorra nada), el multiplicador sería igual a infinito, y cualquier aumento inicial de la inversión desencadenaría un proceso que llevaría, rápidamente y por sucesivos aumentos del consumo, al pleno empleo.

El multiplicador es muy importante en el entramado de *La teoría general*. Keynes, en la década del 20, había adscripto a lo que se llamaba la concepción de "cebar la bomba". Esto implicaba que bastaba un aumento del gasto público, o un incremento aislado de la inversión privada, para que una economía en recesión "arrancara" y luego sola siguiera su curso ascendente. Keynes ahora plantearía, en cambio, la necesidad de un aumento sostenido del gasto o la inversión, debido a que, así como el multiplicador permite ver el efecto expansivo de dicho gasto, su detención también hace funcionar al multiplicador "en reversa", amplificando sus consecuencias recesivas.

Cabe mencionar que el concepto de "multiplicador" solo se refiere a que la inversión estimula sucesivos aumentos del consumo y, por lo tanto, del producto. Por supuesto que se podría agregar a esto que probablemente ese incremento del consumo induzca a su vez a nuevos incrementos de la inversión. Pero el multiplicador del consumo no mide este efecto. Otros economistas keynesianos posteriores, como Harrod (1949) y Hansen (1941), han puesto énfasis en este efecto adicional que un incremento del consumo tiene a su vez sobre la inversión, y lo han denominado el "principio de la aceleración", pero esto no es parte sustancial del planteo del propio Keynes.

El rol del gasto público y su financiamiento

El principio del multiplicador muestra, entonces, la importancia de todo aumento de la inversión privada. Pero hemos visto que esta depende de una serie de factores que la transforma en peligrosamente fluctuante. Más aún: en los momentos de recesión, cuando más se la necesita para que opere el efecto reactivador del multiplicador, más probabilidades hay de que esta no aparezca. Por eso Keynes puso énfasis en el rol del gasto público como política destinada a resolver el problema del desempleo. Y como aquello que sí, definitivamente, es capaz de desencadenar todos los efectos progresivos explicados matemáticamente vía el multiplicador.

El gasto público reemplaza o completa entonces la incierta inversión privada como elemento central de reactivación. Recordemos que el planteo de Keynes se movió siempre en el corto plazo, por lo que la "calidad "de la inversión (o del gasto del Estado) o su "productividad" no es lo importante. Lo central es su rol multiplicador como política económica para alcanzar el pleno empleo. Keynes insistió e incluso exageró este rol exclusivo con frases provocativas como: "Que la mitad de los obreros desocupados hagan pozos de día, y la otra mitad los tape de noche".

El planteo de Keynes no es de una teoría del crecimiento que incluya el largo plazo. Keynes insistiría: "En el largo plazo, estamos todos muertos". Otros autores de raíz keynesiana sí desarrollarían teorías del desarrollo donde la inversión será enfatizada no solo por su efecto multiplicador de corto plazo sobre la demanda efectiva, sino por su rol incremental sobre el acervo de capital. Tal es el caso del modelo conocido como Harrod-Domar (1970).

Un tema muy importante es el interrogante por el financiamiento de ese mayor gasto, lo que lleva al problema de los presupuestos equilibrados. En Keynes, las situaciones de desempleo se ven acompañadas por deflaciones. Esto no era un simple planeo teórico, sino la comprobación fáctica de lo que efectivamente estaba sucediendo en la crisis del 30. Por lo que una política expansiva con recursos ociosos no debería desencadenar un proceso inflacionario. Si bien Keynes no lo desarrolla en *La teoría general*, veremos en seguida que en su razonamiento hay una cierta correlación inversa entre desempleo e inflación. Pero el financiamiento monetario del déficit está en el corazón de la propuesta de reactivación keynesiana de *La teoría general*.

Por supuesto que su defensa de la expansión del gasto público como herramienta de política económica para alcanzar el pleno empleo conllevaba el interrogante de si Keynes pasaba ahora a defender algún tipo de posición anticapitalista (ya hemos visto que sus posturas en la década del 20 fueron fuertemente antimarxistas e incluso contrarias a la mera existencia de un partido de base primordialmente obrera como era el laborista en esos tiempos). Keynes (2001) despeja cualquier duda al respecto:

Por consiguiente, mientras el ensanchamiento de las funciones estatales, que van implicadas en la labor de ajustar la propensión al consumo con el aliciente para la inversión, parecería a un publicista del siglo XIX o a un financiero norteamericano contemporáneo una expoliación espantosa al individualismo, yo las defiendo, por el contrario, tanto porque son el único medio practicable de evitar la destrucción total de las formas económicas existentes como por ser condición del funcionamiento afortunado de la iniciativa individual.

El Keynes posterior a *La teoría general*

Después de 1936, Keynes se enfrascó en muchos debates "aclaratorios" sobre aspectos oscuros de *La teoría general*. Fue un tiempo muy rico. Aparecieron algunos planteos que dieron la razón a los que dicen que hay un corte radical entre el conjunto de sus ideas y el pensamiento neoclásico, como los autores que luego se denominarían "poskeynesianos". Pero también Keynes advirtió contra algunas de estas posiciones, afirmando que, cuando se alcanza el pleno empleo, la cosmovisión "clásica" (en su utilización del término) readquiere toda su vigencia. Incluso recibió con agrado el texto de su adversario principal Friedrich Hayek, *La sociedad abierta y sus enemigos,* del que dijo provocativamente que coincidía en absolutamente todos sus planteos, tal como relata Wapshott (2011).

Desde el punto de vista de sus propuestas de política económica, su texto más importante de esos años será *¿Cómo pagar la guerra?*, escrito en 1940. En dicho texto, Keynes (1988) plantea qué se debe hacer ante una situación como la creada por el desencadenamiento de la Segunda Guerra Mundial y una coyuntura objetiva de pleno empleo, donde el riesgo era el desencadenamiento de un proceso de alta inflación. Acá nuestro autor, dejando ver su concepción acerca de una relación inversa entre desempleo e inflación, propone un conjunto de medidas que apuntaban a reducir la demanda efectiva. Simplificando, podemos sintetizar diciendo que una política expansiva para alcanzar el pleno empleo implica redistribuir la riqueza hacia los sectores de menores recursos con el fin de aumentar la propensión a consumir, bajar la tasa de interés para que aumente la inversión, y aumentar el gasto público. Por el contrario, una política contractiva con el objeto de reducir la inflación (que arranca de un punto de pleno empleo) consiste en una batería exactamente inversa a la anterior: redistribuir el ingreso a favor de los sectores de mayores recursos para que se reduzca la propensión al consumo; aumentar la tasa de interés con el objeto de reducir la inversión; y achicar el gasto público. El texto *¿Cómo pagar la guerra?*, si bien se trata de dos artículos periodísticos unidos luego bajo el formato de un folleto, puede ser leído como un material que "completa" *La teoría general*, que plantea cómo actuar ante situaciones opuestas a la del desempleo, en los que prima el problema inflacionario.

La última intervención importante de Keynes (fallecería en 1946) fue en las negociaciones de Bretton Woods, donde se debatía la conformación de un nuevo orden económico internacional de posguerra. Si bien sus sugerencias no fueron tomadas plenamente (quizás porque él representaba a la delegación de una Gran Bretaña que aparecía como potencia en decadencia frente al ascenso del imperialismo norteamericano), su "marca" quedó en el conjunto de organismos creados a tal efecto. En particular, la conformación del Fondo Monetario Internacional, fundado originariamente como una institución que tenía el objetivo de prestar fondos actuando "anticíclicamente" para evitar crisis agudas de balanza de pagos. O, en la forma en que terminarían interviniendo los Estados Unidos sobre la reconstrucción de Europa con el llamado "Plan Marshall".

El "keynesianismo"

La escuela keynesiana se transformó en hegemónica en el período que medió entre el fin de la Segunda Guerra

Mundial y mediados de la década del 70. En enero de 1971, el entonces presidente Richard Nixon llegaría a afirmar: "Hoy todos somos keynesianos". Paradójicamente, sería la propia crisis mundial abierta en esos años quien pondría en cuestión esa hegemonía. En el capítulo final, desarrollaremos esto con mayor detalle.

Pero lo que nos interesa acá es precisar cómo se dio ese fenómeno de expansión del llamado "keynesianismo", y qué relaciones tiene con las ideas del propio Keynes. Comencemos diciendo que el modelo económico (macroeconómico, para ser más exactos) keynesiano fue la política económica oficial de los llamados "Estados de compromiso" o "Estados benefactores", que en muchos autores incluso se los denominó directamente "Estados benefactores keynesianos". Nos estamos refiriendo a una serie de acuerdos de posguerra en las principales potencias occidentales (Estados Unidos, Gran Bretaña, Francia, Alemania Federal, Italia) donde los partidos políticos principales acordaban un conjunto de políticas económicas que eran llevadas adelante por todos, independientemente de quién gobernara. Así, tanto demócratas como republicanos en los Estados Unidos, laboristas y conservadores en Gran Bretaña, democristianos o socialdemócratas en Alemania tenían consenso sobre una batería de medidas de política económica que garantizaba la reproducción del orden social capitalista en esos países. Esto se extendía a fuerzas parlamentarias que, si bien no gobernaban, formaban parte del "equilibrio" del sistema político (como el socialismo francés, o los partidos comunistas de Francia e Italia).

Se ha señalado que las políticas económicas de estos "Estados de compromiso" son las principales responsables del período relativamente largo y sin crisis que vivió el capitalismo norteamericano y europeo occidental entre 1948 y 1967-1968. Es, sin duda, un tema de debate su relación específica con el *boom* económico de esos años. Los autores de la escuela francesa de la regulación colocan a las políticas keynesianas como una porción institucional importante, pero solo una parte, de algo mucho más amplio, que suelen denominar "modo de regulación fordista". Nuevamente, dejaremos para el capítulo final el desarrollo de este debate.

Lo que nos interesa analizar en este apartado son las diferentes lecturas que se sucedieron y dieron lugar a lo que de conjunto se denomina la "escuela keynesiana". Podemos clasificar, siguiendo a Astarita (2008), las distintas vertientes en que derivó el pensamiento de Keynes en tres grandes subgrupos:

1. La llamada "síntesis neoclásica keynesiana", surgida a partir de Hicks y plasmada en el modelo IS-LM, que se transformaría en la formulación más popular en los libros de texto de macroeconomía. Para la formación de generaciones enteras de economistas, esto sería "la economía keynesiana", incluso salteando la lectura de la propia *Teoría general*, por considerarla "confusamente escrita". De lejos, el libro más popular, con el que se formarían varias generaciones de economistas, sería Samuelson (1960).

2. El "poskeynesianismo", que podría ser visto como un "ala izquierda" del keynesianismo. Plantearon que el enfoque de Keynes constituye una impugnación del planteo neoclásico de conjunto. Los autores poskeynesianos aceptaron que ello no se desprende del texto de *La teoría general*, pero que sí se puede vislumbrar, así sea asistemáticamente, en varios textos posteriores. Lo que los unió es la idea de que el planteo keynesiano lleva a que en el sistema capitalista la tendencia es hacia la subocupación crónica y las crisis periódicas violentas.

3. Con la crisis mundial de la década del 70 y la aparición de los planteos monetaristas y de los nuevos clásicos, se terminó construyendo una nueva síntesis. Aparecieron los llamados "nuevos keynesianos" o "neokeynesianos". Lo central de todo este subgrupo, tanto en la síntesis original como en la nueva síntesis, es la suposición de que las economías capitalistas tienen una tendencia

a converger hacia el pleno empleo, siempre y cuando exista flexibilidad de precios y salarios.

La síntesis neoclásica tiene su origen en un famoso texto de John Hicks de 1937, *Mr. Keynes y los clásicos*. El centro de su planteo es explicar que no existe una frontera insalvable entre el planteo neoclásico y el keynesiano. Dando vuelta a Keynes, que consideraba a lo que él llamaba "clásicos" como un caso particular (la de la existencia de plena ocupación de los recursos) de su teoría "general" (en la que prevalecían un montón de situaciones donde el equilibrio se alcanzaba en punto alejados del pleno empleo), Hicks planteó el eje de lo que se llamaría el modelo de la "síntesis neoclásica-keynesiana": el keynesianismo sería un "caso particular", el de economías donde no hubiera flexibilidad de los salarios a la baja. Digamos además que el modelo IS-LM, que popularizaría a la llamada "macroeconomía keynesiana", introdujo por la ventana algo que nunca fue siquiera esbozado por Keynes, un equilibrio general o simultáneo de todos los mercados, al mejor estilo Leon Walras.

Un lugar particular y muy importante dentro de la síntesis lo tuvo la curva de Phillips. Podemos decir que sería el "talón de Aquiles" de la cosmovisión keynesiana. Basándose en una serie de estudios estadísticos desarrollados en 1958 por William Phillip, los keynesianos de la síntesis neoclásica establecieron como un dato analítico la relación inversa entre desempleo e inflación. Una recesión estaría acompañada, bajo este esquema, por una deflación, mientras que la inflación solo aparecería en situaciones de pleno empleo. Todo esto se derrumbó, como veremos en el capítulo siguiente, con la aparición de la *stangflation* (estancamiento con inflación), que sería una característica central de la nueva crisis mundial que se desataría en la década del 70.

Los poskeynesianos, por el contrario, fueron en su primera generación aquellos que acentuaron y radicalizaron las diferencias de Keynes con los autores precedentes. Sus primeros representantes establecieron, de manera diversa y tortuosa, un puente de relaciones con el pensamiento marxista. Ahí ubicamos a autores como Joan Robinson y al polaco Michał Kalecki. Este último en particular realizó elaboraciones paralelas a las de Keynes y llegó a resultados similares con anterioridad a la publicación de *La teoría general*. A diferencia de Keynes, su formación de origen era el marxismo. El hecho de que muchas de sus contribuciones estuvieran en polaco atentó contra su conocimiento en los países capitalistas occidentales, incluyendo la Gran Bretaña de Keynes. *A posteriori*, el poskeynesianismo tuvo diversas derivas, de las cuales la más importante fue la de los autores que ponían énfasis en el carácter endógeno del dinero, entre los que se destacó Paul Davidson, editor junto a Sidney Weintraub del *Journal of Postkeynesian Economics*, la publicación más importante actualmente del poskeynesianismo. Existe también una tercera corriente del poskeynesianismo, más vinculada al pensamiento económico institucionalista. Hay, debemos mencionarlo, un debate abierto sobre los propios límites del poskeynesianismo, en particular acerca de la incorporación o no dentro de esta corriente de los llamados "neorricardianos", cuya figura más importante fue Piero Sraffa.

El neokeynesianismo, por último, integra a un conjunto de autores que se aleja cada vez más de cualquier planteo "heterodoxo", convergiendo a mayor velocidad aún que los keynesianos de la síntesis IS-LM con el *mainstream* del pensamiento económico neoclásico. Algunas figuras que han alcanzado renombre en los últimos tiempos son Paul Krugman (por sus textos sobre la crisis de 2008) y Ben Bernanke (titular de la Reserva Federal de los Estados Unidos en los primeros años del siglo XXI).

Keynes, Marx y la crítica de la economía política

Un punto muy importante es cuál es la exacta relación de Keynes con la crítica a la economía política. Comencemos por un hecho básico y obvio: Keynes nunca rompió con la teoría subjetiva del valor. Es más, Keynes nunca cuestionó ni el método ni el fin de la teoría ortodoxa neoclásica. Por eso, justamente, pudo ser absorbida con cierta facilidad por el *mainstream* vía la síntesis neoclásica.

Recordemos que Keynes fue siempre un "economista práctico", y que sus desarrollos teóricos (en sus tres libros fundamentales, los dos tratados sobre el dinero y *La teoría general*) fueron una justificación posterior a sus planteos, primero expresados periodísticamente y en términos de propaganda política. Por eso no creemos menor su posicionamiento con respecto a la Revolución rusa y a las perspectivas de una revolución socialista en Europa, que constantemente advertía como una amenaza para el orden establecido. Debemos insistir en que Keynes se definió varias veces como un defensor explícito del capitalismo y preocupado por el posible triunfo de una revolución obrera que destruyera el mundo al que defendía. Esto lo planteó Keynes (2012) ya en *Consecuencias económicas de la paz*:

> La guerra ha descubierto la posibilidad del consumo para todos y la futilidad de la abstinencia para muchos. Así, pues, el *bluff* ha sido revelado; las clases laboriosas no quieren ya seguirse privando de tantas cosas, y las clases capitalistas, que ya no confían en el futuro, pueden tratar de disfrutar más plenamente sus libertades de consumo mientras les dure, y precipitar así la hora de la confiscación.

Sintetizando: Keynes tenía una clarísima y explícita ubicación de clase, del lado de la burguesía. Es, como dijimos al principio de este capítulo, una de las expresiones más conscientes de los peligros que acechan al orden burgués en el período de entreguerras. Insistimos en esto, ya que el "keynesianismo de posguerra" iría dibujando una versión de un Keynes "casi socialista", o por lo menos equidistante de los dos polos del capital y el trabajo.

Keynes tenía otra diferencia fundamental con Marx: no aceptaba que los intereses de clase jugaran un rol en la determinación de las políticas económicas. Se trató, a nuestro entender, de uno de los puntos analíticamente más débiles de Keynes, que hacen que un autor de semejante lucidez apareciera más de una vez con un toque *naif*. Su concepción de que la lucha de ideas y políticas no tienen nada que ver con la lucha de clases fue algo que vino de lo más profundo de su formación académica en Cambridge, y en particular de su relación con la filosofía de Moore. Y fue algo que nunca se modificó a lo largo de toda la trayectoria de Keynes. Ya en 1919, Keynes (1988) señaló tener un "profundo convencimiento de que el problema económico de la necesidad y la pobreza y la lucha económica entre las clases y las naciones no es sino un embrollo espantoso, un embrollo transitorio e innecesario".

Esto afirmación vuelve a aparecer en el párrafo final de *La teoría general*:

Las ideas de los economistas y los filósofos políticos, tanto cuando son correctas como cuando están equivocadas, son más poderosas de lo que comúnmente se cree. En realidad el mundo está gobernado por poco más que esto. Los hombres prácticos, que se creen exentos por completo de cualquier influencia intelectual, son generalmente esclavos de algún economista difunto. Los maniáticos de la autoridad, que oyen voces en el aire, destilan su frenesí inspirados en algún mal escritor académico de algunos años atrás. Estoy seguro de que el poder de los intereses creados se exagera mucho comparado con la intrusión gradual de las ideas. No, por cierto, en forma inmediata, sino después de un intervalo; porque en el campo de la filosofía económica y política no hay muchos que estén influidos por las nuevas teorías cuando pasan de los veinticinco o treinta años de edad, de manera que las ideas que los funcionarios públicos y políticos, y aun los agitadores, aplican a los acontecimientos actuales, no serán probablemente las más novedosas. Pero, tarde o temprano, son las ideas y no los intereses creados las que presentan peligros, tanto para mal como para bien.

Cuando estalló la crisis del 30, Keynes comprobó hasta dónde puede llegar la crisis y la realidad de que la economía capitalista no se "equilibra en el pleno empleo". Vio también los límites del propio capitalista que se niega a invertir y sus consecuencias. Planteó la importancia del gasto público y, siendo coherente con su propia lógica, llegó a proponer "la eutanasia del rentista". Son las páginas de Keynes que más gustan a la izquierda poskeynesiana. Pero, siendo coherentes, vemos que nuestro autor tenía límites muy estrictos que nunca traspasó: la propiedad privada de los medios de producción. En síntesis, Keynes "rozó" muchas veces planteos que lo acercaron a los grandes debates de la economía política clásica inglesa (Smith, Ricardo) e incluso de su crítica (Marx). Pero, cuando escribía y actuaba, era muy consciente de que ya no estaba en el siglo XIX, sino en el XX, en la época de "guerras y revoluciones", al decir de Lenin. Nos da la sensación de que el lúcido Keynes advirtió las ruinas del capitalismo de su época, avanzó con toda su inteligencia sobre lo elaborado por la economía política, vio sus contradicciones… y finalmente retrocedió espantado ante el espectro de un capitalismo imperialista que muestra ante sí el espejo de su propia destrucción.

Los "usos" de Keynes

La utilización del pensamiento keynesiano nos remite directamente a aquel momento en que este se transformó en hegemónico: la posguerra y, más específicamente, el período que fue desde 1945 hasta 1973. Lo primero que debemos decir es que no acordamos con aquellos que lo muestran como un simple avance "racional y científico", algo así como un nuevo paso adelante en el análisis económico, que se articuló con un "compromiso" político que permitió el desarrollo del capitalismo liberal. Acordamos en esto con Holloway (1994):

> Incluso en años recientes, cuando el keynesianismo ha sido tan criticado, persiste la imagen del keynesianismo como un desarrollo teórico posiblemente confuso pero ciertamente bien intencionado. En medio de esas imágenes, es difícil recordar que la adopción de las políticas keynesianas fue la culminación de un prolongado conflicto de violencia, horror y derramamiento de sangre sin precedentes en la historia del mundo.

Efectivamente, si, según la conocida imagen de Marx, el capitalismo emergió en la historia "chorreando lodo y sangre" en la acumulación originario, el keynesianismo se torna hegemónico en Europa sobre la base de los 60 millones de cadáveres de la Segunda Guerra Mundial.

La adopción de las políticas keynesianas formó parte de una nueva relación de fuerzas entre el capital y el trabajo. Fue una respuesta burguesa a esa correlación de fuerzas que se fue constituyendo a partir del final de la primera guerra mundial, tal como plantea Negri (1991). Podemos señalar tres momentos.

La Revolución rusa y los debates en el seno de la clase burguesa para enfrentarla. Recordemos que primero estuvo la respuesta militar (la invasión a la tierra de los sóviets de los ejércitos extranjeros). Después, ante la evidencia de que la revolución obrera era una realidad internacional, la aparición de un nuevo régimen político, el fascismo. Keynes planteó una tercera salida burguesa posible, que se tornó visible a partir de un nuevo hecho: la crisis económica de los años 30, como desarrollamos más abajo, pero que en esencia fue la extensión a la política económica (y a la macroeconomía) de los planteos que en el terreno microeconómico de la administración de empresas ya venía realizando Henry Ford desde la primera década del siglo, tal como analiza Coriat (1982).

La crisis mundial abierta en 1929. Que se extendió en los años posteriores, y dio lugar a nuevos hechos políticos: el ascenso del nazismo en Alemania y la colectivización forzosa en la Unión Soviética, con la consolidación del stalinismo, pero también con la realidad de que fue el único país al que no afectó la crisis capitalista de esos años. Otros acontecimientos importantes fueron la Revolución española y las tomas de fábricas en Francia, que dieron lugar a la aparición de los Frentes Populares. En los propios Estados Unidos, el gobierno de Roosevelt también inauguró en esos años una forma particular de gobierno burgués, cercano a los "frentes populares", donde el partido demócrata negoció y articuló políticas con las direcciones sindicales. El rol del Estado y las políticas económicas que se desarrollaron en todos los países capitalistas en los 30 ya prefiguraban los elementos centrales de lo que serían después "las políticas económicas keynesianas".

La segunda posguerra. Y en particular ese momento que se abrió después de la batalla de Stalingrado, donde ya existía la certeza de la derrota nazi. Recordemos que Keynes fue un actor central de las negociaciones que se abrieron en Bretton Woods en 1944 y sería figura de consulta hasta su muerte dos años después. Las políticas keynesianas serían inspiración de la forma en que las potencias imperialistas (tanto Estados Unidos, como Gran Bretaña y Francia) decidieran "gestionar" la Guerra Fría. A diferencia de la posguerra de la Primera Guerra Mundial, donde primó la tesis de tierra arrasada con el vencido (las famosas "reparaciones de guerra"), ahora lo que terminó sucediendo fue el llamado "Plan Marshall", en el que millones de dólares fueron volcados a la reconstrucción europea, incluyendo en esto a los países vencidos, como Italia y la parte occidental de Alemania.

El keynesianismo fue la matriz macroeconómica con que se buscó (y en cierta forma se consiguió) enchalecar a una clase obrera que había salido fuertemente empoderada de la victoria contra el nazismo. Pensemos en el lugar del

Partido Comunista Francés y la CGT en la resistencia, en los *maquis* italianos, o en el hecho de que incluso el enormemente prestigioso Winston Churchill perdió las elecciones británicas a manos de los laboristas apenas dos meses después de la rendición alemana.

Los partidos socialdemócratas, que de hecho no tenían programa económico, terminaron asumiendo como propio el keynesiano. Lo mismo sucedió con el laborismo británico, a pesar de los desaires que el propio Keynes había tenido con ese partido. Incluso en los partidos comunistas más importantes de Occidente (Italia y Francia), hubo una fuerte penetración y aceptación en los hechos de las políticas económicas keynesianas.

El planteo keynesiano es quizás la forma central en la que en política económica se expresó la ideología de la conciliación entre las clases en la posguerra de la Segunda Guerra Mundial. Por eso fue tomada y asumida programáticamente por socialdemócratas y laboristas, que venían desde mediados de los 20 cogobernando con los viejos partidos conservadores sin tener otra claridad que su oposición tajante a la Revolución rusa. Ahora, en la posguerra, el keynesianismo pasó a ofrecerles un cuerpo "coherente" de doctrina y una justificación para gobernar garantizando la reproducción del orden capitalista.

Pero, como hemos demostrado con creces más arriba, Keynes nunca fue ni socialdemócrata ni laborista. Siempre fue liberal. Su planteo nunca fue "humanizar" el capitalismo, ni mucho menos construir un tránsito reformista hacia una supuesta sociedad socialista. Jamás fue un "asesor" de los sindicatos, ni siquiera de los más tradicionales y menos revolucionarios. Su ubicación siempre fue clara: del lado del capital, y, en todo caso, "explicándole" al capital por qué había que aceptar tomar determinadas medidas para que el sistema no estallara.

Se exagera también la importancia de Keynes en las políticas del New Deal de Roosevelt. Como ya dijimos, Keynes no participó en su formulación, aunque sí las reconoció como cercanas a sus ideas. Digamos de paso que se sobredimensiona también al propio New Deal, citándolo como el programa económico que resolvió la crisis del 30. La realidad no fue así, más aún, la economía norteamericana volvió a caer en una fuerte recesión en 1937 mientras aún no había salido del pantano abierto en 1929. Finalmente, el capitalismo solo cerraría la crisis del 30 con la Segunda Guerra Mundial.

El planteo de Keynes tampoco era "socialcristiano". La Iglesia católica hizo una amalgama tardía con el pensamiento keynesiano en su ala más "progresista o social", ya que otro sector se mantuvo firmemente en la tradición "austriaca" del marginalismo, siguiendo las elaboraciones de la escuela de Salamanca, tal como desarrolla Gómez Camacho (2018).

Con respecto a la constitución de los llamados "Estados benefactores" de la posguerra y las políticas keynesianas también hay bastante para aclarar. Más allá del hecho de que en su propia constitución está la realidad de la lucha de clases de entonces, como lo explicamos más arriba. Tenemos que precisar que los "30 años gloriosos" del *boom* capitalista ni fueron 30 años ni fueron tan gloriosos.

Primero porque se limitaron a algunos países del mundo desarrollado occidental: las potencias imperialistas de Estados Unidos, Gran Bretaña, Francia y Alemania Federal. En el caso particular de Alemania Federal y Japón, luego de casi una década (desde mediados de los 40 a mediados de los 50) de extremas privaciones para su clase trabajadora. Nunca hubo plenamente "Estado benefactor" en Italia, ni mucho menos en la España franquista o la Portugal de Salazar. Solo se podría extender esta denominación a los países escandinavos. Los países imperialistas que gozaron de la bonanza de la posguerra lo pudieron hacer a costa de la explotación de sus colonias y semicolonias. Y la expansión del gasto público de esos años tuvo un eje central: el feroz rearme de la Guerra Fría, hecho relatado brillantemente por Gillman (1965).

También debemos decir que los "30 años gloriosos"... no fueron 30. Porque hubo varias recesiones menores en su interior (cuatro solamente en los Estados Unidos), pero por sobre todo porque ya en 1966, tal como señala Aglietta (1982), podemos observar los primeros síntomas de lo que sería una crisis crónica de la economía mundial que se desplegaría en el siguiente medio siglo.

En nuestro país, también se ha hecho una amalgama entre las políticas económicas keynesianas y el primer peronismo (1945-1955). Pero esa relación no es tal. El primer peronismo desarrolló su política económica de una forma mucho más empírica, tomando sus modelos desde la intervención del Estado de la preguerra y desde las llamadas "concepciones de la defensa nacional". Los primeros keynesianos argentinos fueron furiosamente antiperonistas, tal es el caso de Raúl Prebisch (1947), el primer economista que introdujo las ideas de Keynes en nuestro medio.

Como vemos, queda entonces mucho por reconstruir sobre la verdadera historia de la influencia de las políticas keynesianas en el medio siglo que siguió a su muerte. Sí es un hecho que el planteo central del keynesianismo, de que se había descubierto "por fin" cómo evitar las crisis, y que bastaba para ello una correcta intervención del Estado en la economía, se reveló falso. La crisis mundial abierta en los 70 lo puso severamente en crisis. Ahí se empezaría a caer la hegemonía que la escuela keynesiana había construido paradójicamente luego de la muerte del propio Keynes. La omnipresencia de la crisis como un elemento presente y nodal del modo de producción capitalista se volvió a imponer.

El pensamiento económico entraría en una profunda crisis de paradigmas, que abriría nuevos derroteros y disputas. Keynesianos, marxistas y neoclásicos responderán de diferente forma. Pero eso será materia del próximo (y final) capítulo de este libro.

Bibliografía

Aglietta, Michael (1982), *Regulación y crisis del capitalismo*, Siglo XXI Editores, México.

Astarita, Rolando (2008), *Keynes, poskeynesianos y keynesianos neoclásicos*, Universidad Nacional de Quilmes, Bernal.

Crespo, Ricardo (2016), *Keynes, filósofo práctico*, Edicon, Buenos Aires.

Del Búfalo, Enzo (2005), *Las teorías macroeconómicas después de Keynes: la evolución de una ilusión 1936-2002*, Universidad Central de Venezuela, Caracas.

Coriat, Benjamín (1982), *El taller y el cronómetro*, Siglo XXI Editores, México.

Dillard, Dudley (1952), *La teoría económica de John Maynard Keynes*, Aguilar, Madrid.

Domar, Evsey (1970), "Expansión de capital y crecimiento", en Sen, Amartya, *Economía del crecimiento*, Fondo de Cultura Económica, México.

Girón, Alicia (2006), *Confrontaciones monetarias: marxistas y post-keynesianos en América Latina*, Clacso, Buenos Aires.

Gillman, Joseph (1965), *Prosperidad en crisis: crítica del keynesianismo*, Anagrama, Barcelona.

Hansen, Alvin (1941), *Fiscal Policy and Business Cycle*, W.W. Norton and Company Inc., Nueva York.

Hansen, Alvin (1957), *Guía de Keynes*, Fondo de Cultura Económica, Buenos Aires.

Harrod, Henry Roy (1949), *El ciclo económico*, Aguilar, Madrid.

Harrod, Henry Roy (1970), "La teoría dinámica", en Sen, Amartya, *Economía del crecimiento*, Fondo de Cultura Económica, México.

Hession, Charles (1985), *Keynes*, Vergara, Buenos Aires.

Holloway, John (1994), "Se abre el abismo: surgimiento y caída del keynesianismo", en John Holloway, *Marxismo, estado y capital*, Cuadernos del Sur, Buenos Aires.

Keynes, John Maynard (1988), *Ensayos de persuasión*, Folio, Barcelona.

Keynes, John Maynard (1992), *Breve tratado sobre la reforma monetaria*, Fondo de Cultura Económica, México.

Keynes, John Maynard (2001), *La teoría general de la ocupación, el interés y el dinero*, Fondo de Cultura Económica, México.

Keynes, John Maynard (2012), *Las consecuencias económicas de la paz*, RBA, Barcelona.

Kicillof, Axel (2007), *Fundamentos de la teoría general: las consecuencias teóricas de Lord Keynes*, Eudeba, Buenos Aires.

Kicillof, Axel (2010), *Siete lecciones de historia del pensamiento económico*, Eudeba, Buenos Aires.

Mattick, Paul (2013), *Marx y Keynes: los límites de la economía mixta*, Ediciones RyR, Buenos Aires.

Moggridge, Donald E. (1992), *Maynard Keynes. An Economist Biography*, Routledge, Londres.

Negri, Antonio (1991), "J. M. Keynes y la teoría capitalista del estado en el '29", en *El cielo por asalto*, n.º 2, Buenos Aires.

Prebisch, Raúl (1947), *Introducción a Keynes*, Fondo de Cultura Económica, Buenos Aires.

Samuelson, Paul (1960), *Curso de economía moderna*, Aguilar, Madrid.

Skidelsky, Robert (2003), *John Maynard Keynes*, Macmillan, Londres.

Trotsky, Leon (1999), *Programa de transición*, Cuadernos Socialistas, Buenos Aires.

Wapshott, Nicholas (2013), *Keynes vs. Hayek*, Booket, Barcelona.

¿A dónde va la economía como disciplina?

José Castillo

En el último medio siglo, el pensamiento económico está viviendo una crisis de paradigmas como nunca en su historia anterior. Por primera vez desde Adam Smith, no hay una corriente o escuela que sea claramente hegemónica. Recordemos que el pensamiento clásico lo había sido en el período desde fines del siglo XVIII hasta los años 70 del siglo XIX (con Smith, Ricardo o con la "síntesis" de John Stuart Mill; incluso el ataque más demoledor, la crítica marxista, le reconoce esa preeminencia). Luego fue reemplazado por el paradigma neoclásico/marginalista/subjetivista (con hegemonía indisputada hasta 1930). Y finalmente por el keynesianismo (entre el fin de la Segunda Guerra Mundial y los primeros años 70). A partir de los años 70 del siglo XX, el pensamiento keynesiano y las instituciones que surgieron a partir de él (el llamado "Estado benefactor") entraron también en crisis.

En el período posterior a la crisis económica mundial que se desató a fines de los años 60 y principios de los 70, ese retroceso keynesiano dio lugar a un *revival* de las corrientes herederas de la tradición neoclásico/marginalista. Acompañando el giro que en la teoría política se denominó "neoconservadorismo", se dio el surgimiento de una serie de ideas que periodísticamente se las agrupó bajo el término "neoliberalismo". Ese conjunto de ideas, divididas en subcorrientes que analizaremos más abajo, se fueron rápidamente tornando mayoritarias en los años 80 y 90. Su preeminencia en el campo de la política fue creciente, y llegaron a expresar una síntesis de recomendaciones a comienzos de los 90, llamadas "Consenso de Washington". Así se tornaron "sentido común" en las políticas económicas llevadas adelante por la mayoría de los países y en las recomendaciones de los organismos internacionales (FMI, Banco Mundial, OCDE, Organización Mundial de Comercio).

Sin embargo, esa nueva "ortodoxia" económica nunca logró en el campo académico la hegemonía que tuvieron, en los períodos previos, el keynesianismo y el propio neoclasicismo anterior. El llamado genéricamente "neoliberalismo" se tornó, sin dudas, la corriente mayoritaria. Pero su reinado fue mucho más fugaz, y siempre continuaron existiendo espacios donde prevalecían las corrientes keynesianas y marxistas (o radicales en general). *A posteriori*, la crisis abierta en 2007-2008 dio lugar a una nueva relación de fuerzas, donde cierto keynesianismo pareció volver a ganar fuerzas. Pero tampoco esta corriente consiguió volver a la posición hegemónica que había tenido en el cuarto de siglo posterior a la posguerra de la Segunda Guerra Mundial.

Todo este período, que recorreremos en este capítulo final, estuvo teñido por una crisis capitalista crónica (con una enorme cantidad de episodios agudos) que contrasta fuertemente con la etapa previa. Y con la incapacidad de las políticas económicas de lidiar con dicha crisis a partir de una batería de medidas con cierto consenso para conjurarla.

La situación previa a la crisis: el reinado keynesiano durante el *boom*

Como ya desarrollamos en el capítulo acerca de Keynes, los intentos de asimilar las ideas de Keynes a las del paradigma keynesiano aparecieron en forma casi inmediatamente posterior a la publicación de *La teoría general*. Tal es el intento de John Hicks, con su texto de 1937, *Keynes y los clásicos*. Allí está la primera exposición de la modelización matemática que después, con los diagramas de Alvin Hansen, pasaría a ser conocida como el modelo IS-LM. Nació así la llamada "síntesis neoclásica". Desde el punto de vista de la divulgación, el libro de texto *Economics* de Paul Samuelson, cuya primera edición es de 1948, pasaría a ser el "manual" con el que se formarían generaciones de economistas, y se presentaría al público no especializado lo que pasaría a ser conocida como la "economía keynesiana". A ello tenemos que agregarle la utilización constante de la "curva de Phillips", que establecía un *trade-off* estadístico entre desempleo e inflación. En realidad, el planteo original de William Phillips era una relación entre salarios e inflación, tal como se observa en su artículo *La relación entre el desempleo y la tasa de variación de los salarios monetarios en el Reino Unido, 1861-1957* (1958), pero sería transformada hacia una relación inversa entre desempleo e inflación por Richard Lipsey (1960) y validada empíricamente el mismo año por Samuelson y Solow.

Si bien la influencia keynesiana en la política económica de las principales potencias capitalistas de la posguerra sería evidente casi de inmediato en la segunda mitad de los años 40 (lo más paradigmático sería el Plan Marshall), apareciendo como la mejor herramienta para combatir "el comunismo" en el marco de la Guerra Fría, su entrada "oficial" en las oficinas gubernamentales se daría recién en los 60. El primer presidente que se reconocería abiertamente keynesiano sería John Fitzgerald Kennedy. Entre sus asesores tendría a economistas que, con un origen "heterodoxo" en el llamado "institucionalismo", aceptarían embanderarse como keynesianos (tal es el caso de John K. Galbraith).

Pero, en la década del 50, el keynesianismo ya había empezado a abrirse a algo más que la macroeconomía de corto plazo. De la mano de autores como Roy Harrod y Evsey Domar, nacieron los modelos keynesianos del crecimiento económico (que desafiaban al último reducto neoclásico, que había "fundado" dicho campo con los trabajos de Robert Solow).

El keynesianismo de esos años tendría un "ala izquierda" (lo que luego se conocería como "poskeynesianos"), que establecería un cierto diálogo con el marxismo. Su figura emblemática sería Joan Robinson. Robinson había tenido una etapa "neoclásica", con su *La economía de la competencia monopolística*, pero luego participaría del *Circus* keynesiano, y en 1942 escribiría una *Introducción a la economía marxista* (donde, sin embargo, no acepta la teoría del valor trabajo, por considerarla un planteo "metafísico" que no aporta nada). Su giro hacia la izquierda rumbo a posiciones anticapitalistas se profundizarían en sus últimos años de vida, período en el cual incluso apoyaría al maoísmo durante la denominada "revolución cultural" a mediados de los 60.

De la universidad de Cambridge, surge también en esos años la corriente de Piero Sraffa, que expresará uno de los puntos más altos del debate teórico de la época, llegando a atacar (y derrotar) al neoclasicismo en su propia ciudadela de la "teoría pura". El terreno de ese debate será fundamentalmente, como ya hemos mencionado, la llamada "teoría del crecimiento económico". Se trata justamente del terreno más ajeno al keynesianismo puro, que siempre se había sentido fuerte como una teoría macroeconómica de corto plazo. Autores italianos tributarios de Sraffa como Pierangelo Garegani y Luigi Pasinetti tendrán una destacada participación en ese campo.

La resistencia antikeynesiana: Mont Pelerin

Las corrientes neoclásicas/marginalistas se habían visto fuertemente reducidas luego de la publicación de *La teoría general* y lo serían mucho más en la inmediata posguerra. En Gran Bretaña terminó perdiendo incluso su bastión en la London School of Economics, con el pasaje al keynesianismo de varios de sus más destacados economistas. La escuela austriaca quedó también desperdigada y desorganizada, con lugares marginales en la academia norteamericana. El único bastión sólido de resistencia se dio en la Universidad de Chicago, donde, alrededor de Milton Friedman, surgió lo que se conocería como el "monetarismo".

Pero, desde el punto de vista ideológico y de lo que hemos llamado "la economía como discurso de poder", lo más importante fue la creación de las reuniones de la *Sociedad Mont Pelerin*, que se empezaron a realizar en el año 1947. Estas operarán como un verdadero polo unificador (de economía y teoría política), confluyendo ahí tanto monetaristas como los miembros de la escuela austriaca: Friedman, Hayek y Mises serían sus principales inspiradores, junto a conocidos periodistas como Walter Lippmann o epistemólogos como Karl Popper.

El monetarismo de Friedman es lo que más consistentemente se propuso encarar la batalla analítica contra el keynesianismo. Apoyándose en los trabajos de Simon Kuznets, que planteó la inexistencia de correlación de corto plazo entre consumo e ingreso, Friedman desarrolló, a partir de su lectura de la función consumo, la hipótesis del ingreso permanente (1957). Este concepto representa lo que un individuo espera percibir a lo largo de toda su vida, o sea que refleja, traído a valor presente, su riqueza. La diferencia entre el ingreso permanente y su ingreso corriente (en el corto plazo) la denomina el ingreso transitorio: si este es positivo, el individuo ahorra; de lo contrario, no ahorra. Por lo tanto, para Friedman, los cambios en el consumo ante cambios en el ingreso corriente son insignificantes. Esto golpeará a la propensión marginal a consumir (y al multiplicador keynesiano).

La escuela de Chicago, asimismo, atacó la lectura keynesiana de la crisis del 30 con el texto, también de Friedman, llamado *La historia monetaria de los Estados Unidos (1862-1960)*, escrito en colaboración con Anna Schwartz.

A toda esta batería argumental, Milton Friedman le agregó una lectura de la teoría cuantitativa del dinero con velocidad estable, por lo que todo incremento en la cantidad de dinero se traduce en mayores precios. "La inflación es siempre y en todo lugar un fenómeno monetario" sería una de las expresiones más conocidas de Friedman. Obviamente, también fue cuestionada la validez de la curva de Phillips, que Friedman "corrigió" junto a Edmund Phelps, planteándose que su curva era vertical en el largo plazo, y llegó así a su concepción de la tasa natural de desempleo (deducida a partir de "sumar a la curva de Phillips" las expectativas adaptativas). Se planteó esto como un golpe demoledor a la idea keynesiana de la potencia de las políticas monetarias y fiscales para alcanzar el pleno empleo.

En lo que respecta a la escuela austriaca, esta empezaba lentamente a "reorganizarse" a partir de una posición inicial relativamente marginal en la academia norteamericana. A partir del libro de Friedrich Hayek *Camino de servidumbre* (1944), los austriacos definieron como su enemigo principal al keynesianismo, desplazando su crítica central, que hasta ese momento había estado concentrada en el marxismo. En realidad, el planteo de Hayek era que el intervencionismo keynesiano, de una forma u otra, pavimentaba el terreno necesariamente hacia alguna forma de socialismo o comunismo.

Desde el punto de vista analítico, la escuela austriaca se consolidó con la publicación en 1949 de la obra cumbre de Ludwig von Mises, *La acción humana*. A comienzos de la década del 60, una nueva generación "austriaca" encabezada por Murray Rothbard fue ganando espacio. Los austriacos, sin embargo, ocuparon un lugar menor en ese espacio ya en sí minoritario del antikeynesianismo. Criticaron la utilización de los modelos *matemáticos* y el énfasis en el equilibrio económico del *mainstream* neoclásico. Y, aunque compartieron políticamente el espacio de Mont Pelerin con los monetaristas de Chicago, también diferían con este grupo, que confiaba en la validez de algún tipo de activismo a partir de la política monetaria (Friedman proponía un crecimiento suave, constante y moderado, de la oferta monetaria para sostener el crecimiento). Los austriacos, por el contrario, fueron derivando hacia posiciones que, en muchos casos, serían conocidas como "minarquistas" o incluso "anarco-capitalistas". Aclaremos los términos: mientras que los primeros aceptan únicamente el rol del Estado en seguridad y defensa, los segundos ni siquiera eso. El propio Hayek abonaría muchos de estos planteos al proponer una virtual privatización del dinero.

El marxismo y las corrientes radicales en el siglo XX, antes de la crisis de los 70

El marxismo, por definición y desde su nacimiento, se había planteado como algo distinto y, por lo tanto, fuertemente crítico y separado de lo que podemos llamar el "pensamiento económico académico". Su aporte, hecho desde la militancia política, había sido muy fuerte en las primeras décadas del siglo, con las discusiones sobre los cambios en el capitalismo generado por la época del imperialismo. Rosa Luxemburgo, Hilferding, Bujarin y Lenin habían realizado notables aportes en ese sentido.

Todo esto se articuló con las discusiones sobre la teoría de la crisis capitalista, que se tornaba más actual que nunca a medida que se fueron desarrollando los acontecimientos que llevaron a la crisis del 30. Sin embargo, cabe recordar que algunos de estos planteos habían sido hechos en décadas anteriores. Paul Sweezy (1973) enumera distintas lecturas acerca de la dinámica del capitalismo y su crisis a partir de la perspectiva marxista: Eduard Bernstein, Heinrich Cunow, Karl Kautsky, Mijaíl Tugán-Baranovski, Conrad Schmidt, Louis Boudin, Rudolf Hilferding, Rosa Luxemburgo, Fritz Sternberg, Otto Bauer, Natalie Moszkowska y Henryk Grossmann.

A todo esto le podemos sumar, en una relación lateral con el marxismo, el debate sobre los ciclos u "ondas largas" de la economía capitalista, desarrollado por Nikolái

Kondrátiev, que teorizó acerca de la existencia de períodos de auge o depresión de entre 48 y 60 años, que determinaban la trayectoria de la economía capitalista. Esta teoría, corregida por la incidencia de la lucha de clases, fue tomada por Leon Trotsky (1999) en diversos trabajos y retrabajada por Mandel (1986).

Tampoco faltaron debates sobre las interpretaciones de la propia obra de Marx, alrededor de la forma del valor y los esquemas de elaboración de *El capital*. Ahí cabe destacar a un par de autores que luego fueron perseguidos y "borrados" por el stalinismo, como Roman Rosdolsky e Isaac Rubin.

Por supuesto que el pensamiento económico marxista también tendrá su influencia en las discusiones más propias de la política económica en la URSS. Ahí las figuras descollantes de la primera época (los años 20) serán Nicolái Bujarin (1972) y Evgeniĭ Preobrazhenskiĭ (1971).

Ya entrando específicamente a la posguerra de la Segunda Guerra Mundial, de los marxistas que se destacaron a partir de esos años debemos mencionar a quien fue el primer economista abiertamente definido como tal admitido en el ámbito académico (en Cambridge): Maurice Dobb, de prolífica trayectoria en temas de desarrollo y crecimiento económico, así como de historia económica y de las distintas doctrinas. En Estados Unidos de los años 50, otra figura rutilante fue Paul Baran. Él, junto a Paul Sweezy, que debido al macartismo nunca logró un lugar importante en el mundo universitario norteamericano, se concentraron en estudiar las modificaciones del capitalismo imperialista de posguerra, a partir de la importancia de la transnacionalización monopólica estadounidense y el rol central del excedente económico en este entorno.

También hubo un grupo muy importante de economistas polacos que establecieron una línea de articulación (conflictiva, sin duda) entre el herramental analítico que planteaban keynesianos y neoclásicos y el marxismo, de los cuales se destacan dos de ellos: Oskar Lange (más cercano al instrumental marginalista) y Michał Kalecki (al keynesianismo). El caso de Kalecki es paradigmático: se adelantó incluso a Keynes en la definición de la demanda efectiva como factor determinante de la crisis económica capitalista.

El campo de debates con respecto a la efectividad de las políticas keynesianas, en los años de auge de estas, y en particular a su beneficio o perjuicio para la clase trabajadora, también fue objeto de discusión en la economía marxista. Ahí mencionaremos a Paul Mattick (2013), autor de *Marx y Keynes, los límites de la economía mixta*.

Como mencionaremos más abajo, también hubo una "segunda ronda" de debates acerca de la planificación económica en diversos países donde se había expropiado el capital, en particular en Cuba y Yugoslavia, y algunas discusiones incluso alcanzaron a la propia Unión Soviética.

Esta breve mención de los aportes de algunos economistas marxistas nos demuestra que esta corriente del pensamiento económico estuvo permanentemente activa y con una producción importante. Sin embargo, con la única excepción de los países donde se había expropiado el capital y alguna presencia mínima en los organismos creados por Naciones Unidas vinculados al desarrollo, su lugar fue permanentemente oscurecido y marginado del terreno de lo que se entiende como "ciencia" en economía.

Un punto de corte: la crisis crónica abierta en la segunda mitad de los 60

En los años 1966-1967, se dieron las primeras señales del agotamiento del llamado "*boom* económico de posguerra". Visto con distancia histórica, hoy podemos decir que dicho *boom* ha sido sobrevalorado: los "gloriosos 30 años del capitalismo" no fueron ni tan gloriosos, ni tan "30". Pero lo concreto es que estos hechos que se desataron en la segunda mitad de los 60 y que ahora pasamos a resumir tuvieron un efecto demoledor sobre el pensamiento económico en general y sobre la hegemonía keynesiana en particular.

No es cierto que, desde la posguerra hasta los años 60, el capitalismo no experimentó ninguna crisis. De hecho, ya existía una crisis, persistente, visible en las economías subdesarrolladas, en los países coloniales, en los semicoloniales como los de Latinoamérica y en los que estaban recorriendo un proceso reciente de descolonización en África y Asia. Podemos decir que esa crisis fue avanzando, desde la periferia al centro del sistema capitalista.

Pero el acontecimiento concreto que provocó la aparición plena de la crisis en el centro del capitalismo imperialista se dio en la segunda mitad de los años 60, cuando se produjo una caída en la tasa de ganancia de las principales transnacionales americanas de las ramas productivas más importantes de la economía mundial: Ford, Chrysler y General Motors. La caída en la productividad se expresaba, a la vez, con el crecimiento de la competencia de empresas similares de Europa y Japón.

La "solución" a esta primera expresión de la crisis, todavía en un marco nacional (el de los Estados Unidos), se dio con la declaración de inconvertibilidad del dólar en 1971. Se trató del golpe más demoledor, hasta ese momento, al orden económico internacional generado en la posguerra.

En 1973, la crisis se generalizó. El acontecimiento detonante fue la suba de los precios del petróleo definidos por la OPEP, a lo que le debemos agregar la decisión de declarar la libre flotación de las principales monedas del mundo (dólar, marco, franco libra esterlina, franco suizo y yen). Se abrió así un momento (entre 1973 y 1975) en que se desató la más grande crisis económica mundial desde la de los 30, con la aparición del fenómeno de la "estanflación". Este fue, exactamente, el momento de crisis definitiva de la hegemonía keynesiana.

Inmensas masas de capital especulativo, "gaseoso", quedaron sin valorización productiva en el planeta. Gran parte fue captado, gracias a mecanismos de desregulación bancario, por el sistema financiero europeo. Esos dólares, los llamados "dólares del petróleo" o "petrodólares", se transformaron en "eurodólares", que comenzaron a ser colocados bajo la forma de gigantescos préstamos a tasa flotante en países del Tercer Mundo y también en algunos de Europa del Este (como Polonia o Yugoslavia).

A fines de la década, en 1979, una nueva suba astronómica del precio del petróleo, ahora vinculado a la Revolución iraní, le dio un nuevo golpe a una economía capitalista mundial sumida plenamente en la recesión.

A final de los años 70, ya había un consenso claro: una crisis capitalista generalizada, la mayor desde los años 30, había arrasado con la idea de que las políticas keynesianas, "gestionando la demanda", podían mantener el ciclo económico cercano a un punto de pleno empleo. Por otro lado, se caía definitivamente la verificación empírica de la curva de Phillips (verificación que, por otro lado, siempre fue discutida por algunos autores, como vimos con Friedman).

La estanflación hizo su ingreso a los países centrales, pero en realidad no se trataba de un fenómeno nuevo. Los países del Tercer Mundo, y los latinoamericanos en particular, ya conocían situaciones de ese tipo. Gran parte de los debates sobre la llamada "inflación estructural" en nuestro continente partió de esa realidad.

Pero lo concreto fue que su aparición generalizada a escala mundial generó que las herramientas keynesianas se mostraran impotentes para responder a la coyuntura. La crisis, evidentemente, no podía caracterizarse como producida por una falta de demanda efectiva. La realidad es que nos encontrábamos ante un caso típico de lo podemos llamar la "explicación marxista" de la crisis: el desencadenante había sido la caída de la tasa de ganancia de las ramas productivas más importantes de la economía mundial.

La contrarrevolución económica: la Trilateral Commission y el "consenso" conservador

El debate sobre las causas de la crisis y cómo salir de ella recorrió toda la década del 70. Desde la perspectiva del capital imperialista, un punto muy importante fueron las elaboraciones de la llamada "Comisión Trilateral".

La Comisión Trilateral fue una organización internacional privada fundada en 1973 a iniciativas de David Rockefeller, que aglutinaba a personalidades destacadas de la economía y los negocios de Norteamérica, Europa y Japón. El texto más destacado que produjo fue el conocido como "La crisis de la democracia", en 1975, de Crozier, Huntington y Watanuki (1975). En él se planteaba por primera vez la necesidad de romper los "consensos" del llamado "Estado benefactor". Según los autores, un exceso de demandas sociales (salariales, jubilatorias, de seguros de desempleo, de salud y educación públicas) ponía en riesgos no solo la economía capitalista, sino los propios regímenes democráticos tal como debían ser entendidos por la ideología liberal.

Los golpes de Estado en el Cono Sur latinoamericano, promovidos y apoyados directamente por los Estados Unidos, fueron otro hito importante, en este caso como "campo de pruebas". En Chile, en primer lugar, ya hacia 1975, y con posterioridad en la Argentina, economistas vinculados a la escuela de Chicago alcanzaron los principales puestos de comando de la política económica de sus países y pusieron en práctica por primera vez los experimentos macroeconómicos monetaristas.

Margaret Thatcher, al llegar al poder al interior del partido conservador de Gran Bretaña, y luego, rápidamente, al ganar las elecciones en 1979, fue otro hito importante. Declarándose discípula directa de Friedrich Hayek, propuso, y comenzó a ejecutar, una estrategia de *shock* en línea con las recomendaciones de Mont Pelerin.

En enero de 1981, ascendió al poder en los Estados Unidos Ronald Reagan, que también fue un exponente de esta concepción. Si bien, en este caso, su soporte teórico fue más bien lo que se conocería como "teoría de la oferta", basada en el economista Arthur Laffer, la coincidencia en la necesidad de reducir al mínimo todas las instituciones del viejo "Estado de bienestar" era total.

El centro de todas estas políticas fue la ruptura "por derecha" de los llamados "pactos del Estado benefactor". Se trató de un golpe mortal a una forma de gestionar el capitalismo: la keynesiana. Pocas veces resultó tan clara la imbricación entre discurso económico y relación de fuerzas políticas. Tanto Thatcher como Reagan buscaron y provocaron conflictos con sectores del movimiento obrero con el objetivo explícito de derrotarlos y marcar una nueva "correlación de fuerzas", ahora a favor del bloque del capital más concentrado. Ello sucedió, por ejemplo, en la huelga de los mineros que se oponían al cierre de sus puestos de trabajo en Gran Bretaña y en el conflicto de los controladores aéreos en los Estados Unidos.

El llamado "pensamiento neoconservador", así se lo conocería en teoría política, fue ganando el sentido común e imponiéndose incluso al interior de las formaciones políticas que, *a priori*, se podrían ubicar como más cercanas al keynesianismo. Así, el triunfo de la unión de las izquierdas en Francia en 1981, con Mitterrand como jefe de gobierno, mostró la primera aplicación de lo que pasaría a denominarse un "ajuste neoliberal" por parte de una fuerza socialdemócrata. Lo mismo sucedió en España, con la llegada de Felipe González y el PSOE en esos mismos años. La crisis de la deuda externa, que citaremos más abajo, fue la excusa para que similares políticas se pusieran en juego en los nuevos gobiernos latinoamericanos electos que sucedieron a las dictaduras militares en la década del 80.

Tratando de caracterizar de conjunto todos estos diagnósticos y políticas, entendemos que nos encontramos frente a una auténtica contrarrevolución del capital contra el trabajo. El objetivo de conjunto fue recuperar las tasas de ganancia por medio de un incremento cualitativo de los niveles de explotación sobre la clase trabajadora. Esquemáticamente, podemos sintetizar dicha contrarrevolución en los siguientes puntos:

1. Generalización de la desocupación para presionar a la baja el nivel de los salarios.
2. Prolongación de la jornada de trabajo.
3. Intensificación de los ritmos.
4. Destrucción del conjunto de las instituciones de lo que se había conocido como el "Estado benefactor".
5. Utilización de los trabajadores inmigrantes, en muchos casos "ilegales", para romper la solidaridad de clase y de esa forma aumentar la explotación.
6. Deslocalización de la producción, segmentándola entre aquellos territorios donde se encuentra el proletariado más explotado, y la constitución de lo que se pasó a denominar "cadenas globales de valor".
7. Ingreso a fondo del capitalismo en el campo, lo cual provocó la expulsión de millones de campesinos a las ciudades.
8. Aumento de la explotación de los países atrasados, por medio del intercambio desigual en el comercio, la remisión de utilidades a las casas matrices, la deuda externa, la fuga de capitales, el saqueo de los recursos naturales y los tratados de libre comercio.
9. Fuerte ofensiva tendiente a la restauración capitalista en aquellos Estados en donde se había expropiado el capital, así como la transformación de dichos territorios en zonas de semicolonización.

La continuidad de la crisis en los 80

La aplicación de las políticas económicas arriba citadas, en especial en los Estados Unidos, llevó a que dicho país intentara "aspirar" capitales especulativos del resto del mundo, como base para el lanzamiento de su recuperación a principios de la década del 80. Detrás de esto, estuvo la fenomenal suba de la tasa de interés de referencia de la Reserva Federal, una novedosa apreciación del dólar (recordemos que había estado depreciado fuertemente durante toda la década del 70), y la consiguiente caída de los precios de las materias primas vendidas por el Tercer Mundo.

Esto ocasionó una tercera crisis aguda en el marco de la crisis crónica que venía recorriendo la economía mundial desde fines de los 60. En este caso el epicentro estuvo en la deuda externa de los países del Tercer Mundo, aunque, asimismo, alcanzó algunas economías donde se había expropiado el capital y que también se habían endeudado (Polonia, Hungría, Yugoslavia). La cesación de pagos de la deuda mexicana fue el detonante en agosto de 1982, a lo que siguieron en cadena todos los demás deudores. Una vez más, se vio cómo la fenomenal burbuja especulativa generada por el endeudamiento solo había significado una valorización ficticia para dichos capitales.

Inmensas masas de capital líquido "huyeron" entonces de esas economías, buscando refugio en el "superdólar" norteamericano, para finalmente generar una nueva burbuja especulativa, a partir de la valorización de bonos basura (*junk bonds*), lo que terminó llevando a otro episodio de crisis, con la caída de la bolsa de Wall Street en 1987, en un descenso que fue mayor aun que el de la propia crisis del 30.

La nueva "huida" de capitales encontró en ese momento un nuevo, y temporario, espacio de valorización ficticia, en la burbuja inmobiliaria que se estaba generando en el Japón. Que terminó, sin embargo, en 1989, con lo que se conoció como la crisis del *Nikkei*, el hundimiento de la bolsa de valores de Tokio. Japón, que venía creciendo a tasas altísimas, y que incluso era perfilado por algunos economistas como el llamado a liderar una nueva revolución productiva "posfordista", entró en una fase de profunda depresión que duró toda la década del 90 e incluso los primeros años del siglo XXI.

La revolución científico-técnica y la llamada "globalización"

Esta crisis crónica convivió con otro hecho muy importante que se desarrolló a partir de los años 80, para alcanzar una tremenda velocidad en la década siguiente y en las dos primeras del siglo XXI: la nueva revolución científico-técnica. Con eje en la explosión generada por los nuevos medios de comunicación, la informatización y el procesamiento electrónico de información, se dio un cambio en el que confluyeron desde nuevas ramas de la producción (biogenética, nuevos materiales), hasta novedosas formas organizacionales (lo que los autores de la escuela de la regulación popularizaron como el pasaje del paradigma fordista a uno nuevo, de tipo "posfordista").

El otro acontecimiento importante fueron los sucesos conocidos como la "caída del Muro de Berlín". Con la restauración capitalista en Rusia, Europa del Este e incluso China, se impuso lo que se dio en llamar "el mundo unipolar". Independientemente de la discusión de si se abrió una nueva época capitalista o si las características de lo que Lenin definió como "la época imperialista" siguen siendo válidas (que es lo que nosotros sostenemos), se impuso la denominación "globalización" para los nuevos problemas abiertos a partir de los años 90.

Las crisis de los 90

La década del 90, que nació teñida por un supuesto triunfo "final" del capitalismo, estuvo recorrida por nuevas expresiones de la crisis crónica. Así, en 1994 se dio la crisis mexicana conocida como "efecto tequila", en 1997 otra en el sudeste asiático, y en 1998 el *default* de la deuda rusa. Todas con efectos sobre el conjunto del planeta. El período de relativo crecimiento "largo" (desde 1992 a 2000) que vivió Estados

Unidos, que se conoció como *the New Economics,* terminó con la explosión de la burbuja especulativa de las empresas "tecnológicas", la caída récord del *Nasdaq* y la entrada en recesión en 2000-2001. Del mismo modo, la cesación de pagos de la deuda externa ecuatoriana, la devaluación del real brasileño y, sobre todo, la crisis argentina de fines de 2001 produjeron una nueva fase aguda de la citada crisis crónica de la economía mundial.

El siglo XXI: crecimiento y nueva crisis

A partir de 2002, se dio un período "sincronizado" de crecimiento económico mundial, que incluyó la aparición de un nuevo bloque de países que lo hicieron más aceleradamente (con China a la cabeza, pero también acompañado por otras naciones del sudeste asiático y la India). Este período terminó estallando en los Estados Unidos en julio de 2007 y conduciendo en 2008 a una nueva crisis aguda a escala planetaria, que en sí misma fue la más grave desde la de 1929. A partir de ese momento, la economía mundial nunca se ha recuperado plenamente, y pasó a un estado que Larry Summers ha denominado de "estancamiento secular".

Nuestra conclusión, entonces, es que la economía capitalista mundial vive una crisis larga, crónica, caracterizada por la caída de la tasa de ganancia en las ramas productivas más importantes de lo que se conoció como el "fordismo", lo que generó inmensas masas de capital especulativo que, sin colocación, han dado lugar a un fenómeno de financiarización, culpable tanto del estancamiento como de las crisis cada vez más grandes y frecuentes.

Los intentos de aplicar el programa de la contrarrevolución económica del capital contra el trabajo que citamos más arriba, repetidos y recurrentes, se han venido chocando con la resistencia de las clases trabajadoras y los pueblos en general. Con algunas excepciones (la más notable es China entre 1990 y 2010), no se ha logrado imponer al extremo de recuperar las tasas de ganancia del capital productivo, que siguen por debajo de las del capital especulativo y de los propios *ratios* previos a la crisis de los 60.

En todo este ya largo período, el pensamiento económico se ha demostrado notablemente incapaz tanto de pronosticar, como de prevenir y de resolver las crisis agudas que se fueron sucediendo y mucho menos sus consecuencias políticas y sociales. Sobre ello vamos a reflexionar en lo que resta del texto.

El porqué de la crisis de hegemonía del pensamiento económico: apartado metodológico

Como dijimos al comienzo del capítulo, el pensamiento económico vive una crisis de hegemonía inédita, nunca sucedida en sus más de 230 años de historia. Intentaremos a continuación ensayar algún tipo de respuesta a este fenómeno.

Proponemos volver al concepto de "visión ideológica" con el que trabaja Joseph Schumpeter. ¿Se trata de un debate analítico o sobre la "visión ideológica"? Desde el punto de vista analítico, lo primero que llama la atención es que los economistas del *mainstream*, tanto en sus versiones neoclásicas como keynesianas, no reconocen en absoluto que el pensamiento económico esté en crisis. Al contrario, en la proliferación de *papers* en las distintas revistas científicas, se observa una apertura a nuevas temáticas, la mayoría de ellas muy alejada de todo lo que tenga que ver con lo macro y la política económica. Parecería que, al menos para estas escuelas, la vitalidad de la economía como ciencia se verificara en una suerte de "imperialismo", con un "método económico" aplicable a prácticamente todos los fenómenos de la vida.

Pero la economía nació política y solo tiene sentido en su diálogo con esta realidad. Coincidimos entonces con Heilbroner (1998):

> La causa y la solución de este largo y aparente impasse del pensamiento económico moderno radica en su visión pre teórica; un enfoque que convoca el nombre de Joseph Schumpeter, a partir de cuyos agudos puntos de vista emprendemos el camino.

Señalamos que nos vamos a concentrar exclusivamente en lo que se conoce como el "pensamiento macroeconómico": en la microeconomía, los aspectos analíticos y de hiperformalización matemática se han alejado mucho más aún de cualquier tipo de planteo de importancia sustantiva para lo político y lo social. Con notables excepciones (una de ellas podría ser Paul Krugman), lo más granado del pensamiento económico académico parece huir a los interrogantes acerca de lo más agudo de la crisis, y mucho más a proponer soluciones para superarla.

En la era keynesiana (que incluye el largo reinado del libro de Samuelson), prevalecía una continua y visible conexión entre teoría y realidad, por lo menos en el campo de la macroeconomía. Sin embargo, *a posteriori*, como dice Heilbroner (1998),

> contrastando con ello, el signo de la economía de nuestros días es su extraordinaria indiferencia en relación a este problema. En sus momentos álgidos, la "fuerte teorización" del presente período alcanza un grado de irrealidad que solo se puede comparar con la escolástica medieval.

Efectivamente, lo que en un tiempo se cuestionó como *dismal science*, ahora tiende a convertirse en escolástica irrelevante.

Sin embargo, todo esto que es fácil de percibir por el neófito que se acerca a cualquier *paper* académico no ha hecho mella en el lugar de la "ciencia económica" como discurso de poder, con todos los atributos que le planteamos en el prólogo y en el capítulo introductorio. Los economistas siguen siendo vistos como los portadores de ese saber arcano que legitima planes de ajuste antipopulares.

El hilo conductor que proponemos, entonces, no será recorrer los infinitos debates analíticos en que se dividen y subdividen hasta el infinito las corrientes sucesoras de neoclásico/marginalistas y keynesianos, sino, por el contrario, ver su productividad en términos del debate político que plantean.

Un nuevo actor entra a escena: los premios "Nobel" de Economía

Como ya hemos venido explicando, desde el último cuarto del siglo XIX, el carné de cientificidad para el pensamiento económico pasó a estar otorgado por el mundo académico. Las universidades, que fueron desplegando sus escuelas, facultades o departamentos de Economía (según el distinto tipo de organización interna que posean), tienen el cuasi-monopolio de este "certificado de idoneidad científica". A eso se le sumaron con el tiempo las "asociaciones de economistas" que se organizan en varios países. A las universidades europeas (británicas, en primer lugar, pero también austriacas, suecas, suizas italianas y francesas, en ese orden), se les sumó en el siglo XX, hasta transformarse en lo más importante en la posguerra de la Segunda Guerra Mundial, el mundo académico norteamericano. Harvard, MIT, Chicago, Yale, UCLA, Columbia, New York, entre otros, pasaron a ser "los nombres de lustre" donde se formarían y acreditarían "conocimientos económicos". Ahí confluyeron, por supuesto, los economistas estadounidenses con un número importante de europeos llegados a partir de los distintos conflictos de la primera mitad del siglo (fundamentalmente, el crecimiento del nazismo y la guerra). E inclusive se transformó, en la posguerra, en el lugar de adoctrinamiento de toda una camada de economistas de los distintos países del Tercer Mundo, llamados muchos de ellos a ser los ejecutores reales en sus países de los distintos planes de ajuste.

A todo esto, se le sumará otra instancia de legitimación desde fines de la década del 60: el Nobel de Economía. Aunque se lo suele denominar "premio Nobel", el que se instituyó para la disciplina económica a partir de 1969 fue creado por el Banco Central de Suecia en dicho año. Si bien los motivos de selección estuvieron siempre vinculados (como en los casos de las otras disciplinas a las que se otorga dicho premio) con factores políticos de coyuntura o "compensaciones" con respecto a años anteriores, estos premios pasaron a ser un elemento de fuerte validación no solo de autores determinados, sino también de corrientes, subdisciplinas o especialidades. Al comenzar a otorgarse a fines de la década del 60, y coincidir, por lo tanto, con el comienzo de la crisis crónica de la economía mundial, no podía sino reflejar, aun cuando en forma muy distorsionada, ese fenómeno. Es un hecho que los premios Nobel de Economía contribuyeron fuertemente a darles etiquetas de cientificidad a los autores antikeynesianos. Así, Friedrich Hayek, a pesar de que formalmente hacía décadas que no escribía sobre economía (desde la década del 30), recibió dicho premio en 1974. Y en 1976, lo recibió Milton Friedman. Así, las dos figuras más rutilantes de Mont Pelerin subieron al podio justo en el momento en que se estaba produciendo la debacle keynesiana. Cabe mencionar que otros miembros de la citada sociedad también ganaron el Nobel en los años siguientes (George Stigler en 1982, James Buchanan en 1986, Maurice Allais en 1988, Ronald Coase en 1991, Gary Becker en 1992 y, más tardíamente, Vernon Smith en 2002). Un repaso por todos los receptores del Nobel permitirá apreciar una abrumadora mayoría de nominaciones otorgadas a neoclásicos/marginalistas en sus diversas versiones (monetaristas, expectativas racionales, adaptativas, etcétera) por sobre keynesianos (sí lo recibieron

Samuelson, Tobin, Modigliani y, más cerca en el tiempo, Paul Krugman) y más aún por sobre autores más heterodoxos (considerando como tales a Gunnar Myrdal, Arthur Lewis y Amartya Sen). En ningún caso hubo un economista marxista nominado, subrayando claramente la inclinación ideológica del llamado "Nobel de Economía".

Década del 70: las debilidades teórico-analíticas del keynesianismo para enfrentar la crisis y la contraofensiva marginalista

Como dijimos más arriba, el keynesianismo cayó de su pedestal de pensamiento hegemónico a partir de los primeros años 70. Si quisiéramos dar una fecha más precisa, deberíamos remitirnos a la crisis del petróleo de 1973, con la aparición de la estanflación, que terminó siendo lo que echó definitivamente por tierra a la curva de Phillips. De hecho, lo que sucedió es que el keynesianismo, en términos concretos de recomendaciones de política económica, "se partió" entre autores más "a la derecha", que pusieron énfasis en la resolución primaria de la inflación (por sobre la recesión), y otros más "a la izquierda", que se centraron en continuar con las políticas clásicas de la escuela en cuanto a priorizar la reactivación económica y el pleno empleo (aun cuando ahora se produzca en situaciones inflacionarias y no en contextos de deflación).

A diferencia del período "de oro" del keynesianismo, no hay un texto guía ni una visión clara para el período que se abrió a partir de la década del 70. Los autores más importantes de lo que podríamos denominar el "neokeynesianismo" fueron James Tobin y Franco Modigliani. También, contradictoriamente porque en la práctica "ayudó" a Friedman a demoler la curva de Phillips, entre los neokeynesianos tenemos que sumar a Edmund Phelps, aunque él sostuvo toda su vida que "no pertenecía a ninguna escuela".

Cabe destacar que muchos de los aportes de Tobin y Modigliani fueron realizados en el período anterior al comienzo de la crisis mundial. Sin embargo, ambos aceptaron el lugar de búsqueda de una nueva síntesis, muchos metros más a la derecha, a partir de la nueva relación de fuerzas impuesta por las nuevas corrientes neoclásicas, en particular el monetarismo o lo que se conocería como "la revolución de las expectativas". El punto que terminó siendo aceptado por la mayoría de los economistas neokeynesianos es el supuesto monetarista de la neutralidad del dinero en el largo plazo: sostenían que aumentos de la oferta de dinero no tendrían efectos en el largo plazo sobre las variables reales, como la producción. Esto se fue transformando en "sentido común" de los macroeconomistas neokeynesianos.

Ante la reaparición masiva del fenómeno del desempleo, los neokeynesianos comenzaron a buscar "nuevas explicaciones" alrededor de las fallas en el mercado de trabajo para ajustar por sí mismo. En la práctica terminaron aceptando la explicación neoclásica tradicional: que el desempleo se "resuelve" con un mercado de trabajo flexible. Y que sus "fallas" o rigideces son las causantes del desempleo involuntario. Los neokeynesianos comenzaron a desarrollar nuevas teorías en esta dirección. Una de ellas fue el modelo *insider-outsider*, que explicaba los efectos de largo plazo del desempleo en el período previo: los aumentos de desempleo en el corto plazo se transforman en permanentes y así estructurales en el largo plazo. Olivier Blanchard y Lawrence Summers insistieron en esto, en particular al observar que la reactivación de la economía norteamericana durante los años 80 no permitía retornar a situaciones de pleno empleo (la llamada "tasa natural" de desempleo permanecía en un nivel superior a la crisis de los 70). La explicación, según estos autores, sería que los trabajadores dentro del mercado de trabajo prefieren mantener sus sueldos altos en lugar de reducirlos y así permitir que se incremente el empleo. Los *outsiders* son aquellos que han quedado fuera del mercado del trabajo, sin poder de negociación, y tienden a conformar una situación estructural que se transforma en permanente, sin que haya ninguna capacidad del mercado de trabajo por sí mismo para resolverlo.

Otros autores neokeynesianos, como Carl Shapiro y Joseph Stiglitz, postularon los modelos de "salarios de eficiencia": los trabajadores cobran salarios que tienden a maximizar la productividad, no a "compensar" el mercado de trabajo. Así, las empresas pagan salarios más altos a sus empleados por cobertura de salud (para así garantizar presentismo y, por lo tanto, productividad) o directamente para garantizar su lealtad a la firma. Así, por esa misma lógica, los salarios de los trabajadores ocupados tienden a tornarse rígidos en un nivel superior al de equilibrio y generan una cierta rigidez en el mercado de trabajo que no permite resolver el ingreso al empleo de los desocupados.

El resurgimiento de las corrientes neoclásico/ marginalistas

La crisis del keynesianismo dio, sin dudas, nuevas chances a las concepciones herederas del pensamiento neoclásico/ marginalista. De todas ellas, la perspectiva del equilibrio general walrasiano tuvo más posibilidades de desarrollo que la descendencia de Marshall. La escuela austriaca, por su parte, si bien ganó espacio por sobre todo en el campo de la disputa ideológica, lo hizo sin abandonar nunca una cierta tendencia a ser un *outsider* de derecha al *mainstream* marginalista.

Como hemos explicado más arriba, había una tradición minoritaria que, heredera de las tres escuelas neoclásico/ subjetivistas/marginalistas (inglesa, suiza y austriaca), se mantuvo desarrollándose en las décadas de la hegemonía keynesiana. Así, en los 50 ya habíamos visto el surgimiento de las "expectativas adaptativas", basadas en el comportamiento pasado de la inflación.

En los años 60, la escuela monetarista de Chicago ya estaba asentada como tradición macroeconómica enfrentada a la keynesiana. Los monetaristas comenzaron a hacerse fuertes a lo largo de la década, prometiendo soluciones al creciente problema de la inflación.

En la segunda mitad de los 70, ya desatada la crisis, apareció un nuevo grupo: los "nuevos macroeconomistas clásicos". Eran los herederos de la escuela monetarista de Chicago de la década previa (de hecho, sus principales actores eran de esa misma universidad), con Robert Lucas (que, si bien no fue su creador, apareció como padre del enfoque de las "expectativas racionales") y Thomas Sargent, que mantuvieron su influencia entrados los años 80. Otros autores importantes de esta corriente fueron Edward Prescott y Robert Barro. La nueva macroeconomía clásica compartió muchos puntos de vista de política económica con los monetaristas, básicamente el supuesto de que los individuos actúan racionalmente en un mundo donde los mercados se ajustan con relativa rapidez ante situaciones cambiantes. Esta "nueva economía clásica", si bien descendiente directa del monetarismo, presentó desafíos nuevos al keynesianismo.

El punto en común del discurso económico monetarista y de los nuevos economistas clásicos fue aportar aún más a la desconfianza en la capacidad de la intervención del Estado (sobre todo en la política fiscal). Pero la diferencia estaba en que los monetaristas como Friedman sostenían la capacidad de la política monetaria de influir positivamente sobre las variables económicas. De hecho, los monetaristas se movían todavía dentro de la lógica de la macroeconomía keynesiana, o, para ser más exactos, de la "síntesis neoclásica" en que se había transformado el keynesianismo en los años 50 y 60.

Los nuevos economistas clásicos, en cambio, no le dieron entidad alguna a la política monetaria. Viéndolo así, radicalizaron el punto de vista contra todo tipo de política de intervención, ya fuera monetaria o fiscal. Lo hacían a partir de adoptar los llamados "modelos del ciclo económico real", que ignoran los factores monetarios.

Con el discurso económico de los nuevos economistas clásicos, los debates variaron radicalmente. Se dejó de discutir en macroeconomía los efectos de las fluctuaciones o ciclos de corto plazo, para pasarse a lo que se llamó el "debate de los microfundamentos". Cuestionaron al keynesianismo la debilidad de sus supuestos microeconómicos y, a partir de allí, se propusieron lo que llamaban una "reconstrucción de conjunto de la articulación entre micro y macroeconomía".

Esto se articuló con la popularización de los planteos relacionados a las expectativas racionales, que pasó a ser la justificación más fuerte de la esterilidad de cualquier intento de activismo estatal en la economía. Los llamados "agentes económicos" anticiparían, según este enfoque, por medio de dichas expectativas cualquier política con la que el gobierno intentara desviar la trayectoria de la economía hacia un lugar diferente de la decidida por el libre accionar de los mercados. El supuesto de la flexibilidad de los precios y de la omnipresencia del equilibrio de los mercados volvió, con nuevas herramientas y con presentaciones de modelos matemáticos infinitamente más sofisticados, tal como existían antes de los años 30.

De las expectativas adaptativas a las racionales

Un lugar importante en todas estas elaboraciones lo juega el tema de las expectativas, que, de hecho, no era nuevo. Ya había sido fuertemente introducido en el pensamiento económico por el propio Keynes. A partir de entonces, tanto keynesianos como monetaristas aceptaron que las decisiones económicas se basan en expectativas respecto al futuro.

Hasta los años 70, sin embargo, estos planteos se apoyaban en lo que se denominaba "expectativas adaptativas".

Estas se basaban, fundamentalmente, en la experiencia pasada de los agentes económicos. En concreto, una política económica debía tenerla en cuenta, pero, si "sorprendía" a dichos actores con planteos no esperados, tenía posibilidades muy ciertas de ser efectiva.

Las expectativas racionales aparecieron en la macroeconomía, como dijimos más arriba, a partir de los planteos de Robert Lucas, aunque su origen estaba en los estudios previos de John Muth a principios de los años 60. Simplificadamente, podemos decir que, mientras que las expectativas adaptativas suponían que el comportamiento de los distintos agentes se modelaba a partir de sus "experiencias del pasado", con las expectativas racionales dichos agentes tienen capacidad (e información) para reaccionar sabiendo qué efectos generará una determinada política hacia el futuro. O sea, supone que dichos agentes conocen el modelo económico que el ejecutor de política está poniendo en juego. Notemos que acá hay un salto sobre la vieja definición del agente como *homo economicus*. Ahora dicho sujeto, además, está plenamente informado no solo de cantidades, calidades y precios de los bienes en el mercado, sino de todo el conjunto de datos que componen las cuentas nacionales; más aún, de los distintos efectos que producen diferentes políticas económicas. De esta forma, cualquier intento de un gobierno de "anticiparse" al mercado, o cambiar una trayectoria, está llamada a fracasar, ya que los agentes la "adivinan" y esterilizan. Por supuesto, en sus versiones más sofisticadas, las expectativas racionales incorporaron la posibilidad de que dichos agentes realizaran previsiones incorrectas. Pero el objetivo político-ideológico ya estaba logrado: una impugnación total, "microeconómicamente" fundamentada, a la intervención estatal.

Cabe mencionar que el planteo de las expectativas racionales, al incorporar como centro este tipo de "agente" informado, dio un paso más en aquello que el economista marxista ruso Nicolái Bujarin (1974) había definido como "la economía política del rentista". Ese agente con expectativas racionales en la realidad tiende a coincidir con el especulador financiero-bursátil, antes que con el consumidor o productor (y, por supuesto, está a años luz de cualquier reflexión sobre cómo actúan actores colectivos como la burguesía o el proletariado).

Thomas Sargent y Neil Wallace (1975) fueron los que explícitamente plantearon la tesis de la ineficacia de la política económica en general (y de la monetaria en particular), al plantear la imposibilidad de arbitrar entre producción e inflación con base en la curva de Phillips (que, por su parte, como vimos más arriba, ya había sido cuestionada empíricamente). Los citados "agentes con expectativas racionales" anticiparían la posibilidad de inflación futura, aumentarían sus precios y así impedirían que cualquier estímulo monetario (ya fuera por emisión o por baja de tasa de interés) generara incrementos en la producción y el empleo.

Otras elaboraciones en el paradigma marginalista/ neoclásico

El *revival* neoclásico/marginalista (unido, más que por este común denominador, por su antikeynesianismo) tuvo, a fines de los 70 y principios de los 80, muchas otras elaboraciones, algunas fugazmente populares. Así, en el terreno teórico académico, podemos mencionar la teoría del ciclo económico real (*Real Business Cycle*, o RBC), introducida en 1982 por Kydland y Prescott. O, con mayor presencia en el campo concreto de la política económica, lo que se denominó la "economía del lado de la oferta", de Arthur Laffer, que alcanzó su momento cumbre cuando se planteó como la inspiración central de la política económica de Ronald Reagan. Acá, si bien se recupera la posibilidad de algún tipo de "activismo" en política económica, esto se circunscribe a brindar "incentivos" a los empresarios para que inviertan (en concreto, mecanismos para que incrementen sus tasas de ganancia), negándosele entidad a cualquier política de estímulo de la demanda agregada.

Podemos mencionar también otros aportes, todos en el campo del antikeynesianismo, y fuertemente alineados con el pensamiento de derecha conservadora que surgió en esos años, como los planteos de la llamada "teoría del crecimiento endógeno". Tendiendo cierto puente hacia los nuevos planteos de la escuela austriaca, como el de Rothbard, y con la excusa de "endogeneizar" las causas del crecimiento económico (que tanto neoclásicos como keynesianos de los 50 y 60 habían dejado a un etéreo y exógeno "factor tecnológico"), surgió, por primera vez en el pensamiento económico, toda una defensa de la bondad de la existencia de los oligopolios y monopolios. En ese mismo campo, puede ubicarse a Gary Becker y su teoría del capital humano.

Los años 90: la "nueva síntesis"

Ya vimos cómo, a partir de Hicks, Hansen y luego Samuelson, Modigliani y Tobin, se había constituido a lo largo de las décadas de los 40, 50 y primeros años 60 la famosa y ya citada "síntesis neoclásica", que le quitaba al pensamiento de Keynes sus aspectos más disruptivos y la reincorporaba dentro de un *mainstream* que dialogaba plenamente con el neoclasicismo (aun cuando en política económica el keynesianismo tuviera efectivamente la hegemonía en esos años). Esto volvió a suceder, aunque mucho más fugazmente, en la década del 90 del siglo XX. Y duró hasta la crisis de 2007-2008. Claro que, en este caso, el punto medio que estableció esta "nueva síntesis" estuvo kilómetros a la derecha de la anterior. Es que se trataba, esta vez, de articular el pensamiento de los neokeynesianos, que, como vimos, terminaron aceptando muchas de las críticas efectuadas por sus rivales monetaristas, con los nuevos economistas clásicos. Esta nueva "síntesis neoclásica" incorporaba los "microfundamentos" de las expectativas racionales y el *Real Business Cycle*, limitándose a tomar del viejo keynesianismo la existencia de precios rígidos a la baja y algunas otras "imperfecciones de los mercados", lo que permitía reintroducir la cuestión de que las recesiones podían darse por factores de demanda (y ya no solo de "oferta", como venía planteando Laffer y otros).

Así aparecieron los modelos de "equilibrio general dinámico estocástico" (modelos SDGE), que pasaron a popularizarse para su uso por parte de los bancos centrales. Estos modelos buscaban sintetizar los problemas estudiados tanto por la teoría del crecimiento económico, como por la del ciclo, articulándolos con las consecuencias de diferentes políticas monetarias y fiscales. Neokeynesianos y nuevos economistas clásicos se ubicaron constituyendo "subescuelas" dentro de este planteo general.

Todos estos conceptos fueron conformándose durante los años 90. Es que, en ese período, y particularmente durante el gobierno de Bill Clinton, la economía norteamericana vivió un período de crecimiento (se lo llamó la *New Economics*), que contrastaba con la continuidad de crisis agudas globales (México 1994, Sudeste Asiático 1997 y Rusia 1998). Si bien esta onda de crecimiento chocó con la caída del Nasdaq en el 2000 y la recesión norteamericana que se abrió en 2001, bastó para que el discurso económico académico creara el concepto de "gran moderación", expresión acuñada por James Stock. Se sostenía el fin de la volatilidad económica (finalmente ya no habría ciclos de crecimiento, crisis y depresión), ya que los cambios tecnológicos producidos por la revolución científico-técnica, el procesamiento electrónico de información y la globalización habrían producido una modificación cualitativa en la forma de funcionamiento de la economía. Un creciente número de instrumentos financieros, genéricamente llamados "derivados", supuestamente permitían anticipar los desequilibrios y evitar nuevas crisis y quiebras. La caída del Nasdaq en 2000, varias situaciones de fraudes contables (como el caso Enron) y la recesión norteamericana abierta en 2001 pusieron en cuestión a gran parte de esta "ingeniería financiera", que, sin embargo, sobrevivió hasta el estallido de la crisis de 2007-2008. Los modelos macroeconómicos que estamos citando, en cambio, fueron utilizados hasta el extremo para salir de la recesión de 2001 y generar, con tasas de interés virtualmente en cero de los bancos centrales de los países imperialistas, la burbuja especulativa que terminó estallando años más adelante.

La crisis 2007-2008 rompe el frágil consenso de la nueva síntesis

Este pensamiento económico que venimos definiendo como en "crisis de hegemonía" desde los años 70 sufrió un nuevo golpe con la crisis abierta en esos años. Tres cuestiones terminaron por romper el consenso de la nueva síntesis: la incapacidad de predecir la crisis; la inutilidad de los modelos SDGE; y las políticas económicas concretas que se debían poner en marcha a partir del desastre.

Con respecto al primer punto, casi ningún economista ubicado en el *mainstream* fue capaz de predecir la crisis. Hasta cierto punto, uno de los pocos importantes que advirtieron los problemas fue el neokeynesiano Paul Krugman. Otros autores que lateralmente podemos ubicar (por lo menos por su origen) en el *mainstream* y también predijeron que se iba a un estallido fueron Joseph Stiglitz y Nouriel Roubini. Como veremos más adelante, la inmensa mayoría de los economistas que acertaron, y advirtieron, que la economía mundial iba a una nueva y más grave que nunca crisis aguda provenían de algún lugar de la llamada "heterodoxia" (poskeynesianismo, escuela sraffiana, o marxismo).

La incapacidad de los modelos estocásticos para predecir e intervenir ante los primeros síntomas de la crisis dio lugar a un duro debate, que por primera vez trascendió los estrechos marcos de la academia e ingresó con fuerza al ámbito político. Fue la propia reina de Inglaterra quien increpó en público a los más importantes economistas británicos. Robert Solow (2010) llegó a testificar ante el Congreso de los Estados Unidos y afirmar que el modelo macroeconómico utilizado "no tiene nada útil que decir acerca de políticas anti-recesiones, ya que éste ha creado, en la suposición esencialmente implausible, la conclusión de que no hay nada por hacer por parte de la política macroeconómica".

La crisis abrió espacio para una cierta reaparición del keynesianismo. Ese lugar fue ocupado centralmente por Paul Krugman (que incluso fue laureado con el premio Nobel de Economía en 2008). Sin embargo, otros autores, que podemos incorporar aquí por su énfasis en la utilidad de las políticas económicas activas o principalmente por sus críticas al nuevo *mainstream* neoclásico/marginalista como Joseph Stiglitz, Jeffrey Sachs o Thomas Piketty, nunca demostraron interés en ubicarse en el campo teórico de defensa del keynesianismo. Y aún ese *revival* keynesiano fue de muy corto alcance y no alcanzó a destronar a las nuevas corrientes neoclásicas/marginalistas de su primer lugar (aun cuando no hegemónico) en la tabla de posiciones de puestos académicos y de política económica.

Frente a lo que había sido la ofensiva neoclásica/marginalista previa, y la fortaleza cedida por los neokeynesianos que terminaron aceptando la nueva síntesis en los 90, el único planteo relativamente "fuerte" que se le había opuesto (y decimos "fuerte" desde el punto de vista del *mainstream* académico) había sido el de la información asimétrica, que cuestionó el supuesto de pleno conocimiento, tanto de las condiciones de mercado neoclásico como las más amplias del agente con expectativas racionales. Una figura emblemática de estos planteos de la información asimétrica fue Joseph Stiglitz (que, posteriormente, se abocó a críticas un poco más radicales del orden económico internacional y del rol en él de los organismos que surgieron de Bretton Woods).

Esta crítica académica, la realidad de la crisis abierta en 2007-2008 y la aridez conceptual y escolástica del conjunto de los modelos marginalistas/neoclásicos dieron lugar, además del breve *revival* keynesiano con Paul Krugman, a un cierto crecimiento de la única corriente neoclásica de entre las originales que se había mantenido más o menos "pura": la austriaca.

Recordemos que los llamados "economistas austriacos" venían de un planteo crítico a Keynes esbozado por Hayek que, sin embargo, había sido abandonado por la vía de los hechos por este mismo economista en los 30. El economista argentino Javier Milei (2018), que se autodefine como perteneciente a dicha corriente, sintetiza el planteo hayekiano como sigue:

> En el mercado de bienes se determina la tasa de interés, la cual es el mecanismo por el cual se coordina la oferta y la demanda de bienes presentes y futuros. En paralelo, en el mercado monetario se determina el nivel de precios, el cual crece en la medida que la oferta monetaria exceda la demanda. Bajo este marco, acorde a la teoría austriaca del ciclo (y del crecimiento), cuando se fija la tasa de interés real por debajo de su nivel natural de equilibrio como consecuencia de una política monetaria expansiva, ello deriva en un aumento simultáneo del consumo y la inversión que genera una expansión artificial (un punto por encima de la frontera de posibilidades de producción) que a la postre, cuando la inflación se acelera y los desequilibrios fuerzan un cambio de precios relativos, la economía termina en una recesión.

El centro de la escuela austriaca está, como vemos, en la intertemporalidad, asignada por el mecanismo de mercado, a partir de las preferencias entre bienes presentes y futuros. Los austriacos revivieron viejos planteos hayekianos como la privatización del dinero y se ubicaron en la extrema derecha del pensamiento económico, construyendo un discurso económico que trató de presentarse como nuevo detrás de la etiqueta de "libertario".

La llamada "heterodoxia" económica: el poskeynesianismo

En capítulos anteriores, ya habíamos expresado que no acordábamos con la simple y fácil utilización del término "heterodoxia" para todo aquello que no fuera el *mainstream* neoclásico/marginalista. Ahora queremos profundizar en el tema.

Efectivamente, hay una diferencia fuerte entre aquellos economistas que conciben como centro el equilibrio económico y los que conciben la naturaleza inestable del proceso económico. Si la cosmovisión es que el sistema tiende naturalmente hacia algún equilibrio (más allá de que se produzca en pleno empleo o con algún nivel de desocupación), las inestabilidades y crisis del tenor de las existentes a partir de fines de los 60 solo son explicables por mecanismos exógenos (y en muchos casos asociados a "mala praxis" de política económica). Esta fue, en el sentido más general, la posición común del *mainstream*. Del otro lado, quedan todos aquellos que conciben al sistema económico capitalista como esencialmente inestable, con tendencias intrínsecas hacia la crisis y, más aún, con un carácter explosivo y catastrófico de estas. En el origen y la naturaleza de los desequilibrios económicos, estará marcada la diferencia entre ambas perspectivas.

Esto hace que bajo el término "heterodoxia económica" podamos agrupar a un conjunto de corrientes y subcorrientes que se diferencian claramente del consenso expresado tanto por las diversas tendencias del neoclasicismo/marginalismo (monetaristas, nuevos clásicos, austriacos), como por el neokeynesianismo y sus "síntesis" (la antigua "síntesis neoclásica" y la más moderna de los modelos de equilibrio general dinámico estocástico). En esta definición ya más precisa de "heterodoxia económica", quedarán entonces las corrientes poskeynesianas, los sraffianos, otras corrientes radicales no marxistas (regulacionistas, derivacionistas) y el marxismo propiamente dicho con sus propias vertientes. En una zona gris, entre el *mainstream* y la heterodoxia, como veremos, colocaremos algunos economistas que oscilan entre una y otra posición, como, por ejemplo, Hyman Minsky y la llamada "nueva teoría monetaria".

Dentro de este espectro, analicemos al poskeynesianismo. Remitámonos, en un primer análisis, a cómo se lo define actualmente. Se denomina "poskeynesianismo" a una corriente que enfatiza los planteos más radicales que se pueden deducir del pensamiento de Keynes, tendiendo a la vez a colocar en las sombras aquellas porciones de dicha concepción que son más fácilmente adaptables a una síntesis con el neoclasicismo. Citamos a Felipe Serrano (2006):

> Los economistas que se reclaman como pertenecientes al paradigma poskeynesiano han tendido a identificarse recurriendo a una doble vía. Por un lado reaccionando de manera crítica a la corriente de pensamiento dominante que, una vez rota la síntesis neoclásica, se ha movido desde la conocida como Nueva Macroeconomía Clásica hacia posiciones analíticas englobadas bajo el rótulo de Nueva Economía Keynesiana. En segundo lugar, tratando de construir una teoría positiva que tiene por objetivo último completar la inacabada revolución intelectual iniciada por Keynes.

El poskeynesianismo, por supuesto, arranca desde los problemas de demanda agregada. Y su horizonte es el corto plazo. Hasta acá se mueve en el conocido territorio de los planteos del keynesianismo clásico. El origen de los problemas económicos de corto plazo se da, según esta perspectiva, por una insuficiencia de la demanda inducida por las expectativas de los agentes que, aun siendo estables (como diría la concepción de las expectativas racionales), no permiten llegar al pleno empleo. Pero lo específico del poskeynesianismo, y que lo diferencia radicalmente de los neokeynesianos, es que a este resultado se arriba incluso con perfecta flexibilidad de precios y salarios. Esto último es central: los neokeynesianos se acercan a un consenso con el neoclasicismo/marginalismo a partir de aceptar que la única diferencia está en el "caso especial" de precios y salarios inflexibles a la baja. Los poskeynesianos, en cambio, no ponen énfasis en este punto, sino en la ausencia de información perfecta tal como la plantean las expectativas racionales. Con lo que rompen todos los puentes de consenso keynesiano-marginalista.

A partir de acá, se construyen las tres subcorrientes que identificamos en el poskeynesianismo. La primera es la norteamericana, con Paul Davidson a la cabeza, que articula los problemas de demanda efectiva justamente con los problemas de información, la incertidumbre y, a partir de ahí, la formación de expectativas.

La segunda subcorriente es la que primero surgió históricamente. Y la que más dialoga (conflictivamente, es cierto) con la tradición marxista. Es la que proviene de los trabajos de Joan Robinson y Michał Kalecki. Aporta al análisis el concepto de "clase social" en clave marxista y la naturaleza conflictiva de las relaciones sociales. Los problemas de demanda efectiva están fuertemente vinculados a la inversión y a una distribución del ingreso sumida en el conflicto. Un texto muy importante para ilustrarlo es el de Kalecki titulado "Aspectos políticos del pleno empleo", citado en Kunt y Schwartz (1972). Esta segunda corriente también conecta de una forma mucho más clara el corto y el largo plazo, por lo cual es más útil para un análisis más estructural del capitalismo en su conjunto.

La tercera subcorriente poskeynesiana es la que aparece vinculada con el viejo "institucionalismo". Explicitamos "viejo" institucionalismo para diferenciarlo de la nueva escuela institucionalista, más vinculada al pensamiento marginalista/neoclásico, que ve a las instituciones como un factor restaurador del equilibrio.

Un punto que articula a todas estas corrientes y que, quizás, marca una ruptura en cierta forma radical con los planteos del propio Keynes (por lo menos del Keynes de los tratados monetarios) es la endogeneidad del dinero. Cabe mencionar que el carácter exógeno del dinero era algo compartido tanto por el monetarismo de Milton Friedman en *La teoría cuantitativa* (1956), como por el propio Keynes en el *Tratado del dinero* (1965). El dinero, para los poskeynesianos, dejaría de ser algo exógeno, y, por lo tanto, manipulable con éxito por la política monetaria, para pasar a depender del crédito y, en términos más generales, de los avatares de la acumulación del capital.

La heterodoxia más radical (institucionalistas, regulacionistas, derivacionistas y sraffianos)

Hemos citado más arriba brevemente a los institucionalistas. Se trata de una corriente, marginal en el pensamiento económico, pero con raíces en el final del siglo XIX. Tiene una vinculación tangencial con la escuela histórica alemana, en particular en su cuestionamiento metodológico a la existencia de leyes económicas universales. Pero los institucionalistas son una corriente centralmente norteamericana. Un autor paradigmático fue Thorstein Veblen.

Otra corriente importante, que aparece a mediados de la década del 70 en Francia, fue la denominada Escuela de la Regulación. Con "alas" más vinculadas al marxismo y otras al institucionalismo, y con un análisis donde equilibró los análisis de "oferta" (particularmente la tendencia a la caída de la tasa de ganancia) con las gestiones de la demanda, brindó algunas categorías muy útiles, en particular para analizar la crisis a partir de periodizar la acumulación de capital. Las categorías de "régimen de acumulación" y de "modo de regulación" fueron centrales en los aportes de esta corriente, tal como plantea Boyer (1986).

También debemos mencionar los aportes a la economía crítica o heterodoxa de los autores derivacionistas, sintetizados muy bien en Holloway y Picciotto (1979). En la frontera entre el pensamiento económico propiamente dicho y la teoría del Estado en clave de ciencia política, diversos autores alemanes, ingleses y franceses hicieron sus aportes, en lo que denominarían un cierto "marxismo abierto", pero con trazos que, por su heterodoxia, hacen que prefiramos ubicarlo por fuera, en esta clasificación más general de "heterodoxia radical".

Por último, queremos citar los aportes de Piero Sraffa, y la corriente que ha surgido inspirada por su clásico *Producción de mercancías por medio de mercancías*. Se trata de una corriente muy prolífica, que ha hecho aportes importantísimos incluso de enfrentamientos y refutaciones al *mainstream* neoclásico en el propio campo de los modelos económicos formalizados matemáticamente. Tal fue el caso de la llamada "controversia sobre el capital", también conocida como el "debate entre los dos Cambridge". La corriente sraffiana resulta difícil de encuadrar exactamente. Se puede argumentar su origen neorricardiano (Piero Sraffa fue el principal compilador de la obra de David Ricardo), su vinculación directa con el *Circus* keynesiano (del que formó parte), y también sus lazos con el marxismo (de hecho, su libro principal puede ser leído como un intento de resolver la controversia de la transformación de valor a precio de Marx). Pero difícilmente los autores sraffianos actuales se sientan cómodos si se los encasilla directamente como "neoricardianos", "neokeynesianos" –o "poskeynesianos"–, o "neo-marxistas". Preferimos, por eso, citarlos simplemente como una escuela radical heterodoxa independiente, quizás una de las que puede demostrar actualmente mayor presencia académica, particularmente en Italia.

¿Qué pasó con el marxismo? (apuntes para un balance)

En un capitalismo inmerso en una crisis crónica desde hacía medio siglo, con todos los indicadores sociales mostrando un acrecentamiento de la pobreza y la desigualdad, la corriente que aparecía claramente con mayor potencialidad explicativo era, sin duda, el marxismo. Ninguna otra llevaba, en su propia lógica analítica, una explicación de la tendencia del propio sistema al colapso. La crisis abierta a partir de la segunda mitad de la década del 60 generó, entonces, un enorme espacio para demostrar la potencia explicativa del marxismo.

Cabe preguntarse entonces por qué dicha corriente no apareció como la síntesis en el pensamiento económico, de todo el recorrido, fallido como vimos, donde diferentes escuelas han disputado por la hegemonía de la "disciplina" económica.

En este punto tenemos que retomar, más que nunca, a nuestras primeras definiciones, de entender la economía como un discurso de poder. El enorme potencial explicativo del marxismo, por definición, no podía imponerse como lo hegemónico en una disciplina que, de hecho, nació para afirmar el dominio del modo de producción capitalista.

Por lo tanto, la respuesta es política. A aquellos que, desde una visión científica y crítica, buscan una respuesta sobre las causas de la crisis capitalista, el marxismo les ofrecía ayer y les ofrece hoy, más claramente que nunca, una respuesta a sus interrogantes. Pero, obviamente, la burguesía nunca lo va a aceptar. Y esto se va a reflejar, incluso, en el mundo académico, donde el marxismo continúa tan impugnado como siempre (por lo menos en los sitios que conforman el *mainstream* del discurso económico).

No se nos escapa que uno de los motivos de la impugnación académica del marxismo en la "ciencia económica" se debe a que este no ofrece "soluciones" de política económica. O, precisando, la "solución" que propone es inaceptable para la dominación burguesa: la revolución social y el socialismo. Ya el propio Marx (1975) había salido al cruce de estos cuestionamientos:

> Así, la *Revue Positive*, de París me echa en cara, por una parte, que enfoque metafísicamente la economía, y por la otra –¡adivínese!– que me limite estrictamente al análisis crítico de lo real, en vez de formular recetas de cocina (¿comtistas?) para el bodegón del porvenir.

Y con respecto a su propuesta de salida concreta, no deja dudas, en Marx (1949):

> Mientras que los demócratas pequeñoburgueses aspiran a cancelar la revolución lo antes posible, implantando a lo sumo las medidas que hemos enumerado, nuestro interés y nuestra misión están en hacer la revolución permanente en tanto no se hayan desplazado del poder todas las clases más o menos poseedoras, mientras el poder público no esté en manos del proletariado, mientras la asociación de proletarios no está suficientemente desarrollada, y no solo en un país, sino en todos los países principales del mundo, para que cese en esos países la concurrencia de los proletarios y se concentren en manos de estos, a lo menos, las fuerzas decisivas de la producción. Para nosotros no se trata precisamente de transformar la propiedad privada, sino de abolirla; no se trata de esfumar las diferencias de clases, sino de la destrucción de estas; no se trata de reformar la sociedad actual, sino de fundar una nueva.

El marxismo entonces no aparece disputando "cientificidad" en el *mainstream* del pensamiento económico. Tampoco se ofrece como un recetario de política económica marxista con soluciones de corto plazo en el marco del sistema capitalista. Sin embargo, la "popularidad" del marxismo (y más estrictamente de la teoría económica de Marx) crece en las crisis. Ya es un lugar común, incluso en el mercado editorial, el incremento de las ventas de ejemplares de *El capital* en esos momentos.

Podemos decir, sintéticamente, que la potencia de la voz del pensamiento económico marxista se mueve al compás de la lucha de clases. "Giros a la izquierda", alzas de las movilizaciones, crecimiento de las luchas obreras, campesinas o estudiantiles van acompañadas normalmente por más "lugar" para el marxismo. Incluso los lugares, minoritarios, que el marxismo ha ganado en las propias instituciones académicas nacieron en medio de grandes procesos de movilización estudiantil y radicalización intelectual. El crecimiento de luchas anticapitalistas genera, casi automáticamente, un aumento de la "demanda" de lectura de las obras de Marx y sus sucesores. El marxismo gana potencia, entonces, vis a vis con las crisis del propio sistema capitalista. Tiene "sentido" y "vigencia" en tanto y en cuanto la propia lógica del capital (y su crisis) siga presente.

Ya hemos recorrido, en páginas anteriores, la productividad de los economistas marxistas del siglo XX en el periodo anterior a la crisis de los 60. Citamos algunos análisis sobre la crisis del 30, interpretaciones sobre las modificaciones del capitalismo de posguerra, así como debates críticos con respecto a las políticas económicas keynesianas. E incluso algunas de las discusiones que se generaron a partir de cómo gestionar economías poscapitalistas.

Pero hay un límite, en la disputa ideológica del siglo XX con las diversas corrientes del pensamiento económico (sea de raíz neoclásico o keynesiano): la viabilidad de un horizonte no capitalista o, más específicamente hablando, socialista. Así, el marxismo se ve obligado a dar cuenta y responder sobre lo sucedido con los regímenes político-sociales autodenominados socialistas (la Unión Soviética, los países de Europa del Este, China, Cuba, Vietnam, Corea del Norte). Porque los discursos acerca del "fracaso del marxismo" aparecen fuertemente vinculados al derrotero de esas experiencias políticas.

Observemos que, en el caso del marxismo, en su ubicación con el debate económico, tenemos dos cuestiones que, en principio, corren por carriles separados. Uno es la capacidad analítica y crítica con respecto a la dinámica del sistema capitalista. Acá la escuela marxista "brilla" en las crisis. Pero, por otro lado, hay una ofensiva ideológica que cuestiona la posibilidad de que dichas crisis puedan ser resueltas trascendiendo al propio capitalismo, en concreto avanzando hacia el socialismo.

Si bien son dos cuestiones analíticamente diferenciables, cuando volvemos a la relación "ciencia-ideología" y al análisis del discurso económico como discurso de poder, ambas vuelven a juntarse. En concreto: existe toda una operación ideológica de deslegitimación del marxismo a partir de lo que se denomina el "fracaso de las experiencias del socialismo real". El pensamiento económico oficial, en cuanto que economía burguesa, responde a la potencialidad del marxismo para analizar la crisis capitalista ignorándolo, y desplazando el debate hacia el "fracaso del socialismo", tras los sucesos conocidos como "la caída del Muro de Berlín".

Por lo tanto, es un hecho que el marxismo no puede ganar carta de ciudadanía sin dar cuenta a lo sucedido en el siglo XX con los regímenes económico-sociales que se construyeron en su nombre. Objetivamente no es un tema nuevo. Nació prácticamente en 1917, con la propia Revolución de Octubre de 1917 en Rusia. Y, si bien fue un debate que recorrió todo el pensamiento político, tuvo también su subcapítulo económico. Casi desde el comienzo, con el análisis de la caracterización de la URSS. Que se extendió en la posguerra a Europa del Este (República Democrática Alemana, Polonia, Hungría, Checoeslovaquia, Rumania y Bulgaria), con su deriva particular en los Balcanes (Yugoslavia y Albania). También a la República Popular China, Corea del Norte, Vietnam. Y, a partir de la década del 60, incluye el debate sobre la Revolución cubana y el régimen social que surgió a partir de ella.

Como ya hemos mencionado muy brevemente, en el terreno del pensamiento económico fue surgiendo una cierta escuela de las "economías socialistas", ligada a las discusiones sobre cómo en esos Estados se iban llevando adelante las políticas económicas concretas. A los propios textos político-económicos de Lenin y Trotsky en los primeros años, se les fue sumando el debate específico de lo que podemos llamar la "economía soviética". Así, vinculados a las posturas en la década del 20 acerca de la "Nueva Política Económica", se destacan los ya citados Nicolái Bujarin (1972) y Evgeniĭ Preobrazhenskiĭ (1971). Estas discusiones, muy productivas y abiertas, fueron canceladas en el clima asfixiante y represivo de la dictadura de Stalin en la década del 30. En la Unión Soviética propiamente dicha, no surgió otra camada de economistas que discutieran creativamente y con una mínima distancia crítica la política económica llevada adelante hasta la década del 60, con la aparición de Evsei Liberman (1973) y sus planteos sobre una planificación con menos niveles de centralización y un mayor espacio para el mercado.

Pero en la posguerra se había abierto un campo de discusión en el que participaron algunos economistas marxistas instalados en Occidente, tanto en Gran Bretaña (Maurice Dobb), como en Francia (Charles Bettelheim). Dentro de los países donde se había producido la expropiación del capital, y con todos los límites a la libertad de discusión que generaba el stalinismo, se fue desarrollando también un pensamiento económico en clave no capitalista, con base en estudios sobre planificación en Polonia, alrededor de Oskar Lange y el ya mencionado Michał Kalecki. Lo mismo sucedió en Yugoslavia, más vinculado en este caso a intentos de construir otra lógica de planificación económica (que se denominó "autogestión"), donde se destacó la figura de Branko Horvat (1970).

Un momento productivo importante de este debate se dio en la década del 60, en el que confluyeron los planteos de una planificación soviética menos centralizada, con Liberman, los citados planteos "autogestivos" yugoslavos, con la discusión chino-soviética (en el que participó fuertemente Bettelheim) y las discusiones acerca de la economía cubana en los años 1963-1964, editadas en Guevara (2006), con la participación del propio Ernesto Che Guevara, Bettelheim, Alberto Mora y Ernest Mandel, entre otros.

Un economista que se había logrado abrir espacio en el *mainstream* económico norteamericano, y que después hizo aportes a la planificación económica en clave socialista, fue Wassily Leontief (1975), con su matriz insumo-producto. Otro autor que se transformó en un experto en el seguimiento de la economía soviética fue Alec Nove (1986).

La inmensa mayoría de estos autores se centraron en desarrollar y refinar herramientas vinculadas a la planificación económica. Y los debates giraron alrededor de la importancia del énfasis en los sectores I (bienes de capital, industria pesada) y II (bienes de consumo), o en el lugar del cálculo económico y la vigencia del sistema de precios en una economía planificada.

Por supuesto que queda abierta una discusión epistemológica acerca de si las teorías de la planificación forman parte o no de lo que venimos llamando "economía política". Recordemos que habíamos discutido en el capítulo inicial que el objetivo de la economía política era el análisis del modo de producción capitalista. Por lo que, desde este punto de vista, en la propia lógica del marxismo, la discusión sobre la planificación económica pertenece al campo de una tecnología diferenciada de la economía política como disciplina.

Pero el problema político esencial, que remitía al carácter de esos regímenes y su acercamiento, o no, a un modo de producción socialista, no fue encarado a fondo por estos economistas y quedó simplemente sin respuesta definitiva. Lo que no quiere decir que esta discusión no se diera en el terreno político del marxismo, casi desde el mismo comienzo de la experiencia soviética. Sintetizando, todos los aportes al debate económico en el marco de las economías poscapitalistas tenían un límite muy claro: su incapacidad para analizar críticamente el régimen social que se estaba construyendo.

No es el objetivo de este capítulo (ni de este libro) hacer un análisis exhaustivo de esta temática. Sintetizando, podemos decir que, en líneas generales, quedaron abiertas tres interpretaciones en el campo propio de las polémicas marxistas:

1. La que sostiene que lo que se dio en esos países era efectivamente "el socialismo". Los oficialismos de esos países, y, por lo tanto, sus economistas, le otorgaban un signo positivo y enfatizaban su superioridad con respecto al capitalismo. Contradictoriamente, ello coincidía con la lectura del *mainstream* del pensamiento económico (y también de los políticos de los países capitalistas), que sostenían que efectivamente lo que se daba en esos países era el "socialismo", pero enfatizando en sus fracasos en comparación con las "bondades" del capitalismo.

2. La que plantea que lo que sucedió en esos países fue una forma particular del propio capitalismo. En general, se utilizó la definición "capitalismo de Estado" para precisarlo. Muchos autores institucionalistas plantearon esto, pero también algunas corrientes del marxismo, como el maoísmo, que utilizó esta categoría para definir así a la Unión Soviética a partir de la ruptura entre ese país y China (más aún, le adjudicó a la URSS característica de país imperialista).

3. El planteo de Leon Trotsky, que, tras su definición de "Estados obreros deformados o burocratizados", insistió en el carácter transicional de esos regímenes, diagnosticando que esa contradicción tendría que terminar con un avance hacia el socialismo (a escala mundial) o en un retroceso hacia la restauración capitalista.

No es el objetivo de este capítulo adentrarnos en estos debates. Simplemente queríamos citar su complejidad porque de eso dependió la caracterización de que sucedió en el mundo a partir de 1989. Tal como dijimos más arriba, si una de las particularidades para periodizar la historia y el estadio actual de la acumulación del capital es la crisis abierta a fines de los años 60, otra sin duda es la llamada "caída del Muro de Berlín". La posición del autor de este capítulo es que, en las caracterizaciones al respecto de Leon Trotsky (2014), se encuentran las perspectivas más ricas de análisis al respecto.

El marxismo y la crisis capitalista

La caída del Muro de Berlín, la llamada "ofensiva neoconservadora" e incluso toda una moda ideológica que se abrió a comienzos de la década del 90 revivieron una vieja discusión: "la muerte del marxismo". Francis Fukuyama llegó a denominar a todo eso "el fin de la historia". Sin embargo, en muy pocos años vimos un *revival* de las lecturas de Marx, de los debates de las distintas corrientes del marxismo e incluso el surgimiento de nuevos planteos, tales como el "horizontalismo" en clave zapatista o el llamado "socialismo del siglo XXI". Todo esto no se produjo en absoluto porque se haya resuelto el balance de las experiencias del llamado "socialismo real". Lo que le dio realce y espacio al marxismo e incluso a un cierto "posmarxismo" fue, por el contrario, la persistencia de las crisis capitalistas.

Como ya hemos mencionado, *a posteriori* de la caída del Muro de Berlín se sucedieron la crisis mexicana de 1994 ("Efecto Tequila"), la del sudeste asiático de 1997, la rusa de 1998, la recesión yanqui de 2001, las crisis sudamericanas que fueron desde el *default* ecuatoriano, pasando por la devaluación brasileña, hasta la debacle argentina de 2001, y, *a posteriori*, la megacrisis que se abrió en 2007-2008, probablemente la más grande de la historia del capitalismo desde la de los años 30. En 2020, con la aparición de la pandemia del coronavirus, se desarrolla un nuevo episodio agudo de esta crisis. Frente a esta realidad de un capitalismo en crisis crónica, vuelve a crecer la demanda de respuestas buscadas en el pensamiento marxista.

El marxismo sigue teniendo vigencia en la actualidad, entonces, debido a la persistencia de la crisis capitalista. Y ello sucede por la potencia de su poder explicativo, mayor al de cualquiera de las otras corrientes del pensamiento económico.

Ya hemos desarrollado, en los capítulos correspondientes, que la teoría marxista de la crisis difiere radicalmente de las explicaciones al respecto de neoclásicos/marginalistas y keynesianos. Básicamente, por dos cuestiones. Primero, la importancia y el lugar que el marxismo le da a la propia crisis, considerándola intrínseca a la propia lógica de funcionamiento del sistema capitalista y como una expresión, la más clara, de la tendencia del capital hacia el colapso. Difiere, en este punto, de las posturas liberales que entienden la crisis como algo exógeno, provocado por "malas" o "incorrectas" intervenciones sobre los mecanismos de autorregulación del mercado. Y también se diferencia de las lecturas keynesianas, que entienden la crisis como situaciones de resolución relativamente fácil a partir de la utilización de políticas públicas correctas (sean monetarias o fiscales).

La segunda cuestión tiene que ver con las concepciones de la génesis de la propia crisis. Acá la diferencia más importante se da con los planteos keynesianos, que esencialmente ven las crisis como producto de deficiencias de la demanda efectiva. Para el marxismo, la génesis de la crisis, por el contrario, se encuentra en la tendencia a la caída de la tasa de ganancia del capital productivo. Esta concepción, radicalmente opuesta a la keynesiana, es central. En particular para explicar crisis como la abierta a fines de los 60 y principios de los 70. Y también para entender el porqué de la ofensiva del capital contra el trabajo que se abrió en los años siguientes. En la propia caída de la tasa de ganancia, en las inmensas masas de capital especulativo, gaseoso, que va buscando valorización por el planeta y la encuentra en forma financiera, ficticia, generando diferentes "burbujas" que explotan con cada vez mayor frecuencia, se encuentra lo más rico de las lecturas de los últimos años.

Muchos autores marxistas han investigado sobre estos planteos, y generaron muy interesantes trabajos. Citemos simplemente a Roberto Brenner, a Gérard Duménil y Dominique Lévy, a Michael Roberts, a Fred Moseley y a François Chesnais, entre otros. Varios de ellos incluso, junto a otros como Anwar Shaikh, avanzaron en trabajos estadísticos de mucha profundidad con el objeto de medir la tasa de explotación, la caída de la tasa de ganancia e incluso buscar las "traducciones" de las categorías marxistas a las cuentas nacionales.

Sin embargo, también en muchos casos, encontramos una tendencia a buscar una amalgama entre las concepciones marxistas de la crisis con las keynesianas, tratando de tender puentes bajo el manto común de la "heterodoxia económica", tal como hemos citado previamente. Esto ha generado una serie de problemas políticos y analíticos, que trataremos a continuación.

Comencemos por lo analítico. Se produce a veces una mezcla entre las teorías del subconsumo o sobreproducción, que llevan a pensar que las crisis tienen un origen en deficiencias de la demanda, y el planteo más puramente marxista de que lo que está sucediendo es que los capitalistas no invierten productivamente por la caída de la tasa de ganancia. Obviamente que, en el despliegue de cualquier crisis, los cierres de plantas, la desocupación consiguiente y las bajas salariales profundizan la recesión y generan, como consecuencia, un "problema de demanda". Pero concebir esto como el origen de la crisis, o amalgamarlo dándole la misma entidad que la caída de la tasa de ganancia, genera un grave problema, ya no solo de interpretación, sino también de propuesta política. Debido a que, si el problema es de "demanda", ello es resoluble con las típicas propuestas reformistas del keynesianismo, más o menos remozado.

¿A qué lleva todo esto? A posiciones que invisibilizan la necesidad de la expropiación de los medios de producción, como base elemental para superar el capitalismo. Casi todas las visiones que, de una forma u otra, abrevan en lo que se llamó el "socialismo del siglo XXI" propugnan algún tipo de economía mixta de este tipo. Donde el planteo del "socialismo" coexiste con un extenso y preponderante funcionamiento de la propiedad privada capitalista. El problema es que, en los intentos concretos de desarrollarlas, estas propuestas apenas si funcionaron (y con muchas contradicciones) en el cortísimo plazo en que se abrieron "ventanas" entre las distintas fases agudas de la crisis crónica (en concreto entre 2002 y 2008) y luego, en cuanto parte de una economía capitalista mundial sumida en su propio estancamiento, perecieron con ella.

Acá es donde el enorme poder explicativo marxista de la crisis se "mella" por no haber resuelto el balance de las experiencias de los países en que en el siglo XX se había expropiado el capital. Desde el punto de vista del discurso económico, la sensación es que toda la fortaleza del marxismo para criticar el capitalismo se diluye si no se propone como alternativa una clara posición socialista, en el real sentido del término. Se le cede, así, a un sentido común que sigue creyendo que "el socialismo fracasó".

Por eso consideramos que la potencia del marxismo como corriente del pensamiento económico, que se acrecienta ante la crisis capitalista, más aún ante un capitalismo que, en su fase imperialista, manifiesta cada vez más claramente tanto en sus indicadores sociales como ecológicos el estancamiento a que han llevado a las fuerzas productivas, solo podrá disputar la hegemonía como "discurso de poder" en el terreno plenamente político.

Una vez más, y para cerrar, la economía como discurso de poder

La economía como disciplina encierra una analítica propia, en parte compartida entre las diversas escuelas y en parte no. Cada corriente ha construido, a su vez, su propia batería de medidas de política económica para intervenir (incluso el liberalismo más extremo, ya que "no intervenir en la economía" es también una forma de intervenir). Y ya explicamos que la economía política se compone de escuelas que construyen cosmovisiones, "visiones del mundo" o ideologías. Y que, con mayor o menor derecho, se arrogan títulos de cientificidad.

Pero lo que define al liberalismo, al keynesianismo o al marxismo no es que sean "cosmovisiones". Sino que se trata de programas políticos. Son, en definitiva, la expresión de movimientos políticos en lucha por el poder. Tanto el liberalismo en sus distintas vertientes, como el keynesianismo (o cualquier otra variante de intervención estatal) expresan programas políticos que defienden la continuidad del orden social capitalista. Tal como está, o "reformado". En su expresión más salvaje o con "rostro humano". Pero en todos los casos no cuestionan el poder político, económico y social de la clase dominante: la burguesía.

Esta es su diferencia radical con el marxismo. Que, en esencia, es, antes que nada, un movimiento político por la emancipación de la clase trabajadora con respecto al capital. Y que, entonces, cuestiona, disputa y aspira a derrocar el poder del capital y de la clase que lo encarna, la burguesía.

A partir de esta descripción descarnada, podemos volver sobre las escuelas económicas, sus debates doctrinarios, los economistas en concreto y sus biografías. Pero teniendo en claro que cada planteo, cada concepción teórica, cada intento de refutación del rival no se da en el terreno neutral y calmo de la "elaboración científica", sino en el de la más feroz disputa, la de la lucha de clases. Donde las palabras, las elaboraciones analíticas, incluso la más abstracta de las fórmulas matemáticas, son armas a favor o en contra de intereses económicos concretos.

La llamada "crisis del pensamiento económico" no es entonces otra cosa que la manifestación, en el terreno político, ideológico, científico y de lo que hemos denominado los "discursos de poder", de algo mucho más profundo: la crisis del sistema capitalista, que se profundiza cada vez más y nos va llevando a honduras impensables.

Hablábamos más arriba de la capacidad analítica del marxismo, como corriente económica, para comprender y explicar la crisis actual. Pero también del "límite" que significa quedarse en ese mero análisis. Por eso las corrientes del *mainstream*, a pesar de sus errores de predicción al anunciar una y otra vez la "resurrección" del crecimiento económico, sin embargo, reviven. Proponiendo nuevas (o las mismas) recetas de política económica. Que vuelven a fracasar a los pocos años. Y así van sumiendo cada vez más a la economía capitalista en una crisis crónica que se profundiza.

El marxismo, en sus diversas vertientes, solo puede disputar esto si lo hace en el terreno político. Por eso tiene que oponer su propio programa. El propio Marx (1973) (1) lo planteó en 1848:

> El proletariado se valdrá de su dominación política para ir arrancando gradualmente a la burguesía todo el capital, para centralizar todos los instrumentos de producción en manos del Estado, es decir, del proletariado organizado como clase dominante, y para aumentar con la mayor rapidez posible la suma de las fuerzas productivas.
> Esto, naturalmente, no podrá cumplirse al principio más que por una violación despótica del derecho de propiedad y de las relaciones burguesas de producción, es decir, por la adopción de medidas que desde el punto de vista económico parecerán insuficientes e insostenibles, pero que en el curso del movimiento se sobrepasarán a sí mismas y serán indispensables como medio para transformar radicalmente todo el modo de producción.

El marxismo, entonces, debe ser capaz de proponer un conjunto de políticas económicas que, partiendo de las necesidades inmediatas, de la coyuntura del acá y ahora, plantee soluciones para las más urgentes necesidades populares. Así lo planteaba Leon Trotsky (1999):

> Es necesario ayudar a las masas, en el proceso de la lucha cotidiana, a encontrar el puente entre sus reivindicaciones transitorias, que partan de las condiciones actuales y de la actual conciencia de amplias capas de la clase obrera y conduzcan invariablemente a un solo resultado final: la conquista del poder por el proletariado.

Porque el verdadero problema de la crisis del pensamiento económico es la imposibilidad, en el actual estadio del modo de producción capitalista, el del imperialismo, de tornar viable un programa reformista que, sin salir de los límites estrechos de la propiedad privada, pueda satisfacer en forma más o menos permanente las aspiraciones materiales de la clase trabajadora. Sigamos con Trotsky:

> La socialdemocracia clásica, que operaba en una época de capitalismo progresivo, dividió su programa en dos partes independientes una de otra, el programa mínimo, que se limitaba a reformas en el marco de la sociedad burguesa, y el programa máximo, que prometía la sustitución del capitalismo por el socialismo en un futuro indeterminado.

Ese programa "mínimo", administrado por socialdemócratas y laboristas en la Europa de posguerra, tomado de las recetas del keynesianismo, encarnado en los llamados "Estados del bienestar", ya no tiene futuro: porque se trata de

> una época de descomposición del capitalismo, cuando, en términos generales, no puede ni hablarse de reformas sociales sistemáticas ni de elevación de los niveles de vida de las masas [...] cuando cada una de las reivindicaciones importantes de

la pequeña burguesía, rebasa inevitablemente los límites de las relaciones de propiedad capitalistas y del Estado burgués.

Se impone entonces la necesidad de un programa económico de emergencia ante la crisis, de transición, que, naciendo de las necesidades actuales, no se detenga ante los límites "infranqueables" de la propiedad privada, los supere en la práctica y avance hacia posiciones socialistas por medio del gobierno de la clase trabajadora.

En los años 40 del siglo XIX, Marx decidió que debía dedicarse a la crítica de la economía política, porque en ella estaba la raíz para comprender la inexorable necesidad de llegar a otra sociedad, una donde fuéramos socialmente iguales, individualmente diferentes y plenamente libres, donde se hiciera realidad la consigna de "libertad, igualdad y fraternidad", eso que algunos autores anteriores empezaban a llamar "socialismo", y otros, "comunismo". Y que esa crítica consistía en el análisis a fondo, radical, sin contemplaciones, del modo de producción capitalista, de su dinámica y de a dónde nos conducía. Su tendencia al colapso, analizada con las herramientas de la economía política, sería la demostración científica de la necesidad del socialismo. Un siglo y medio después, el capitalismo va manifestándonos con creces que nos conduce a la catástrofe. Poniendo en cuestión, incluso, la posibilidad futura de la vida humana sobre el planeta. La crítica de la economía política, en el siglo XXI, tiene la obligación de trabajar y desentrañar todo esto. Porque todo, en definitiva, es político. Nada sucede sin lucha. El futuro, como dijo Rosa Luxemburgo, no está todavía definido. Pero sí sabemos que es "socialismo o barbarie".

Bibliografía

Aglietta, Michel (1979), *Regulación y crisis del capitalismo*, Siglo XXI Editores.

Boyer, Robert (1989), *La teoría de la regulación: un análisis crítico*, Editorial Humanitas, Buenos Aires.

Bujarin, Nicolái (1972), *Teoría económica del período de transición*, Pasado y Presente, Córdoba.

Bujarin, Nicolái (1974), *La economía política del rentista (crítica de la economía marginalista)*, Pasado y Presente, Córdoba.

Crozier, Michel J., Samuel P. Huntington y Joji Watanuki (1975), *The Crisis of Democracy. Report on the Governability of Democracies to the Trilateral Commission*, New York University Press.

De Pablo, Juan Carlos (2017), *Nobelnomics*, Sudamericana, Buenos Aires.

Friedman, Milton (1985). *Una teoría de la función de consumo*. Alianza Editorial.

Guerrero, Diego (2008), *Historia del pensamiento económico heterodoxo*, Ediciones RyR, Buenos Aires.

Guevara, Ernesto (2006), *El gran debate sobre la economía en Cuba*, Ocean Press, Melbourne.

Hayek, Friedrich (1983), *La desnacionalización del dinero*, Folio, Barcelona.

Heilbroner Robert y William Milberg (1998), *La crisis de visión en el pensamiento económico*, Paidós, Barcelona.

Holloway, John y Sol Picciotto, *State and Capital* (1979), University of Texas Press, Texas Press, Austin.

Howard, Michael Charles y John Edward King (1989), *A History of Marxian Economics*, MacMillan, Hong Kong.

Johsua, Isaac (2012), *La crisis de 1929 y el emerger norteamericano*, IPS, Buenos Aires.

Mandel, Ernest (1986), *Las ondas largas del desarrollo capitalista. La interpretación marxista*, Siglo XXI Editores, Madrid.

Marx, Karl (1949), "Mensaje al Comité Central de la Liga de los Comunistas", en *Biografía del Manifiesto Comunista*, Editorial México S.A., Ciudad de México.

Marx, Karl (1973) (1), *Manifiesto comunista*, Editorial Anteo, Buenos Aires.

Marx, Karl (1975), *El capital*, Siglo XXI Editores, Buenos Aires.

Mattick, Paul (2013), *Marx y Keynes, los límites de la economía mixta*, Ediciones RyR, Buenos Aires.

Milei, Javier (2018), *Desenmascarando la mentira keynesiana*, Unión Editorial, Buenos Aires.

Nove, Alec (1986), *The Soviet Economic System*, Unwin Hyman, Winchester.

Preobrazhenskiĭ, Evgeniĭ (1971), *La nueva economía*, Ediciones Era, Ciudad de México.

Salama, Pierre y Gilberto Mathias (1986), *El Estado sobredesarrollado*, Ediciones Era, Ciudad de México.

Solow, Robert (2010), en *Building a Science of Economics for The Real World*, U.S. Government Printing Office, Washington.

Sweezy, Paul (1973), *Teoría del desarrollo capitalista*, Fondo de Cultura Económica, Ciudad de México.

Trotsky, Leon (1999), *Naturaleza y dinámica del capitalismo y la economía de transición*, CEIP, Buenos Aires.

Trotsky, Leon (2014), *La revolución traicionada*, CEIP, Buenos Aires.

Woodford, Michael (1999), *Revolution and Evolution in Twentieth-Century Macroeconomics*, Princeton University.

Bibliografía general

Aglietta, Michel (1979), *Regulación y crisis del capitalismo*, Siglo XXI Editores, Ciudad de México.

Aguiar de Medeiros, C. (2001), "Instituições, Estado e Mercado no processo do desenvolvimento econômico", en *Revista de Economía Contemporánea*, Río de Janeiro.

Althusser, Louis (1969), *Para leer el capital*, Siglo XXI Editores, Ciudad de México.

Althusser, Louis (1970), *La filosofía como arma de la revolución*, Pasado y Presente, Córdoba.

Amin, Samir (1971), "El comercio internacional y los flujos internacionales de capitales", en Emmanuel, Arghiri, Bettelheim, Charles y otros, *Imperialismo y comercio internacional (el intercambio desigual)*, en Cuadernos de Pasado y Presente n.º 24, Córdoba.

Arceo, Ernesto (2003), *Argentina en la Periferia Próspera. Renta Internacional, dominación oligárquica y modo de acumulación*, Editorial Universidad Nacional de Quilmes, FLACSO, IDEP, Buenos Aires.

Aristóteles (2005), *La Política*, Losada, Buenos Aires.

Ashton, Thomas Southcliffe (1983), *La Revolución Industrial*, Fondo de Cultura Económica, Ciudad de México.

Astarita, Rolando (2008), *Keynes, poskeynesianos y keynesianos neoclásicos*, Universidad Nacional de Quilmes, Bernal.

Baran, Paul y Paul Sweezy (1968), *El capital monopolista*, Siglo XXI Editores, Buenos Aires.

Barceló, A. y Argemí, Ll. (1984), *Introducción* a E. J. Nell, *Historia y Teoría Económica*, ed. Crítica, Barcelona.

Benetti, C. (1978), *Valor y distribución*, ed. Saltés, Madrid.

Bentham, Jeremy (2013), *El panóptico*, Quadrata, Buenos Aires.

Berg, Maxine (1994), *La era de las manufacturas, 1700-1820*, Crítica, 1987, Barcelona.

Bladen, Vincent (1974), *From Adam Smith to Maynard Keynes*, University of Toronto Press, Toronto.

Blaug, Mark (1985), *Teoría económica en retrospección*, Fondo de Cultura Económica, Ciudad de México.

Böhm-Bawerk, Eugen (2000), *La conclusión del sistema marxista*, Unión Editorial, Madrid.

Boyer, Robert (1989), *La teoría de la regulación: un análisis crítico*, Editorial Humanitas, Buenos Aires.

Boyer, Robert y Geneviève Schméder (1990), "Division du travail, changement technique et croissance. Un retour à Adam Smith", en Revue Française d'Économie, París.

Braun, Oscar (1973), *Comercio internacional e imperialismo*, Siglo XXI Editores, Buenos Aires.

Broadie, Alexander (1997), *The Scottish Enlightenment*, Canongate Classics, Edinburgo.

Bujarin, Nicolái (1972), *Teoría económica del período de transición*, Pasado y Presente, Córdoba.

Bujarin, Nicolái (1974), *La economía política del rentista (crítica de la economía marginalista)*, Pasado y Presente, Córdoba.

Cachanosky, Juan Carlos (2016), *La escuela austriaca de economía*, Episteme Editorial, Miami.

Bus, Ana y José Luis Nicolini (2015), *La renta diferencial agrícola en Argentina en 1986-2008, con datos de panel y co-integración*, Económica, La Plata, Vol. LXI.

Cantillón, Richard (1950), *Ensayo sobre la naturaleza del comercio en general*, Fondo de Cultura Económica, Ciudad de México.

Cartelier, Jean (1981), *Excedente y reproducción*, Fondo de Cultura Económica, Ciudad de México.

Castillo, José (2007), "La genealogía del Estado en Marx", en Mabel Thwaites Rey (comp.), *Estado y marxismo: un siglo y medio de debates*, Prometeo, Buenos Aires.

Castillo, José y Lenta, Malena (2019), *En torno a las tesis de Feuerbach*, Mimeo, Buenos Aires.

Castillo, José (2020), *50 años de cronicidad de la crisis capitalista mundial*, Ficha de cátedra, Facultad de Ciencias Sociales, Universidad de Buenos Aires.

Cesaratto, Sergio (2018), *Seis clases sobre economía. Conocimientos necesarios para entender la crisis más larga (y como salir de ella)*, Ediciones UNM Editora, Universidad Nacional de Moreno.

Clastres, Pierre (2016), *La sociedad contra el Estado*, Virus Editorial, Barcelona.

Coriat, Benjamín (1995), *Pensar al revés. Trabajo y organización en la empresa japonesa*, Siglo XXI Editores, Ciudad de México.

Coriat, Benjamín (1997), *El taller y el cronómetro. Ensayo sobre el taylorismo, el fordismo y la producción en masa*, Siglo XXI Editores, Ciudad de México.

Crespo, Eduardo y Juan Matías de Lucchi (2010), Impacto de la industrialización china en las estrategias de desarrollo, en *Revista Argentina Heterodoxa. Debate sobre Economía y Desarrollo*, año 1, n.º 1, CIGED, UNSAM, San Martín.

Crespo, Ricardo (2016), *Keynes, filósofo práctico*, Edicon, Buenos Aires.

Crozier, Michel J., Samuel P. Huntington y Joji Watanuki (1975), *The Crisis of Democracy. Report on the Governability of Democracies to the Trilateral Commission*, New York University Press.

Cusminsky de Cendrero, Rosa (1991), "Introducción", en *Los Fisiócratas*, colección Los fundamentos de las ciencias del hombre, n.º 20, CEAL.

Deleuze, Gilles (2015), *El saber: curso sobre Foucault, tomo I*, Editorial Cactus, Buenos Aires.

Descartes, René (2010), *Discurso del método*, Gredos, Madrid.

De Pablo, Juan Carlos (2017), *Nobelnomics*, Sudamericana, Buenos Aires.

Del Búfalo, Enzo (2005), *Las teorías macroeconómicas después de Keynes: la evolución de una ilusión 1936-2002*, Universidad Central de Venezuela, Caracas.

Diamond, Jared (2006), *Armas, gérmenes y acero: breve historia de la humanidad en los últimos trece mil años*, Debate, Madrid.

Díaz, Esther (2000), *Posmodernidad*, Biblos, Buenos Aires.

Dillard, Dudley (1952), *La teoría económica de John Maynard Keynes*, Aguilar, Madrid.

Dixon, Robert (2010), "The dismal science? Thomas Carlyle and John Stuart Mill", *Insights Melbourne Business and Economics*, Vol. 8, Melbourne.

Dobb, Maurice (1940), *Introducción a la economía*, Fondo de Cultura Económica, México.

Dobb, Maurice (1945), *Economía política y capitalismo*, Fondo de Cultura Económica, Ciudad de México.

Dobb, Maurice (1975), *Teorías del valor y de la distribución desde Adam Smith: ideología y teoría económica*, Siglo XXI Editores, México.

Domar, Evsey (1970), "Expansión de capital y crecimiento", en Sen, Amartya, *Economía del crecimiento*, Fondo de Cultura Económica, México.

Dussel, Enrique (1985), *La producción teórica en Marx*, Siglo XXI Editores, Buenos Aires.

Dussel, Enrique (1988), *Un Marx desconocido: un comentario de los manuscritos 1861-63*, Siglo XXI Editores, Buenos Aires.

Dussel, Enrique (1990), *El último Marx (1863-1882) y la liberación latinoamericana*, Siglo XXI Editores, Buenos Aires.

Emmanuel, Arghiri (1972), *Unequal Exchange: A Study of the Imperialism of Trade*, Monthly Review Press, Nueva York.

Engels, Federico (1974), Introducción", en Marx, Karl (1891), *Trabajo asalariado y capital*, Editorial Polémica, Buenos Aires.

Engels, Federico (1975), *Anti–Düring*, Cartago, Buenos Aires.

Fernández López, Manuel (1988), *Historia del pensamiento económico*, A-Z Editora, Buenos Aires.

Fiorito, Alejandro (2019), *Piero Sraffa. Los fundamentos de la teoría clásica del excedente*, UNM Editora, Universidad Nacional de Moreno.

Flichman, Guillermo (1977), *La renta del suelo y el desarrollo agrario argentino*, Siglo XXI Editores, Ciudad de México.

Fontana, Josep (1987), "Prólogo", en Berg, Maxine, *La era de las manufacturas, 1700-1820*, Crítica, Barcelona.

Foucault, Michel (1996), *El orden del discurso*, Ediciones de La Piqueta, Madrid.

Foucault, Michel (2002), *Las palabras y las cosas*, Siglo XXI Editores, Buenos Aires.

Foucault, Michel (2010), *Nietzsche Marx, Freud*, Anagrama, Buenos Aires.

Friedman, Milton (1953), *Essays in Positive Economics*, University of Chicago Press, Chicago.

Friedman, Milton (1985). *Una teoría de la función de consumo*. Alianza Editorial.

Furniss, Edgard (1957), *The position of the Laborer in a System of Nationalism*, Kelly and Millman Inc., Nueva York.

Gide, Charles (1927), *Historia de las doctrinas económicas desde los fisiócratas hasta nuestros días*, Reus, Madrid.

Girado, Gustavo (1993), *Progreso técnico, productividad e inflación*, Fondo de Cultura Económica-UBA, Mimeo, Buenos Aires.

Girón, Alicia (2006), *Confrontaciones monetarias: marxistas y post-keynesianos en América Latina*, Clacso, Buenos Aires.

Gómez Camacho, Francisco (2011), *Economía y filosofía moral: la formación del pensamiento económico europeo en la Escolástica española*, Síntesis, Madrid.

Guerrero, Diego (2008), *Historia del pensamiento económico heterodoxo*, Ediciones RyR, Buenos Aires.

Guevara, Ernesto (2006), *El gran debate sobre la economía en Cuba*, Ocean Press, Melbourne.

Guillman, Joseph (1965), *Prosperidad en crisis: crítica del keynesianismo*, Anagrama, Barcelona.

Hansen, Alvin (1941), *Fiscal Policy and Business Cycle*, W.W. Norton and Company Inc., Nueva York.

Hansen, Alvin (1957), *Guía de Keynes*, Fondo de Cultura Económica, Buenos Aires.

Harrod, Henry Roy (1949), *El ciclo económico*, Aguilar, Madrid.

Harrod, Henry Roy (1970), "La teoría dinámica", en Sen, Amartya, Economía del crecimiento, Fondo de Cultura Económica, México.

Harvey, David (2010), *El enigma del capital y las crisis del capitalismo*, Akal, Madrid.

Harvey, David (2013), *Guía de* El capital *de Marx, Libro Segundo*, Akal, Madrid.

Hayek, Friedrich (1983), *La desnacionalización del dinero*, Folio, Barcelona.

Hegel, Federico (1987), *Filosofía del Derecho*, Claridad, Buenos Aires.

Heilbroner, Robert y William Milberg (1998), *La crisis de visión en el pensamiento económico*, Paidós, Barcelona.

Heilbroner, Robert (1984), *Vida y doctrina de los grandes economistas*, Orbis, Barcelona.

Hession, Charles (1985), *Keynes*, Vergara, Buenos Aires.

Hobbes, Thomas (1984), *Leviatán*, Sarpe, Madrid.

Hobsbawm, Eric (1990), *En torno a los orígenes de la Revolución Industrial*, Siglo XXI Editores, Buenos Aires.

Hobsbawm, Eric (1998), *La era de la revolución. 1789-1848*, Crítica, Buenos Aires.

Holloway, John (1994), "Se abre el abismo: surgimiento y caída del keynesianismo", en John Holloway, *Marxismo, estado y capital*, Cuadernos del Sur, Buenos Aires.

Holloway, John y Sol Picciotto, *State and Capital* (1979), University of Texas Press, Texas Press, Austin.

Horne, Thomas (1982), *El pensamiento social de Bernard Mandeville*, Breviarios Fondo de Cultura Económica, Ciudad de México.

Howard, Michael Charles y John Edward King (1989), *A History of Marxian Economics*, MacMillan, Hong Kong.

Iñigo Carrera, Juan (2007), *La formación económica de la sociedad argentina. Volumen I, Renta agraria, ganancia industrial y deuda externa, 1982-2004*, Imago Mundi, Buenos Aires.

Jevons, Stanley (1871), *The Theory of Political Economy*, Londres.

Johnson, Edgar A. J. (2012), *Predecessors of Adam Smith*, Literary Licensing, Whitefish.

Johsua, Isaac (2012), *La crisis de 1929 y el emerger norteamericano*, IPS, Buenos Aires.

Kalecki, Michał (1972), "Aspectos políticos del pleno empleo", en Hunt, E. K. y J. G. Schwartz, *Crítica de la teoría económica*, El Trimestre Económico, Fondo de Cultura Económica, Ciudad de México.

Keynes, John Maynard (1988), *Ensayos de persuasión*, Folio, Barcelona.

Keynes, John Maynard (1992), *Breve tratado sobre la reforma monetaria*, Fondo de Cultura Económica, México.

Keynes, John Maynard (2001), *La teoría general de la ocupación, el interés y el dinero*, Fondo de Cultura Económica, México.

Keynes, John Maynard (2012), *Las consecuencias económicas de la paz*, rba, Barcelona.

Kicillof, Axel (2007), *Fundamentos de la teoría general: las consecuencias teóricas de Lord Keynes*, Eudeba, Buenos Aires.

Kicillof, Axel (2010), *Siete lecciones de historia del pensamiento económico*, Eudeba, Buenos Aires.

Krugman, Paul y Maurice Obstfeld (1994), *Economía internacional. Teoría y política*, MacGraw Hill, Madrid.

La Biblia, Fundación Palabra de Vida, Madrid.

Laclau, Ernesto (1969), "Modos de producción, sistemas económicos y población excedente. Aproximación histórica a los casos argentino y chileno", *Revista Latinoamericana de Sociología*, Vol. v, n.º 2, Buenos Aires.

Lafay, Gérard y Colette Herzog (1989), *Commerce international: la fin des avantages acquis*, Economica, París.

Lakatos, Imre (2010), *El falsacionismo sofisticado*, Eudeba, Buenos Aires.

Lekachman, Robert (1959), *Historia de las doctrinas económicas*, Leru, Buenos Aires.

Lenin, Vladimir (1960), *Karl Marx, esbozo biográfico*, en *Obras completas*, Editorial Cartago, Buenos Aires.

Lenin, Vladimir (1973) (1), *Tres fuentes y tres partes integrantes del marxismo*, Editorial Anteo, Buenos Aires.

Lenin, Vladimir (1973) (2), *El imperialismo fase superior del capitalismo*, Editorial Anteo, Buenos Aires.

Lindenboim, Javier y Salvia, Agustín (coord.) (2015), *Hora de Balance: Proceso de acumulación, mercado de trabajo y bienestar. Argentina 2002-2014*, Eudeba, Buenos Aires.

List, Federico (1979), *Sistema nacional de economía política*, Fondo de Cultura Económica, México.

Locke, John (2004), *Segundo ensayo sobre el gobierno civil*, Libertador, Buenos Aires.

López, Andrés (1990), *Reflexiones introductorias al curso de economía para historiadores*, Editorial Biblos, Buenos Aires.

Luxemburgo, Rosa (1974), *Reforma o revolución*, en *Obras escogidas*, Editorial Pluma, Buenos Aires.

Luxemburgo, Rosa (1976), *Qué es la economía*, en *Obras escogidas*, tomo I, Ediciones Pluma, Buenos Aires.

Mandel (1986), *Las ondas largas del desarrollo capitalista. La interpretación marxista*, Siglo XXI, Madrid.

Mandeville, Bernard (1970), *The Fable of the Bees*, Penguin, Middlesex.

Manzanelli, Pablo (2016), "Grandes empresas y estrategias de inversión en Argentina 2002-2012", *Desarrollo Económico*, Vol. 56, n.º 218, Buenos Aires.

Marx, Karl (1949), "Mensaje al Comité Central de la Liga de los Comunistas", en *Biografía del Manifiesto Comunista*, Editorial México S.A., Ciudad de México.

Marx, Karl (1970), "Prólogo a la *Contribución a la Crítica a la Economía Política*", en *Introducción general a la crítica a la economía política*, Cuadernos de Pasado y Presente 1, Córdoba.

Marx, Karl (1973) (1), *Manifiesto comunista*, Anteo, Buenos Aires.

Marx, Karl (1973) (2), *El capital*, Siglo XXI Editores, Buenos Aires. Existen diversas traducciones, de las cuales las más conocidas en castellano son la que acabamos de citar y la del Fondo de Cultura Económica, con su reciente edición corregida de 2015).

Marx, Karl (2006) (1), "Tesis sobre Feuerbach", en *Escritos de Juventud*, Antídoto, Buenos Aires.

Marx, Karl (2006) (2), "Manuscritos económico-filosóficos", en *Escritos de Juventud*, Anteo, Buenos Aires.

Marx, Karl (2007), *Elementos fundamentales para la crítica de la economía política [Grundisse]*, Siglo XXI Editores, México.

Mathis, Jean, Jacques Mazier y Dorothée Rivaud-Danset (1988), *La competitivité industrielle*, IRES, De Dunod.

Mattick, Paul (2013), *Marx y Keynes: los límites de la economía mixta*, Ediciones RyR, Buenos Aires.

McCombie, John, Maurizio Pugno y Bruno Soro (2002), *Productivity Growth and Economic Performance. Essays on Verdoorn's Law*, Palgrave Macmillan, Londres.

Medeiros, C. y Serrano, F. (2004), "O desenvolvimento económico e a retomada da abordagem clássica do excedente", *Revista de Economía Política*, Vol. 24, n.º 2 (94).

Menger, Karl (1985), *Principios de Economía Política*, Hyspamérica, Buenos Aires.

Milanovic, B. (2017), *Desigualdad Mundial. Un nuevo enfoque para la era de la globalización*, Fondo de Cultura Económica, Ciudad de México.

Milei, Javier (2018), *Desenmascarando la mentira keynesiana*, Unión Editorial, Buenos Aires.

Miliband Ralph y Nicos Poulantzas (1991), *Debates sobre el Estado capitalista*, Ediciones Imago Mundi, Buenos Aires.

Mill, John Stuart (1978), *Principios de economía política*, Fondo de Cultura Económica, Ciudad de México.

Mises, Ludwig (2017), *La acción humana*, Unión Editorial, Buenos Aires.

Moggridge, Donald E. (1992), *Maynard Keynes. An Economist Biography*, Routledge, Londres.

Mun, Thomas (1978), *La riqueza de Inglaterra por el comercio exterior*, Fondo de Cultura Económica, Ciudad de México.

Nash, John (1950), "Equilibrium points in n-person games", *pnas*, vol. 36, n.º 1, pp. 48-49.

Negri, Antonio (1991), "J. M. Keynes y la teoría capitalista del estado en el '29", en *El cielo por asalto*, n.º 2, Buenos Aires.

Nochteff, Hugo (1988), "Neoconservadurismo y subdesarrollo. Una mirada a la economía argentina", en *Economía argentina a fin de siglo: fragmentación presente y desarrollo ausente*, Flacso, Eudeba, Buenos Aires.

Nove, Alec (1986), *The Soviet Economic System*, Unwin Hyman, Winchester.

Passano, Antonio (1977), "Introducción", en *La economía política clásica*, CEAL, Buenos Aires.

Passarelli, Bruno A. (1973), *Colonialismo y acumulación capitalista en la Europa moderna*, Pleamar, Buenos Aires.

Passinetti, Luigi (1984) *Lecciones de teoría de la producción*, Fondo de Cultura Económica, México.

Peshejonov, V. A. (1977), *Introducción a la Economía*, Editorial Quipo, Buenos Aires.

Petty, William y John Graunt (2019), *The Economic Writings of Sir William Petty: Together with the Observations upon the Bill of Mortality, More Probably by Captain John Graunt*, Wentworth Press, Sidney.

Plasencia, Adela (1975), *Renta agraria y acumulación*, Informes de Becarios n.º 5 del PIETTE del CONICET (Programa de Investigaciones Económicas sobre Tecnología, Trabajo y Empleo), Buenos Aires.

Platón (2005), *República*, Losada, Buenos Aires.

Polanyi, Karl (1992), *La gran transformación,* Fondo de Cultura Económica, México.

Popper, Karl (1967), *La lógica de la investigación científica,* Tecnos, Madrid.

Portantiero, Juan Carlos (1992), *La sociología clásica: Durkheim y Weber,* CEAL, Buenos Aires.

Porter, Michel (1991), *La ventaja competitiva de las naciones,* Ed. Javier Vergara, Buenos Aires.

Prebisch, Raúl (1947), *Introducción a Keynes,* Fondo de Cultura Económica, Buenos Aires.

Preobrazhenskiĭ, Evgeniĭ (1971), *La nueva economía,* Ediciones Era, Ciudad de México.

Quesnay, Francois (1992), *El Tableau Economique,* Fondo de Cultura Económica, Ciudad de México.

Ricardo, David (1985), *Principios de economía política y tributación,* Fondo de Cultura Económica, Ciudad de México.

Robbins, Lionel (1944), *Naturaleza y significación de la ciencia económica,* Fondo de Cultura Económica, Ciudad de México.

Robinson, Joan (1976), *Relevancia de la teoría económica,* Editorial Martínez Roca, Novo curso, Barcelona.

Roll, Eric (1942), *Historia de las doctrinas económicas,* Fondo de Cultura Económica, Ciudad de México.

Rosdolsky, Roman (1978), *Génesis y estructura de* El capital *de Marx,* Siglo XXI Editores, Ciudad de México.

Rosier, Bernard (1978), *Crecimiento y crisis capitalistas,* Editorial Labor, Barcelona.

Rubin, Isaak Illich (1982), *Ensayo sobre la teoría marxista del valor,* Pasado y Presente, México.

Salama, Pierre y Gilberto Mathias (1986), *El Estado sobredesarrollado,* Ediciones Era, Ciudad de México.

Samuelson, Paul (1960), *Curso de economía moderna,* Aguilar, Madrid.

Samuelson, Paul (1977), "A Modern Theorist's Vindication of Adam Smith", en *The American Economic Review,* Vol. 67, n.° 1.

486 • Tópicos de Economía Política

Sartre, Jean-Paul (1968). *Crítica de la razón dialéctica, tomo I*, Buenos Aires: Losada.

Schumpeter, Joseph (1969), "Ciencia e ideología", en *Investigación Económica*, Vol. 29, n.º 115, UNAM, México.

Schumpeter, Joseph (1982), *Historia del análisis económico*, Ariel, Barcelona.

Schuster, Federico (comp.) (2002), *Filosofía y métodos de las ciencias sociales*, Manantial, Buenos Aires.

Senior, Nassau William (1850), *Political Economy*, Richard Griffin & Co, Londres.

Serrano, Franklin (2006), "Observaciones sobre la interpretación sraffiana de la teoría del valor en Marx", texto presentado en la Conferencia de la Universidad Nacional de Luján, Luján.

Shaikh, Anwar (2006), *Valor, acumulación y crisis. Ensayos de economía política*, Ediciones RyR, Buenos Aires.

Singer, Paul (1986), *Curso de introducción a la economía política*, Siglo XXI Editores, Ciudad de México.

Skidelsky, Robert (2003), *John Maynard Keynes*, Macmillan, Londres.

Smith, Adam (1993), *Teoría de los sentimientos morales*, Alianza Editorial, Madrid, 2013.

Smith, Adam (2005), *Investigación sobre la naturaleza y causa de la riqueza de las naciones*, Fondo de Cultura Económica, Ciudad de México.

Solow, Robert (2010), en *Building a Science of Economics for The Real World*, U.S. Government Printing Office, Washington.

Sraffa, Piero (1966), *Producción de mercancías por medio de mercancías*, por Oikos-Taum, Barcelona.

Sweezy, Paul (1946), *Teoría del desarrollo capitalista*, Fondo de Cultura Económica, México.

Sturzenegger, Federico (2003), *La economía de los argentinos. Reglas de juego para una sociedad próspera y justa*, Planeta, Buenos Aires.

Tavilla, Pablo (2020), "Sobre el orden jerárquico en la economía mundial capitalista", ficha de cátedra, Facultad de Ciencias Sociales, Universidad de Buenos Aires, Buenos Aires.

Tinbergen, Jan (1961), *Política económica, principios y formulación*, Fondo de Cultura Económica, Ciudad de México.

Trotsky, Leon (1999), *Naturaleza y dinámica del capitalismo y la economía de transición*, CEIP, Buenos Aires.

Trotsky, Leon (2008), *El programa de transición*, Ediciones del IPS, Buenos Aires.

Trotsky, Leon (2017), *Historia de la Revolución rusa*, en *Obras escogidas*, CEIP, Buenos Aires.

Trotsky, Leon (2014), *La revolución traicionada*, CEIP, Buenos Aires.

Villey, Daniel (1960), *Historia de las grandes doctrinas económicas*, Nova, Buenos Aires.

Wallerstein, Immanuel (2011), *El moderno sistema mundial*, tomos i a iv, Siglo XXI Editores, Ciudad de México.

Wallerstein, Immanuel (2014), *El capitalismo histórico*, Siglo XXI Editores Ciudad de México.

Wapshott, Nicholas (2013), *Keynes vs. Hayek*, Booket, Barcelona.

Weber, Max (1978), *La política como vocación*, en *Escritos políticos*, Ciudad de México.

Weber, Max (1980), *Economía y sociedad*, Fondo de Cultura Económica, Ciudad de México.

Weber, Max (1984), *La ética protestante y el espíritu del capitalismo*, Sarpe, Madrid.

Woodford, Michael (1999), *Revolution and Evolution in Twentieth-Century Macroeconomics*, Princeton University.

Zeitlin, Irving (1993), *Ideología y teoría sociológica*, Amorrortu, Buenos Aires.

Žižek, Slavoj (comp.) (1994), *Ideología: un mapa de la cuestión*, Fondo de Cultura Económica, Buenos Aires.

De los autores

Patricia Arpe

Es economista (UBA). Tiene estudios de posgrado en Economía Social y Desarrollo Local (UBA). Miembro del colectivo de cátedra de "Elementos de economía y concepciones del desarrollo" en la Carrera de Ciencias de la Comunicación de la Facultad de Ciencias Sociales de la Universidad de Buenos Aires. Directora del Departamento de Proyectos del Instituto Movilizador de Fondos Cooperativos. También es docente en la Universidad Nacional de Quilmes y en el Instituto Universitario de la Cooperación.

José Castillo

Es economista (UBA). Posee una maestría en Administración Pública (UBA). Profesor titular y miembro del colectivo de cátedra de "Elementos de economía y concepciones del desarrollo" en la Carrera de Ciencias de la Comunicación de la Facultad de Ciencias Sociales de la Universidad de Buenos Aires. También es profesor adjunto de Sociología Política en la Carrera de Ciencia Política de la misma universidad y titular de Economía Política en la Universidad Nacional del Centro de la Provincia de Buenos Aires. Es investigador del Instituto de Estudios de América Latina y el Caribe (IEALC) y dirigente de Izquierda Socialista.

Gustavo Girado

Es economista (UBA). Magíster en Relaciones Internacionales (FLACSO). Miembro del colectivo de cátedra de "Elementos de economía y concepciones del desarrollo" en la

Carrera de Ciencias de la Comunicación de la Facultad de Ciencias Sociales de la Universidad de Buenos Aires. Director del posgrado de Especialización en Estudios en China Contemporánea (Universidad Nacional de Lanús). También es cocoordinador de la diplomatura en Gestión de Negocios con China (Universidad de Córdoba) y profesor del Seminario de Actuación Profesional de la Universidad Nacional de La Matanza.

Pablo Tavilla

Es economista (UBA). Magíster en Administración y Políticas Públicas (UDESA). Profesor adjunto y miembro del colectivo de cátedra de "Elementos de economía y concepciones del desarrollo" en la Carrera de Ciencias de la Comunicación de la Facultad de Ciencias Sociales de la Universidad de Buenos Aires. También es profesor titular de "Estructura económica argentina y mundial" en la Universidad Nacional de Moreno.

Este libro se terminó de imprimir en abril de 2021 en Imprenta Dorrego (Dorrego 1102, CABA).

www.ingramcontent.com/pod-product-compliance
Lightning Source LLC
Chambersburg PA
CBHW031243160726
47993CB00001B/4